全国高等教育自学考试指定教材
教育学专业(独立本科段)

德育原理

Deyu Yuanli

(含:德育原理自学考试大纲)
(2018年版)

全国高等教育自学考试指导委员会 组编
主编 班建武

高等教育出版社·北京

扫描微信二维码
关注自考教材服务

图书在版编目（CIP）数据

德育原理 / 班建武主编 ; 全国高等教育自学考试指导委员会组编. --北京 : 高等教育出版社,2018.5（2022.12 重印）
ISBN 978-7-04-049729-8

Ⅰ. ①德… Ⅱ. ①班… ②全… Ⅲ. ①德育-高等教育-自学考试-教材 Ⅳ. ①G41

中国版本图书馆 CIP 数据核字(2018)第 088951 号

策划编辑 雷旭波　　责任编辑 朱丽娜　　版式设计 范晓红
责任校对 刁丽丽　　责任印制 田　甜

出　　版	高等教育出版社	咨询电话	400-810-0598
社　　址	北京市西城区德外大街 4 号	网　　址	http://www.hep.edu.cn
邮政编码	100120		http://www.hep.com.cn
印　　刷	北京市鑫霸印务有限公司		
开　　本	787mm×1092mm　1/16	版　　次	2018 年 5 月第 1 版
印　　张	16	印　　次	2022 年 12 月第 6 次印刷
字　　数	380 千字	定　　价	34.00 元

物 料 号　49729-00

组编前言

21世纪是一个变幻莫测的世纪，是一个催人奋进的时代。科学技术飞速发展，知识更替日新月异。希望、困惑、机遇、挑战，随时随地都有可能出现在每一个社会成员的生活之中。抓住机遇，寻求发展，迎接挑战，适应变化的制胜法宝就是学习——依靠自己学习、终身学习。

作为中国高等教育组成部分的自学考试，其职责就是在高等教育这个水平上倡导自学，鼓励自学，帮助自学，推动自学，为每一个自学者铺就成才之路。组织编写供读者学习的教材是履行这个职责的重要环节。毫无疑问，这种教材应当适合自学，应当有利于学习者掌握和了解新知识、新信息，有利于学习者增强创新意识、培养实践能力、形成自学能力，也有利于学习者学以致用，解决实际工作中所遇到的问题。具有如此特点的书，我们虽然沿用了“教材”这个概念，但它与那种仅供教师讲、学生听，教师不讲、学生不懂，以“教”为中心的教科书相比，已经在内容安排、编写体例、行文风格等方面都大不相同了。希望读者对此有所了解，以便从一开始就树立起依靠自己学习的坚定信念，不断探索适合自己的学习方法，充分利用自己已有的知识基础和实际工作经验，最大限度地发挥自己的潜能，达到学习的目标。

欢迎读者提出意见和建议。

祝每一位读者自学成功。

全国高等教育自学考试指导委员会

2017年1月

目 录

德育原理自学考试大纲

德育原理

全国高等教育自学考试
教育学专业(独立本科段)

德育原理自学考试大纲

全国高等教育自学考试指导委员会　制定

出版前言

为了适应社会主义现代化建设事业的需要，鼓励自学成才，我国在20世纪80年代初建立了高等教育自学考试制度。高等教育自学考试是个人自学、社会助学和国家考试相结合的一种高等教育形式。应考者通过规定的专业考试课程并经思想品德鉴定达到毕业要求的，可获得毕业证书；国家承认学历并按照规定享有与普通高等学校毕业生同等的有关待遇。经过30来年发展，高等教育自学考试为国家培养造就了大批专门人才。

课程自学考试大纲是国家规范自学者学习范围、要求和考试标准的文件。它是按照专业考试计划的要求，具体指导个人自学、社会助学、国家考试、编写教材、编写自学辅导书的依据。

随着经济社会的快速发展，新的法律法规不断出台，科技成果不断涌现，原大纲中有些内容过时、知识陈旧。为更新教育观念，深化教学内容方式、考试制度、质量评价制度改革，使自学考试更好地提高人才培养的质量，各专业委员会按照专业考试计划的要求，对原课程自学考试大纲组织了修订或重编。

修订后的大纲，在层次上，本科参照一般普通高校本科水平，专科参照一般普通高校专科或高职院校的水平；在内容上，力图反映学科的发展变化，增补了自然科学和社会科学近年来研究的成果，对明显陈旧的内容进行了删减。

全国高等教育自学考试指导委员会教育类专业委员会组织制定了《德育原理自学考试大纲》，经教育部批准，现颁发施行。各地教育部门、考试机构应认真贯彻执行。

全国高等教育自学考试指导委员会

2018年1月

Ⅰ. 课程性质与课程目标

一、课程性质和特点

《德育原理》是全国高等教育自学考试教育学专业(独立本科段)课程体系中的必修课和必考课,也是该专业的基础理论课之一。本课程的学习,对于考生深刻理解立德树人教育根本任务,培育和践行社会主义核心价值观,增进对教育本质的认识等方面具有十分重要的作用。

本课程的学习,要牢牢掌握《德育原理》的学科特点。总体而言,本学科具有鲜明的思想性与科学性相统一,理论性与实践性相结合以及综合性和开放性相统一的特点。

从思想性与科学性相统一的角度看,德育原理学科具有很强的价值性,它与特定的历史、文化、社会、政治等因素密切相关,深受这些因素的影响。因此,在学习的过程中应注意处理好其价值导向的时代性、阶级性、民族性和国际性之间的关系。同时,德育自身的发展有其独特的规律,因此要尊重规律,利用规律提高德育实效性。二者不可偏废。

从理论性与实践性相结合的角度看,德育原理是一门理论与实践紧密结合的学科。它既要探索德育发展的一般规律,形成理论。同时,它也要紧密结合实践的变化,与社会现实和学生实际相结合,不断在丰富的德育实践中总结经验,并在这一过程中不断检验理论、完善理论。

从综合性和开放性的角度看,德育原理是一门年轻的、发展中的综合学科,需要广泛吸收和借鉴其他学科的已有研究成果,充实和完善自身的理论基础。这就需要以一种开放的心态去学习德育原理。

二、课程目标

设置本课程的目的,是使学生通过对德育原理研究对象和任务、历史发展及其学习方法的学习,进而理解德育的本质和功能、明确德育的目的和内容、了解德育的主体和对象、掌握德育的过程和方法、了解德育课程类型和特点、把握德育活动的内涵及其实施路径,掌握学生品德评价的手段,善于开发和利用各种德育资源,处理德育与环境的关系,并了解当代西方主要的德育模式及其特点,进而培养考生的德育意识,帮助考生掌握主要的德育基本原理和方法,提升考生分析和解决德育问题的能力。此外,该课程还对于考生形成正确的思想道德观念有积极的促进作用。

三、与相关课程的联系与区别

本课程与教育学、伦理学、心理学、社会学、经济学、法学、政治学等学科密切相关,其诸多内容都是在广泛借鉴这些学科的概念和知识的基础上建立起来的。因此，学习本课程需要考生具备一定的教育学、哲学、心理学等相关学科的知识基础。但是，这并不是说本课程没有其独立的研究对象和特有的学科概念、术语、范畴和命题。在广泛涉猎其他学科知识的基础上，需要紧紧围绕“德育是什么？”“德育为了什么？”“德育怎么做？”等核心问题来进行德育原理的学习。

四、课程的重点和难点

本课程的重点在于，准确把握德育的本质，正确认识德育主体和德育对象的关系，清楚德育过程的基本矛盾，知道通过德育课程、德育活动、德育评价开展和实施的基本途径，掌握常用的德育方法。

由于本课程是一门原理性质的基础学科，需要具备一定的哲学、心理学方面的理论基础。因此，本课程的难点在于，对德育本质规定性的正确认识，科学处理德育目的中社会本位和个人本位之间的协调性，确保学生品德评价的科学性和有效性，处理好学校德育与社会环境之间的关系。

Ⅱ. 考核目标

《德育原理》课程在考核目标中，按照识记、领会、简单应用和综合应用四个层次规定考生应达到的能力层次要求。四个能力层次是递进关系，各能力层次的含义如下。

识记（Ⅰ）：要求考生能够识别和记忆本课程的有关概念和原理的主要内容，并能够根据考核的不同要求，做出正确的表述、选择和判断。例如，对德育原理的基本问题、德育的概念、德育的本质和功能、德育目的和内容、德育主体和对象、德育课程、德育活动、德育过程和方法、德育资源、德育环境、学生品德评价以及德育模式等基本概念有起码的认识和了解。

领会（Ⅱ）：要求考生在识记的基础上，能全面把握本课程中的基本概念、基本原理、基本方法，能够掌握有关概念、原理和方法的区别和联系。例如，能够理解德育概念的词源学含义，德育的内涵与外延，德育产生和发展的生物前提和社会基础，能够正确判断某种德育活动的类型等。

简单应用（Ⅲ）：要求考生在领会的基础上，能够运用有关德育原理的基本概念、基本方法和命题，分析和解释某一具体的德育理论和现实问题。例如，根据德育的本质和功能的基本原理，分析当前我国德育实践中的惩罚问题，能够运用有关德育资源的理论分析当前我国在德育资源开发方面存在的问题。

综合应用（Ⅳ）：要求考生在简单应用的基础上，综合运用德育原理的多个知识点，系统分析、解释比较复杂的德育问题，并能够提出实践层面的改进意见。例如，能够根据德育的本质观、过程观全面分析当前学校在处理教学和德育的关系中存在的问题，并提出解决的策略和思路。

Ⅲ. 课程内容与考核要求

第一章 绪 论

一、学习目的与要求

通过本章的学习，了解德育原理的学科对象，把握德育原理的学科特点，知道德育原理的学科发展历史，领会德育原理学习的意义，掌握学习德育原理的主要原则和方法，激发学习德育原理的内在动机和积极性。

二、课程内容

（一）德育原理的研究对象和特点

1. 德育原理的研究对象

2. 德育原理的特点

（1）价值性与科学性相统一

（2）基础性与应用性相统一

（3）综合性与专业性相结合

（二）德育原理的历史发展

1. 国外德育原理的发展

2. 国内德育原理的发展

（三）学习德育原理的意义和方法

1. 学习德育原理的重要意义

（1）学习德育原理是落实立德树人根本任务的重要保证

（2）学习德育原理是德育实效性提高的重要前提

（3）学习德育原理是做好德育研究的理论基础

2. 学习德育原理的主要方法

（1）坚持用马克思主义思想指导德育原理的学习

（2）坚持多学科的视角审视德育问题

（3）坚持理论与实际相结合

（4）坚持在继承和借鉴的基础上不断开放创新

三、考核知识点与考核要求

（一）考核知识点

1. 德育原理的研究对象
2. 德育原理的学科特点
3. 学习德育原理的意义和方法

（二）考核要求

1. 识记：德育原理的研究对象及其学科特点。
2. 领会：学习德育原理的意义。
3. 简单应用：能够在与其他学科的比较中深刻了解德育原理的学科特点。
4. 综合应用：在德育原理的学习中综合应用各种学习方法促进自己的学习。

第二章　德育的概念与功能

一、学习目的与要求

通过本章学习，明确德育的概念和功能，了解教育发展中的德育概念，分清德育概念的内涵和外延，掌握德育的主要功能，厘清德育个体性功能和社会性功能的区别，对德育功能的定义有一定的了解，为学习德育原理学科课程的具体内容打下坚实的基础。

二、课程内容

（一）什么是德育

1. 教育发展中的德育概念

（1）“德育”的词源

（2）德育概念的内涵与外延

2. 德育的本质

德育是一种规范化教育，在内容和方法上具有特殊性；其次，它是一种社会化教育，即受教者所需掌握的是社会普遍价值下的行为规范和思想道德情操；再次，它是一种综合性教育，即知行合一、内外相化。简言之，德育的本质是强调人的一般社会性在个体德性品质上的具体体现及综合运用。

（二）德育的功能

1. 德育功能的定义

德育功能主要指的是德育活动因其自身的结构特点对个体和社会发展所客观具有的作用。

2. 德育的主要功能

（1）德育的个体性功能

德育的个体性功能包括：德育的个体品德发展功能、德育的个体智能发展功能和德育的个体享用性功能。

（2）德育的社会性功能

德育的社会性功能包括：德育的政治功能、德育的经济功能、德育的文化功能、德育的生态功能、德育的教育性功能。

三、考核知识点与考核要求

（一）考核知识点

1. 德育的概念和内涵
2. 德育的本质
3. 德育的主要功能

（二）考核要求

1. 识记：德育的概念及其内涵，关于德育定义的几种代表性观点，德育的本质属性和特点，德育的个体性功能和社会性功能。

2. 领会：德育本质的内涵，德育的个体性功能和社会性功能及德育诸功能的内部关系。

3. 简单应用：澄清德育实践工作者对“德育”概念的困惑。

4. 综合应用：从德育本质的角度分析学校中出现的德育问题，在正确的德育功能观的指导下开展德育实践。

第三章　德育的历史发展

一、学习目的与要求

了解德育从产生至今的整个历史脉络，理解德育是在人与社会的生成中“自然”起源，深刻理解不同历史时期德育的特点，了解现代学校德育发展的趋势，重点掌握运用历史的眼光考量德育问题。

二、课程内容

（一）德育的产生和原始社会的德育

1. 德育的起源

（1）德育产生的生物学前提

（2）德育产生的社会现实基础

2. 原始社会的德育特征

（1）德育形态是生活式的德育

（2）德育内容以习俗传承为主

（3）德育对象具有全民性

（4）德育方法主要是口耳相传和榜样示范

（二）学校德育的产生和古代学校德育

1. 学校德育的产生

2. 古代学校德育的特点

（1）组织化程度增强

（2）价值取向等级性明显

(3) 内容变化凸显阶段性

(4) 表现形态具有神秘性

(5) 实施具有明显的经验性

(三) 近现代学校德育的特点与发展趋势

1. 近现代学校德育的特点

(1) 规模化

(2) 民主化

(3) 世俗化

(4) 科学化

2. 现代学校德育发展的趋势

(1) 现代学校德育越来越强调实现个人全面且自由的发展

(2) 现代德育的综合系统化或整体结构化的趋势日益显著

(3) 现代德育内容多样化、全球化趋势加强

(4) 现代德育将在多种观念的交流与冲突中不断变革,寻求平衡

三、考核知识点与考核要求

(一) 考核知识点

1. 德育的起源和学校德育的产生。

2. 不同历史时期的德育的特点。

3. 现代学校德育发展的趋势。

(二) 考核要求

1. 识记:学校德育从原始形态的德育中分化出来的原因、时间。德育的历史发展阶段划分。

2. 领会:德育在人与社会的生成中自然起源。原始社会的德育、古代学校德育和现代学校德育的特点。

3. 简单应用:运用关于现代学校德育发展趋势的知识分析当前学校德育的问题。

4. 综合应用:能够综合应用关于三种德育历史形态的知识思考提高学校德育实效的途径。

第四章　德育目的与内容

一、学习目的与要求

通过本章学习,要了解德育目的的内涵与功能,知道德育目的的不同类型及其特征;掌握制定德育目的的基本依据;理解德育目的的具体化问题;了解新中国成立以来我国德育目的的历史演进,并理解德育目的演变的特征,理解在德育目的的完善中应把握的取向;了解影响德育内容选择的因素,掌握我国学校德育的主要内容,了解新时期德育内容的新课题。

二、课程内容

（一）德育目的概论

1. 德育目的的内涵与功能

德育目的主要指的是社会对德育所培养的学生在品德方面达到的某种总体状态的设想或要求。它对德育活动和德育对象的品德发展具有重要的作用。

2. 德育目的确定的依据

（1）确定德育目的的客观依据

（2）确定德育目的的主观依据

3. 德育目的的类型

（1）社会本位的德育目的与个体本位的德育目的

（2）精英主义的德育目的与平民主义的德育目的

4. 德育目的的具体化

（1）德育目标的分类

（2）德育目标的分层

（二）我国的德育目的

1. 我国学校德育目的的历史演变

（1）学校德育目的的历史演变

（2）我国德育目的历史演变的特征

2. 我国德育目的的完善

（1）社会本位取向与个体本位取向相统一

（2）多元价值与核心价值相统一

（3）时代精神与传统道德相统一

（4）理想性与现实性相统一

（三）德育内容

1. 影响德育内容选择的因素

（1）影响德育内容选择的内部因素

（2）影响德育内容选择的外部因素

2. 我国学校的主要德育内容

（1）基本行为规范教育

（2）基本道德品质教育

（3）爱国主义教育

（4）集体主义教育

（5）民主与法制教育

3. 德育内容的新课题

（1）社会主义核心价值观

（2）理想信念教育

（3）生命教育

（4）生态伦理教育

(5) 媒介素养教育

三、考核知识点与考核要求

(一) 考核知识点

1. 德育目的的功能,确定德育目的的基本依据,德育目的的类型。

2. 新中国成立以来我国学校德育目的演变的特征,我国德育目的完善中应注意的取向。

3. 影响德育内容选择的因素,我国学校的主要德育内容。

(二) 考核要求

1. 识记:德育目的的功能,确定德育目的的主客观依据,德育目的的类型,影响德育内容选择的因素,我国学校的主要德育内容。

2. 领会:社会本位德育目的与个人本位德育目的的区别,精英主义德育目的与平民主义德育目的的区别,新中国成立以来我国学校德育目的演变的特征。

3. 简单应用:联系实际分析我国学校德育目的应把握的合理取向。

4. 综合应用: 联系实际综合分析学校制定德育目的时应注意的问题。

第五章 德育主体与对象

一、学习目的与要求

通过本章学习,了解学校德育中教师的育人角色,理解教师德育素养的结构及其发展提升的途径。掌握学生品德发展的特点与规律,明晰不同阶段特征学生的身心发展需要,学会运用个体道德发展的相关理论来解决学校生活中的具体问题。

二、课程内容

(一) 教师的育人角色与德育素养发展

1. 教师的育人角色

(1) 教师是道德教育者,也是道德学习者

(2) 教师是道德示范者,也是道德实践者

(3) 教师是道德知识的传递者,也是学生学习的合作者

(4) 教师是德育教学活动的设计者、组织者、管理者

2. 教师的德育素养发展

(1) 教师的德育素养结构

教师的德育素养主要包括:教师的德育意识、教师的德育知识和教师的德育能力。

(2) 教师德育素养的形成途径

教师德育素养的形成途径主要包括:教师的培训、教师的自修和教师的实践。

(二) 学生的品德发展特点与道德养成

1. 学生的品德发展规律与特点

(1) 品德的定义及其结构

（2）学生品德发展的规律

学生品德发展的规律主要有：由他律向自律转化的规律、从众性规律和在认知冲突中不断发展的规律等。

（3）学生品德修养的特点

学生品德修养的特点有：自觉性、内省性、自主性和实践性。

2. 个体道德发展理论与学生道德养成

（1）个体道德发展理论

个体道德发展理论主要包括：道德认知发展理论、精神分析理论和社会学习理论。

（2）学生道德养成途径

学生道德养成的途径主要有：激发学生道德修养的主动倾向；帮助学生全面正确地认识和评价自己；启发学生制订道德修养计划，帮助学生立志自勉；引导学生在生活实践中锤炼道德品质；帮助学生克服道德养成中面临的困境；帮助学生养成道德修养的习惯。

三、考核知识点与考核要求

（一）考核知识点

1. 教师的育人角色

2. 教师的德育素养结构及其提升途径

3. 学生品德的定义及其结构、品德发展的规律与特点、个体道德发展理论

4. 学生道德养成的途径及其策略

（二）考核要求

1. 识记：理解教师在学校德育中充当的育人角色，明晰教师的德育素养结构及其提升途径，清楚学生品德的定义及其结构，知晓学生品德发展的规律与特点，并能思索与复述出提升学生道德养成的途径与策略。

2. 领会：领会皮亚杰、科尔伯格、弗洛伊德、埃里克森以及班杜拉的德育思想及其道德发展理论，能明晰不同派别的思想家的区别与继承。

3. 简单应用：充分理解学生道德发展规律与特点，并能从不同角度出发，因时因地借鉴个体道德发展理论，将其应用于现实的教育情境。

4. 综合应用：整合德育主体与对象的特点，将教师角色与学生发展紧密联系，从双方视角出发去理解学校德育中的师生定位，结合自身教育特点，灵活地将理论应用于实践。

第六章 德育课程

一、学习目的与要求

通过本章学习，了解德育课程的基本内涵以及当代德育课程的主要发展趋势，知道德育课程的三种基本形态及其特点，掌握德育课程实施的基本原则，学会运用有关德育课程的理论去分析和解决德育课程实践中的具体问题。

二、课程内容

（一）德育课程概述

1. 德育课程的内涵与特点

（1）德育课程的内涵

德育课程主要是指学生获得的有关思想道德方面的直接经验和间接经验的总和及学习历程。

（2）德育课程的特点

德育课程的特点包括：德育课程的目标主要是情感、态度和价值观的培养；德育课程的学习必须以学生主体性的高度唤醒为条件；德育课程的实施应最大限度地丰富和改变学生的道德体验。

2. 当代德育课程发展的趋势

（1）德育课程日益受到世界各主要国家和地区政府的高度重视

（2）德育课程的生活化取向日益突出

（3）当代德育课程的科学化水平不断提高

（二）德育学科课程

1. 德育学科课程概述

（1）学科课程

（2）德育学科课程的定义

2. 关于专门德育学科课程的争论

3. 学科课程与德育的关系

4. 德育学科课程的实施

（1）直接德育课程的实施

（2）学科课程德育的实施

（三）德育活动课程

1. 德育活动课程的含义

（1）活动课程

（2）德育活动课程的内涵及功能

德育活动课程是指学校从学生的需要与兴趣出发，有目的、有计划、有组织地设计各种活动，引导学生积极主动地参与，以增进学生的道德理智和道德实践能力，改善学生道德生活的课程类型。

2. 德育活动课程的实施原则

（1）教育性原则

（2）主体性原则

（3）系统性原则

（四）德育隐性课程

1. 隐性课程的概念

2. 德育隐性课程的意义与内涵

（1）隐性课程的德育意义

(2) 德育隐性课程的内涵
(3) 德育隐性课程的类型
3. 德育隐性课程实施的优化
(1) 学校课程中的德育隐性课程优化
(2) 学校制度中的德育隐性课程优化
(3) 学校文化中的德育隐性课程优化
(4) 教师的行为、教学和领导方式中隐性课程的优化

三、考核知识点与考核要求

(一) 考核知识点

1. 德育课程的内涵、特点、类型及发展趋势
2. 德育学科课程的内涵与特点
3. 德育活动课程的内涵、功能与实施原则
4. 德育隐性课程实施的优化

(二) 考核要求

1. 识记:德育课程的定义和特点,德育学科课程、德育活动课程、德育隐性课程的内涵及各自的特点。

2. 领会:当代德育课程发展的趋势,有关专门德育学科的争论及其意义。

3. 简单应用:学会在实际的学科教学中挖掘德育资源,处理好德育与学科课程之间的关系。

4. 综合应用:能从各个方面综合评价学校德育隐性课程的实际状况,并能有针对性地提出优化学校德育隐性课程的具体方案。

第七章 德育过程与方法

一、学习目的与要求

通过本章学习,明确德育过程的基本内涵及其特点,重点理解传统德育模式和现代德育模式的主要区别,了解德育过程的主要矛盾及其实践意义,理解影响德育方法选择的决定因素,尤其是德育过程组织的基本矛盾,围绕基本矛盾的解决,选择有效的德育方法来开展德育工作。

二、课程内容

(一) 德育过程与德育过程模式

1. 德育过程的内涵及特点
(1) 德育过程组织的计划性
(2) 德育过程的引导具有正面性
(3) 德育过程的实施具有复杂性
(4) 德育过程的引入具有多端性

（5）德育过程的展开具有生成性

2. 德育过程的主要模式

（1）传统德育过程模式

（2）现代德育过程模式

（二）德育过程的组织

1. 德育过程组织的基本矛盾

（1）德育目标要求与学生道德发展实际的矛盾

（2）学校德育影响与一般社会道德影响之间的矛盾

（3）学生的道德认知、道德理想与道德实践之间的矛盾

2. 德育过程组织的基本原则

（1）方向性原则

（2）教育性原则

（3）最近发展区原则

（4）教育与再教育、自我教育相统一原则

（三）德育方法及其应用

1. 德育方法的内涵及影响因素

（1）德育方法的含义

（2）德育方法的影响因素

2. 常用德育方法

（1）讲授法

（2）榜样示范法

（3）情感陶冶法

（4）奖励与惩罚

三、考核知识点与考核要求

（一）考核知识点

1. 德育过程的基本内涵和特点

2. 传统过程模式和现代过程模式

3. 学校道德教育过程的基本矛盾、德育过程的组织原则

4. 德育实践中的常用德育方法

（二）考核要求

1. 识记：德育过程概念、德育过程的基本矛盾、德育过程的组织原则。

2. 领会：德育过程的基本特点、传统过程模式和现代过程模式之间的本质区别。

3. 简单应用：根据具体的德育活动，能够选择适当的德育方法。

4. 综合应用：根据不同的德育情境，综合运用各种不同德育方法。

第八章 德育活动

一、学习目的与要求

通过本章学习，明确德育活动的含义、特征、分类、功能及德育活动实施原则，并能以实施原则为导向，掌握科学地设计与实施德育活动的方法。了解学校实施德育活动的具体组织，包括共青团、少先队等，并能够理解其典型活动的内容与德育作用。重点掌握学校中的两种典型德育活动，仪式与游戏，能够理解仪式与游戏的概念、分类、明确其德育价值及其影响学生道德发展的不同维度，并能够掌握仪式与游戏设计与实施的内容、原则以及确保活动顺利开展的注意事项，有效地进行仪式和游戏的设计与组织。

二、课程内容

（一）德育活动概述

1. 德育活动的含义与特征

（1）德育活动的含义

德育活动指那些有目的地设计和组织的，以学生为主体，促进学生品德发展的教育活动。

（2）德育活动的特征

2. 德育活动的分类与功能

（1）德育活动的分类

（2）德育活动的功能

3. 德育活动实施原则

（1）德育活动要凸显主体性

（2）德育活动要与德育课程相配合进行

（3）德育活动要与社会生活相统一

（二）具体德育活动

1. 共青团、少先队组织的活动

（1）共青团组织的活动

学校共青团的基本任务是，在党的领导下，配合学校行政、教学，以共产主义精神教育全体团员和青年学生，充分发挥团员的模范作用，带动全体同学，开展以“三好”为目标，以学习为中心的各项活动，使广大青年学生在德、智、体、美等各方面都得到发展，成为有社会主义觉悟的有文化的身体健康的社会主义一代新人。

（2）少先队组织的活动

中国少年先锋队是中国少年儿童的群众组织，是少年儿童学习共产主义的学校，是建设社会主义和共产主义的预备队。少先队的创立者和领导者是中国共产党。中国共产党委托中国共青团直接领导少先队。

2. 德育仪式与游戏

（1）仪式教育的内涵及其实施

(2) 游戏的含义及其德育价值

三、考核知识点与考核要求

(一) 考核知识点

1. 德育活动的概念、特征、分类、功能、实施原则

2. 共青团和少先队组织的典型活动及其德育作用

3. 仪式设计与实施的主要原则与内容,仪式的五个德育意涵,仪式促进学生品德养成的三个层面

4. 校园游戏的分类,校园游戏中的德育因素,改良游戏的三种策略

(二) 考核要求

1. 识记:德育活动的概念、特征、分类、功能及德育活动实施原则。

2. 领会:共青团与少先队活动的特点及其德育作用。

3. 简单应用:联系实际能够说明某一种学校仪式或者校园游戏的德育意涵。

4. 综合应用:联系实际能够科学地设计并实施一个仪式或游戏活动,并能够从内容及其中蕴含的德育意涵角度进行阐释。

第九章　学生品德评价

一、学习目的与要求

通过本章学习,了解学生品德评价的内涵及其主要功能,掌握学生品德评价的基本原则,知道当前主要的评价模式,学会运用学生品德评价的基本方法。

二、课程内容

(一) 学生品德评价概述

1. 学生品德评价的内涵

(1) 学生品德评价的定义及内容

(2) 当前学生品德评价的发展趋势

当前学生品德评价的发展趋势主要包括:评价主体的多元化、评价方法的科学化、评价结果的客观化和评价过程的动态化。

2. 学生品德评价的基本功能

(1) 导向功能

(2) 诊断功能

(3) 强化功能

3. 学生品德评价的基本原则

(1) 注重发展评价,突出评价教育性

(2) 突出过程评价,推进评价日常化

(3) 实施多元评价,关注个体差异

(4) 调动学生自主性,共同建构评价

(5) 发挥激励作用,促进学生发展

(二) 学生品德评价的参照模式

1. 泰勒模式

泰勒模式评价内容包含以下方面。

(1) 目标的确定

(2) 经验的选择

(3) 经验的组织

(4) 结果的评价

2. 决策模式

决策模式包括背景评价、输入评价、过程评价、结果评价。

3. 应答模式

应答评价模式强调根据所关注的问题和评价目标来决定,而不是预设的搜集工具或手段。

4. CSE 评价模式

CSE 评价包括四个活动阶段:问题的选择;计划的选择阶段;形成性评价阶段;总结性评价阶段。

(三) 学生品德评价的常用方法

1. 学生品德发展的评价方法

(1) 国外关于学生品德发展的评价方法

国外量化的品德评价方法主要有自陈量表法和限定性争端测试法等;国外质性的品德评价方法主要有:投射法、对偶故事法、道德两难故事法。

(2) 国内关于学生品德发展的评价方法

国内量化的品德评价方法主要有评定量表法和 12 种性格因素量表法等;国内质性的品德评价方法主要有操行评语法、成长记录袋评价法、行为观察法、情境测评法和个案研究法。

2. 学生品德评价实践中需要重点关注的问题

(1) 注重多元评价,摒弃片面以学业成绩评价学生的品德发展

(2) 强调综合评价,避免用认知评价取代学生品德的整体发展

(3) 突出过程评价,防止片面追求“科学化”的量化评价

(4) 强化评价的教育性,淡化品德评价的评比和筛选功能

三、考核知识点与考核要求

(一) 考核知识点

1. 品德评价的定义及内容

2. 当前学生品德评价的发展趋势

3. 品德评价的基本功能

4. 学生品德评价的常用方法

5. 学生品德评价中需要注意的问题

(二) 考核要求

1. 识记:学生品德评价的定义、功能和发展趋势

2. 领会:不同学生品德评价方法的具体程序和优缺点,以及评价实践中存在的误区。
3. 简单应用:参考学生品德评价的参照模式改进现有的评价方法。
4. 综合应用:根据具体的实践情境,综合运用各种学生品德的评价方法。

第十章 德育资源

一、学习目的与要求

了解德育资源的概念和分类,理解德育资源意识确立的重要意义以及需要具备的观念基础。领会德育资源开发和利用的基本原则,熟悉并善于运用德育资源开发和利用的有效途径,能够在实践中做到对不同类型德育资源的有效开发和充分利用,从而丰富德育的现实载体,提升德育的实效性。

二、课程内容

(一)德育资源概述

1. 德育资源的概念
2. 德育资源的分类
(1)素材性德育资源和条件性德育资源
(2)隐性德育资源和显性德育资源
(3)校内德育资源和校外德育资源
(4)传统德育资源和现代德育资源
(5)自然德育资源和社会德育资源
(6)现实德育资源和网络德育资源
3. 德育各要素与德育资源的关系
(1)德育目标与德育资源
(2)德育主体与德育资源
(3)德育内容与德育资源
(4)德育方法与德育资源

(二)德育资源意识的确立

1. 德育资源意识的定义
2. 确立德育资源意识的意义和作用
(1)确立德育资源意识是道德教育向生活世界回归的必然选择
(2)确立德育资源意识是构建和优化德育环境的前提条件
(3)确立德育资源意识能为提高德育实效开辟现实路径
3. 教师形成德育资源意识的观念基础
(1)先进的德育理念
(2)德育主体意识
(3)德育生态意识
(4)德育创新意识

（三）德育资源的开发和利用

1. 德育资源开发和利用的基本原则

（1）开放性原则

（2）生活性原则

（3）创新性原则

（4）经济性原则

（5）安全性原则

2. 德育资源开发和利用的有效途径

（1）学科教学中德育资源的充分挖掘

（2）教师德育专业素养的切实提升

（3）少年儿童组织及社团德育职能的系统发挥

（4）家校德育共同体的有效构建

（5）校外教育机构德育效能的深度挖掘

3. 不同类型德育资源的开发和利用

（1）学校德育资源的开发和利用

（2）家庭德育资源的开发和利用

（3）社区德育资源的开发和利用

（4）媒介德育资源的开发和利用

（5）其他德育资源的开发和利用

三、考核知识点与考核要求

（一）考核知识点

1. 德育资源的概念及分类

2. 确立德育资源意识的意义及其观念基础

3. 德育资源开发和利用的基本原则和有效途径

（二）考核要求

1. 识记：德育资源的概念，德育资源意识的概念以及确立德育资源意识的意义。

2. 领会：德育各要素与德育资源的关系，德育资源意识确立需要具备的观念基础。

3. 简单应用：能够对德育资源进行简单分类，并掌握德育资源开发和利用的基本原则。

4. 综合应用：能够结合教育实际掌握德育资源开发和利用的有效途径，同时能够针对不同类型的德育资源尤其是学校、家庭、社会以及媒介等主要德育资源类型的进行具体开发和利用。

第十一章 德育环境

一、学习目的与要求

通过本章的学习，了解德育环境的基本特点、类型与作用，知道学校内部德育环境与学校外部德育环境的组成要素及其影响，学会运用学校德育环境的知识分析和解决环境与学校德育方面的相关问题，形成关于学校德育环境的正确观念。

二、课程内容

（一）德育环境概述

1. 德育环境的特点

（1）普遍性

（2）建构性

（3）历史性

（4）价值性

2. 德育环境的类型

（1）宏观环境、中观环境和微观环境

（2）正面环境与负面环境

（3）显性环境与隐性环境

（4）校外环境与校内环境

3. 德育环境的作用

（1）德育环境对于个体道德的作用

导向作用、示范作用、资源供给作用

（2）德育环境对于学校德育的作用

指导作用、引导作用、补充作用、阻碍作用

（二）学校内部德育环境

1. 学校整体环境的基本要素及德育影响

（1）学校整体环境的构成要素

（2）学校整体环境对于个体道德的影响

（3）学校整体环境对于学校德育的影响

2. 班级的基本要素及德育影响

（1）班级的构成要素

（2）班级对于个体道德发展的影响

（3）班级对于学校德育的影响

3. 同辈群体的基本要素及德育影响

（1）同辈群体的构成要素

（2）同辈群体对于个体道德成长的影响

（3）同辈群体对于学校德育的影响

（三）学校外部德育环境

1. 学校宏观外部德育环境的构成及影响

（1）学校宏观外部德育环境的构成要素

（2）学校宏观外部德育环境对于学校德育的影响

2. 学校中观外部德育环境的构成及影响

（1）社区及其德育影响

（2）大众传媒及其德育影响

3. 学校微观外部德育环境的构成及影响

（四）德育环境的建设

1. 学校内部德育环境的建设

（1）学校内部德育环境建设应合理调动多方力量

（2）学校内部德育环境建设要把握四项基本原则

2. 学校外部德育环境的建设

（1）学校宏观外部德育环境的建设

（2）学校中观外部德育环境的建设

（3）学校微观外部德育环境的建设

三、考核知识点与考核要求

（一）考核知识点

1. 德育环境的特点、类型及作用

2. 学校各种德育环境的构成要素及其影响

3. 德育环境建设的原则与措施

（二）考核要求

1. 识记：德育环境的基本特点、类型与作用。

2. 领会：学校内部德育环境与学校外部德育环境的组成要素及其影响。

3. 简单应用：运用学校德育环境的知识分析和解决环境与学校德育方面的相关问题。

4. 综合应用：联系实际思考、论述如何优化学校的德育环境。

第十二章　当代西方主要德育模式

一、学习目的与要求

通过本章学习，了解德育模式的意义，知道当前西方几种主要的德育模式的理论主张、实践策略及其优势与不足，学会在教育教学实践中创造性地应用这几种德育模式解决德育过程的实际问题。本章的学习重点是，深刻理解西方几种典型德育模式的特点、不足及其实践应用途径。

二、课程内容

（一）价值澄清模式

1. 价值澄清模式的理论主张

（1）价值观的定义

（2）价值澄清的四大要素

（3）价值澄清的评价过程

2. 价值澄清模式的实践策略

（1）澄清反应

（2）价值单策略

（3）团体讨论策略

3. 对价值澄清模式的简短评析

（二）道德认知发展模式

1. 道德认知发展模式的理论基础

（1）道德认知发展理论

道德发展的核心是道德推理能力的发展，道德认知发展的阶段性特征。

（2）道德教育的目的

道德教育的目的是让学生掌握具有普适性的道德原则：公正原则。学校道德教育的主要任务是促进学生道德推理能力的发展。

2. 道德认知发展模式的实践策略

（1）课堂讨论法

（2）公正团体法

3. 对道德认知发展模式的简短评析

（三）体谅关怀模式

1. 体谅模式

（1）体谅模式的理论基础

学校道德教育应该以满足学生与人友好相处的需要为基本职责，学校道德教育应促进学生成熟的人际意识和社会行为的发展，学校道德教育应注重道德榜样的作用，不应采用高度理性化的道德教育方式。

（2）体谅模式的实践策略

（3）对体谅模式的简短评析

2. 关怀模式

（1）关怀模式的理论基础

关怀伦理、多元智能理论

（2）关怀模式的实践策略

（3）对关怀模式的简短评析

三、考核知识点与考核要求

（一）考核知识点

1. 价值澄清模式的理论基础及其实践策略。

2. 道德认知发展模式的理论基础及其实践策略。

3. 体谅关怀模式的理论基础及其实践策略。

（二）考核要求

1. 识记：价值澄清、道德认知发展模式、体谅关怀模式的理论基础和实践策略。

2. 领会：价值澄清、道德认知发展模式、体谅关怀模式时代价值和教育意义。

3. 简单应用：价值澄清、道德认知发展模式、体谅关怀模式和品格教育各自在教育的应用。

4. 综合应用：根据学校德育工作的实际创造性地综合应用价值澄清、道德认知发展模式、体谅关怀模式解决现实的德育问题。

Ⅳ. 关于大纲的说明与考核实施要求

一、自学考试大纲的目的和作用

《德育原理》课程自学考试大纲是根据教育学专业(独立本科段)考试计划的要求,结合自学考试的特点编写的。其目的是对个人自学、社会助学和课程考试命题进行指导和规定。

《德育原理》自学考试大纲明确了本课程学习的内容以及深广度,规定了课程自学考试的范围和标准。因此,它是编写自学考试教材和辅导书的依据,是社会助学组织进行自学辅导的依据,是自学者学习教材、掌握课程内容知识范围和程度的依据,也是进行自学考试命题的依据。考生、助学者和国家考试命题者,都应该认真阅读、领会和掌握本大纲的内容及指定的教材,并根据本大纲所规定的基本内容和范围及指定的教材进行自学、助学和命题,不能偏离和违背本大纲及依据本大纲所编写的教材,自行其是。

二、课程自学考试大纲与教材的关系

《德育原理》课程自学考试大纲是进行学习和考核的依据,教材是学习掌握课程知识的基本内容与范围,教材的内容是大纲所规定的课程知识和内容的扩展与发挥。凡是大纲规定的内容和考核知识点,教材里均做了较为全面、系统、具体的解释、说明和论述。课程内容在教材中可以体现一定的深度或难度,但在大纲中对考核的要求一定要适当。

大纲与教材所体现的课程内容是基本一致的,大纲里面的课程内容和考核知识点,教材里都有介绍,但教材里有的内容,大纲里就不一定体现。

三、关于自学教材

《德育原理》,全国高等教育自学考试指导委员会组编,班建武主编,高等教育出版社,2018 年版。

四、关于自学要求和自学方法的指导

本大纲的课程基本要求是依据教育学专业(独立本科段)考试计划和专业培养目标而确定的。考生自学要以本大纲为纲,以指定的教材为本,努力吃透大纲精神,学透教材内容。重点是要识记和领会德育的本质和功能,掌握德育工作的一般规律和方法,并能够在此基础上,主动运用相关德育知识分析、解释和解决现实中的德育问题。

这就要求考生在自学中,要注意理论联系实际,除了做好相应的理论学习外,要密切关注德育实践,提高理论的实践解释力和指导力。同时,也要善于在丰富的德育实践中,发现问题、总结经验，提升自我的理论自觉水平。只有在理论和实践的自觉结合中认真学习，才能将《德育原理》课程学通、学透、学好。

为有效地指导个人自学和社会助学，本大纲已指明了课程的考核知识点和考核要求，考生应该结合这些要求，在自学中重点突破。

五、对社会助学的要求

1. 深刻领会大纲精神，确保社会助学符合大纲要求

为保证考生自学不偏离本大纲的基本要求，社会助学单位或个人首先需要深刻领会本大纲的基本精神，确保相应的内容选择和课程安排能够充分覆盖大纲的基本内容和相应的考核知识点。

2. 指导考生自学大纲和指定教材

社会助学单位或个人应根据本大纲的规定，认真钻研指定教材，在此基础上，根据自考生的特点，设计更具有针对性的教学内容，采取更有效的教学方法，确保考生能够在社会助学的指导下，更好地掌握本大纲规定的内容和指定教材的相关考核点。并能够根据自考生学习出现的问题给予及时的指导和纠正。

3. 考学结合，注重对考生综合能力的培养

社会助学单位或个人一方面固然要努力帮助考生以优异的成绩通过考试，另一方面，更要注重考生对《德育原理》课程综合能力的培养。避免陷入片面的、碎片化的考点知识训练，从而导致考生对课程知识的掌握缺乏整体性和系统性。这也违背了教育的初衷。因此，社会助学单位或个人要善于抓住本大纲的核心知识和关键命题，在重点内容上多下功夫，做到点面结合，纲举目张，帮助学生形成关于德育原理的综合能力。

4. 学思结合，充分发挥考生的主体性

社会助学单位或个人既要为考生提供反映大纲要求，体现指定教材内容的自学指导，也要充分引导学生对相关问题的进行主动的思考和自觉的反思，从而不断激活考生学习的主动性和积极性。帮助学生在自学的过程，运用所学的德育知识分析和解释现实德育问题，从而增强考生自学的成就感和内在学习动机。

六、对考核内容的说明

本课程要求考生学习和掌握的知识点内容都作为考核的内容。课程中各章的内容均由若干知识点组成，在自学考试中成为考核知识点。因此，课程自学考试大纲中所规定的考试内容是以分解为考核知识点的方式给出的。由于各知识点在课程中的地位、作用以及知识自身的特点不同，自学考试将对各知识点分别按四个能力层次确定其考核要求。

七、关于考试命题的若干规定

1. 本课程考试为闭卷考试，时间为 150 分钟。课程考试除了考试用笔外，一般不应再携带任何考试工具。

2. 本大纲各章所规定的基本要求、知识点及知识点下的知识细目，都属于考核的内容。考试命题既覆盖到章，又避免面面俱到。考试内容突出课程的重点、章节重点，加大重点内容的覆盖度。

3. 命题不能有超出大纲中考核知识点范围的题，考核目标不得高于大纲中所规定的相应的最高能力层次要求。命题应着重考核自学者对基本概念、基本知识和基本理论是否了解或掌握，对基本方法是否会用或熟练。不应出与基本要求不符的偏题或怪题。

4. 本课程在试卷中对不同能力层次要求的分数比例大致为：识记占20%，领会占30%，简单应用占30%，综合应用占20%。

5. 本课程考试在试卷中合理安排试题的难易程度，试题的难度可分为：易、较易、较难和难四个等级。每份试卷中不同难度试题的分数比例一般为：2∶3∶3∶2。

必须注意试题的难易程度与能力层次有一定的联系，但二者不是等同的概念。在各个能力层次中对于不同的考生都存在着不同的难度。

6. 课程考试命题的主要题型一般有单项选择题、简答题、论述题、案例分析等题型。

附录　题型举例

一、单项选择题:在每小题列出的备选项中只有一项是最符合题目要求的,请将其选出。

1. 德育活动最为关键的特征是

A. 规定性　　B. 生成性　　C. 实践性　　D. 主体性

2. 创建道德认知发展模式的学者是

A. 苏格拉底　　B. 柏拉图　　C. 吉利根　　D. 劳伦斯·科尔伯格

二、简答题

1. 简要论述德育过程的主要矛盾。

2. 简要论述德育原理的学科特点。

三、论述题

1. 结合现实,论述德育资源的开发和利用途径。

2. 结合实际,论述德育的社会功能。

四、案例分析

某校对学生的评价,采取了如下的量化评价分析。

1. 按时到校,迟到、早退一次扣 5 分,旷(逃)课一节扣 5 分,一天按 10 节计算,超过 3 天者,本学期评定为 C,并联系家长。

2. 有病、事必须本人出具书面请假条。特殊情况必须电话联系请假后再补假条。事假一天扣 5 分,一学期不超过 7 天。病假一天扣 2 分,累计扣分。无故不请假不到校上课者,一次扣 20 分。

3. 尊敬师长,见面主动问好。团结同学,互帮互助,共同进步。顶撞老师、欺侮同学,发展不正当关系,发现一次扣 20 分。

4. 课间应做到不追逐打闹,不大声喧哗。出现一次扣 5 分。

5. 积极、按时参加学校、班级举行的活动,遵守会场纪律,不捣乱、不议论。不参加活动者一次扣 5 分,捣乱不听劝阻者,扣 20 分。开家长会家长无故不到者,扣 20 分。

6. 劳动时布置的工具不拿者一次扣 20 分,能积极响应号召,有突出表现的加 10 分。消极应付,不认真完成任务的一次扣 10 分。

7. 在校内外吸烟、喝酒、打架出现一次扣 20 分,罚款 5 元,并联系家长,责令改正。

8. 住宿学生应按时就寝。无故不按时就寝吵闹喧哗者,一次扣 10 分。

请根据以上材料,结合德育评价的相关理论,谈谈你对这一现象的认识。

后　记

2017年1月由全国高等教育自学考试指导委员会办公室召开了全国高等教育自学考试课程大纲、教材编前会，会上确定了《德育原理自学考试大纲》编写的指导思想、基本原则和要求。

本大纲由北京师范大学班建武副教授负责编写。大纲完成后，北京师范大学檀传宝教授、深圳大学刘志山教授、首都师范大学朱晓宏教授参加审稿工作，全国考委教育类专业委员会审定。

全国高等教育自学考试指导委员会
教育类专业委员会
2018年1月

全国高等教育自学考试指定教材

教育学专业(独立本科段)

德育原理

全国高等教育自学考试指导委员会　组编

主　编　班建武

编者的话

随着社会的不断发展和德育实践改革的不断深入，一些新的德育思想和德育研究成果不断涌现。与此同时，处在不断变革中的学校德育，也迫切需要更有针对性的德育理论指导。尤其是在当前，教育的根本任务是贯彻落实立德树人的根本任务，大力培育和践行社会主义核心价值观，切实将“德育为首”“德育为先”落到实处。因此，有必要根据社会的不断变化以及时代的要求，及时修订和完善原有的《德育原理》教材，才能确保其更好地反映时代的精神，回应社会的需要和现实德育实践的需求。本书在原有教材的基础上，做了比较大的改变。在内容和体系方面，努力做到既科学严谨，又生动活泼，增强相关理论知识的可读性和现实性。当然，德育原理是一门综合性很强的学科，其知识体系非常丰富，要想在一本教材中充分涵盖这些知识是不现实的。本教材在充分考虑自考考生学习特点的基础上，紧密结合全国高等教育自学考试的相关规定和教育学专业教学计划的有关要求，以及德育实践的新课题来对相关内容进行筛选和编排，力求教材的体例安排和内容编写既反映“德育原理”学科的一般要求，又体现自学考试和时代发展的特点。具体而言，本教材编写力图做到：

一、既强调思想先进，也确保科学专业

德育原理这门学科有着很强的思想性和价值性，关乎社会主义教育办学方向的重大问题。因此，教材的编写必须在党和国家教育方针的指导下，充分体现国家的意志和要求。德育本身又是一件专业性程度很高的工作，必须遵守教育的一般规律和青少年学生品德发展的内在规律。因此，本教材的编写一方面贯彻落实国家教育方针，确保教材内容的思想性和先进性；另一方面充分尊重科学，尊重规律，努力吸收和借鉴其他学科研究的科学成果，确保教材内容的科学准确性。

二、既注重理论介绍，也强调学以致用

“德育原理”顾名思义，就是要“原”德育之“理”，因此，理论性强是这门课程的重要特征。本书的编写，尽可能地对当前德育研究的已有理论成果进行“原汁原味”的介绍，确保理论的准确性和严谨性。但是，这并等于说本书是纯粹理论知识的汇编，在很大程度，本书特别注意在介绍相关德育理论知识的同时，尽量将其与具体的德育实践结合起来进行介绍。尤其是在每一章的最后，教材都会提供一个现实案例供考生分析，以帮助考生更加透彻地理解相关理论及其在实践上的应用。

三、既强调系统完整,也力求重点突出

德育原理这门课程的重要目的是帮助考生树立正确的德育观念,熟悉德育工作的基本原理,掌握开展有效德育的基本方法。因此,在很大程度上,本教材承担着重要的德育知识普及的重任。这就需要确保教材的编写应该较为全面地覆盖德育原理的基本议题和学校德育实践的基本领域。然而,毕竟教材容量和考生的时间都是有限的。如果对所有德育原理的相关知识和实践进行面面俱到的介绍,只会导致考生对各个知识点的学习只是蜻蜓点水,点到为止,不利于其对相关问题的深入了解。因此,本教材在注重学科知识体系的完整性的基础上,选择那些最为基础与核心的德育理论,如德育的本质和功能等进行重点介绍。希望通过对这些核心知识的介绍,帮助考生取得"纲举目张"的学习效果。另外,本教材在每章最后的拓展阅读部分,也可以帮助考生进一步全面地认识和了解相关知识。

四、既突出继承传统,也积极借鉴创新

我国有着历史悠久的德育传统,并在漫长的历史发展过程中积累了大量的德育思想和德育经验。因此,本教材努力做到对这些传统德育思想和方法的继承性发展和创造性转化,力求这些宝贵的德育资源能够更好地指导当前的德育实践。与此同时,本教材积极吸收人类文明所创造的一切优秀德育成果,来丰富和完善德育理论建设。如,教材就充分吸收了价值澄清、道德认知发展、体谅关怀教育和品格教育等国外德育思想。

相比于原教材,本教材在体例上在每一章增加了学习目标、建议学时、教师导读、案例分析、章节小结和拓展阅读等内容,目的是增强教材的指导性和可读性。

本教材由北京师范大学公民与道德教育研究中心班建武主编,经教材编写组成员多次讨论和研究后确定编写思路和提纲。编写者除了来自北京师范大学外,还包括了中国教育科学研究院、首都师范大学、北京教育学院、中国青年政治学院、陕西师范大学、深圳大学、广州大学等科研机构和兄弟院校的教育同仁。全书由班建武统稿、修改和审定。各章节执笔人如下:

第一章:班建武,北京师范大学

第二章:李敏,首都师范大学

第三章:郭冰,北京教育学院

第四章:李菲,陕西师范大学

第五章:李敏,首都师范大学

第六章:周毅,北京师范大学;张宁娟,中国教育科学研究院

第七章:王丽娟,中国青年政治学院;周毅,北京师范大学

第八章:张志坤,首都师范大学

第九章:王丽娟、马思远,北京师范大学

第十章:蔡辰梅,广州大学

第十一章:孔祥渊,深圳大学

第十二章:班建武

结束语:班建武、孔祥渊

本教材是团队精诚协作的成果。各章节作者认真地完成了各自的撰写任务,并不厌其

烦地对书稿进行了多次修改。本书在编写过程中,参考了大量专家的观点,并引用了许多同行的研究成果。周毅协助本人完成了书稿的统稿工作。对于各位作者和专家同行的贡献,在此一并表示衷心的感谢。尽管教材编写组成员努力编写,但能力有限,恐有错误和疏漏之处,敬请谅解。也希望各位考生和同仁能够在使用本书过程中提出宝贵意见,以便再版时修订完善。

班建武

2017年11月

第一章 绪论

学习目标

了解德育原理的学科对象，把握德育原理的学科特点，知道德育原理的学科发展历史，领会德育原理学习的意义，掌握学习德育原理的主要原则和方法。

建议学时

2学时

学习导读

立德树人是教育的根本任务。在学校的所有工作中，德育处在核心地位。甚至可以说，德育是学校教育的灵魂。这既事关社会主义教育的办学方向，也关乎广大青少年学生品德健康的发展。尤其是在建设中国特色社会主义、实现中华民族伟大复兴的历史进程中，进一步培育和践行社会主义核心价值观，增强青少年学生的道路自信、理论自信、制度自信、文化自信，培养和造就千千万万具有高尚思想政治素质和良好道德修养的社会主义建设者和接班人，是学校德育重大的时代任务。这一任务的有效完成，离不开科学、专业的德育理论指导。

作为德育学科群中的一门重要基础学科，德育原理是各具体德育学科的基础理论，有着其独有的研究对象和任务。了解这门学科的研究对象和特点，是我们学习好这门学科的基本前提。

第一节 德育原理的研究对象和特点

任何学科都有其特定的研究对象。如果对学科的研究对象和任务缺乏清晰的认识，那么，就会导致研究无从下手，从而也就失去了其作为一门独立学科所必须具备的基本条件。德育原理作为一门独立学科，也不例外。

一、德育原理的研究对象

研究对象的确定，是以该学科所要研究的对象的矛盾特殊性所决定的。毛泽东在《矛盾论》中指出，“科学研究的区分，就是根据科学对象所具有的特殊的矛盾性。因此，对于某一现象的领域所特有的某一种矛盾的研究，就构成某一门科学的对象。”从这个角度看，德育原理的研究对象，就是德育原理这一领域当中的特殊矛盾。那么，德育原理的特殊矛盾是什么呢？

成有信先生关于教育现象、教育问题、教育规律的区分，对于我们科学界定德育原理的研究对象有重要的启示。他认为：教育现象或事实虽然重要，但是他们更多是教育研究的起点而非真正的学科对象；教育规律则是教育学研究的结果，因此，它也不是教育学的研究对象。由此可见，教育学的研究对象只能是教育问题，它“是在教育实践活动中产生并被意识到的涵盖教育事实和教育价值之统一的教育问题”①。由于德育原理属于教育学的分支学科，因此，德育原理的研究对象也就理所当然的是德育问题。这一问题也应当是“德育实践活动中产生并被意识到的涵盖教育事实和教育价值之统一的德育问题”。这实际上表明，德育问题主要有两种类型。一种是基于事实的德育问题，另一种则是基于价值的德育问题。不管是何种问题，它们要能够成为德育原理的研究对象，则必须是那些具有原理属性的德育事实问题和价值问题。

那么，对于德育原理而言，它所要研究的德育问题，主要包括哪些内容呢？总体而言，德育原理所要探索的主要问题包括：德育概念、本质与功能的界定；德育的目的与目标的设定；德育内容的理解与选择；德育主客体关系辨析；德育过程的实质与展开；德育方法的类型与应用；德育课程的类型与实施；德育活动的特性与组织；德育管理的结构与落实；德育评价的内容与方法；德育环境的功能与优化；主要的德育模式类型等。本书即是以上述主要内容为脉络，展开对德育问题的研讨。在这些所有问题中，最为基本的问题是德育目标的要求与学生思想道德发展之间的矛盾，这一矛盾贯穿德育主要课题探究的始终，是德育的基本问题。德育基本问题具有基础性、根本性与全局性，德育基本问题的解决对具体德育问题的解决具有纲举目张的重要作用。

德育原理的基本任务就在于，立足社会生活与德育实践，不断发现问题、解决问题，并在这一过程当中，努力揭示德育的本质特征与规律，探索解决问题的一般思路，为德育实践的科学开展提供强有力的理论指导。

二、德育原理的特点

作为学科而存在的德育原理，主要探讨的是德育的一般性问题。但是，作为一门具体的学校课程，“德育原理”往往等同于“德育概论”，其所囊括的内容不仅涉及一般性的德育问题，而且还包含大量实务性的德育操作问题。本书所呈现的德育原理，实际上是整合了学科形态的德育原理和课程形态的德育原理，使其既有一般性的德育理论问题讨论，也有具体的德育实践介绍。基于此，本学科呈现出以下特点。

（一）价值性与科学性相统一

德育问题隶属价值范畴。任何的德育问题，本质上都是价值问题。因此，德育原理具有鲜明的价值性。在我国，德育原理的价值性首先就体现为其明显的社会主义性质。因此，德育问题的探索，就必须以先进的价值理论作为指导，能够对思想道德生活领域的诸多新问题做出正确的价值判断。与此同时，德育也是一个科学的领域。长期以来，我国德育实效性不

① 成有信.教育学原理[M].郑州：河南教育出版社，1993：16.

高的一个重要原因,就在于缺乏科学、专业的理论引领。这就使得德育领域的探索更多的是在经验层面上重复而难以取得重大教育突破。实际上,德育是一项专业化程度很高的教育工作,必须开展大量的科学研究,积极探索德育规律,才能确保其科学有效性。没有正确的价值引导,德育原理就会迷失方向,而缺乏必要的科学性做保证,德育原理则会失去生命活力,故二者必须有机统一起来。

(二)基础性与应用性相统一

德育原理一方面需要"原"德育之理,探索影响和制约德育发展的最一般的规律,获得关于德育现象和可观察的德育事实的基本原理。因此,德育原理的研究带有非常明显的基础性研究的特点。另一方面,德育原理对于规律的研究,并不是闭门造车,而是与现实紧密结合,最终指向实际德育问题的有效解决。因此,德育原理研究又表现出突出的应用性特征。只讲德育原理的基础性,就容易使德育原理脱离实际,变成一种理论的玄想;而只讲德育原理的应用性,则会导致德育实践缺乏理论的指导而变成杂乱无章的经验堆砌。

(三)综合性与专业性相结合

现实的德育问题是复杂的。任何一门学科都难以解决复杂的德育理论和实践问题,而需要联合多学科共同协调研究,才能更好地解释和解决德育问题。因此,德育原理具有明显的综合性特征。实际上,德育原理是在广泛借鉴和吸收教育学、伦理学、心理学、社会学、政治学等诸多学科的有益研究成果的基础上建构起来的综合性学科形态。但是,这并不等于说这门学科是一个大拼盘。实际上,德育原理这门学科有着其特定的研究任务,也有着其独特的学科概念和理论体系。可以说,向其他学科开放,自觉运用其他学科的科学研究成果,是这门学科专业性的特殊表现。因此,强调德育原理的综合性,不是否定其所应有的专业性,而是强调它的专业性主要就体现在其开放性和综合性上。

实际上,相对于其他较为成熟的学科而言,德育原理还是一门年轻的学科,还存在着诸多不成熟、不完善的地方,处在不断发展的过程当中。此外,现实的德育问题也会随着时代的发展而不断呈现出新的样态,这也需要德育原理以一种开放的姿态积极应对时代的挑战。因此,德育原理既是一门综合性很强的学科,同时,它也是一门开放和不断完善的年轻学科。

第二节 德育原理的历史发展

德育原理与其他任何学科一样,其发展都经历了一个从无到有,从小到大的历程。了解德育原理的发展脉络,对于我们更好地认识德育的价值和意义,具有重要的意义。

一、国外德育原理的发展

德育原理发端于古代教育家的德育思想。从西方古代德育思想发展的脉络来看,从苏格拉底(Socrates)、柏拉图(Plato)、亚里士多德(Aristotle),一直到奥古斯丁(A. Augustine)、托马斯·阿奎那(Thomas Aquinas)和马丁·路德(Martin Luther)等,许多杰出的思想家、教育家都对德育的重要性以及德育的基本问题有过卓越的论述。比如,苏格拉底关于"美德即知识"的论述、"美德是否可教?"这一问题的讨论,以及其"产婆术"都蕴含着非常丰富的德育思想。

近代教育思想家如夸美纽斯(J.A. Comenius)、洛克(J.Locke)、卢梭(J.J.Rousseau)、康

德(I.Kant)、赫尔巴特(J.F.Herbart)等人更是在其教育著作中对德育的重要课题进行了较为集中的论述。比如,洛克在其《教育漫话》中,广泛论述了体育、德育和智育的关系,并在此基础上,提出了包含德育、智育、体育的比较系统的绅士教育思想。但是总体而言,这些关于德育的论述大多都存在于其教育论述的大框架之内,尚未完全成为独立的学科形态。

对德育的专门研究从教育学科群中分化出来、成为独立的教育理论形态发生在19世纪末20世纪初。涂尔干(E.Durkheim)的《道德教育论》(1902,又译作《道德教育》)①、杜威(J.Dewey)的《教育上的道德原理》(1909)、凯兴斯泰纳(G.Kerschensteiner)的《品格概念与品德教育》(1912)、马卡连柯的《论共产主义教育》(1952)(实际上是论共产主义道德教育)等都是独立形态德育理论的重要代表。其中,涂尔干的《道德教育论》往往被视为独立的德育学产生的标志。涂尔干对道德教育理论的最大贡献在于他第一个把社会学的研究方法引入道德领域,把道德作为一个社会事实来研究,成为道德社会学的"开山鼻祖",同时也奠定了当代道德教育理论研究中的社会学取向的基础。

二、国内德育原理的发展

中国德育思想源远流长,几乎与中国的文明史同步发展。从先秦时期诸子百家的德育思想,到宋明理学、陆王心学关于德育的有关论述,一直到梁启超、蔡元培、陶行知、晏阳初等人关于德育的思想,以及中国共产党在革命和建设时期所开展的社会主义德育实践和思想的建构,中国德育思想一直在不断传承和发展中推陈出新,为世界德育思想宝库贡献了重要的理论和思想资源。但总体而言,作为学科的德育原理,在我们国家的发展是十分年轻的。

中国的德育专著,是随着20世纪上半叶近代科学的传入才开始出现的。其中较有代表性的德育著作有梁启超的《德育鉴》(1905)、蒋拙诚的《道德教育论》(1919)、余家菊的《训育论》(1925)、李相勋的《训育论》(1935)、吴俊升的《德育原理》(1935)、姜琦的《德育原理》(1944)、汪少伦的《训育原理与实施》(1946)等。其中,梁启超的《德育鉴》分"辨术""立志""知本""存养""省克""应用"6篇,辑录古代先贤道德修养学说予以评析,与其"新民说"一起在当时产生了重要影响。蒋拙诚的《道德教育论》则在积极吸收现代伦理及欧美各国德育思想的基础上,构建了自己的道德教育思想的体系。可以说,这两部著作是独立的德育学在中国产生的标志。而吴俊升的《德育原理》试图将德育理论建立在心理学、伦理学和社会学的基础上,初步建立了有关德育的基础理论,可视为"德育原理"在我国产生的标志。

新中国成立后,我国内地德育理论的发展首先表现为对苏联教育学的引进与借鉴。在这一时期,较为突出的苏联学者的德育理论和著作主要有以下四种。

一是叶西波夫(V.P.Ysipov)、龚察罗夫合著,柏园译的《苏联的新道德教育》(三联书店,1949年)。全书对道德教育的任务、原则,尤其是苏维埃爱国主义教育、社会主义人道主义教育、集体主义教育、纪律教育、意志力教育以及列宁(V.I.Lenin)和斯大林(J. V.Stalin)的道德教育论述都有较好的阐释。

二是凯洛夫(N.A.Kaiipob)著,沈颖等译的《教育学》(人民教育出版社,1950年)中的德

---

① 该书成书于1902-1909年涂尔干任教巴黎大学讲授教育学课程(含道德教育、学校道德教育等课)期间,但正式出版于1925年(中译版1929年)。

育理论论述。该书有五章专门论述德育，对共产主义道德教育原理、方法，辩证唯物主义世界观形成，苏维埃爱国主义教育，自觉纪律教育等课题进行了较为全面的论述。

三是乌申斯基的德育理论。乌申斯基把对青年一代的道德教育放在全部教育的首位，在《谈俄国教育中的道德因素》一书中说："我们大胆地提出一个信念：道德的影响是教育的主要任务，这种任务比一般地发展儿童的智力和用知识去充实他们的头脑重要得多"。

四是苏霍姆林斯基的德育理论。苏霍姆林斯基在《帕夫雷夫中学》《和青年校长的谈话》等书中认为，道德是照亮学生全面发展一切方面的光源，学校要培养道德高尚的人，要使每个人的心中确立起神圣的和不可动摇的原则。这种神圣的不可动摇的原则就是共产主义道德原则，就是实现共产主义理想的行为准则。

与此同时，早在新中国成立之初，徐特立就在《人民教育》上分期发表《论国民公德》，论述"爱祖国、爱人民、爱科学、爱劳动、爱护公共财物"的国民公德教育，体现出新中国德育理论建设的新气象。20 世纪 50 年代末期，中国教育学界开始讨论教育学"中国化"问题，逐步开始独立自主的德育理论探索。如王焕勋的《论新中国的道德教育》、胡守棻的《中小学共产主义道德教育的内容与方法》等，均依据中国自己的思想资源和社会主义教育实践探索德育的基本问题、本质与规律。后来由于"文化大革命"等历史原因，教育学本身一度被作为"伪科学"加以批判，德育原理的学科建设也同样遭受了重大损失。

改革开放以后，德育理论研究重新回到健康发展的轨道，德育原理在借鉴国内外最新研究成果的基础上逐步呈现出百花齐放的繁荣局面。其中较有代表性的著作有：

（1）胡守棻主编的《德育原理》。该书 1988 年出版，其编写者主要来自北京师范大学、华东师范大学、西南师范学院、南京师范大学、安徽师范大学、湖南师范学院、天津师范大学、山东师范大学八所院校。这是新中国第一部德育原理教材，也是中国德育原理学科恢复与重建的重要标志，在中国德育原理学科发展上具有重要意义。

（2）鲁洁、王逢贤共同主编的《德育新论》。《德育新论》1994 年出版，其重要贡献是对新时期德育研究成果进行了高水平的整合、提升。该书针对当时社会转型期出现的新特点、新问题，力图构建适应社会变革与发展的新的德育基本理论，为德育原理以及整个德育学科的发展提供了许多新的思路。

（3）檀传宝著《学校道德教育原理》（教育科学出版社，2000 年 4 月）、黄向阳著《德育原理》（华东师范大学出版社，2000 年 11 月）出版。其中檀传宝所著《学校道德教育原理》是新中国成立后第一本明确以"道德教育"为主线而撰写的教育学专业"德育原理"教材。《学校道德教育原理》尝试以"道德教育"为主线和"守一而望多"的原则重新建构德育原理教材体系，努力建立起了教材编撰的个人风格。黄向阳著《德育原理》则在概念分析、原理探究等方面做出了有富有个性的探索，获得了较广泛的认可。

（4）其他有较大影响的德育原理著述，包括：班华主编《现代德育论》（安徽人民出版社，1996 年），胡厚福著《德育学原理》（北京师范大学出版社，1997 年），易连云主编的《德育原理》（武汉大学出版社，2010），戚万学、杜时忠编著《现代德育论》（山东教育出版社，1997 年），魏贤超著《现代德育原理》（浙江大学出版社，1993 年），郑航编著《学校德育概论》（高等教育出版社，2007），孙峰主编《现代德育原理》（陕西人民出版社，2008），檀传宝著《德育原理》（北京师范大学出版社，2007），刘济良著《德育原理》（高等教育出版社，2010），戚万学、唐汉卫编《学校德育原理》（北京师范大学出版社，2012），赵志毅编《德育原理与方法》

（人民教育出版社，2013）等。

当前，随着学科的不断分化，现当代德育研究也逐步分化出众多的交叉学科和分支学科，构成了一个包括众多具体学科的学科群或学科体系。现代德育学科既包括德育课程与教学论、德育活动设计理论、德育政策学、德育管理学、德育技术学等分支学科，也包括德育哲学、德育心理学、德育社会学、德育美学、德育思想史、比较德育学等交叉学科。未来德育学科仍然将在分化、交叉、综合中不断发展。

第三节　学习德育原理的意义和方法

教育的价值属性决定了德育在教育系统中的核心地位。学校德育作为青少年成长的重要机制，对青少年的品德发展具有十分突出的作用，历来受到社会各界以及广大教师、家长的高度重视。当前，社会环境的变迁以及青少年身心发展呈现出的新特点给学校德育提出了新的问题和挑战。学习德育原理，将有助于我们以一种更加客观科学的视角，切实解决这些新的问题和挑战。

一、学习德育原理的重要意义

学习德育原理对于贯彻落实立德树人根本任务，提高学校德育实效，以及做好德育研究均具有十分重要的意义，无论对德育理论的发展还是德育实效的提高都有十分重要的意义。

（一）学习德育原理是落实立德树人根本任务的重要保证

立德树人是教育的根本任务。这一任务的有效落实，是所有教师的责任。相比于教师的教学能力而言，其育人能力相对薄弱。这主要是因为教师的职前培养并未对其德育能力有专门的要求。这就导致在学校教育中实际从事德育工作的教师，由于缺乏必要的德育知识的学习和德育实践能力的锻炼，在很大程度上影响和制约了德育实效的取得。因此，教师是否学习相关德育知识，是确保“德育为首、德育为先”能否实现的关键前提，也是贯彻落实立德树人根本任务的重要保证。

（二）学习德育原理是德育实效性提高的重要前提

相比于知识学习，学生的道德成长由于更多地指向个人的思想意识、价值观念等内隐的精神世界的培育，因此，其过程更为复杂。与此同时，个体的道德学习也与时代的发展和社会环境的变迁息息相关，深受外界因素的影响和制约。这一切都使得那些在知识教学领域行之有效的常规方法和手段在德育领域很难发挥作用。而且，相比于有关知识学习方面的丰厚研究成果而言，有关道德学习方面的有质量的研究数量是相对少的。这就使得广大教师在处理复杂的德育问题时，缺乏足够的可资利用的德育理论。这在很大程度上导致了学校德育实效的不高。因此，提高学校德育实效性的重要前提就在于，提高教师的德育素养，使之具备良好的德育自觉意识和科学专业的德育能力。实际上，德育工作者只有对德育的本质和功能，对学生的品德发展规律，对学校德育课程、活动设计、管理制度、评价等方面有专业而科学的认识，才能有助于其提高自己德育工作的实效性。

（三）学习德育原理是做好德育研究的理论基础

德育研究的开展，离不开相关理论的指导。当前，德育研究的重要特点就是日益摆脱其经验性的研究局限，走向更为专业的科学研究。做好专业的德育科学研究，除了要掌握必要的研究方法、遵循特定的研究伦理外，更需要具备正确的德育观。可以说，有没有正确的德育观，会在很大程度上影响德育研究的质量。而德育原理的学习，对于提高德育工作者对德育意识，帮助其树立正确的德育观方面具有十分重要的促进作用。同时，德育原理还可以为德育研究的开展提供必要的理论资源，帮助研究者借助这些资源深入系统地分析各种复杂的现实德育问题，从而深化对德育的理解。认真学习德育原理，是高屋建瓴地学好教育学科、德育学科其他知识门类的基础。

此外，德育原理又是学习其他德育分支学科和交叉学科的基础。只有从原理上理解德育的基本问题，进而把握德育的本质与规律，我们才能深切理解人类德育活动的具体知识，才能学习好德育学科体系中各分支学科和交叉学科。

阅读链接

德育之重

所谓“德育之重”指的是德育的分量之重（德育的重要）。德育的重要几乎是毋庸置疑的。原因可以从社会发展、个人发展和教育的性质三大主要方面加以说明。

从人类社会发展的角度言，任何社会的生活品质都要有道德和道德教育机制予以保证，现代社会更是如此。因为现代社会既然给予我们前所未有的自由，当然也需要我们“配得上”这些前所未有的自由。正如当代美国教育学家威尔逊（Wilson J.B.）曾经指出的：“如果你追求主人——奴隶制度，你只需要一些规则和鞭子；如果你追求自由，你就需要各种复杂的机制和交往的环境——信息、选举、争论、程序规则等的有效性。同样，在自由社会中，道德教育也需要更多的注意。”也正是因为如此，国际社会越来越多关注道德教育，中国共产党和中国政府也一直在不遗余力地关心和推动中国的德育事业。

从儿童个人发展的角度来说，儿童当前学习生活的动力与质量、未来生活的和谐与幸福，都取决于他们是否接受了良好的“做人”方面的教育。当然我们也可以从反面论证：如果我们强制一个明智的家长在孩子的品德、身体、学业和艺术修养等缺陷中选择一个最不愿意自己的孩子出现的缺陷的话，我相信他会选择品德。原因十分简单：将孩子进监狱或者戒毒所之类的问题与孩子身体上的缺失、课业上的问题、文艺修养上的毛病相比，显然前者更令我们揪心。所谓德育“为首”的命题所表达的，并不是教育序列问题的回答，而是对教育的要害与本真的界定。

之于教育的性质，200年前德国伟大的教育学家赫尔巴特所说过的“没有离开教育（实际上指的是德育）的教学”的命题就已经有了很好的结论。台湾的陈迺臣博士在他的《教育哲学》中也表达得十分精彩：“教育是应该包含有教导和学习的因素在内，但反过来说并不一定为真。亦即有教有学的行为或活动，不见得就是教育。这是因为教育本身也是一种价值的活动。”所以，德育是教育的灵魂。离开“育人”无以言“教书”，离开德育谈教育无异于缘木求鱼。现代教育的毛病之一就在于我们往往偏离了教育的价值属性。故今天我们希望中国教育事业健康发展，就不能不将目光更多地投身到德育问题之上。

资料来源：檀传宝：《德育之重、德育之难与德育之急》，出自魏曼华等著：《当代社会问题与青少年成长》，福建教育出版社，2005年版序。

二、学习德育原理的主要方法

学好德育原理需要正确的学习方法。依据德育原理学科的特点，学习者要特别注意如下几点。

（一）坚持用马克思主义思想指导德育原理的学习

德育原理这门学科具有鲜明的价值性，因此，必须坚持正确的指导思想才能够确保其方向性。以马克思、恩格斯、列宁为代表的马克思主义经典作家关于德育的基本理论观点，以及毛泽东、邓小平、江泽民、胡锦涛、习近平等为代表的中国共产党人运用马克思主义的立场、观点、方法分析、研究德育问题所形成的思想理论成果，始终是我们学习和运用德育理论的根本指针，对于德育理论建设和实践探索更是具有重要的现实指导意义。当前，坚持用马克思主义指导德育原理的学习，重点是要牢牢把握习近平新时代中国特色社会主义思想的内涵，自觉以习近平新时代中国特色社会主义思想指导德育原理的学习，努力将其融会贯通于具体的学习活动当中。

（二）坚持多学科的视角审视德育问题

德育原理由于其所面对和处理的问题的复杂性，因此，必然从多学科、跨学科的角度来审视德育问题，才能更加全面、客观、准确地把握德育的本质和规律。因此，在学习德育原理这门学科时，一定要有开阔的学科视野，善于从各个学科的不同角度关照现实的德育问题。这实际上对德育原理的学习者提出了更高的学习要求。

（三）坚持理论与实际相结合

德育本质上是实践的。因此，在学习德育原理时，一方面需要认真学习和掌握相关的理论知识，增强自己的理论素养；另一方面，则要密切关注现实，善于从丰富的德育实践中发现问题，积累经验，进而创新理论。对于德育原理的学习者而言，坚持理论学习和实际应用相结合，可以将抽象的理论学习变得生动，使理论本身更加彰显其现实解释力。与此同时，个体在具体的理论应用过程中，会遭遇现实问题的诸多挑战，从而不断增强自我的内在学习动机，提高德育原理学习的自觉性和主动性。

（四）坚持在继承和借鉴的基础上不断开放创新

继承和借鉴包括我国在内所有国家和地区的传统优秀德育思想，既是我们学习德育原理的重要任务，也是学习德育原理的重要方法。只有广泛吸收各种优秀的德育思想，才能够掌握人类所积累和创造的宝贵思想遗产，也才能够更好地让我们站在巨人的肩膀上取得更大的进步。但是，这并不是说，我们对德育原理的学习只要往回看、往外看去寻求现成的经验就够了。实际上，当前社会的飞速发展，给德育理论和实践提出了诸多的新问题和新挑战。这些新的问题和挑战是过去的思想家所没有遇到过和思考的。因此，需要我们在积极继承和借鉴已有研究成果的基础，不断学习和探索，才能使德育原理永葆活力。

案例分析

《国家中长期教育改革和发展规划纲要（2010—2020年）》明确指出，要坚持德育为先。立德树人，把社会主义核心价值体系融入国民教育全过程。加强马克思主义中国化最新成果教育，引导学生形成正确的世界观、人生观、价值观；加强理想信念教育和道德教育，坚定学生对中国共产党领导、社会主义制度的信念和信心；加强以爱国主义为核心的民族精神和以改革创新为核心的时代精神教育；加强社会主义荣辱观教育，培养学生团结互助、诚实守信、遵纪守法、艰苦奋斗的良好品质。加强公民意识教育，树立社会主义民主法治、自由平等、公平正义理念，培养社会主义合格公民。加强中华民族优秀文化传统教育和革命传统教育。把德育渗透于教育教学的各个环节，贯穿于学校教育、家庭教育和社会教育的各个方面。切实加强和改进未成年人思想道德建设和大学生思想政治教育工作。构建大中小学有效衔接的德育体系，创新德育形式，丰富德育内容，不断提高德育工作的吸引力和感染力，增强德育工作的针对性和实效性。加强辅导员、班主任队伍建设。

请结合这段话的论述，谈谈你对学习《德育原理》这门课程的意义的认识。

本章小结

本章首先介绍了德育原理的研究对象，认为德育原理的研究对象是德育问题。在此基础上，讨论了德育原理学科的基本特点，认为德育原理学科具有价值性与科学性相统一、基础性和应用性相统一、综合性和开放性相统一三个主要特点。

其次，本章分别从国外和国内两个角度，简要介绍了德育原理这门学科发展的基本历史，认为当前德育原理学科的发展正不断走向交叉和综合。

最后，本章介绍了学习德育原理的意义和方法。在意义方面，本章主要认为学习德育原理是落实立德树人根本任务的重要保证，是提高学校德育实效性的重要前提，是做好德育研究的理论基础。在学习方法方面，本章认为要学好德育原理这门学科，需要坚持用马克思主义的思想指导学习，需要坚持多学科的视角，需要坚持理论联系实际，需要坚持在继承和借鉴的基础上不断开放和创新。

【思考题】

1. 德育原理的研究对象是什么？德育原理学科有什么特点？

2. 如何能够更好地学习德育原理这门学科？

【拓展阅读】

1. 檀传宝著：《浪漫、自由与责任——檀传宝德育十讲》，华东师范大学出版社，2012年版。

2. 鲁洁著：《道德教育的当代论域》，人民出版社，2005年版。

第二章　德育的概念与功能

学习目标

了解德育的概念及其内涵。把握德育的本质,知道德育是什么。了解德育对个体发展和社会发展所产生的各种影响和作用,树立全面的德育功能观,学会正确认识和处理德育诸功能之间的关系。

建议学时

4 学时

学习导读

在进行德育实践之前,我们首先要对德育的概念和功能有一定的了解。如果对德育的内涵及其功能的认识存在偏差,那么必然会严重影响德育实践的健康发展,进而影响德育实效的取得。因此,深入了解和把握德育的概念、内涵及其功能,这并不仅仅是对德育教师的要求,而且对所有德育的参与群体都具有重要意义。

本章旨在从德育概念出发,阐释德育的内涵和外延,以及它所具备的诸多功能。通过对本章的学习,可以使德育工作的主要参与者明晰德育的主要定义和价值导向作用,了解德育对整个教育改革的指导意义,以便更加完善系统地推进德育事业的健康协调发展。

学习本章,会使我们在当前纷繁复杂的德育理论面前,增进对德育的本质、功能等基本问题的全面理解,有助于科学指导我们开展德育实践活动,增强从事德育工作的自觉性和主动性。

无论是从事德育理论研究,还是从事德育实践工作,一个基本的条件就是要对自己所研究对象或所从事工作的本质、功能等基本问题有一个比较全面的认识和理解,本章将对德育的这些基本问题进行探讨。

第一节　什么是德育

一、教育发展中的德育概念

(一)"德育"的词源

从词源上看,"德"字最早出现于甲骨文,在殷商时期的《卜辞》中为"徝"或"悳",后多用“悳”,即“直心为德”。东汉的刘熙对“徝”的解释是:“徝者,得也,得事宜也”;汉代许慎在《说文解字》中解释“悳”为“悳,外得于人,内得于已也;从直,从心”。今天我们所使用的德字则是由“徝”与“悳”二字合二为一演化而来。同时,古人认为,德的对象和内容是“道”,“道”表示事物运动变化的规律和规则,如老子的《道德经》中认为“孔德之容,惟道是从”,包含有处理人与人之间以及人与社会和自然之间关系的行为规范的意思。人们认识了道,转化为内在思想感情,再外化为行为,施于人,称为德。“道”与“德”合用而成为合成词“道德”,两者的含义是相同的。

古代的“育”字写作“毓”,其本意是指妇女生育子女的一种生物学现象,后来又出现了“养”与“长”两种引申意。《说文解字》中将“育”解释为“育,养子使作善也”。《易·蒙》上说:“君子以果行育德。”“育德”即“养德”,亦即涵养熏陶品德或培养品德。可见,“德”主要指的是合乎道和社会规范的内在思想、感情和外在行为的综合;“育”则是指培养人的品德修养,即使人的内在思想、感情和外在行为具有善的特质。

从教育史来看,西方社会于 18 世纪后半叶已经形成“德育”这一词,德国哲学家康德把遵从道德法则培养自由人的教育称为“道德教育”(简称德育)或“实践教育”。此后,英国学者斯宾塞在《教育论》(1860 年)一书中,把教育明确划分为“智育(intellectual education)”、“德育(moral education)”、“体育(physical education)”,“德育”逐渐成为教育学界的一个基本概念。

在我国古代,“德”与“育”是分开使用的。“德”和“育”连起来使用,构成“德育”这一概念,乃是在 20 世纪初的事情。1902 年《钦定京师大学堂章程》中最早使用“德育”这一专门术语,“外国学堂于知育体育之外,尤重德育。”1906 年,王国维《论德育之宗旨》中正式使用“德育”这一术语,他将“德育”“智育”“美育”合称为“心育”,与“体育”相提并论,论述教育的宗旨。1912 年,中国国民政府颁布了“注重道德教育,以实利主义教育、军国民教育辅之,更以美感教育完成其道德”的教育宗旨,标志着“德育”一词开始成为我国教育界通用的名称。1928 年唐钺先生在编著的《德育大辞书》中对“德育”作以下解释:“德育为教育之一方面,以儿童之道德心之陶冶为目的”,是“德性之熏陶”。同年,王克仁等人编写的《中国教育辞书》认为:“道德教育,训练道德品格之教育也,一称德育”。

综上所述,现代汉语“德育”一词是一个外来词,是从西方使用的“moral education”译用而来的。在这一概念使用之初,德育亦即西方教育理论所讲的道德教育(moral education)的简称,指培养学生品德的教育。

(二)德育概念的内涵与外延

概念是反映事物特有属性的思维形式,它有两个最基本的特征:一是具有明确的内涵,反映对象的本质属性是什么;二是有其确定的外延,即概念的适用范围。明确一个概念需考察其内涵与外延两个方面,对德育概念的分析包括德育的内涵问题和德育的外延问题。只有正确分析、阐释德育的内涵和外延,才会有助于进一步确立德育的地位与作用以及它的具体内容、方法和原则。

1. 德育概念的内涵

从内涵上看,国内现已出版的德育原理专著中对德育所下的定义多种多样,一般具有代表性的观点有:

(1)德育转化说。代表性的观点有,“德育是教育者按照一定社会或阶级的要求,有目的、有计划、有组织地对受教育者施加系统的影响，把一定的社会思想和道德转换为个体的思想意识和道德品质的教育"①。"德育即是将一定社会或阶级的思想观点、政治准则、道德规范转化为个体思想品德的教育活动"②。从这些定义可以明显看出，它们都共同强调德育是把外在的社会意识转化为个体意识的教育实践活动。这一定义的优点在于，看到了社会意识对德育以及个体思想道德发展的重要作用，但对转化的实质缺乏说明，对德育的外延描述也不全面。

（2）德育内化说。比较有代表性的观点是，"德育是教育者按照一定社会的要求，通过特定的教育活动，把特定社会的思想和道德规范内化为受教育者的思想意识和道德品质的过程"③。"德育即育德，也就是有意识地实现社会化思想道德的个体内化，或者说有目的地促进个体思想品德社会化。"④从这些定义可以看出，德育内化说相比于德育转化说，更为重视受教育者对外在思想意识的吸收，因此"内化"解释比外在的"转化"更合理。但是，内化说依然没有从本质上克服转化论本身的缺陷，对学生在德育过程中的主体地位强调不够。

（3）德育内外化说。代表性的观点有，"德育是教育者根据一定社会和受教育者的需要，遵循品德形成规律，采用言教、身教等有效手段，通过内化和外化，发展受教育者的思想、政治、法制和道德几方面素质的系统活动过程。"⑤这一定义既看到了社会的外在要求，也看到了受教育者的内在需要。因此，对德育的这一界定较全面地揭示了德育的内涵和本质属性，同时对德育应遵循的原则、使用的手段和方式都有所表述。但是，这一概念仍然没有将受教育者道德养成的特殊内在机制充分地展现出来，容易导致德育泛化，最后导致德育的异化。

（4）德育建构说。"德育是教育者组织适合德育对象品德成长的价值环境，促进他们在道德价值的理解和道德实践能力等方面不断建构和提升的教育活动。"⑥这一概念从道德认知和道德实践两方面认识到德育对象的自主建构性，有利于更准确地对德育进行科学定位、更深刻地理解德育的本质、更有效地推动德育改革。

2. 德育概念的外延

从外延上看，德育有广义与狭义之分。起初，作为道德教育简称的德育只能是狭义的，钟启泉与黄志诚认为德育是："培育人的德性的教育，亦即通过培养道德情感、道德判断力、道德实践动机与态度，提高道德实践的能力与素质的教育，谓之德育，一般与道德教育同义。"⑦到了20世纪80年代，随着德育内容的不断丰富，迫切需要扩展德育的含义，于是将道德教育、思想教育、政治教育、法制教育等都收进德育这一概念中来，便出现了广义的德育概念，譬如胡厚福就把德育定义为"教育者根据一定社会或阶级的要求和受教育者品德形成发展规律，在教育者施教传道和受教育者受教修养的相互作用过程中，将一定社会或阶级

---

① 《中国大百科全书》编委会.中国大百科全书·教育卷[M].北京:中国大百科全书出版社,1985:59.

② 胡守棻.德育原理[M].北京:北京师范大学出版社,1989:20.

③ 孙喜亭.教育原理[M].北京:北京师范大学出版社,1993: 290.

④ 班华.现代德育论[M].合肥:安徽人民教育出版社,2004:9.

⑤ 鲁洁.王逢贤.德育新论[M].南京:江苏教育出版社,2010:105.

⑥ 檀传宝.学校道德教育原理[M].北京:教育科学出版社,2015:6.

⑦ 钟启泉,黄志诚.西方德育理论[M].西安:陕西人民教育出版社,1998.

的思想政治准则和法纪道德规范转化为受教育者思想、政治、法纪、道德品质的活动。”①这种德育界定后来包括更大的范畴，除了政治、思想、法制、道德方面的教育外，心理、纪律、环境、人口、劳动、国防、审美、理想、青春期教育等也归属德育的范畴（谓之大德育），致使德育外延不断膨胀。

这种大德育观的形成既是对中国文化中政德不分的传统的继承，也是对现实政治需要的反映，具有传统和现实的合理性。但德育概念的“泛化”也存在明显的弊端，无所不包的德育内容体系容易将“政治教育”“思想教育”同“道德教育”混为一谈，不利于政治思想教育的研究和理论建设，也不利于德育理论的进一步发展。其次，在德育实践中，把不同性质的问题归于一类，统称为德育问题，无助于德育实践的科学开展，也很难对学生的品德发展作出恰如其分的评价，更容易混淆德育实践过程中不同性质的问题。学校德育承担其所难以承担的复杂任务，导致效率低下。鉴于德育概念的极度泛化及其带来的诸多弊端，有学者明确指出，德育概念外延的界定应当遵循“守一而望多”原则。所谓“守一”，主要指的是严格意义上的德育或德育的基本内涵只能指道德教育，也就是道德教育是大德育里的根本，教育要守住最基本做人的问题。“望多”的意思有两条：一是思想、政治、心理健康等本身是重要的，所以要“望多”，要进行思想、政治、心理健康教育；二是思想、政治、心理健康教育等与道德教育即狭义的德育有着千丝万缕的联系，需要从其他教育中吸取合理而有益的经验，从而加强学校道德教育本身②。

在众多的德育定义中，有些定义过于宽泛，并没有抓住德育的本质特征。有些只是外延描述，缺乏对德育内涵的充分揭示。因此，对德育概念的有效分析不仅有利于德育理论的相互交流和发展，也可以帮助德育实践工作者进一步理解德育，提高德育实效。

因此，即使德育就其实践而言，主要采取的是一种“大德育”的概念，但是，从其核心内涵来看，德育主要是指培育受教育者道德品质的实践活动，它是德育主体适应社会普遍伦理道德的要求、遵循受教育者品德发展规律，通过创设有利于受教育者实现个体品德社会化的价值环境，促进个体品德不断发展和完善的过程。

鉴于在实践层面，德育主要体现的是一种“大德育观”，因此，在具体论述现实的德育课程、德育活动等内容时，将兼顾“大德育”的现实，将道德教育、政治教育、思想教育等内容结合起来论述。

二、德育的本质

从哲学视角上看，本质是指不以人的主观意志为转移的客观存在的物质世界本身的根本性质。本质问题反映的是事物特性或特殊矛盾的范畴。当前，关于德育本质的理解在学术界却存在很大分歧。这一分歧产生的理论根源是，学界对“本质”这一概念存在不同认识。因此，要充分理解德育的本质，就必须深刻把握本质的内涵和特点。

在“德育的本质”问题上，有学者对哲学上的“本质”和“本原”问题进行了区分，认为道德在生活中主要有两种存在状态：德性（品德）和德性生活（道德实践）。在此基础上，提出道德教育的本质就是对于人的生活意义的求索和生存质量的提升。

---

① 胡厚福.德育原理[M].沈阳：辽宁大学出版社，2000：22.

② 檀传宝.学校道德教育原理[M].北京：教育科学出版社，2015：4.

还有一种“存在主义”的德育本质观。存在主义的基本命题是“存在先于本质”，也就是说本质不是事物先天固有的属性，而是人在实践中通过活动不断形成的。这一观点是从本质形成的角度讨论德育的本质，认为德育的本质也是在德育实践活动中不断形成和发展的。

除上述几种观点外，还有的学者提出“沟通论”“体验论”“实践论”以及其他一些观点，比如：道德教育的本质是教人“向善”和“求善”；是引导和规范人们通过利他而合理利己；德育的本质是社会价值体系对个体价值观念体系的定向引领与整合；德育的本质就是教导学生对于善与义务能知又能行；道德教育的本质是主体性道德教育与社会性道德教育的辩证统一，等等。

不同德育理论家或教育家对德育本质的不同看法丰富了我们对德育本质的认识。有的学者站在社会的立场上，强调德育是将社会规范内化为个人品德；有的立足于人的角度，强调德育是对现实生活的理性审视，是为了人的幸福、超越；还有的是从社会与个人的关系角度看，认为德育的本质在于使个人完成道德上的社会化。

总体而言，本书认为，德育本质主要包含以下几个方面的特点。首先，德育是一种规范化教育，在内容和方法上具有特殊性；其次，它是一种社会化教育，即受教者所需掌握的是社会普遍价值下的行为规范和思想道德情操；再次，它是一种综合性教育，即知行合一、内化与外化相结合。简言之，德育的本质是强调人的一般社会性在个体德性品质上的具体体现及综合运用。对于德育本质问题的理解会随着社会历史的发展、学科研究的深入而不断完善。

基于上述分析，我们在理解德育本质时应注意以下几个方面的问题：

(1) 通过下定义的方式来认识德育的本质属性，只能够回答德育的内容或者其与其他各育之间的不同，即特殊性，但尚未深刻揭示出德育本质的基本内涵。

(2) 揭示德育的本质，首先应该明确本质的内涵。实际上，本质主要规定的是“事物是什么”这一问题，因此，德育的本质主要解决的就是“德育是什么”的问题。虽然它也涉及德育目的和功能等问题，但“是什么”是其根本内容，不能把德育本质问题和德育目的、德育功能和德育内容等问题相混淆。

(3) 对于教育实践者来说，只有正确认识德育的本质，才能科学地揭示德育规律，制定合理的德育目标和内容，选择有效的德育途径和方法，自觉运用于教育教学活动之中。

第二节　德育的功能

德育功能与德育本质问题紧密相连，所以在阐明“德育是什么”的本质问题后，紧接着就需要探讨“德育能做什么”的功能问题。而对德育功能问题的正确认识，又有赖于对德育本质问题的正确理解。

一、德育功能的定义

德育功能主要指的是德育活动因其自身的结构特点对个体和社会发展所客观具有的作用。对德育功能的理解直接影响德育活动的存在价值与意义，同时，对德育功能的正确认识还有助于确立德育目标，适当地开展德育实践活动以及形成合理的德育评价机制。

德育功能不同于德育目的和德育效果。德育目的反映的是人们对德育活动预先设定的结果的价值期待，带有主观性和理想化倾向，反映的是“想要德育干什么”的问题。德育的效果是具体德育实践活动已然产生的变化和结果，反映的是“德育实际干了什么”的问题；而德育功能具有客观性，反映的是德育“本来能够干什么”的问题。德育功能与德育目的、德育效果分属不同的范畴，三者之间既有区别又有着密切的联系，厘清它们之间的关系，对于德育功能理论的建设和德育实际工作有着重要的意义。

二、德育的主要功能

根据不同的分类标准，德育功能可以区分为不同的类型。从作用的对象看，德育功能可以划分为个体性功能与社会性功能；从作用的性质看，德育功能可划分为正功能和负功能；从作用的显现形式看，德育功能可划分为显性功能和隐性功能。本书主要是从对象的角度将德育功能划分为个体性功能、社会性功能和教育性功能。

（一）德育的个体性功能

德育的个体性功能是指德育对德育对象个体的品德发展客观具有的影响和作用，它是德育的本体性功能。德育的个体性功能包括个体品德发展功能、智能发展功能和享用性功能。个体的品德发展功能是德育的根本功能和第一位的，智能发展功能是其副产品。享用功能作为一种人生境界，并非每个受教育者在德育过程的每个阶段都有这种体验，它属于个体性功能的较高层次。

1. 德育的个体品德发展功能

个体的品德是一个复杂的结构系统，它包括品德的形式、内容、能力三大维度，每一维度之中又包括若干因素。德育对个体品德结构发展具有不可忽视的重要作用，它是德育功能体系的基础，也是德育最基本的功能。

（1）形成与发展个体品德的形式结构

个体品德总是通过一定的形式而展现，而其形式又是一个复杂的结构系统，包括个体道德认知、情感、信念、理想等。德育的实质就是培养人的道德品质的活动，学校德育首先通过向受教者传授社会的道德价值概念、知识促进其掌握一定的道德规范，帮助个体获得道德认知。其次在德育实践中把抽象的理论知识以具体生动的方式呈现出来，激发学生的道德情感体验。再次，德育在个体道德意志发展中也发挥着重要作用，促使个体形成坚定的道德信念，培养正确的世界观、人生观、价值观，从而确定崇高的道德理想。同时，个体的品德发展需要知、情、信、意、行之间协同作用、和谐发展。因此学校德育不应囿于道德知识的传输，更应该着力于学生的道德情感、意志、信念、理想等方面的发展和培养。

（2）形成与发展个体品德的内容结构

学校德育的进行必须有基本的内容依据，其内容是指社会的道德观念、道德原则与规范在个体意识中的反映情况，这种意识情况直接影响个体的道德选择与道德行为①。促进学生形成良好的品德内容结构，是学校德育的常规性任务。在此方面，学校德育应当考虑传授何种道德规范以使学生契合社会发展与自身需要、如何更新完善自身道德内容、如何解决日常中的道德失调问题、如何正确把握原则及如何正确处理学校、家庭、生活各方面之间的道德关系等。

（3）形成与发展个体品德的能力结构

① 戚万学，唐汉卫.学校德育原理[M].北京：北京师范大学出版社，2012：21.

个体的品德结构不仅表现在形式和内容方面,还有品德的能力维度。品德能力是个体在处理道德意识与外部环境之间的关系时调节自身道德活动的一种相对稳定的主观反应①,其不仅包括了对客观道德事物的反应能力,还有主观上的品德认识能力、意应能力、控制能力和决策能力,结构较为复杂。学校应借助正规德育课程及相关活动,培养学生运用道德知识分析道德问题、作出正确判断和评价的能力。学校德育过程中要立足现实生活,以真实的道德冲突和主观情感来锻炼受教者实际问题的处理和控制能力。

2. 德育的个体智能发展功能

在探讨了德育的个体品德发展功能基础上,对于个体的智能发展功能的认识将会更深刻和全面。对美好事物的追求离不开个体的智能发展水平和创造性的支持,而个体智能发展的方向等又受到人的价值观影响与制约,因此,德育在个体的智能发展中也发挥着积极的作用。

(1) 支配并制约着个体智能发展的方向

德育活动的开展和最后取得的效果都要依靠一定的智能水平作为条件,所以德育的过程也就必然包含个体智能发展和运用的过程。其次,个体智能的发展方向和过程也受到德育的深刻影响。道德是人类价值生活的重要准则,对于道德的认识和把握程度,将会直接作用于人的信念中,从而制约其智能的发展和方向。它通过世界观以及道德观等的形成,以认知图式为中介,对于个体认知对象的选择、信息整理的规范以及对认识结果的解释等方面都起着潜移默化的影响作用。学校德育应该通过引导学生形成正确的世界观、道德观来引领个体把握整体智能发展的方向,防止不良观念对学生的侵蚀毒害。

(2) 促进个体创造性人格的实现

智能发展的理想状态是个体创造性人格的形成。激发学生的创造意识,培育其创造性人格是整个教育的任务和目标。学校德育以独特的方式促进学生创造性人格的实现。学校德育在内容上不同于其他文化技能知识培育。首先,它所传授的是较概念化且不易实体化的道德和规则等伦理知识,所以在教授内容的选择上更加灵活和充满人文色彩;其次,德育的目的是知行合一,即学能为用,它所教导的知识都是即时性的实践指导;再次,学校德育的教育参与者众多,或者要求较多,同时,在时间维度上更加广阔和全面。道德作为人类创造性活动的产物,包含了个体和社会智能的精神层面,在尊重事实和不改变事物原则的前提下,学校德育应当先对其本身改革,逐渐使活动或内容充满创造性,以此来促进受教者的创造性人格形成。任何创造性活动都具有某种价值指向,都具有道德上的意义,而德育正是给人以意义建构与价值指向的教育②。正是因为德育所具有的这些独特的方式,要实现智能发展的最高境界,学校德育必须肩负塑造学生创造性人格的崇高使命。

(3) 激发个体智能发展的动力和热情

积极、乐观、高尚的世界观、价值观和人生观能够对个体的认知活动和智能发展提供不竭的动力与热情,产生积极的激发与推动作用。个体的道德理解力是其认知理解力的源泉与动力。缺乏社会责任感、团体荣誉感和理性认识的人,是很难在智能发展的过程当中激发出内在的学习动机和求知欲望的。因此,学校德育应该着力培养学生正确的理想观念,端正

---

① 戚万学,唐汉卫.学校德育原理[M].北京:北京师范大学出版社,2012:22.

② 戚万学,唐汉卫.学校德育原理[M].北京:北京师范大学出版社,2012:24.

的学习态度，提高自我学习的社会责任感和历史使命感，从而能够很好地将自我的发展和社会的进步有机结合在一起。

3. 德育的个体享用性功能

德育对每一个个体来说，除具有发展的功能以外，还具有一种享用的功能。所谓德育的享用功能，主要指的是德育可以使个体实现其道德理想，并使人在这一过程中获得精神上的满足、快乐和幸福。

（1）德育享用功能的意义

长期以来，对德育的功能主要是从社会整体的角度去论及。谈及个人，也主要是强调德育是把一个自然人变为一个社会人，使受教育者遵循某种道德规范对自己的约束作用，是一种工具式的道德教育观。现代德育认为，德育对于个体不仅具有规范和约束作用，其对个体而言，更为根本的作用在于它是自我实现的重要精神维度。德育的享用性功能注重的是个体的精神世界的建构和思想品德的本体价值，不是将道德规范视为异己的束缚，而是将其看作一种自我的实现方式，追求的是从道德的他律转变为自律乃至自由。在最本质意义上，道德是一种精神享用。道德教育是一种满足人们精神享受、促进人领悟生命的意义、实现幸福生活的教育实践。

（2）德育可以满足个体的内在精神需要

德育不仅意味着社会伦理道德规范的习得，更意味着人的精神的启迪与发展。人为了生存要满足衣食住行等物质需求，但物质的丰盈不能够保证人们精神的愉悦，让人的生活更充实、更有意义。而道德的本质是以利他的方式来处理人与人、人与社会之间的利益关系，因而具有超功利性的特征。这种超功利性可以使人获得一种精神上的愉悦和自我肯定。因此，道德的发展与完善是人内在的一种精神需要，而德育是满足这种需要的重要途径。德育的主要任务是培养关注精神层面的品德高尚之人，这种品德高尚的人在德育过程中就可以满足其个体精神完善的需要。古人所说的“高山仰止，景行行止，虽不能至，心向往之”就表明人们对崇高精神境界的追求。在物欲横流的现当代，人们不仅要遵守生活的伦理规范，更要在丰富的道德资源中主动寻求精神的发展，成为追求自我发展和自我完善的人。

随着对德育功能认识的加深，人们逐渐认识到德育对人精神需要的满足不仅包括个体精神的愉悦和自我肯定，而且还可以提升个体的审美趣味和审美能力。个体在道德学习和实践当中可以领会并体验道德人生的幸福、崇高，人格的尊严与优越，因而具有审美的性质。从这一角度看，道德人生实际上就是个体立美创造的生动写照。道德教育可以帮助受教育者形成高尚的人生意境，以一种审美的心态去看待人生，从中获得愉悦，自觉践行道德行为。

（3）德育使人配享幸福生活

哲学家康德认为，“道德的学问（伦理学）主要不是帮助人去谋求幸福，而是帮助人做到配享幸福。”①人和动物最大的区别在于人是有理性的，德性是人的理性最崇高追求，康德主张的是伴随着幸福的有德性的生活，只有有德性的人才能配享属于自己的幸福。德性对于幸福具有决定性的意义，德性与配享的幸福是相一致的。

亚里士多德在《尼各马可伦理学》中写道，幸福即是灵魂合乎德性的实现活动。② 在亚

① 檀传宝.教师德育专业化读本：做一个配享幸福的教育家[M].北京：教育科学出版社，2012：1.

② 亚里士多德.尼各马可伦理学[M].北京：商务印书馆，2012：32.

里士多德看来，道德是人区别于动物的一大本质特征，既是人的功能也是人的目的。幸福是生活的终极目的，但幸福并不只是个人的主观感受，而是具有客观的衡量尺度，即幸福很大程度上取决于个体对道德这一本质性功能的运用和实践的好坏程度。因此，拥有并实践道德德性，或者在道德上“卓越”，是幸福必不可少的条件。由此可见，要想获得幸福生活就必须具备优良的德性，而德性并不是人天生就具有的，是需要通过后天的生活和教育实践不断习得和内化的。因此，德育通过塑造人的德性使人具备配享幸福生活的基本条件。修养道德的意义就在于帮助我们体会和洞悉幸福生活的真谛，所以对于个体来说，优良的德性是人们享用幸福生活的一种特殊保障，就如没有美的眼睛就无法看到世界的美一样，没有经教育培养而发展优良的德性，也就无法看到人性中神圣的可能性。教育的实践也证明了只有不断发展与完善主体的德性，才能使人更加充分感知、享用生活之幸福愉悦。

（二）德育的社会性功能

德育的社会性功能是指德育活动对社会发展所发挥的客观作用。德育社会性功能的实现依赖于个体性功能这一中介，德育通过培养有道德的人对社会其他领域（政治、经济、文化、生态）间接地发挥作用和产生影响，表现为政治功能、经济功能、文化功能、生态功能和教育性功能。

1. 德育的政治功能

在德育的诸种社会性功能中，政治功能是首要的。由于政治涉及的是一定社会、阶级、集团的根本利益，为此任何社会都要通过学校的教育来维护和发展这种利益。中国自古以来就是一个高度重视道德教化的国家，德育被看作是最有效的政治统治方式，是统治者“齐家治国平天下”的重要工具。总体而言，德育的政治功能主要表现在以下几个方面。

（1）德育传播与生产社会政治意识

德育对社会政治意识的传播与生产均能发挥其作用，特别是对政治理论的继承与发展、政治舆论的培育与引导方面尤具独特的功能。学校德育借助于系统的课程、稳定的时间和特定的政治舆论而成为宣传主流政治理论与道德观念的重要载体。任何一个国家的课程都有不同程度的政治价值取向要求，这些价值取向通过学校的课程标准、教学目的、教学内容、教学手段、教学评价的方式或隐或现地体现出来。如马克思主义理论教育、共产主义信念教育、革命传统教育等都是我国德育课程的重要内容。

政治舆论是一种社会心理现象，它与政治理论不同，具有明显的非理论性、自发性和盲目性等特征，但它对人们的政治行为具有直接的驱动作用，这就需要德育为之提供一种价值引导，确保其政治方向的正确性。学校通过形式多样的途径，对学生进行系统科学的思想政治教育，可以在学校内部，尤其是学生当中形成正确的政治舆论，进而影响整个社会政治舆论的导向，对社会发展产生积极作用。

另外，德育还具有发展政治理论的功能。学校通过德育以及各方面的教育可以造就“思想的生产者”。正是这些“思想的生产者”不断地创建出新的政治理论，丰富和发展已有的政治理论，从而确保政治理论的发展不断走向科学化。当前，学生对邓小平理论、“三个代表”重要思想、科学发展观以及习近平新时代中国特色社会主义思想的学习和研究，有利于深化和发展这些政治理论。

（2）德育再生产政治（阶级）关系

德育不仅担负着传播既定政治意识的职责，还在社会政治关系的再生产方面发挥着重要作用。首先,学校所进行的德育本身就是一种重要的政治文化资源。通过学生的政治社会化,学生学会认同一种政治角色,进而获得政治身份,从而使既定的政治关系得以再生产出来。其次,学校德育还可以对不同阶级、阶层的学生的不同政治诉求进行教育融合和改造,从而实现政治关系的再生产。由于阶级利益的不一致,不同的阶级在政治上会产生种种矛盾与冲突,学校德育通过传播统治阶级的思想意识,培养学生自觉的阶级意识,并促使不同利益群体发生融化与演变,使之形成与统治阶级相统一的立场,从而进一步维护、巩固再生产出现的政治关系。

(3) 德育引导政治行动

一个人的政治行动总是受特定思想观念的影响,学校的德育活动对社会政治行动具有引导的功能。学校德育可以帮助人们对政治目标和价值取向做出正确的选择。现代政治生活的复杂性,决定了个体的政治生活经验不足以保证其能够做出明确的政治选择,因此需要学校德育的政治引导。另外,现代政治生活的专业性也对个体参与政治生活的能力提出了更高的要求。这同样也需要学校德育通过相应的课程设置帮助学生掌握现代政治生活所必需的基本能力。实际上,除了课程学习外,学校德育还通过各种政治活动来培育学生的政治判断力,锻炼其参政能力,旨在使学生适应国家现行的政治生活方式以便将来顺利融入、参与国家的政治生活。

2. 德育的经济功能

德育的经济功能不是强调其对经济增长的直接促进作用,而强调的是它所传授的与经济发展相适应的价值观念、道德规范乃至生活方式,间接地对经济发展产生重要且深远的影响。

(1) 规范经济主体的价值观念与经济行为

人是生产力中最关键的因素,德育通过影响生产力的主体因素对经济发展起作用。一个人的道德素质影响着生产者对于生产资料的取舍和生产方式的利弊权衡。在经济活动中,个体天然拥有的是一种追求自身利益最大化的心理。如果个体的经济活动只是单纯受这种动机的驱使,则其经济行为很可能逾越道德规范。通过在教育中接受道德理念,会使受教者转变经济思想,进而影响其经济行为的价值取向。就现实意义而言,我国正处在经济转型的过程中,德育在此时显得尤为重要。这是因为社会经济的良善发展很大程度上依赖于经济主体的社会契约精神(如诚实守信的品格)、符合社会法律和道德规范的经济行为,以及将自身利益与社会整体利益相统一的能力。此外,要在全社会有效落实可持续发展的理念,大力推动绿色经济向前发展,同样也需要学校德育做出价值引导与示范。

(2) 维护社会经济形态的稳定与和谐

学校德育的政治功能对社会的稳定、和谐和发展具有十分重要的推动作用,这同样有利于促进经济生活的和谐有序与繁荣发展。社会主义市场经济,虽然有国家强有力的宏观制度支撑,但是它同样也需要广大人民群众,尤其是年轻一代青少年学生的正确认识、主动认同和积极参与,才能够确保这一经济制度具有良好的社会群众基础,从而焕发出社会主义市场经济的活力,彰显社会主义市场经济的优越性。学校德育应当引导学生熟谙我国的社会经济制度和经济形势,以极高的热情准备投入我国的社会主义市场经济建设中。

社会经济形态的稳定与和谐,除了依靠强有力的制度作为保障之外,也有赖于经济生活的建设者、参与者能够具有正确的经济观念和经济行为。在这方面,如何处理经济领域中的消费和分配，是其中最为关键的问题。这实际上就需要德育在消费和分配领域中发挥引导作用。德育在于引导生产者的生产理念、消费者的消费心理方面具有重要的作用，它对于帮助人们摒弃浪费、跟风、攀比、虚荣的消极观念，推崇节约、理性、实在、朴素的正面观念具有很好的引导作用。

3. 德育的文化功能

德育的文化功能是指它对社会文化结构中的其他结构单位，如各种意识形态、价值观念、行为规范、科学技术等以及对整个社会文化结构所产生的客观结果①。总体而言，德育的文化功能主要包括以下几个方面。

（1）德育的文化传承作用

首先，德育作为教育的组成部分，其基本文化功能首先表现为文化传承功能，即通过受教育者在德育过程中对社会的物质文化和精神文化进行传播和传承，维系原有文化及其结构，保持文化相对稳定性。不管是以物还是以人为载体，学校德育都在文化的认知、接受以及理解上构成并促动着文化过程与文化活动。德育的文化传承作用主要表现在文化选择、文化传播、文化融合等方面。在对于文化的教育选择上，学校德育是以“善”的标准对现实文化进行批判，选择那些优秀的文化，抛弃糟粕。从文化传播的两个途径即以物和以人为载体的方面来看，德育传播的不是知识形态文化，而是规范形态文化（如道德文化、政治文化、哲理性文化等）。正是由于德育具有文化传承的特性，才使得文化得以很好地继承和发展。其次，道德是一种普遍性约束规范，本身具有很强的控制作用，能对各种文化思潮进行鉴别、取舍，抵制不健康的文化等，实现文化有机整合，以维护社会主导意识形态。学校德育可以以培养受教者的认知和价值准则为基础，引导其拥有辨识能力，使文化在传承的过程中不断地相互吸收、相互融合。

要使学校德育发挥其文化传承的功能，首先需要确定批判性的思维，即选择传统文化中优秀的民族文化，这是继承的原则之一；其次在筛选过后，就要将灵活性生动性的特点运用于教学之中，使受教者乐于接受且易于实践；再次，文化的传承是一种知行合一的价值取向，这同时需要知行合一的行为方法。文化在学校德育中的传承，离不开这些原则，在践行这些原则的同时，也是文化传承的诸多表现。失去了传统文化的支撑，学校德育便会逐渐迷失文化根基，学校德育在批判继承文化的同时，通过一系列的教学手段，将逐步实现文化的规范和约束作用。

（2）德育的文化发展功能

德育不仅传承已有文化，也需要创造新的文化。德育具有改变当下社会文化的结构和体系，使其不断更新、发展的功能。古今中外文化，良莠不齐且时代性突出，文化只有符合时代的需要和社会整体道德要求，才有资格传承发展。德育在继承和发展文化方面具有其特殊优势，德育能够创设各种不同文化情境对文化主体产生影响，促使受教育者按照一定价值标准来对所传授的文化做出选择，同时又能按照人的身心发展规律将所选择的文化内化于自身的知情意结构中，提高解决文化冲突的能力，改变其深层思想文化，最终引起文化变迁。文化需要具备创新的功能，而文化创新的基础就在社会道德需求，德育形成和发展人的创新意识、创新精神和创新能力，最终完善人格。德育与文化之间存在互相促进的关系，文化变

---

① 鲁洁，王逢贤.德育新论[M].南京：江苏教育出版社，2010：247.

革要求德育变革,德育变革促进文化变革。

4. 德育的生态功能

德育的生态功能体现了科学发展观的基本要求,它把人与人之间的道德规范从社会领域扩展到自然领域,指导人们科学地认识人与自然的关系。学校德育的生态功能主要表现在:

(1) 培养学生的生态伦理素养

德育对学生生态伦理素养的培养,主要是通过帮助其形成正确的生态观和自然观而实现的。长期以来,受人类中心主义观念的影响,我们错误地认为人类是自然界的主人和占有者,因而向大自然无所顾忌地索取。这种生态观和自然观在很大程度上引发了当代日益严重的环境污染、生态失衡等巨大的生存危机。因此,摒弃"人类中心主义"这种观念,学会以和谐共生的姿态重新看待和处理人与自然和生态的关系正成为学校德育的新课题。当前,很多学校正在开展形式多样、生动活泼的生态教育。这为"美丽中国"的建设提供了强有力的社会基础。

(2) 引导学生参与生态文明建设

党的十九大明确指出,"建设生态文明是中华民族永续发展的千年大计。必须树立和践行绿水青山就是金山银山的理念,坚持节约资源和保护环境的基本国策,像对待生命一样对待生态环境"。学校德育在生态文明建设方面担负着不可推卸的重要责任。学校通过开设相应的生态伦理课程,一方面能促进学生了解生活中的环保知识,同时具有健康的生态理念和尊重自然、热爱美好生态环境的情感态度。另一方面,学校有计划、有组织的环保活动,如校园的植树活动等,能够直接引导学生参与绿色生态文明的建设。多次进行这种环保实践,有利于学生形成良好的个人生态意识与习惯,使学生在今后的个人和社会生活中,能够自主自决地约束和调节自己的行为,使其符合生态伦理的要求,甚至热心于环境保护事业,促进绿色生态文明建设的良性发展。

5. 德育的教育性功能

德育的教育性功能主要包括两个方面,一方面是指德育是教育的灵魂,确保了学校教育的价值方向,另一方面则是指德育对智育、体育、美育等其他各育的促进作用。

(1) 确保学校教育的价值属性

德育是教育的本质属性,没有德育的教育不成其为教育。现代社会的知识分化容易造成的一个倾向是科学知识和道德价值之间的分化。在充分意识到这种知识分化的趋势下,作为现代早期的教育理论家赫尔巴特明确提出了教育性原则,即"没有无教育的教学",任何科学知识和技能的学习都不能没有道德和价值方面的引导。赫尔巴特对这一教育性原则的强调,事实上指的就是学校教育不能沦为纯粹的知识技能的传授(这仅仅是"训练"而算不上是教育),而是始终应将德育作为学校教育教学的核心和灵魂,确保德育是一切教育教学活动的实际构成部分。相比于其他类型的教育,德育对学生成长和发展的影响起到了根基性和导向性的作用。当前,学校由于盲目追求升学率,有意地将重心放在学科教学方面,且有意地忽视德育,这种做法是对教育性原则的背离,既不利于学生道德品格、心理健康的健全发展,也未必能真正帮助学生提高学习成绩和促使其智育的开展。

(2) 促进其他各育的发展

德育不仅从根本上保证了教育的价值属性,而且它对于智育、体育、美育等其他平行教育教育子系统也有着很好的促进作用。这些作用主要表现以下三个方面。第一,德育为其他各育提供动力作用。正确的理想信念和良好的思想道德一方面可以激发学生学习的积极性和主动性,另一方面也可以增强学生学习的责任感和使命感。这有利于学生以更饱满的精神、更昂扬的斗志、更端正的态度全身心投入到其他各育的学习当中。第二,德育可以为其他各育的发展提供方向上的引导。方向问题是学习的首要问题,如果学生学习缺乏正确的方向引导,那么他一方面可能会学习内在动机不足,另一方面则有可能使学生对其所学的知识及其应用缺乏必要的规范约束,从而导致具有较高学识的人有可能对社会的发展产生更大的不良影响。第三,德育还可以为其他各育的发展,提供方法上的支持。虚心、求真、探索、合作等既是一种教育方法,同时也是重要的道德品质。因此,具有良好道德品质的学生有利于教师采取更加多样的教育方法促进其全面发展。

(3) 德育的教育性功能实现的途径

德育的教育性功能的实现途径是多方面的。总体而言,主要有以下几种实现途径。第一,提高学校德育的德育自觉,将立德树人根本任务落到实处,努力把学生塑造成具有健全人格和完整德性的人。第二,努力实现教育与教学、"人师"与"经师"有机结合,充分发掘所有课程中的隐性或显性的德育资源,将教学的教育性原则落实于教学活动的每一环节当中。

案例分析

小虎家有14套房子,在北京有这么多房,足够让一家人不愁吃穿。小虎一家平时住在城里,周末到郊区260多平方米的大房子去度假。另外的12套房子都租出去了。小虎从小生活条件就很优越,他不明白为什么要上学。"我家租房收多少钱我都心里有数,那些钱够我吃三辈子了,为什么还要上学?我只要会收房租就行了。"小虎对咨询师说出自己的想法。

资料来源:http://news.sina.com.cn/c/2014-10-29/181931064769.shtml

请从德育本质和功能的角度,分析一个人为什么需要教育。

本章小结

本章首先阐述了"德育"一词的来源和德育的历史发展阶段,进而从德育的内涵和外延角度来探讨德育的本质,回答德育是什么的问题。

其次,本章重点论述了德育功能的内涵和分类。本章认为,德育的功能在总体上包括个体性功能、社会性功能和教育性功能。德育的个体性功能主要包括个体品德发展功能、个体智能发展功能、个体享用性功能。德育的社会性功能主要包括政治功能、经济功能、文化功能和生态功能四个层面,而德育的教育性功能则是指德育是做人的教育。

我们要充分认识德育对社会、对个体发展的功能,以及其本身具有的教育功能,增强从事德育工作的自觉性和主动性,进而采取有效的教育方式和方法,使德育落到实处,并收到良好的效果。

【思考题】

1. 德育的内涵是什么?
2. 如何正确理解德育的本质?

3. 德育的个体性功能的具体表现有哪些？请举例说明。
4. 德育的社会性功能的具体表现有哪些？请举例说明。
5. 如何理解德育的教育性功能？请举例说明。

【拓展阅读】

1. 檀传宝主编:《学校道德教育原理》,教育科学出版社,2015 年版。
2. 黄向阳主编:《德育原理》,华东师范大学出版社,2000 年版。
3. 鲁洁.试论德育之个体享用性功能[J].教育研究,1994(6)。

第三章 德育的历史发展

学习目标

了解德育从产生至今的整个历史脉络，理解德育是在人与社会的生成中“自然”起源，知道不同历史时期德育的特点，了解现代学校德育发展的趋势，学会运用历史的眼光考量德育问题。

建议学时

4 学时

学习导读

以古为镜，可以知兴替。学习和了解德育的历史可以让我们看到德育是如何在人类社会中产生的，人类在不同时代对德性强调的重点存在差异，而且对德育的态度也因时代而不同。因此，学习德育的历史可以帮助我们理解德育如何受社会、政治等因素影响而发生变化。

学习和了解德育的历史，不仅对于德育理论学习有重要作用，而且对于从事德育实践工作也有着十分重要的现实意义。通过学习德育从产生至今的整体发展脉络，我们不仅能够学到德育的过去和已有的德育经验，而且也能够对当前德育的形成原因与发展趋向有宏观的理解与把握。在德育历史中我们能够找到许多今天的德育理念、方式和方法的雏形、模样，不同的德育形态在历史中变迁，在社会演变中转型、衰落或新生，这些对于我们今天的德育实践有着重要的启示。

学习本章，会增进我们对德育历史的认识与理解，不仅有助于我们从历史的视角审视德育的发展变化，更有助于我们深化对德育的理解，以及对德育未来发展趋势的预测。

教育随人类社会产生而产生，随着人类社会的发展而发展，德育也是如此。因此，分析德育的历史首先面对的就是人类发展的历史分期问题。人类发展的历史分期在不同的民族或文化中并不完全相同。但如果我们做粗线条的描绘，可以简单地将之划分为原始社会、古代社会和近现代社会三个阶段，分别对应于渔猎采集时期、农业和手工业时期、机器大生产时期。与之相应的，人类德育的历史发展大体上经历了原始社会的德育、古代德育和近现代德育三个阶段，并呈现出截然不同的特点。与家庭和社会相比，学校中的德育在不同阶段呈现出的差异更加明显，因此本书主要对学校德育的历史发展进行介绍。

第一节　德育的产生和原始社会的德育

德育随人类的产生而产生。自从人猿揖别后，人类就有了德育，不过那时的德育只是一种人类不知而为的活动。随着人类的发展和人类理性的提高，德育逐渐成为人类自觉的活动。

一、德育的起源

德育源于人类的社会实践。人类自产生之日起，就有了德育活动。影响德育产生的因素是多方面的，其中可能的因素主要包括以下几个方面。

（一）德育产生的生物学前提

人类德育的起源有一定的生物学前提条件。在人类产生前，德育是不存在的。随着人类的产生和不断进化，人类在产生时所具备的生理状况和心理状况成为人类德育起源的物质基础。

人类在产生时就已经具备了接受德育的生理基础。脑在人类演化历程中经过了一个由小到大的过程。在人类诞生之初，人就已经具备现代人的脑容量及语言、意识等能力，这为德育起源提供了智能上的保障。而脑的成熟也为道德意识活动提供了神经生理基础。人类脑中有 8 个区域参与道德意识活动，分别是：额内侧回区，后扣带、楔前叶和后压部皮层，颞上沟和下顶叶，眶额/前额腹内侧皮质，颞叶，杏仁核，背外侧前额叶皮层，顶叶。此外，当代分子生物学、遗传学、人类学的研究还表明，人类社会道德行为的某些重要结构，已经储存于人类的基因中。

德育能否进行，在很大程度上还与受教育者是否具备一定的心理条件有关，若完全没有必要的心理基础，德育也是无能为力的。人类由古猿进化而来，古猿或类人猿的社会性本能、它们所具有的法则和规则意识及相关教育为人类德育起源奠定了基础。实际上，以黑猩猩为代表的高级灵长类动物已经可以做到为了生存，有意识地维护规则，并对破坏规则的个体进行惩罚。可以推测，古猿或类人猿也具有同样的或相似的与规则有关的意识、活动乃至生活。而人类正是在这种规则生活中进化而来。

古猿或类人猿的合群性和社会性本能，随着进化发展成为一种适合社会生活的、有利于社会的心理，即原始人类的“社会性心理”。这种社会心理使德育起源有了可能。原始人类的思维方式和世界观对他们自身的心理产生的影响更是为德育起源创造了条件。原始人类认识世界的思维是“万物有灵观”，他们持“整体性世界观”，没有抽象思维的能力，只能借助集体表象进行具体思维。在万物有灵观的支配下，原始人类敬畏自然界，将一些自然物作为本氏族的祖先或亲族加以崇拜，产生图腾崇拜和膜拜心理，在此基础上又出现了诸多禁忌，这些禁忌进而转化为风俗、原始宗教等约束人们行为的规范。这种世界观和思维方式下，原始人类对原始社会共同体产生认同感和归属感，把个人需要与原始集体的共同需要相等同，把个人同社会不可分割地联系起来。这种世界观支配着个体与整体及其他个体的关系，导致原始社会实行平均主义的分配方式和氏族成员对氏族整体利益的共同维护。在共同生活和“集体思维”下，图腾崇拜、禁忌、风俗、原始宗教均面向全体，是所有成员共同的生活内容，对所有人都具有行为指导、约束和教化作用。原始人类对各种禁忌、风俗和宗教规则的自觉维护，对规则破坏者的惩戒，对于整个生活共同体内的人来说都具有教育作用，而人类社会的德育也便从中发展而来。从这些可以看出，原始人类已经具备了接受德育的心理基础。

由此可见，人类德育的起源需要建立在一定的生物学前提之上，但生物学前提只是意味着德育有产生的可能。人类生存与发展的需要，以及人类的劳动和交往则使人类德育的产生从可能变成了现实。

（二）德育产生的社会现实基础

人类生存与发展的需要是德育产生的根本动因。首先，人类的生存与发展需要道德。人类对道德的依赖不仅表现在物质资料的生产上，还表现在精神需求上，例如有些原始人类使用的器物有着精美的雕刻。其次，人类天性上的不成熟决定了人在德性上的缺失和人接受教育的必要性。一方面，人虽然是最高级的社会性物种，但始终未能完全脱离动物性，这种动物性心理使人存在德性上的缺失，是人类生存与发展的障碍。另一方面，人类都是“早产儿”，婴幼儿在生理上的不成熟性决定了人接受教育的必要性。要使婴幼儿适应复杂的生存环境，保证人类高度的社会性，必须要对其进行教育，培养其生存技能和社会生活能力。第三，正是人类生存发展对道德的依赖与人性的不成熟、不完整之间的矛盾促成了德育的产生。人类为了能够正常生存与发展，必须克服“动物性”心理，培养发展“社会性”心理，尤其是要培养婴幼儿使之具备必要的德性，唯有如此才能保证社会的运行、人类的生存。

最初的德育产生于维护群体或社会生活规则的自在行为。它既可寓于原始群体或氏族生活中成人对儿童的生活规则示范，也可寓于群体或氏族生活中规则执行对成员造成的影响，还可寓于群体或氏族生活规则本身。当原始人意识到某些品质的重要性而对氏族成员进行有意识的培养时，具有自为性质的德育便出现了。

劳动和交往为德育起源提供了必要条件。德育的构成要素至少有以下三个：人（教育者和受教育者）、教育内容（道德规则或规范）、联系教育者与受教育者的介质（语言、人际交往）。这三大要素均产生于人类最基本的活动——劳动和交往。首先，作为德育活动主体的人诞生于劳动和交往。其次，作为德育内容的道德规则和规范产生于劳动和交往。出于生存和发展的需要，原始人必须进行劳动和交往。由于劳动，原始人类结成了最初的生产关系，为了维持劳动和交往的正常进行，开始产生维护社会生产劳动和社会公共生活的规范，以及将社会规范传递给新生一代、形成其品德的需要与活动。再次，德育活动必须借助于语言和交往才能进行，而语言本身也是在劳动和交往中获得发展的。因此，可以说，德育在生产劳动过程中以及传递和学习社会规范、形成新生一代品德的交往活动过程中产生。

综上所述，德育是人类（更确切地说是史前人类）在谋求生存与发展的根本动因下，以古猿和类人猿的社会性本能及其特有的生理和心理条件为基础，通过人在劳动、交往等诸多社会实践中逐渐产生和发展的。这些因素之间息息相关，如人的生理、心理条件的生成既来自动物生理、心理的遗传痕迹，与环境变化、物种进化有关，又是人自身活动经验不断凝结累积的结果；劳动和交往是人类最基本的活动方式，其中既有动物活动的痕迹，也有人之为人的独特之处，更重要的是与人类本身的进化同步发展，难分因果；同样，规则和语言都与人类史前的动物规则、语言有着千丝万缕的联系，其产生与人在生理结构和心理上的进化有关，与人类的劳动和交往活动有关。正因为如此，德育与人、道德、教育共同起源于猿向人、动物群体向人类社会的演进过程之中。

二、原始社会的德育特征

原始社会的德育实际上就是德育的初始形态。在原始社会,原始人类的语言从手势语发展到单音节语言,再到多音节语言;居住方式从洞穴居住到简单院落;服饰从用植物茎叶的部分遮蔽到用动物皮革的全体遮蔽……越来越像"人类"的生活。在这一系列变革当中,整个社会组织形态也日益从简单走向复杂,具体体现为社会的组织形态从氏族到胞族,再到部落,最后又发展成部落联盟。在这一过程当中,原始人也逐渐从对自然物的崇拜发展到对原始宗教的信仰。原始社会中人类发展的特点决定了其德育的独特性。在原始社会,生产力水平极端低下,人们主要使用打制或磨制的石器、兽骨作为工具,没有剩余产品,而且生活环境恶劣,单靠一个人或少数人的力量很难生存,因此人们过着群居的生活,采用原始的公有制,人人参加劳动,平均分配,没有阶级和剥削,氏族/胞族/部落中的成员处在一种原始的平等当中。维护氏族、部落的团结或存在是当时整个社会的最重要的任务。在那时,脑力劳动与体力劳动尚未分化,而是有机融合在一起,这使得整个社会生活处于原始的混沌状态,社会生活规范也极其简单。

与此相适应,原始社会的德育也处于原始的混沌状态。在那样一种混沌的社会状态中,道德教育作为维护社会存在的重要组成部分,以维持氏族/胞族/部落乃至整体成员生存和发展为目的而展开,这构成了当时德育的核心内容。具体而言,原始社会的德育具有以下几个特点。

第一,原始社会的德育形态是一种"生活式"的德育。从整体上来说,原始社会的劳动、生活、教育是一体的,道德教育融合于社会生产和社会生活的实际活动中,在习俗中存在,在生活中体现,因此原始社会的德育是一种生活式的德育。这是由人、道德、德育的共同起源决定的,也是原始社会的德育的主要标识和特点。这种生活式的德育的目的是为了维护原始的社会公共生产和社会公共生活,是在社会生产和社会生活中进行的。

第二,原始社会的德育内容以习俗传承为主。从德育内容上看,原始社会的德育主要传递一些简单的社会规范,基本的原始禁忌和原始宗教。尽管在人类社会早期,德育与人类生活的基本内容相混同,但并不是所有的原始初民的生活都是德育内容,如在采集狩猎之类的生活过程中发生的知识授受活动不属于德育。德育主要寓于人类最初的社会性生活内容和社会性活动之中,如日常生产劳动中的分工与协作、食物的分配以及宗教活动、节庆祭祀等。因此,确切地说,德育的初始形态不是生活教育,而是生活规则教育。原始人在社会性本能基础上发展出规则意识,规则是对相互关系和利益的调整,出于对规则的维护而发生的对原始人类个体的示范、警示、惩罚即是德育的雏形。而在猿向人进化的过程中,正是各种规则和经验的传递、为了维护规则而发生的各种示范和惩罚等行为,保障了原始群体的生存与发展,使得猿进化为人,智人进化为现代人。

阅读链接

在电影《疯狂原始人》里那个弱肉强食、危机四伏的原始世界中,爸爸咕噜为了保护家人,为了避免遭遇危险,制订了很多生存规则。咕噜带领一家人在大洞穴中小心翼翼地活着,用躲进洞穴的办法逃过各种巨禽、猛兽的攻击。咕噜勇敢、强大,但他从小就给孩子们灌输"一定要害怕"的生存理念,因为只有懂得害怕,才能及时逃离和避免危险,才能生存下去。咕噜要求自己的女儿一妹遵循这样的传统，沿袭这样的模式，但一妹是一个充满好奇心的女孩，她不满足一辈子住在这个小山洞里，一心想要追逐山洞外面精彩的世界；在她看来，爸爸古板、胆小，于是这对父女的冲突不断，在大地震来临时，过去的行为模式终于发生了改变。但电影终究是用现代人的观点去讲述那个时代的故事。实际上，爸爸咕噜的做法恰恰诠释了原始社会的生活与教育。

在不稳定的原始社会环境中，社会生存依赖于对社会经验和资源的保存与传承，个人的任何标新立异对原始人似乎都是一场严重的灾难，为此原始社会的教育以传承为目的。对于原始人来说，由于保障安全和预防灾难的活动界限非常狭小，因此他们没有能力在教育方面冒险，其目的只能限于对自己群体的社会习俗和道德行为进行严格的复制。

资料来源：[美]布鲁巴克. 教育问题史[M].单中惠，王强，译.济南：山东教育出版社，2012：1-2.

第三，原始社会的德育对象具有全民性。在原始社会中，胞族、氏族和部落的规模非常有限，生产力很不发达，生存和安危始终是首要问题。在这种情况下，群体中的每一位成员都相当均衡地融入和参与群体的各种活动，相互之间机会均等，没有明确的阶级或等级上的区别或分野，这就使得原始社会德育的影响是全民性的，而非仅仅作用于一小部分人。

第四，原始社会的德育方法主要是口耳相传和榜样示范。在原始社会中，老一辈会结合社会生产和生活实际，通过口耳相传和榜样示范的方式向儿童传递社会的基本价值规范。在这一过程中，儿童主要是以耳濡目染的方式习得相应的道德规范。榜样示范与情感陶冶，是原始社会最有特色的德育方法。原始社会中，各种各样的宗教仪式把人们聚拢起来，通过祭祀、祈祷、歌舞等形式沟通人神、培养虔敬、传递规则，仪式庄严而神圣，使成员在不知不觉中受到熏陶和教化。除此之外，环境影响、言语指导、惩罚等也是原始社会中常用的德育方法，其中群体舆论有着重要的德育影响。

从以上分析可见，原始社会的德育始于原始的社会生产，与社会生活混沌地融合在一起，具有融合性、生活性、全民性、非反思性等特点。实际上，这种人类社会早期产生的以习俗性道德为主要教育内容并通过习俗与生活去实施的道德教育形态——即“习俗性德育”或“生活式德育”——在学校德育产生之后，依然在人类生活中以不同的方式延续。在当今世界，这种习俗性德育或生活式德育不仅存在于那些仍处于原始形态的社会中，而且在现代文明社会中也依然存在，只不过是它存在的社会基础发生了重要的变化。实际上，生活式德育广泛存在于家庭和社会生活当中。甚至在一定程度上可以说，这种传习人类社会规范、形成新生一代品德的德育，将与人类社会同始终共存亡。

第二节 学校德育的产生和古代学校德育

德育从起源发展到成为独立的社会活动，是一个漫长的渐进的过程。在奴隶社会，随着学校的产生，教育才成为制度化的独立的社会活动，德育亦然。随着学校的产生，德育也从原始形态的教育中分化出来，成为一种独立的教育形态。

一、学校德育的产生

原始社会末期，随着生产力的不断发展，种植业、畜牧业、纺织业等也逐渐发展起来，人们开始过着定居的生活，并且以家庭为单位从事生产，生产所得为家庭所有。随着生产力水平的进一步提高，社会所生产的物质产品除了维持人们的生活必需品以外，开始有所剩余。剩余产品的出现，为人剥削人的产生提供了可能。随着私有制的产生，社会上出现了剥削阶级和被剥削阶级。传统推选出来的氏族首领通常负责劳动产品的分配，这时便可以利用职权聚集财富，于是以氏族首领家族为代表的部分人员成了贵族阶级，而在生产中落后且贫困的氏族成员逐渐沦为奴隶，原始社会因此开始解体。随着贫富差距的进一步加大，为了保护私有财产，贵族阶级又建立了军队和国家。此后，为了争夺土地、财富、奴役其他氏族，军队、国家的设置更加完善，奴隶社会便建立了起来。在奴隶社会中，奴隶是奴隶主的私人财产，可以自由买卖，奴隶主可强迫奴隶工作，且奴隶没有报酬和人身自由。

人类进入奴隶社会后，德育也就具备了从生活生产实践中分化出来的可能。当生产力提高到一定程度，有足够的剩余产品来供养一部分人专门从事教育与学习活动时，学校也就具备了产生的物质基础。当脑力劳动与体力劳动逐渐分离，一部分人摆脱了繁重的体力劳动，专门从事社会管理和文化科学活动，专门从事教育活动的知识分子——教师——也就随之产生。在这种情况下，文字开始出现，文艺与科学也开始萌芽，与此相适应的社会思想道德和社会生活，也为学校德育的产生提供了可能和要求。与此同时，统治阶级为强化统治，迫切需要有专门的机构培养本阶级的接班人和为其服务的官吏及知识分子，学校和专门的德育应运而生。

因此，学校德育产生于奴隶社会，是随着学校教育的产生而从原始形态的德育中分化出来的一种独立的教育形态。与原始社会的德育相比，学校德育的产生是教育、德育发展史上的一次飞跃，是一种历史进步，是社会思想道德及其发展的必由之路，是教育、德育发展的重要阶段。

二、古代学校德育的特点

所谓古代学校德育主要是指奴隶社会、封建社会的学校德育。

在整个古代社会，随着社会的发展变化，学校德育先后经历了培养勇者、智者和从者三个主要阶段。

无论是培养勇者、智者，还是从者，古代德育与原始社会的德育相比，都有着一些共同的特征，但是又存在着明显的不同。这些不同主要表现为古代德育的组织化程度更高，其内容相对丰富，同时它也是等级性、神秘性和经验性的德育发展阶段。

（一）古代德育的组织化程度增强

古代德育不同于原始社会德育的第一个特点就是，具有专门的组织机构，是组织化的德育。一方面，学校的产生使德育具有了组织化的特点。如上文所述，进入奴隶社会，德育已经逐步从社会生产和社会生活中分化出来，成为一种独立的社会活动形式，是一种有组织的教师培养学生品德的专门的社会活动。学校正是这种活动的组织机构，德育可以在学校这种特设的专门场所中进行。自学校产生之后，学校德育所受到的关注度很快就超过了家庭德育与社会德育。因为学校德育有组织性、计划性，在很大程度上也有可控性。另一方面，国家产生后，统治者为巩固统治、培养接班人、控制意识形态，有计划、有目的、有组织地通过各种制度、各级官员和机构进行有利于政权稳定的意识形态教育和德性教育，甚至根据德性高低选拔官员，如我国汉代的“举孝廉”。无论是官办学校还是民办学校都不可避免地受到国家意志的影响。德育的组织化特点一直延续至今天。

（二）古代德育的价值取向等级性明显

随着德育成为独立形态的社会活动，其内容也日渐丰富起来。但因为古代学校德育的主要目的在于维护奴隶制和封建制的生产关系及与之适应的上层建筑，因此具有明显的等级性，表现出奴役性、专制性等特征。等级性是指，古代社会的道德教育从教育者、受教育者到教育目的、教育内容、教育过程都受制于上层社会或统治阶级的利益需要。只有上层社会的子弟才有受教育的权利；只有属于统治阶级的僧侣、官员或从属于统治者的知识分子才有施教的权利；教育的目的就是培养神职人员和官员等“治才”，教育内容也是围绕这一目的去安排和组织的。奴隶和农民等劳动人民及其子弟是被排斥在学校大门之外的。但是，他们仍然能在社会生产和社会生活实践中接受原始形态的生活式德育，并且在思想道德上还受奴隶主、封建主阶级的影响和钳制。

德育的等级性决定了社会统治阶级必然高度重视学校德育的重要作用。如，在基督教世界，教育的目的是皈依上帝和人性的救赎，读、写、算等只是个人更好地服务于上帝的工具。在中国，德性始终是学校教育的首要主题。孟子有云：“或劳心，或劳力。劳心者治人，劳力者治于人。治于人者食人，治人者食于人：天下之通义也。”在印度，一个儿童能否被古儒接受，取决于孩子的德性。人们认为，只有品德优良的人才有资格学习《吠陀经》。可以说，古代的教育重点几乎完全在德育上，教育几乎等同于德育。从这一角度来说，古代社会的德育依然不是完全独立的形态。所谓的古代德育，其范围远远超过了习俗层面和道德层面，它实际上更接近于“社会意识教育”，包括今天所说的政治教育、思想教育、法制教育和礼仪教育等。

（三）古代德育的内容变化凸显阶段性

虽然整个古代社会的德育都具有鲜明的等级性，但不同时期最受尊崇的德性还是呈现出一些明显的不同。随着社会发展变化，勇敢、智慧和服从依次成为古代学校德育中最为重要的德性。也就是说，在古代社会，不同阶段的重要德性呈现出明显的阶段性，古代学校德育先后经历了培养勇者、培养智者和培养从者的阶段。①

人类文明初始，艰难的生活使文明选择了尚武。人类社会初期，力量是生存的保证，以力量为基础的勇敢是战胜自然灾难与人为灾难的必要条件，因而人们不惜以残暴的手段锻造力量与勇猛。而进入奴隶社会之初，战争过于频繁，而且关涉部族存亡，对战士和勇敢的培养显得格外重要。勇气可谓是那个时期“最完美的道德表现。”②因此，早期的古代德育实际上是培养勇者的教育，格斗的技巧和勇敢精神是当时德育的最主要甚至全部内容。在中国，最初的学校“序”即为教射的地方。而在古希腊，无论是斯巴达还是雅典，对勇敢的追求都很强烈。

---

① 此部分内容参考：孙彩平.道德教育的伦理谱系[M].北京：人民出版社，2005.

② 滕大春.外国教育通史（第1卷）[M].济南：山东教育出版社，1995：141.

阅读链接

在斯巴达，儿童需要接受一种叫做“阿戈革”的教育。在这种教育过程中，儿童要对抗饥饿与寒冷，努力进行体育运动和入伍前的锻炼活动，接受简单的演讲启蒙，学习阅读的基本知识，歌唱和舞蹈；另外还有一些非常戏剧化的体验：偷窃、夜间攻击希洛人、打猎、体育竞赛、角斗等。以培养战士为目标的“阿戈革”军事培训在预先设定的暴力氛围中进行，争吵、打架、殴斗和耐力考验是家常便饭。

虽然雅典的教化采用了和斯巴达教育不尽相同的规则，但这并不表示它就太过柔和：儿童必须不断面对乳母讲述的童话故事带来的恐惧、教仆的威胁、家人用鞋的殴打以及教师的批评。在家中，人们介绍给儿童的仰慕榜样是传奇英雄以及他的祖辈英雄，并夸奖父亲、母亲、兄姐们的功绩；在体育学校里，运动竞赛的获胜者成为被模仿的英雄，在学校里则是历史伟人。

资料来源：[意]贝奇，[法]朱利亚．西方儿童史（上卷）[M].申华明，译.北京：商务印书馆，2016：38,43.

随着文明的发展，人们放弃了勇敢，选择了智慧。当较长时期的和平安定生活成为可能时，勇者的地位就不再辉煌。对统治者来说，在没有外来战争威胁的和平时期，勇者队伍过于强大是对自己地位的威胁。值得指出的是，对勇者的放弃只是暂时的，而且是部分放弃。在古代暂时的和平只是暂时放逐了力量型英雄，在必要时还会呼唤勇者回来。但当火药、枪炮等近代武器出现后，战争的胜利就开始更多地依赖武器的威力和人的智慧而不是体力。可以说，和平的生活使勇敢为其他德性让步，无论是西方还是中国，由此都进入了厚文轻武、文人才士辈出而勇者隐匿的时期。德育也从培养勇敢精神转向启迪智慧，从培养勇者转变为培养智者。这种新的教育或德育形态，开创了一种生产与传播智慧的路径，也预示了一种新的教育、德育的品性。但这种培养智者的德育以独立形态存在的时间很短暂，只是智慧与其他德性结合，在德育中一直发挥着不可替代的作用。

战争时期过后，人类进入另一种生活方式：在一定区域内，所有的臣民都以一个君王的命令作为行动的指南，而这样的命令并不被看作是他个人的意愿，而是被认为是“上帝”“神灵”或“天”的意志的一种表达。在这样的生活中，按照上帝、神灵或天道所规定的秩序生活便成为每一个人的义务；而这种秩序与规则，一方面通过法律和惩戒来昭示于人，另一方面，则主要通过教育让所有人都懂得上帝、神灵或天道的期望和旨意，并许诺自己按它的旨意来生活。在这里不需要勇者对困难的不屈精神，不需要智慧者对人生及美德的思索与追问，唯一需要的是：服从。服从与谦卑成了最重要的德性。在这种德育中，最基本的方式是教师示范，学生模仿，学生要绝对服从教师的安排，完成教师所布置的任务，否则，老师有权使用一定的刑具来惩罚他，并把这作为下一次不会再犯同样错误的一种帮助。学生所有的过错都可以归结为没有服从。在这样的教育中，道德人的形象是服从者，与之相应的道德教育的主要任务便是培养从者，或者说“驯养一只可以许下诺言的动物”。

（四）古代德育的表现形态具有神秘性

神秘性是指德育或多或少具有“宗教或类宗教特性”。古代社会，大多数国家包括德育在内的全部学校教育完全从属于宗教组织。在欧洲，学校教育为基督教所控制，“随着基督教成为欧洲的官方宗教，最终它拥有了绝对的权力，从而使异教徒学校面临命运的抉择：要么关闭,要么被纳入基督教教育系统之中。”①在印度,学校教育为佛教控制。在伊斯兰世界,学校教育为伊斯兰教控制。古代中国是一个例外,但是人们将孔孟之道神圣化,将儒学变为儒教,有“类宗教”的一面。学校教育受宗教控制也就导致了道德教育内容和方式上的宗教性。由于学校教育受制于教会等宗教势力,将宗教信仰与道德联系起来,在信仰的目标下谈道德学习成为这一时期学校道德教育的特征。在欧洲,道德教育的目的是要使人完善,为进入天堂做好准备。在中国,人们将道德规范的合理性归于“天理”,道德教育最终成为一种“存天理,灭人欲”的事业。所以在德育方式上,古代的德育具有某种神秘性质。

阅读链接

古希腊和古罗马时期,宗教教育和道德教育得到国家的支持;而中世纪和文艺复兴时期,教会声称自己不仅拥有对宗教教育和道德教育的无上权威,而且拥有对世俗教育的监督权力。这时,在宗教教育和道德教育领域,马丁·路德竟使国家和教会这两个强大的机构携手合作。依据加尔文的神权政治思想,国家与教会应该采取类似的甚至更紧密的合作,以推进教育事业的发展。继马萨诸塞州之后,康涅狄格州也全面贯彻了加尔文教的教育政策。改州政府将教育确立为公民义务,“每个家长必须就宗教教义向儿童和教仆提问,每周不少于一次。如果家长本人因故无法做到这一点,那么,至少也应设法把这些儿童和仆人送去参加一些简短而不需要书本的布道,然后应由父母、师父或任何其他监护人对他们提问,以便对他们的学习效果进行检查。”

资料来源:[美]布鲁巴克.教育问题史[M].单中惠,王强,译.济南:山东教育出版社,2012:333.

古代德育的这种宗教或类宗教特性不同于原始社会中的图腾崇拜和原始宗教。原始人类的这些心理和行为是出于对自然界的敬畏,而古代德育的神秘性则是出于维护统治阶级的统治,它实际上是人为地将德育笼上了一层神秘的、神化的面纱。

(五)古代德育的实施具有明显的经验性

古代社会的德育还具有明显的经验性特征。从德育实践的角度看,这一时期的道德教育基本上采取不成规模的师徒制进行的,道德教育内容也是对宗教或圣贤经典思想的解释、理解与实践。从教育思想的角度看,这一时期道德教育思想虽然很多,但是都是未分化、非专门的,理念、猜想的成分居多,缺乏科学证据。这一时期的学校德育有更多的专制色彩,失去了习俗性德育原本存在的生动性。儿童往往被认为是欺骗上帝的小滑头,因此“为了不让你们的孩子堕落,把他的意志彻底粉碎吧。只要他刚刚能够清楚地说话,甚至在他还根本不能说话的时候,就要粉碎他的意志,一定要强迫他按要求行事。在不得已时,甚至可以连续鞭打他十次。”②棍棒教育、强调记诵是这一时期德育甚至全部教育的特征。

阅读链接

罗马的父母,尤其是父亲,是专制的象征:即使他们疼爱子女,对其关怀备至,将其视为礼物,父母依然会密切关注子女的进步,确保选择合适的人来教育他们,父亲象征着监

---

① [美]布鲁巴克.教育问题史[M].单中惠,王强,译.济南:山东教育出版社,2012:329.

② [美]布鲁巴克.教育问题史[M].单中惠,王强,译.济南:山东教育出版社,2012:333.

护与权力，政府法律通过父亲传达到家庭和儿童身上；他有拒绝接受新生儿，将其抛弃、卖掉或送给别人收养以及决定女儿婚姻的权力。各种各样的惩罚无处不在，学校的老师利用声名远扬的体罚来体现这一权力。面对这些喜欢毒打的老师们，孩子们用嘲讽和花招回应（在他们没有对其进行挑衅时），人们在庞贝一所学校的墙上发现了一些报复性的雕刻图案。除了父亲具有特殊威严的惩戒、学校老师的惩罚（这种惩罚更加卑劣，因为他只有一种代表权），儿童面临的还有陪伴他们上学的教仆的惩罚。

资料来源：[意]贝奇，[法]朱利亚. 西方儿童史(上卷)[M].申华明，译.北京：商务印书馆，2016：50.

综上所述，古代学校德育具有组织性、等级性、阶段性、神秘性和经验性等特征。它是一种狭隘封闭、非民主的德育。随着生产力的不断发展和社会民主化进程的不断推进，它必然会被新的现代学校德育所取代。

第三节　近现代学校德育的特点与发展趋势

近现代德育是存在于近现代社会，以培养现代人为目的的德育，它试图通过培养人的科学、民主精神，促进人的精神解放、品德发展。所谓德育的现代化，首先是指 18 世纪西方世界资产阶级革命完成以后直到 19 世纪末 20 世纪初的欧美学校德育所完成的任务。在中国，这一阶段开始得比较晚，大致是从 19 世纪末 20 世纪初封建社会解体开始的。

一、近现代学校德育的特点

在古代社会，上帝和天道规定着人们的生活，也规定着人们观念中宇宙间的秩序和人间秩序。随着文艺复兴的到来，封建社会的解体，上帝和天道出让了宇宙秩序的解释权与人间秩序的规定权，自然地，作为建构人间秩序与引导精神追求的道德教育也发生了相应的转变：理性重新进入人的视野，并日渐成为道德教育的主题；任何信仰都需经由理性的确证后才具有可信性，上帝的圣经、天道的纲常连同上帝、天道一起，由于是出于人的想象而不是理性的推理，从原来的中心位置退居边缘，甚至仅以一种历史文化知识的身份出现在教科书中。在这样的情况下，道德回归人间，人再次成为自己生活的主人，成为衡量一切的尺度，道德人的形象由“从者”转变为“主宰者”。① 也正因为如此，现代德育要培养的是具有独立个性和创造精神的人，具有自由、平等和民主观念的人，具有时间、效率观念、责任感和群体意识的人。在上述基础上产生的现代德育，乃是一种促进人的精神解放、个性自由的发展性德育，培养人的创造、开拓、革新精神的变革性德育。

近现代德育在古代德育的基础上批判性地向前发展。相比于古代德育，近现代德育更加规模化、民主化、世俗化与科学化。

（一）规模化

在古代德育基础上，近现代学校德育在组织化的进程上又向前跨进了一大步，表现出了规模化的特征。随着西方资本主义社会的诞生，资本主义社会对大量劳动力的需求成了必

① 孙彩平.道德教育的伦理谱系[M].北京：人民出版社，2005：152，161.

然，因此，大规模培养人才的班级授课制随之出现。以班级授课制为代表的近代教育体制的出现，为规模化的学校德育提供了可能，使学校德育的组织化特点更为突出。由于班级授课制的出现，一位教师可以同时教许多学生，有利于大面积培养人才，在很大程度上提高了德育的效率。同时，由于班级授课制有严格的制度保证，对学生按照年龄和知识水平进行分班，按课教学，按时授课，统一授课，并且可以发挥集体教育的作用，能够使教育质量得到一定保证。

但这种规模化在提高了德育效率的同时，也限制了德育的质量。几十名学生坐在一间教室内，为了不彼此干扰，学生基本上只能安静地坐着听讲，因此控制每个学生自由活动时间和空间的纪律在这种教育中是必不可少的。而且，这种规模化的教育实际上是要批量培养出符合统一标准的人才，强调整齐划一，无法尊重学生的个别差异而进行因材施教。教学的灵活性、实践性不足是这种规模化教育的弊端。可以说，组织化和规模化的德育在提高了效率的同时，也带来了忽视个性，德育理性化加强而情感性、实践性下降的危险。所以近年来国际和国内的班级规模又在缩小，出现“小班化”的趋势。

（二）民主化

学校德育的民主化与现代社会经济、政治和教育体制的民主化是联系在一起的。近代教育的重要特征之一是学校教育的普及，教育的培养目标主要不是上层阶级——神职人员、管理人才等，而是民主社会的公民。参与教育活动的主体——教、学双方都已经“平民化”。教育的依据不再是天道或上帝，而是社会发展、个体成长的现实需要。从卢梭、裴斯泰洛齐、福禄培尔到赫尔巴特、杜威，许多教育思想家都为这一进程做出了杰出的贡献。民主社会应当比任何一种社会形态更热心道德教育，因为一个民主的政府，除非选举人和被统治者都接受过良好的教育，否则民主政治将无从实现。民主不仅是一种政府的组织形式，更是一种联合生活的、共同交流经验的生活方式。如杜威所言：“倘有一种社会，它的社会成员都能以同等条件，共同享受社会的利益，并通过各种形式的联合生活的相互影响，使社会各种制度得到灵活机动的调整，在这个范围内，这个社会就是民主主义社会。这种社会必须有一种教育，使每个人都有对于社会关系和社会控制的个人兴趣，都有能促进社会的变化而不致引起社会混乱的心理习惯。”①

这一时期，学校德育在师生观、目标、内容、方法、途径等方面的具体要求也促成了德育民主化的逐步实现。民主平等的师生关系、民主参与的管理方式越来越被提倡。学校里开始大张旗鼓地反对德育上的单向灌输和权威压制，充分尊重学生的主体性，提倡对话交流的教育方法，努力调动学生的积极主动性和民主参与意识。德育不再依仗暴力的协助，而且暴力由于其极端强制性具有压抑理性的明显特征而受到排斥，但是暴力之外的惩罚依然被认为是正当的。当然，德育民主化的程度并不是一下达到今天的高度的，而是渐进的。从19世纪末期起，“‘浪漫的’道德教育方法不再诉诸外在斥责或物质处罚，而注重儿童的天然情操。”②体谅模式、价值澄清、两难问题讨论法、关怀教育等尊重学生个性、认知及情感发展的德育方式方法先后在教育界盛行。

需要指出的是，虽然现代德育的社会共同性和全民性的成分日益增多，但它仍然具有或

① 杜威.民主主义与教育[M].北京：人民教育出版社，1990：105.

② 哈什.德育模式[M].台北：五南图书出版公司，1993：16.

多或少的阶级性。

（三）世俗化

学校德育的世俗化就是宗教教育与学校道德教育的分离。在中世纪或古代教育中，学校德育往往受制于宗教势力，道德教育的目标、内容、方法等都带有宗教性质。德育在近代社会世俗化的一个原因在于，资产阶级政治革命导致了政教分离，国家夺回对于教育的控制权。另一个原因则在于不同教派的冲突，就像公民教育不允许偏向某一个政治团体一样，为了避免教派冲突对学校教育的干扰，欧美各国的公立学校在不同程度上实行了宗教与教育的分离——其实质内容之一就是宗教教育与道德教育的分离。道德教育与宗教教育的分离对于学校德育具有划时代的意义：学校德育无需再到上帝那里去寻找根据，原罪说等宗教意识对德育的消极影响也有了削弱的可能性。这为学校德育的民主化与科学化提供了重要的基础。宗教或者说宗教道德在学校中不再作为一种所有人必须接受的规范，而转变成为一种文化和关于道德的知识；学校与教堂分离，教师也不再是僧侣和布道士；在这种情况下，学校德育成为引导和规范世俗生活和世俗道德的阵地。

阅读链接

美国独立战争之前，无论在什么地区，各类学校的课程都包括宗教和道德课目，不论是公立还是私立学校都是如此。《1787年法令》中有这样一段话："宗教、道德和知识对于优秀的政府和人类幸福都是必需的。因此，学校和其他教育机构应当永远受到鼓励。"许多殖民地都通过立法对教师进行宗教知识方面的资格考试，有些州甚至把学校的监督权和管理权赋予教会。

独立战争的结果从根本上改变了这一状况。之前，各个殖民地区内部的宗教信仰大致上是同一的，因而可能忽略少数不同宗教派别而设计官方教会。独立战争之后，这些殖民地区被纳入统一的国家管理制度，宗教的同一性不复存在。相反，全国范围内，出现很大程度的宗教异质性。《联邦宪法第一修正案》，即著名的《人权法案》，宣布支持所有人的宗教信仰自由，发对给任何教派以特权地位。各个州纷纷仿效联邦政府，取消设立的地方教会，于是，无论在全国范围内，还是在各个地方，宗教自由的原则都得到推行。国家与教会在政治上的分离，相应地，在教育领域导致公立学校课程删除宗教教育内容。到20世纪30年代，甚至开始严禁公立学校出现不同派别的宗教教育和道德教育，以免它们相互竞争而影响教育结果。这种做法使得公立学校全面世俗化。

第二次世界大战后，宗教界做出一致的努力，试图在不违背百年来政教分离原则的前提下，重新恢复公立学校课程中的宗教教育。这一做法几乎刚一实施，便立刻受到联邦最高法院的调查，以便决定这是否违反《联邦宪法第一修正案》。法院最后裁决：神职人员到公立学校提供宗教教育是违法的，但是，学生离校后到他们父母选定的教堂去聆听布道是允许的。

资料来源：[美]布鲁巴克．教育问题史[M]．单中惠，王强，译．济南：山东教育出版社，2012：337-338，358-360.

（四）科学化

学校德育的科学化内涵主要有两点。第一，由于学校德育的世俗化，德育的合理性、德育理论的依据避免了神学化的命运。道德教育成为人们关心的现实领域，不再具有古代社会的神秘性质。第二,教育学、伦理学、心理学、社会学等近代科学的发展为学校德育问题的解释与解决提供了崭新的思路与可能,德育成为科学事业的组成部分之一。这一点可以说肇始于夸美纽斯,他将教育理论的依据奠定在自然论的基础之上。到了赫尔巴特,就已经明确主张将教育学奠定在实践哲学(伦理学)和心理学的基础之上。科学化是真正自觉德育时代的必然前提,对于德育来说,也具有划时代的意义。

二、现代学校德育发展的趋势

由于生产力的飞速发展,社会变动剧烈,信息化时代到来,以及德育相关学科的迅速发展,德育理论不断涌现、德育实践探索不断,德育理论与实践百花齐放、流派纷呈,并且产生了全球化的影响。例如,20世纪初,杜威的进步主义德育思想产生后就迅速影响了苏联、中国。之后,各种德育思想纷纷在世界范围内传播。由于全球各国都成为地球村的一部分,德育思想、理论与经验的全球化影响趋势将越来越明显。世界各国的学校德育都将因此获益。德育进入了一个探索、交流、冲突与变革的时期。现代学校德育的发展在这一时期呈现出以下几种趋势。

首先,现代学校德育越来越强调实现个人全面且自由的发展。现代学校德育以培养具有独立人格的现代公民为主要目的,每个人理论上都是自己的主宰,有权利依据自己的意志对自己的未来做出决定。但随着各种德育思想的涌现,人们越来越意识到,主宰者实际上是被压制的,貌似是自己主宰着自己,实际上是公共理性或规则在主宰着一切。人们只是在不冒犯规则的前提下,或根本就是在按规则设计者希望他做的那样去主宰自己。① 也就是说,这种自己主宰自己完全就是一种幻觉,只不过是把规则希望自己做到的当成自己想要做的,把规则希望自己有的梦想当成自己的梦想。于是,人们越来越渴望真正的自由。近年来,世界各国都在不断探索与实践培养全面且自由发展的人。此外,培养健全的人格、良好的品德和心理品质方面的目标及其重要性也日益突显出来。受教育者再也不是被动受教的对象、客体,而是积极主动地参与德育活动和进行品德修养的主体。

其次,现代德育的综合系统化或整体结构化的趋势日益显著。大德育观正在逐步取代单一、孤立、片面的德育观念,德育日益发挥全面的功能与作用,不断追求整体的效率、效益和效果。现代德育日益社会化和社会日益德育化。学校德育、家庭教育、社会德育逐步形成一体化的模式。特别是随着大众传媒、大众文化的发展,德育社会化的趋势日益明显。封闭式的学校德育不符合现代德育的发展趋势。学校德育、家庭德育、社会德育已逐步形成一体化的相互协调的综合化德育网络。在德育对象上,也不局限于在校学生,而是已扩展到成人。德育目标、方法、内容、途径等也日益综合系统化或整体结构化。德育目标强调整体化、系统化、序列化。现代德育特别注重方法的类型及其体系。不能孤立地片面地使用某一种或某一类德育方法,也不能把某一种或某一类德育方法绝对化、神圣化,应综合选择和运用德育方法、创造新的德育方法。

再次,现代德育的内容多样化、全球化趋势加强。现代学校德育的内容不再是单一的政治伦理内容,而且现代社会道德教育和民主政治教育的内容,并逐步增加了现代社会一般的或普遍的社会规范和技术规范教育的内容,以及法治教育、人道主义教育、科学精神和科技

---

① 孙彩平.道德教育的伦理谱系[M].北京:人民出版社,2005:199.

伦理等内容。这种多样化的趋势不仅与经济、社会及德育理念的发展有关,还与世界范围内的交流增加有关。随着信息化时代的到来,无论是哪个国家在德育方面的新动向,都能很快传播到世界各地。一方面丰富了各个国家的德育内容,使多样化程度增强,另一方面也使得世界各国的学校德育所关心的主题趋同。当前,学校德育形成了一些全球共同关注的主题,如生态环境、人口与发展、个人权利、多元文化、世界和平等。

最后,现代德育将在多种观念的交流与冲突中不断变革,寻求平衡。各种德育观念的交流、冲突促进了德育观念的更新,而不断更新的观念必定会推动德育的变革。不断变革已成为现代德育存在、发展的形式,德育改革已成为现实的需要和德育理论研究的重要课题之一。在改革中如何处理好德育的稳定性、继承性和变革性之间的关系,也是德育理论研究不得不面对的一个重要课题。在多次的冲突中,德育正趋于寻求平衡。例如,20 世纪以来,德育就在道德相对主义和绝对主义两极间像钟摆一样运动,而每一次往返运动后就向中轴线趋近一些。在中国,学校德育被普遍认为是德育的最重要方式,而西方社会更多地将德育的责任定位在家庭、教堂。但是在 20 世纪后半叶,西方教育界开始重新认可学校德育及其使命的重要性,中国则不断强调家庭、社会与学校德育的配合。可见,学校教育与家庭教育、社会德育在趋于平衡,宗教教育与道德教育也在趋于平衡。

案例分析

"今天,物质发达、经济发达、科技发达,却没有了传统文化的基础,没有了家庭孝道,我们的生活将走入空虚与迷茫的名利与物欲的追逐中,精神世界一片渺茫……"2014 年前后,某女德班用这样的宣传语吸引了不少人的注意。当时,女德班在全国遍地开花。"打不还手,骂不还口,逆来顺受,绝不离婚",这 16 个字,被形容为学堂倡导的"女德"四项基本原则。女德班在社会上引起了巨大反响,人们褒贬不一。但没多久,就有女德班因教学内容违背社会道德风尚以及超范围经营、无证办学等,被依法责令停办。

本案例根据新闻改编。

资料来源:多地现女德学堂:学员向孔子像叩首 学守妇道[EB/OL].http://new.qq.com/cmsn/20140912047183.2014-09-12/2017-10-10.

请结合德育的历史发展谈谈你对女德班的看法。

本章小结

德育在人与社会的生成中自然起源,是人类在谋求生存与发展的根本动因下,以古猿和类人猿的社会性本能和规则教育为基础,在一定的生理和心理条件基础上,在人、道德、教育在环境、劳动、交往等诸多因素的共同作用下,起源于猿向人、动物群体向人类社会的演进之中。随着人类的发展和人类理性的提高,人类德育历史经历了原始社会的德育、古代德育和现代德育三个阶段,它不仅表明了德育发展的三种水平,也反映了社会发展、人的发展的不同阶段,而德育在这个过程中从一种人类不知而为的活动逐渐成为人类自觉的活动。

原始社会的德育始于原始的社会生产,与社会生活混沌地融合在一起,具有融合性、生活性、全民性、非反思性和狭隘性等特点。随着学校的产生,德育从原始形态的教育中分化出来,成为一种独立的德育形态。在整个古代社会,随着社会的发展变化,学校德育先后经历了培养勇者、培养智者和培养从者的阶段，但无论是哪一阶段的古代德育，都是一种组织化的，具有组织性、等级性、阶段性、神秘性和经验性的德育。现代德育在古代德育的基础上批判地向前发展，它以培养现代人为目的，试图通过培养人的科学、民主精神，促进人的精神解放、个性自由。现代德育具有规模化、民主化、世俗化与科学化等特点，并呈现出重视人的全面且自由的发展、综合系统化或整体结构化、内容多样化、全球化等发展趋势，德育将在多种观念的交流与冲突中不断变革，寻求平衡。

在古代社会、现代社会，较低级水平的德育依然存在，只是它不代表该社会阶段德育发展的方向，或不占该阶段的主导地位。在当今世界上，甚至同一国家内，上述三种形态或类型的德育同时并存，呈现出错综复杂的矛盾和冲突。

【思考题】

1. 如何理解德育的起源？
2. 如何理解德育的阶段性？
3. 现代德育与原始社会的德育、古代德育有什么不同？又有何联系？

【拓展阅读】

1. 檀传宝著：《德育原理》，北京师范大学出版社，2007 年版。
2. 孙彩平著：《道德教育的伦理谱系》，人民出版社，2005 年版。
3. 中国古代教育史编写组：《中国原始社会和奴隶制社会的教育》，北京师范大学学报（社会科学版），1961 年 3 期，67-76。
4. 蒋一之：《论道德教育的“自然”起源》，《社会科学战线》，2012 年 11 期，211-215。

第四章　德育目的与内容

学习目标

了解德育目的的内涵与功能，知道德育目的的不同类型及其特征；掌握制定德育目的的基本依据；理解德育目的的具体化问题；了解新中国成立以来我国德育目的的历史演进和德育目的演变的特征，理解德育目的完善中应把握的取向；了解影响德育内容选择的因素，掌握我国学校德育的主要内容，了解新时期德育内容的新课题。

建议学时

8学时

学习导读

教育是人类的一种有意识的实践活动，"有意识"表明教育必须具有明确的目的。德育作为教育的重要组成部分，同样必须具有明确的目的，即需要对"什么才是道德上受过教育的人"有清晰的设想或要求。德育目的为德育实践提供了基本的方向指导。但是，在教育实践中很多教师对国家德育目的的认识是模糊的，甚至存在诸多偏颇之处，这主要是因为在学理层面缺乏对德育目的基本问题的科学认识。因此，学习和掌握德育目的的基本理论问题，对于制定科学合理的德育目的、指导学校德育实践具有十分重要的意义。

德育内容也是德育实践中的一个重要问题。人类对道德有共识性的要求，同时道德本身也具有民族性，这就要求一个国家的德育内容既要具有人类道德的普遍共识，也要具有自身的民族特色。当前，时代的不断发展以及学生新的品德问题的日益增多，要求学校德育必须在内容上不断调整，以适应社会发展和学生成长的要求。掌握德育内容的基本框架并了解新的课题，才能确保德育更加满足学生品德发展的需要，从而不断增强学校德育的针对性和实效性。

综合而言，学习本章，学习者会增强对德育目的和德育内容的认识，这有助于教师更加有效地实现德育的科学性和思想性的有机结合，提高德育的实效。

第一节　德育目的概论

学校教育，包括德育，是一项具有鲜明目的性的活动。活动之前，人们必须要构想、确定德育目的，以便为德育活动的开展明确方向。德育目的在德育体系中占据非常重要的地位，研究、认识德育目的是深化德育理论，开展德育实践的一项基础性任务。

一、德育目的的内涵与功能

（一）德育目的的内涵

德育目的主要指的是社会对德育所培养的学生在品德方面达到的某种总体状态的设想或要求。这里所讨论的“德育目的”主要是指国家基础教育阶段的德育目的。实际上，就德育实践的主体而言，还存在学校、教师、家长的德育目的；就教育层次而言，也存在基础教育阶段的德育目的与高等教育阶段的德育目的的区分。

总体而言，德育目的具有以下一些特性。

第一，抽象性。“目的”表明活动要达到的方向，是针对活动在观念层面做出的一般化、导向性的规定。换句话说，德育目的只对学生的一般品德发展状态提出总体要求，而不对学生的行为表现做出非常具体乃至细致的规定，因此德育目的具有一定的抽象性。

第二，预期性。德育目的是对学生接受德育影响后品德发展状态做出的某种设想，表达的是对某种理想品德发展状态的期待。因此，德育目的具有预期性，这表明它是对学生现有品德发展状态的一定超越。

第三，可能性。目的是人对活动未来结果的设想，是人主观意识的体现，具有主观性，但也具有客观性。对于德育目的而言，这种客观性主要来自于对社会发展状况、需要和学生品德发展基础、需要等的综合考虑。客观性确保德育目的具有一定的可实现性即可能性，否则德育目的将失去对活动的指导价值。这表明，一个有效和合理的德育目的在具备理想性的同时需要具有现实性，需要基于一定的现实基础，尤其是学生的身心发展水平，包括品德发展的现有水平。

此外，由于人是特定社会和历史中的人，因此德育目的还具有历史性、阶级性和民族性。德育目的也具有反映人类共同要求的特点。就是说，在特定时代中，人类对道德上受过教育的人都有一个基本的共同性认识，因此德育目的在内容上也具有一定的继承性。

（二）德育目的的功能

德育目的在德育理论和实践中占据十分重要的位置，这主要是因为它对德育活动和德育对象的品德发展具有重要的作用。

1. 对德育活动的作用

第一，导向功能。德育目的是对道德上受过教育的人的观念预期。它为德育提供总的指导思想或宗旨，规定德育的方向，发挥引导和激励作用，避免德育的盲目性和随意性。首先，学校德育是一个从低到高的系统，小学、中学德育的目标虽然各有侧重，但是它们的总体诉求是一致的，即都以德育目的的要求为根本指向目标。在此，德育目的对各级学校德育的发展具有统一规划的作用。其次，德育目的为德育诸组成部分，如德育内容、德育课程、德育方式、德育手段等的设计指明方向，成为它们为之服务的最高准则。最后，在德育实践过程中，德育目的能被教师内化后能成为其教育信仰的一部分，支撑教师把握德育的正确方向，坚定正确的德育行为。

第二，调控功能。德育目的在指引德育朝预定的方向发展的同时，也发挥调整和支配作用，避免德育偏离方向。宏观而言，德育目的调整和支配各级学校德育的总体发展，确保学生品德发展方向的一致,形成各级学校德育的有机衔接和深化。微观而言,德育目的是教师设计德育教学或德育活动具体目标的依据,也是他们确定德育内容、选择德育方法和手段、设计德育活动形式等总的指导思想。

第三,评价功能。在德育过程中,德育目标由于具有具体性和可操作性,往往成为检验德育活动和衡量学生品德发展情况的直接依据。但是,德育目标是依据德育目的而来的,它贯彻德育目的的精神意蕴。因此,德育目的实际上是德育评价的最高准则,具有评价功能。相比于德育目标的评价功能,德育目的的评价功能主要是从德育的整体发展方向上做出分析和判断。

2. 对学生品德发展的作用

德育目的对于德育活动的功能是针对教师而言的,教师应该依据德育目的设计和调整德育活动。除此,德育功能对学生的道德学习也具有积极的作用。

第一,引导功能。德育目的是对学生在道德方面成为什么样的人的一种设想。对于教师而言,这是一种任务规范,规定和引导教师以此为依据开展德育活动。对于学生而言,这是一种理想的道德人格形象,是他们道德成长的努力方向。当德育目的被学生接受、认同并内化后,能诱发他们的道德动机,促使他们主动地参与德育,积极展开道德学习。而且一个合理的德育目的被学生深切地理解后,还能逐渐成为他们的道德信念,激发他们道德学习和道德修养的信心与意志。所以,对于学生而言,德育目的是一种动力因,能发挥引导和激励的作用。

第二,规范功能。德育目的表明了社会和国家期待学生应具备的道德面貌。换一个角度看,这也暗含了国家和社会所不赞同或不认可的人格特征。在德育过程中,教师除了依据德育目的进行正面引导外,也会依据德育目的对学生的不良表现进行指导和教育,后者会对学生在观念上和行为上构成警示和规范作用。对小学低年级的学生来说,这种规范作用会更加明显。一方面,依据科尔伯格的道德认知发展理论,这个学段小学生的道德认知发展处于习俗水平的“好孩子定向”阶段,即根据社会和他人对“好孩子”的期望和要求选择行动。另一方面,这个学段的小学生“害怕惩罚”的道德心理较强。因此,不论是为了取得成人的认同还是为了避免惩罚,德育目的暗含的禁止性要求都会更易于被低学段的小学生所接受,进而对其行为产生规范作用。

二、德育目的确定的依据

作为对德育发展方向和结果的预期,德育目的不是凭空产生的,要受到主客观因素的共同制约和影响。全面认识德育目的确定的依据,有助于确保目的制订的合理和有效,也有助于教师深入和准确地把握德育目的的精神内核。

(一) 确定德育目的的客观依据

确定德育目的的客观依据主要是社会的发展状况和学生的身心发展特点。

1. 社会发展状况影响德育目的

人是特定历史时期和社会中的人,不同的时代和社会发展状况对学生的品德发展有不同的要求,这决定了德育目的有不同的性质和内容。

社会发展状况对学生品德的要求,主要来自社会生产力和政治制度的影响。在古代社会中,由于社会生产力发展水平较低,社会对人在经济生活领域中的道德要求并不很关注。相比之下,政治是国家生活的主要方面,人的政治表现备受重视。这一时期,不论是我国培养“圣人”的德育目的，还是西方培养“僧侣”“牧师”“骑士”等的德育目的，都是致力于培养合格的社会统治者。对于普通民众而言，忠于统治阶级，遵守国家秩序是社会教化的主要目的。进入工业社会，社会生产力快速发展，经济生活日益突出，社会对人在经济生活领域的行为提出要求，于是合作、公平竞争、诚信等成为学校德育关注的内容。今天，人类已进入知识经济时代和信息社会，这对人的道德提出了更加全面的要求，经济伦理、科技道德、媒介素养等逐渐成为德育目的的新内容。

此外，由于社会文明进程的推进和社会环境的日益复杂化，社会不再仅仅需要人们遵守社会规范，适应社会发展，更需要人能具备道德判断和选择能力，具有道德批判能力，以为个体和社会的健康发展辨明方向。这也对学校德育目的提出了新的要求。

另外，德育目的具有鲜明的阶级性。任何一个国家都会根据它的政治利益和经济利益，要求学生遵循特定的行为规范，发展特定的品德，以使其成为符合国家发展需要的人。所以，不同的国家会有不同性质和内容的德育目的。古今中外的德育目的无一例外地都反映了一定社会、国家的政治制度的需要。比如我国的政治体制性质决定了德育目的一直以来非常强调“社会主义”的属性和立场，培养“社会主义事业的建设者和接班人”是我国教育目的的核心定位，也是对德育目的的定位。

2. 民族文化传统影响德育目的

每个民族都有自己的文化传统，生活在特定国家和民族中的人潜移默化地受到文化的影响。说到底，教育，包括德育是一个文化传承与创新的过程，所培养的人也是特定文化中的人。因此，民族文化传统制约德育目的，使其具有不同的文化特色。比如，我国是一个强调整体主义的国家，国家对人的社会性和民族性强调较多，因而德育目的的社会本位色彩较浓，注重培养学生具备国家和民族意识、集体观念，重视引导和激发他们振奋民族精神、增强民族凝聚力、树立民族自尊心、自信心和自豪感。相比之下，美国是一个崇尚个人主义的国家，因此其政治教育、道德教育都渗透着个人主义的影子，自由、权利、民主、自我实现是其德育目的的主要内容。

又如，东方国家和民族受儒家道德思想影响巨大，因而中国、日本、韩国以及东南亚等国家的德育目的都有儒家道德思想的痕迹，如强调诚实守信、勤劳敬业、谦虚谨慎、言行一致、尊敬师长、朴素大方、廉洁奉公等。欧美国家和民族的宗教传统很深远，德育目的受宗教思想和道德的影响较多，虔诚、博爱、信仰等是德育目的的重要内容。

3. 学生的身心发展水平与需要制约德育目的

德育致力于发展学生的品德，就不能不考虑学生的身心发展水平，尤其是品德发展水平。因为如果不做这种考虑，制定出来的德育目的或者不能对学生的品德发展构成一定的超越性，即低于学生现有的品德发展水平，无法提升学生的品德发展；或者过于高于学生现有的身心发展水平，使他们无法吸收、内化德育影响，无法达到这个标准。这两种情形中的德育目的都是无效的。当然，相比于对整个基础教育中德育目的的影响来说，学生的身心发展水平对于不同教育阶段的德育目标的制定具有更大的影响。

再有，德育目的虽然受社会和国家发展需要的制约，但它也必须考虑学生的道德需要。因为德育目的是作用于学生的，如果它无法激起学生的道德学习动机，那么它就很难切实调动学生的道德主体性，积极内化德育影响。所以，制定德育目的还应该了解、关照学生的道德成长需要。

（二）确定德育目的的主观依据

德育目的固然受一些客观因素的影响，但作为一种价值预设，它包含制定者的某种思想认识或观念。即便在客观因素下，制定者的观念不同，德育目的也会有所不同。观念因素是影响德育目的确定的主观依据。

1. 对道德的理解影响德育目的的设定

德育目的是培养什么样的道德人的问题，如何理解道德，包括它的内涵、本质、价值等都会影响人们对德育目的的理解。

道德是一个非常复杂的范畴。就内涵而言，它首先是调整人与人、人与社会之间关系的规范体系，它告诉人们"应该做什么""不应该做什么"，其外在表现是合乎规范的行为。这样理解道德，德育的任务就是向学生传授道德规范，训练道德行为，旨在培养践行规则和遵守秩序的人。在过去很长一段时间里，我国学校德育将道德简化为道德规范，又将道德规范变成教条的道德知识，这就使得学校德育培养出来的人不能够很好地将道德知识内化，从而导致道德上的知行脱节。

作为一个规范体系，道德是对行为的规定性说明，但它又不止于此。道德来源于生活，所以规范总是蕴涵生活的内容、价值与意义，进而道德就不仅仅是行为"应该怎样"的问题，更是"追求什么样的生活""成为什么样的人"的问题。正是在这一点上，道德与人性的发展、完善紧密地联系在一起，道德才构筑了人的社会属性。把握并践行规范蕴涵的价值内容，它就不再是僵化的道德知识，而是一种人格特征，这就是德性。德性是"一种比较稳定和持久地履行道德原则和规范的个人秉性和气质"①。将道德的内涵落脚在德性上，德育则致力于培养学会过道德生活的人，这样的人具有完整的品德结构，是知、情、行统一的人，是崇尚并养成美好人性的人。

再有，对道德价值的认识也会影响德育目的的制定。道德的价值深受人们所持的道德哲学观的影响。总体而言，有两种主要的道德哲学——道德目的论和道德义务论——会影响人们对道德价值的认识。制定者所持的观点不同，德育目的就会有所不同。道德目的论者认为，道德是某种外在于生活的规范性条件，它与生活是一种手段与目的的关系，因而具有工具性价值；道德义务论者认为，道德是内在于人类生活的价值维度，是人本身和生活的一部分，具有目的性价值。持道德目的论的人认为，德育不论致力于培养什么样的人，最终都以帮助人谋求幸福为目的，如功利主义。这是一种外在目的论。持道德义务论的人认为，德育的目的是培养有道德的人，以道德为义务或使命的人。在康德看来，就是培养具有"善良意志""意志自律"的人，这样的人并不以"幸福"为道德的直接目的，而是通过道德配享幸福。这是一种内在目的论。

2. 教育思想影响德育目的的确定

除了人性观和道德观的影响外，德育目的的确定也会受到教育思想的影响。历史上有社会本位和个人本位的两大教育思潮，于是就有与之相应的德育目的。比如卢梭和裴斯泰洛齐都是个人本位论者，他们德育目的的内容虽然不尽相同，但都注重遵循人的天性或天赋力量发展德性。在我国，社会本位的教育思想影响很重，所以德育目的一直强调培养社会、国家所需要的人。21 世纪开始，随着教育理论研究的深入，我国陆续出现了"以人为本"思

---

① 何怀宏.伦理学是什么[M].北京：北京大学出版社，2002：149.

想、生活教育理念、主体教育理念、生命教育理念等，这些理念给德育目的的制定带来了新的理论依据。当前我国的基础教育德育课程改革就是以“回归生活”教育思想为基础，德育目的的社会本位倾向已经淡化，道德发展之于个体完善和幸福生活的意义正在凸显。

三、德育目的的类型

德育目的蕴含了人们对在道德上受过教育的人所应具备的理想形象或行为特征的价值预期。因而，受不同价值预设的影响，德育目的呈现出不同的类型。

（一）社会本位的德育目的与个人本位的德育目的

人具有社会性，也具有个体性，德育主要是发挥社会价值还是个体价值？对这一问题的不同回答，就形成了两种典型的德育目的类型——社会本位的德育目的和个人本位的德育目的。

社会本位的德育目的主要是指根据社会需求来确定德育目的。我国古代、近现代以来以及至20世纪90年代之前的德育目的主要是依据社会需要确定的。在西方，法国教育家涂尔干是这一目的类型的主要代表之一。他指出：“道德的目的就是社会的目的。合乎道德地行动就是为着集体的利益去行动……道德的出发点正是社会的出发点。”“没有社会，道德就没有目的。”①

社会本位德育目的的核心内容，是德育要使人社会化，使学生成为满足社会发展需要的人，如我国古代“成圣成贤”的修身目的最终被引向“齐家治国平天下”这一宏大目标上。涂尔干认为，“教育在于使年轻一代系统地社会化”，“使儿童的身体、智力和道德状况都得到某些激励与发展，以适应整个社会在总体上对儿童的要求，并适应儿童将来所处的特定环境的要求”②。社会本位德育目的的另一个代表人物德国教育家凯兴斯泰纳提出：“国家公立学校的目的——也就是一切教育的目的——是教育有用的国家公民。”③这个目的的内容之一，就是“必须使学生深刻领会个人之间以及个人与国家之间的关系”④。

个人本位的德育目的与社会本位的德育目的恰好相反，它是从学生的道德本性和需要出发确定德育目的。尊重个体生命的价值和人格尊严，充分发展个体的个性和自由权利是其主要内容。卢梭、康德、裴斯泰洛齐、人本主义者和存在主义者等都持这种目的观。根据自然主义的教育理论，卢梭认为，教育，尤其是道德教育，主要应该是培养“人”的教育而不应该是造就“公民”的教育。因此，德育的目的是培养人，培养内在天性自由展开并获得自由发展的自立的人。康德极为重视人的尊严和生命价值。他认为，做人就是要“自觉到做人的尊严，在万物之上，他的义务即是一举一动不要侵犯自己人格的尊严”⑤。由此，他认为教育，包括德育的目的是培养人具有善良意志，懂得尊重生命的价值和人格的尊严。美国著名人本主义心理学家马斯洛认为，“有道德的人”是能听从内在价值的呼唤，特别是充分实现了自己内在价值的自我实现者⑥。培养这样的人就是他认可的德育目的。

① Durkheim, E. Moral Education. A Study in the Theory and Application of Sociology of Education[M]. New York: Free Press, 1961: 59~60, 52.

② 张人杰.国外教育社会学基本文选[M].上海：华东师范大学出版社，1989：9.

③ 夏之莲，王天一.外国教育史（下）[M].北京：北京师范大学出版社，1993：242.

④ 瞿葆奎.教育学文集・教育目的[M].北京：人民教育出版社，1989：462.

⑤ [德]康德.康德教育论[M]. 瞿菊农，编译.北京：商务印书馆，1934：72.

⑥ 彭运石.走向生命的巅峰——马斯洛的人本心理学[M].武汉：湖北教育出版社，1999：222.

社会本位和个人本位的德育目的各有合理性。社会本位的德育目的看到了人的社会性一面，但仅强调人的社会性而忽略人的自我发展需要，容易使德育目的对人造成压抑。个人本位的德育目的看到了德育之于个体发展的价值，观照到学生的存在，易于激发学生的主动性，但是，忽略社会因素容易使德育目的出现相对主义倾向，也容易导致个人与社会关系的扭曲。

（二）精英主义的德育目的与平民主义的德育目的

根据对品德状态预期要求的不同层次，德育目的可以划分为精英主义的德育目的和平民主义的德育目的。

精英主义的德育目的主要是指德育致力于培养具有卓越或完美道德人格的道德精英。在我国古代社会中，儒家道德教育的目的是培养具备完美道德人格的“圣人”“君子”。“圣人之于民，出乎其类，拔乎其萃。”（《孟子·公孙丑上》）“涂之人百姓，积善而全尽，谓之圣人。”（《荀子·儒效》）可见，这种道德教育目的并不是每一个人都能实现的。事实上，在社会生产力发展低下的古代社会中，迫于教育资源的有限和阶级利益的考虑，德育旨在培养道德精英也是自然的。在古代西方，培养道德精英也是德育目的的主要取向。柏拉图在《理想国》中刻画了三个不同等级的公民——手工业者、军人和哲学王。其中哲学王在学识和品德上是最优秀的，培养哲学王是柏拉图构想的教育目的，培养哲学王应具有的优秀和高贵品质是德育的目的。此外，昆体良培养雄辩家的教育目的，中世纪培养“僧侣”“骑士”的教育目的，洛克培养“绅士”的教育目的，以及新中国成立后一段时期的德育目的，都是这种目的的体现。总体而言，精英主义的德育目的崇尚完美的、高大的或英雄式的道德形象。

与精英主义德育目的相对，平民主义德育目的是一种大众的、平等的德育目的，它立足于普通大众的道德需要，致力于发展所有人所必需的品德，旨在尊重和发展所有人的价值、尊严与个性。平民主义的德育目的在 18 世纪启蒙思想家那里体现得较为明显。18 世纪的启蒙思想家如伏尔泰、孟德斯鸠、卢梭、狄德罗等提出人生而平等，具有天赋的权利和自由等观念。在这种思想影响下，他们主张德育目的是尊重人的天性和自由权利。卢梭正是这种德育目的论的典型代表。之后，这种德育目的日益受到关注。平民教育家裴斯泰洛齐认为，德育的目的是培养独立、自主、善行、慈爱等基本德性。进入工业社会后，随着社会生产力发展水平的提高，社会和国家越来越需要人具备科学素质和道德素质，义务教育逐渐普及，学校德育开始呈现全民化、民主化的倾向，德育目的的平民主义倾向逐渐增强。

随着教育平等和民主化进程的推进，精英主义的德育目的已不再符合这种发展趋向，平民主义的德育目的将不断凸显。这将涉及一个新的问题，即我们如何理解“什么是有道德的人”，或如何理解“卓越”和“优秀”的问题。对此，我们需要改变传统的精英式道德人格的认识，从观照每个人的道德需要和提升其生命质量的角度考虑道德的标准，确定能促进所有学生品德积极发展的德育目的。但这也不意味着平民主义的德育目的可以为了观照更广泛的人群而完全放弃道德的崇高层次。放弃崇高，道德有可能落入低俗或功利的处境。道德有不同的层次，平民主义的德育目的只是不将道德的崇高层次作为德育的唯一归宿。

四、德育目的的具体化

德育目的体现的是社会对各级各类教育在培养人的品德方面提出的总体要求，具有一般性和抽象性。德育目标则是各级各类学校德育对学生品德发展的具体要求，也可以是一项具体德育活动对学生品德发展的要求，后者（即作为具体德育活动目标的德育目标）是教学或德育活动中的目标。德育目标具有针对性和可操作性。在实际的德育过程中，一般性的德育目的需要落实为具体的德育目标，这样才能有效地指导德育实践。这就是德育目的的具体化。它涉及德育目标的分类与分层两个问题。

（一）德育目标的分类

所谓德育目标的分类，是指根据一定的标准对德育目标进行划分。一般而言，它包括将德育目的划分为类目标，将类目标再划分为更具体的目标。依据不同的标准，德育目标基本上可以划分为以下类别。

1. 依据学校教育的层次和类型划分德育目标

从层次上来说，学校教育分为小学、中学和大学，自然德育目标可以划分为小学德育目标、中学德育目标和大学德育目标。从类型上说，学校教育分为普通教育和职业教育，因此存在普通教育的德育目标和职业教育的德育目标的分别。德育目的具体化为各级各类学校德育的培养目标，是德育目的具体化的第一步。根据学校教育的层次和类型清晰地划分德育目标，不仅能确保各级各类学校德育有针对性地培养学生的品德，而且有助于各级各类学校德育的衔接与深入。

2. 依据德育目的的内容划分德育目标

依据德育目的的构成划分德育目标，实际上是对德育目的的内容进行分解与解读。如日本的《教育基本法》规定："教育必须追求人格完美，促使作为和平国家及社会的创建者，热爱真理和正义，尊重个人价值，重视勤劳与责任，充满自主精神，成为身心共同健康的国民。"①这一德育目的共有7个方面的德育目标：完美人格的拥有者、和平国家及社会的创建者、热爱真理和正义者、尊重个人价值者、重视勤劳与责任者、充满自主精神者、身心共同健康的国民。② 美国全国教育协会教育政策委员会将其民主教育的目的分为四大类目标，即自我实现的目标、人际关系的目标、经济效率的目标和公民责任的目标。③ 根据德育目的的相关内容细化德育目标，有助于教师更具体、深入地理解、把握德育目的，从而更有指导性地落实开展德育工作。

3. 依据德育内容划分德育目标

在我国，"德育"这一概念可以涵盖广泛的内容，包括思想教育、政治教育、道德教育、法律教育和心理健康教育。如果采取这种"大德育"的概念，德育目标就可以分为思想教育目标、政治教育目标、道德教育目标、法律教育目标和心理健康教育目标等。这种德育目标的具体化，有助于教师更有针对性地了解、把握不同德育内容的目标特点，并根据特点针对性地开展德育。

4. 依据品德结构划分德育目标

品德具有一定的心理结构。依据品德结构，可以划分不同的德育目标。一般我们认为，品德是由知、情、意、行四种要素构成的。因此，就有道德认知目标、道德情感目标、道德意志目标和道德行为目标。在新一轮基础教育课程改革中，德育课程标准依据情感态度与价值观、能力、知识三个维度具体规定了德育目标。这样有助于教师更全面、完整地理解和落实

---

① ［日］岸根卓郎.我的教育论——真·善·美的三位一体化教育［M］.何鉴，译.南京：南京大学出版社，1999：11.

② ［日］岸根卓郎.我的教育论——真·善·美的三位一体化教育［M］.何鉴，译.南京：南京大学出版社，1999：12.

③ 瞿葆奎.教育学文集·教育目的［M］.北京：人民教育出版社，1993：663.

德育目标，确保学生的品德发展实现知行的统一。但教师也需要注意，不能有所偏倚，否则就会造成片面化发展，尤其是道德认知或知识、技能的单方面发展。

德育目标的分类是多样的。不同的分类有助于我们从不同的角度理解德育目标，也有利于德育目的的落实和德育实效的提高。但是，无论从何种角度划分德育目标，都要合理地反映和兼顾德育目的的要求。

（二）德育目标的分层

德育目标的分类使一般化的德育目的变得更加具体，这是德育目的具体化的一个方面。学校德育还有层次之分，不同教育阶段学生的身心发展水平有差异。因此，不同层次的学校德育对学生品德发展的具体要求应该是有差别的。这是德育目的具体化的第二个方面——德育目标的分层。所谓德育目标的分层，主要是指同一德育目标在不同层次的学校德育和不同年级的德育中有不同的要求。

2011 年新修订的德育课程标准基本上将课程目标划分为情感、态度、价值观，能力，知识三个方面①。每一方面的德育目标在不同层次的学校德育课程中都有明显的区分。比如，在情感、态度、价值观维度的培养目标方面，小学德育课程标准和初中德育课程标准对学生提出的要求就存在一定的差异（见表 4-1）。

表 4-1　中小学生情感、态度与价值观方面应达到的目标

小学中高年级学生在情感、态度、价值观方面应达到的目标
·珍爱生命，热爱生活，养成自尊自律、乐观向上、勤劳朴素的态度 ·爱亲敬长，养成文明礼貌、诚实守信、友爱宽容、热爱集体、团结合作、有责任心的品质 ·初步形成规则意识和民主、法制观念，崇尚公平与公正 ·热爱家乡，珍视祖国的历史与文化，具有中华民族的归属感和自豪感，尊重不同国家和民族的文化差异，初步形成开放的国际视野 ·具有关爱自然的情感，逐步形成保护生态环境的意识
初中学生在情感、态度、价值观方面应达到的目标
·感受生命的可贵，养成自尊自信、乐观向上、意志坚强的人生态度 ·体会生态环境与人类生存的关系，爱护环境，形成勤俭节约、珍惜资源的意识 ·养成孝敬父母、尊重他人、诚实守信、乐于助人、有责任心、追求公正的品质 ·形成热爱劳动、注重实践、崇尚科学、自主自立、敢于竞争、善于合作、勇于创新的个性品质 ·树立规则意识、法制观念，有公共精神，增强公民意识 ·热爱集体、热爱祖国、热爱人民、热爱社会主义，认同中华文化，继承革命传统，弘扬民族精神，有全球意识和国际视野，热爱和平

同一层次学校中不同年级在同一德育目标上也会有不同的要求，这是根据学生做出的更细致的德育目标分层。比如，在爱国主义教育的知识目标上，《品德与生活》课程标准规定小学一至二年级学生应了解有关祖国的初步知识；《品德与社会》课程规定小学三至六年

① 品德与生活的课程目标包括四个方面：情感与态度、行为与习惯、知识与技能、过程与方法。品德与生活的课程标准包括三个方面：情感、态度、价值观，能力与方法，知识。思想品德的课程目标包括三个方面：情感、态度、价值观，能力，知识。三个课程的课程目标虽略有不同，但基本都包括情感、态度、价值观，能力，知识三个方面。

级学生应了解家乡的发展变化，了解一些我国历史常识，知道在历史发展过程中形成的中华民族优秀文化和革命传统，了解影响我国发展的重大历史事件和社会主义建设的伟大成就。①

2016年教育部为贯彻党的十八届四中全会关于“把法治教育纳入国民教育体系，在中小学设立法治知识课程”的精神，研究颁布了《青少年法治教育大纲》，提出了法治教育的总目标，并结合基础教育的不同阶段提出了阶段目标。这也体现了德育目标的分层（见表4-2）。

表4-2　法治教育的阶段目标

小学阶段的目标
·着重普及宪法常识，养成守法意识和行为习惯，让学生感知生活中的法、身边的法，培育学生的国家观念、规则意识、诚信观念和遵纪守法的行为习惯。
初中阶段的目标
·初中阶段，使学生初步了解个人成长和参与社会生活必备的基本法律常识，进一步强化守法意识、公民意识、权利与义务相统一观念、程序思维，初步建立宪法法律至上、民主法治等理念，初步具备运用法律知识辨别是非的能力，初步具备依法维护自身合法权益、参与社会生活的能力。
高中阶段的目标
·使学生较为全面地了解中国特色社会主义法律体系的基本框架、基本制度以及法律常识，强化守法意识，增强法治观念，牢固树立有权利就有义务的观念，初步具备参与法治实践、正确维护自身权利的能力。

具体到不同的学段，《青少年法治教育大纲》也提出了不同的教学内容要求，更加体现了深浅不同的目标层次。比如，小学低年级（1—2年级）主要以认知国家象征及标志，初步建立国家、国籍、公民的概念，初步建立规则意识，初步建立法律面前人人平等的观念，了解消防安全知识、基本交通规则等为主。小学高年级（3—6年级）以建立对宪法的法律地位和权威的初步认知，了解公民的基本权利和义务，了解制定规则要遵循一定的程序，遵守公共生活规则，初步认知未成年人能够理解和常见的违法和犯罪行为及其危害和要承担的法律责任等为主。

划分德育目标的层次并提出合理的目标要求需要考虑很多因素，其中学生的品德发展需要和身心发展水平是影响目标分层的重要因素之一。此外，布卢姆的情感领域教育目标即接受、反应、价值的评价、组织、由价值或价值复合体形成的性格化，②也是划分德育目标层次的重要依据之一。合理地依据品德的发展过程设计德育目标，能使目标在品德发展上更具有针对性，能更有效地推动学生的品德不断向高层次发展。

① 参见《义务教育品德与生活课程标准（2011年版）》、《义务教育品德与社会课程标准（2011年版）》，北京师范大学出版社，2012年版.

② ［美］布卢姆，等.教育目标分类学（第二分册）［M］.上海：华东师范大学出版社，1989：198-208.

第二节　我国的德育目的

一、我国学校德育目的的历史演变

（一）学校德育目的的历史演变

新中国成立后，我国的学校德育目的随着社会的发展经历了不同的时期，表现出不同的特点。

1. 新中国成立初期的学校德育目的

在 1949 年至 1956 年的这个时期，我国教育面临的主要任务是改造旧教育，建立新的教育体系，德育也处于创建时期。

1949 年 9 月，中国人民政治协商会议第一届全体会议通过了《中国人民政治协商会议共同纲领》。纲领对新中国的文化教育政策做出规定：中华人民共和国的文化教育为新民主主义的，即民族的、科学的、大众的文化教育；人民政府的文化教育工作，应以提高人民文化水平，培养国家建设人才，肃清封建的、买办的、法西斯主义的思想，发展为人民服务的思想为主要任务。这为新中国的德育确立了新民主主义的教育方针。在这一方针指导下，1952 年教育部颁布《小学暂行规程（草案）》和《中学暂行规程（草案）》。其中指出，小学的德育目标是“使儿童具有爱国思想、国民公德和诚实、勇敢、团结、互助、遵守纪律等优良品质”①。中学的德育目标是“发展学生为祖国效忠、为人民服务的思想，养成爱祖国、爱人民、爱劳动、爱科学、爱护公共财物的国民公德和刚毅勇敢、自觉遵守纪律的优良品质”②。可见，培养具有“五爱”国民公德的新民主主义社会的成员是这一时期中小学的德育目标，其核心在道德品质上。

1953 年我国开始实行第一个五年计划，进入社会主义改造时期，中小学德育面临新的要求。1954 年 5 月 29 日，《人民日报》发表中宣部《关于高小和初中毕业生从事劳动生产的宣传提纲》，针对中小学教育的目的和任务指出：不论从小学还是中学毕业出来的人，都应该积极从事劳动生产，成为有政治觉悟、有文化教养的社会主义社会的建设者。1954 年 6 月 5 日，政务院公布《关于改进和发展中学教育的指示》，指出中学的德育目标是“树立社会主义的政治方向，培养辩证唯物论世界观的基础和共产主义的道德”③。不难看出，在社会主义改造时期，学校德育的目的由培养“新民主主义社会的成员”转变为培养“有政治觉悟、有文化教养的社会主义社会的建设者”，而且开始强调社会主义政治品质的培养。

2. 社会主义全面建设时期的德育目的

1956 年至 1966 年是我国全面建设社会主义的时期。经历了前期的创建，在这一时期学校德育进入全面贯彻社会主义教育方针的时期，德育目的随之发生了变化。

1957 年 2 月 27 日，毛泽东在《关于正确处理人民内部矛盾的问题》的讲话中提出：“我们的教育方针，应该使受教育者在德育、智育、体育几方面都得到发展，成为有社会主义觉悟

---

① 何东昌.中华人民共和国重要教育文献（1949-1975）[M].海口：海南出版社，1998：142.

② 何东昌.中华人民共和国重要教育文献（1949-1975）[M].海口：海南出版社，1998：139.

③ 中国教育年鉴（1949-1981）[M].北京：中国大百科全书出版社，1984：734.

的有文化的劳动者。”这是新中国成立以来第一次明确提出社会主义教育的方针，它对我国的教育产生了重大影响，也极大地影响了学校德育。1958 年 9 月 19 日，中共中央国务院发布《关于教育工作的指示》，明确提出：党的教育工作方针，是教育为无产阶级的政治服务，教育与生产劳动结合；为了实现这个方针，教育工作必须由党来领导①。由此，学校德育明确了为社会主义政治服务的价值取向，也逐渐增强了对学生思想政治品质的要求。1959 年 7 月 16 日教育部颁布的《教育部〈印发中等学校政治课教学大纲（试行草案）〉的通知》指出：“中等学校政治课的任务，是以培养共产主义道德和社会发展常识、政治常识、经济常识、辩证唯物主义常识、党的方针政策等内容教育学生，培养学生共产主义道德品质、工人阶级的阶级观点、群众观点和集体观点、劳动观点即脑力劳动和体力劳动结合的观点、辩证唯物主义观点，提高学生的思想政治觉悟，清除资产阶级思想的影响，发展独立思考、明辨是非的能力，并为进一步学习马克思、列宁主义打下初步基础。”②

自 1960 年始，按照中共中央提出的“调整、巩固、充实、提高”八字方针，学校德育进行了调整。1963 年颁布了《全日制中学工作暂行工作条例（草案）》，指出中学的德育目标是“使学生具有爱国主义和国际主义精神，具有共产主义道德品质，拥护共产党的领导，拥护社会主义，愿意为社会主义事业服务，为人民服务；逐步培养学生的工人阶级的阶级观点、劳动观点、群众观点和辩证唯物主义观点”③。同年颁布的《全日制小学工作暂行工作条例（草案）》指出，小学的德育目标是：“使学生具有爱祖国、爱人民、爱劳动、爱科学、爱护公共财物等品德，拥护社会主义，拥护共产党。”④

这一时期，受“左”倾政治运动的影响，德育的政治化倾向突出。这导致德育目的非常强调培养学生的思想政治品质，基本道德品质和个性的培养被忽视。

3. “文革”时期的德育目的

“文革”开始后，学校德育受到极大的冲击。这一时期，德育的政治功能被推向了极端，“以阶级斗争为纲”的政治教育几乎成了学校德育的全部。

1966 年 5 月 7 日，毛泽东在给林彪的信中提到“学生也是这样，以学为主，兼学别样。即不但学文，也要学工、学农、学军，也要批判资产阶级。学制要缩短，教育要革命”。这就是有名的“五七指示”，它成为“文革”期间教育的指导方针。受其影响，教育与社会革命结合起来，参加到反复辟、批判资产阶级夺权的革命中。学校复课闹革命，开展批判封建主义教育思想，批判资本主义思想和资产阶级生活方式，批判修正主义教育路线的运动。学校德育变成服务无产阶级政治斗争的工具，变成纯粹的政治教育，其内容是学习毛主席语录。于是，“政治态度”“路线觉悟”成为德育对学生的唯一要求，德育的目的是培养反修防修的战士，培养无产阶级革命事业的接班人。一篇题为《为使学校成为无产阶级专政的工具而奋斗》的文章指出：“把学校改造成为无产阶级专政的工具，其根本意义就在于它能够造就一批又一批为巩固无产阶级专政而战斗的坚强战士，能够加强对一切剥削阶级意识形态的有效专政。”⑤

---

① 中国教育年鉴（1949-1981）[M].北京：中国大百科全书出版社，1984：688.
② 何东昌.中华人民共和国重要教育文献（1949-1975）[M].海口：海南出版社，1998：912.
③ 何东昌.中华人民共和国重要教育文献（1949-1975）[M].海口：海南出版社，1998：1155.
④ 何东昌.中华人民共和国重要教育文献（1949-1975）[M].海口：海南出版社，1998：1152.
⑤ 何东昌.中华人民共和国重要教育文献（1949-1975）[M].海口：海南出版社，1998：1531-1532.

“文化大革命”的十年中，学校教育遭到严重破坏。智育被抛弃，德育被扭曲，丧失了培养人、塑造人的灵魂这一根本特性，沦为政治斗争的工具，当时的很多做法违背了基本的教育规律，对学生的身心和品德发展造成摧残。

4. 改革开放至20世纪末的德育目的

1978年党的十一届三中全会后，国家展开全面的拨乱反正，教育进入了恢复和新的发展时期。

1985年5月17日，国务院副总理万里在全国教育工作会议上讲话，指出：“教育体制改革的根本目的是提高民族素质，多出人才、出好人才。所谓‘好人才’，一句话，就是新时代需要的人才。……这个时代需要的人才，应该是有理想、有道德、有文化、有纪律，热爱社会主义祖国和社会主义事业，具有为国家富强和人民富裕而艰苦奋斗的献身精神，应该不断追求新知，具有实事求是、勇于创造的科学精神。……具有勇于思考、勇于探索、勇于创新的精神和民主的作风。”①随后，这个思想体现在中共中央发布的《关于教育体制改革的决定》中。

1988年12月25日颁布了《中共中央关于改革和加强中小学德育工作的通知》。指出：“现在的中小学生是二十一世纪社会主义建设的主力军。他们的思想道德和科学文化素质状况，不仅是当前社会文明程度的体现之一，而且对我国未来的社会风貌、民族精神有着决定性的影响。从现在起，就必须努力把他们培养成有理想、有道德、有文化、有纪律的一代新人。”这总体上反映了我国这个时期的德育目的。据此，1993年，国家教委颁布了《小学德育纲要》。规定小学的德育目标，是“培养学生初步具有爱祖国、爱人民、爱劳动、爱科学、爱社会主义的思想感情和良好品德；遵守社会公德的意识和文明行为习惯；良好的意志、品格和活泼开朗的性格；自己管理自己、帮助别人、为集体服务和辨别是非的能力，为使他们成为德、智、体全面发展的社会主义事业的建设者和接班人，打下初步的良好的思想品德基础”。1995年，国家教委颁布了《中学德育大纲》。规定中学的德育目标，是“把全体学生培养成为热爱社会主义祖国的具有社会公德、文明行为习惯的遵纪守法的公民。在这个基础上，引导他们逐步树立科学的人生观、世界观，并不断提高社会主义思想觉悟，使他们中的优秀分子将来能够成长为共产主义者”。

5. 21世纪以来的德育目的

2001年教育部颁布了《基础教育课程改革纲要》，开始了新一轮的基础教育课程改革。依据纲要精神，新一轮德育课程改革确立了“回归生活世界”的理念。教育部先后颁布了《品德与生活》《品德与社会》《思想品德》等课程标准，并于2011年进行了修订。新世纪的德育课程目标更加强调德育的生活价值，强调为学生成为独立、积极参与社会生活的公民服务。如《品德与社会》课程标准指出，该课程“旨在培养学生的良好品德，促进学生的社会性发展，为学生认识社会、参与社会、适应社会，成为具有爱心、责任心、良好行为习惯和个性品质的公民奠定基础。”②这确立了21世纪初学校德育目标的基本价值取向。2016年教育部发布了《关于2016年中小学教学用书有关事项的通知》，指出从2016年秋季开始在全国中

---

① 中国教育年鉴（1982-1984）[M].长沙：湖南教育出版社，1986：23.

② 参见《义务教育品德与生活课程标准（2011年版）》、《义务教育品德与社会课程标准（2011年版）》、《义务教育思想品德课程标准（2011年版）》，均出自北京师范大学出版社，2012年版.

小学起始年级开设《道德与法治》课，同时将原来的《品德与生活》《思想品德》教材统一更名为《道德与法治》，到2019年全国中小学所有年级将使用统一的部编本《道德与法治》教材。这一更名更加强调了德育要兼顾学生的道德修养和法治素养的培养，正如《青少年法治教育大纲》指出的，法治教育旨在“以社会主义核心价值观为引领，普及法治知识，养成守法意识，使青少年了解、掌握个人成长和参与社会生活必需的法律常识和制度、明晰行为规则，自觉尊法、守法；规范行为习惯，培育法治观念，增强青少年依法规范自身行为、分辨是非、运用法律方法维护自身权益、通过法律途径参与国家和社会生活的意识和能力；践行法治理念，树立法治信仰，引导青少年参与法治实践，形成对社会主义法治道路的价值认同、制度认同，成为社会主义法治的忠实崇尚者、自觉遵守者、坚定捍卫者。”这为德育目的注入了新的内容。

2017年8月17日教育部印发了《中小学德育工作指南》。这是一个指导中小学德育工作的规范性文件，在前期德育课程改革的基础上对新时期的学校德育提出了新的要求，进一步明确了我国现行的学校德育目的。该文件指出，学校德育工作的总体目标是“培养学生爱党爱国爱人民，增强国家意识和社会责任意识，教育学生理解、认同和拥护国家政治制度，了解中华优秀传统文化和革命文化、社会主义先进文化，增强中国特色社会主义道路自信、理论自信、制度自信、文化自信，引导学生准确理解和把握社会主义核心价值观的深刻内涵和实践要求，养成良好政治素质、道德品质、法治意识和行为习惯，形成积极健康的人格和良好心理品质，促进学生核心素养提升和全面发展，为学生一生成长奠定坚实的思想基础。”而且，还针对小学低年级、中高年级、初中学段和高中学段分别提出了具体的学段目标。如小学低年级的德育目标是“教育和引导学生热爱中国共产党、热爱祖国、热爱人民，爱亲敬长、爱集体、爱家乡，初步了解生活中的自然、社会常识和有关祖国的知识，保护环境，爱惜资源，养成基本的文明行为习惯，形成自信向上、诚实勇敢、有责任心等良好品质。”

（二）我国德育目的历史演变的特征

新中国成立以来，德育目的针对社会发展特点与学生个体的身心特征，基于社会主义性质，在总结以往德育工作经验教训的基础上，不断地完善与发展，不断地向科学化、现代化的方向迈进。

1. 社会主义是我国德育目的的根本性质所在

德育关乎人的思想、价值观、态度，也关乎一个国家的凝聚力和社会的良好风气，因此它必然会受社会需要或国家主流意识形态的制约，必然反映一定的社会性质。新中国成立以来，社会主义的国家性质是制定德育目的的重要依据，社会主义成为我国德育目的的根本性质所在。在德育目的内容上，这直接体现为鲜明的政治化特征。“社会主义社会的建设者”“社会主义事业的建设者和接班人”是对“道德人”的核心界定，“爱国思想”“为人民服务思想”“社会主义的政治方向”“共产主义的道德品质”“工人阶级的阶级观点”“爱党”“爱社会主义”等是其核心品质。新世纪以来，不论是在新的德育课程标准中，在《青少年法治教育大纲》中，还是《中小学德育工作指南》中，社会主义的性质都蕴含其中。思想品德课程在目标上明确指出，“以社会主义核心价值体系为导向，旨在促进初中学生正确思想观念和良好道德品质的形成与发展，为使学生成为有理想、有道德、有文化、有纪律的社会主义合格公民奠定基础。”《青少年法治教育大纲》明确指出以“社会主义核心价值观为引领”。《中小学德育工作指南》指出，“坚持育人为本、德育为先，大力培育和践行社会主义核心价值观”，

“为中国特色社会主义事业培养合格建设者和可靠接班人”，在总体目标上指出，教育学生了解“社会主义先进文化，增强中国特色社会主义道路自信、理论自信、制度自信、文化自信，引导学生准确理解和把握社会主义核心价值观的深刻内涵和实践要求”。这是对德育目的社会主义性质的再次强调，更是新形势下国家发展的必然所需。总之，不论我国社会发展进程如何，不论不同历史时期的中心工作是什么，德育目的的社会主义性质都始终贯彻如一。

2. 关注学生全面发展是我国德育目的的基本追求

不可否认，1949 年至改革开放之前，我国德育目的的社会本位倾向较为明显，对学生政治方面的要求较高。20 世纪 80 年代，随着 1985 年《中共中央关于教育体制改革的决定》的提出，教育进入了反思和改革时期。这一时期，德育目的开始关注到学生作为一个完整的个体所需的多方面品质发展，如“四有”即有理想、有道德、有文化、有纪律，社会责任感，创新精神等新品质出现了。21 世纪以来，新一轮基础教育德育课程改革秉承“回归生活”的理念，更加注重从学生参与社会生活的角度提出品德要求，如“帮助学生参与社会、学会做人”“帮助学生过积极健康的生活”“具备即将成人的青年在现代社会生活中应有的自主、自立、自强的能力和态度”。2016 年的《青少年法治教育大纲》和 2017 年的《中小学德育工作指南》也都突出了德育的个体取向，如“增强青少年依法规范自身行为、分辨是非、运用法律方法维护自身权益”“养成良好政治素质、道德品质、法治意识和行为习惯，形成积极健康的人格和良好心理品质，促进学生核心素养提升和全面发展，为学生一生成长奠定坚实的思想基础”。可以说，我国的德育目的在坚持社会主义性质的同时也十分关注学生品德的全面发展。

3. 与时俱进、不断完善是我国德育目的演进的主要特点

我国的德育目的紧密结合国家和社会发展的需要，在实践中不断调整和完善。一方面，德育目的的内容构成不断合理化。在我国德育实践中，德育是一个大概念，一般包括三个方面——道德教育、思想教育和政治教育。20 世纪 80 年代之前，德育目的主要集中在思想教育和政治教育方面，道德教育方面的要求很少。从个体成长的角度而言，这是不合理的，因为道德品质是青少年社会化的基础，也是思想品质和政治品质养成的前提。1985 年《中共中央关于教育体制改革的决定》颁布后，德育目的的内容构成开始发生改变，道德教育方面的要求增多，出现了“遵守社会公德的意识”“文明行为习惯”“良好的意志”“自己管理自己”等内容，也出现了少量的心理健康方面的要求，如 1993 年的《小学德育纲要》明确提出培养“活泼开朗的性格”。2000 年以来，德育目的更加关注社会和时代发展对学生品德发展的影响，出现了社会主义核心价值观、中华传统文化、法治观念、生态文明等要求。这使德育目的改变了高、大、空的状况，更加符合学生品德发展的需求和身心发展水平。如 2004 年中共中央国务院《关于进一步加强和改进未成年人思想道德建设的若干意见》指出，要大力普及“爱国守法、明礼诚信、团结友善、勤俭自强、敬业奉献”的基本道德规范，学会处理人与人、人与社会、人与自然等基本关系。2013 年，中共中央办公厅印发的《关于培育和践行社会主义核心价值观的意见》提出，把培育和践行社会主义核心价值观融入国民教育全过程。

另一方面，德育目的更加凸显品德的完整结构。从结构上说，德育目的一般包括两个部分——为谁培养人，培养什么样的人。前者通常表现为对人的整体定位，如“社会主义事业的建设者和接班人”，后者表现为具体的品质要求，如“爱国”“国民公德”“社会责任感”“爱

党”“热爱人民”等。21世纪前，在“培养什么样的人”上，德育目的给出的品质要求并未能很好地强调道德认知、道德情感和道德行为的整合发展，即兼顾品德的完整心理结构。进入新世纪，首先新的德育课程标准中对课程目标做了进一步的改进和完善，划分了态度情感价值观、过程/能力与方法、知识与技能三个维度。在形式上，这是德育目的的一个重大进步。其次，《中小学德育工作指南》中指出的德育目标也兼顾了知识、能力和情感信念方面。如“准确理解和把握社会主义核心价值观的深刻内涵和实践要求”，“增强中国特色社会主义道路自信、理论自信、制度自信、文化自信”，前者是道德认知上的要求，后者体现了道德情感和信念上的要求。此外，《中小学德育工作指南》也在德育目的的具体化方面进行了完善。它不仅指明了德育的总体目标，还分别对从小学到高中的不同学段提出了具体的德育目标。

二、我国德育目的的完善

现行的德育目的有了较大的改进，体现了德育的基本特性和价值，但仍需要不断完善，这既是对德育目的自身理论问题的思考，也是时代和社会新的发展趋势带来的挑战。在完善德育目的时，需要确保以下几种取向的协调统一。

（一）社会本位取向与个体本位取向相统一

经过对德育目的泛政治化倾向的反思和改造后，我国现行德育目的更加体现出人本化、生活化特征。但同时在现实生活中，一些青少年也逐渐暴露出个人主义、功利主义，追求物质享受的倾向，出现了公共生活意识、社会责任感、国家意识淡化的迹象。这不能不引起德育的重视。实际上，德育目的在增强个体本位取向的同时，忽视社会本位是有隐患的。在现行的德育教材和德育课堂教学中，这已有所显现。有学者分析指出，“回归生活”的理念已经被演绎为具有明显个体化倾向的“过好自己的生活”。这造成了诸多伦理隐患，如功利化的道德逻辑①，就是个体的道德出发点多是事物对于人类生活或个体生活的价值，“自我中心”意识隐藏其中。

因此，个体本位与社会本位绝不是此消彼长的关系。事实上，人具有社会性和个体性，德育既要引导人参与社会，适应社会，服务社会，满足社会对人的需要，也要帮助人形成独特的个性，成为独立自主的个体，不断提升、完善个体的自身发展。社会本位与个体本位的关系是制定德育目的面临的一个首要问题，在一定意义上德育目的的发展历史就是这两种取向的演变历史。所以，良好的德育目的必须兼顾社会本位和个体本位。

（二）多元价值与核心价值相统一

今天，我们已经进入一个价值多元的时代。在这个时代中，虽然一元价值体系的主导性影响消失，但是如何坚守和发扬核心价值却成为一个重要的问题。因为多种价值的碰撞、冲突会引发道德判断标准的相对化，“公说公有理，婆说婆有理”的状况又会导致道德的模糊与混乱，甚至会制造社会的无序。多元中必须确立核心，形成共识性价值，这一点已经成为价值多元化时代中世界各国德育发展的一个趋向。新中国成立后的很长一段时间内，我国的德育目的受到政治化取向的影响，当今价值多元的发展虽然为德育注入了生命、主体、自

---

① 孙彩平，赵伟黎.在“过好自己的生活”之后——深化小学德育课程与教材改革的新思路[J].华东师范大学学报（教育科学版），2016(1)：24-30，111.

由、权利等新内容,但德育目的的制定更应该在包容、接纳多元价值的精华的同时,坚持和弘扬社会主义国家的核心价值,引导学生形成基本的核心价值认同,使社会拥有向心力、凝聚力,人与人之间具有关联感和信任感。因此,在多元中开放,在开放中坚守核心,实现核心价值与多元价值的互补和相互制约,才能确保学校德育功能的有效发挥,为社会和国家培养出开放、积极进取且信仰坚定的公民。

(三)时代精神与传统道德相统一

德育目的总是受到一定社会历史状况的制约,反映特定社会和时代的发展需要,因此德育目的必然要包含一些反映时代精神的道德价值。但同时道德具有文化性,体现了一个民族的文化心理和特征,因而它有很强的延续性,制定德育目的需要考虑文化的传承性。如何处理传统道德价值与时代精神的关系,成为德育目的面临的又一重要问题。

不可否认,随着社会和时代的变化,一些传统道德价值的内涵或要求由于环境的改变会变得不尽合理,但这不意味要全盘否定传统道德。传统道德是我国人民几千年来历史精神的积淀,是人类文明的结晶,对人类的发展发挥过重要的作用。很多传统道德如“己所不欲、勿施于人”“自强不息”等对个人和社会发展仍有不可小觑的作用。片面地解读和否定传统道德是非常错误的做法。一定意义上,教育包括德育就是延续文化传统,实现文化继承的活动。因此,制定德育目的要遵循时代精神与传统道德相统一的原则,既要立足时代现实,反映时代精神,也要弘扬优秀的传统道德。弘扬优秀的传统道德,要求在德育目的的制定中不仅要保存优秀、积极的传统美德,也要对传统道德进行时代性的解读,取其精华,去其糟粕,并实现其与当下时代精神相结合的有机结合。

(四)理想性与现实性相统一

目的总是带有一定的预期性,是对某种理想状态的期许,是对现实状态的一种超越。德育目的也是如此,它表达的是对理想的道德人格的预设,属于“应然”层面的设想。然而,作为一种社会实践活动,德育必然具有现实性,这体现为它必须立足于当前的社会生活境况,必须立足于学生的现实发展水平。前者决定了德育目的对理想道德人格的预期是否符合社会需要,后者决定了德育目的能否在学生身上得以实现。缺乏对任何一种现实性的考虑,德育目的都会变成“空中楼阁”,对学生失去激励作用。因此,在德育目的的理想性与现实性之间保持一种张力,成为德育目的设定的一个基本原则。这就要求国家在制定德育目的时既要实事求是地分析、把握社会和学生发展的现实状况,又要准确地分析、定位德育目的高于现实状态的程度。根本而言,德育目的要立足于现实,又要高于现实。

第三节 德育内容

一、影响德育内容选择的因素

任何德育都要借助一定的内容培养学生的品德。德育活动所要传授的具体道德价值与道德规范及其体系就是德育内容。[①] 出于不同因素的考虑,学校德育有不同的内容。

① 檀传宝.学校道德教育原理[M].北京:教育科学出版社,2003:93.

（一）影响德育内容选择的内部因素

影响德育内容选择的内部因素主要是就德育自身包含的因素而言的。这种影响因素主要有以下几个方面。

1. 德育目的影响德育内容的选择

德育目的规定了德育的根本方向，德育的诸组成部分都服务于目的的实现。因此，德育目的是影响德育内容选择的最直接因素。在社会本位的德育目的下，德育内容侧重于社会所需的价值观、品质和规范的教育；在个人本位的德育目的下，德育内容侧重于个人自由、权利和尊严的教育。我国古代道德教育的目的是培养圣贤人格，圣贤人格的表现之一是"忠孝"，因而"忠孝"教育成为主要的德育内容之一。西方古代道德教育目的的宗教性较强，因而虔敬教育是其主要内容。今天，在学校德育兼顾社会需要和个人需要的前提下，我们更应该思考"什么样的人是一个道德上受过教育的人"，关于它的认识将直接影响学校整体德育内容的确立。

同时，德育目的的层次性即不同教育阶段的德育目标也会影响德育内容的具体安排。也就是说，同一德育内容在不同层次的德育目的之下，有不同的侧重点。如小学和初中德育课程标准在集体主义教育方面的内容规定有所不同（见表4-3）。

表4-3 "品德与生活""品德与社会""思想品德"课程标准在集体主义教育方面的内容规定

小学1-2年级
·知道自己是集体的一员，认真完成集体交给的任务，爱护班级荣誉，关心和爱护同伴。
小学3-6年级
·知道自己是集体中的一员，关心集体、参加集体活动、维护集体荣誉，对自己承担的任务负责。学会与人交流、合作，分享快乐。 ·感受集体生活中规则的作用，初步形成规则意识，遵守活动规则和学校纪律。 ·通过学校和班级等集体生活，理解公平、公正、民主、平等在社会生活中的现实意义，培养现代民主意识。
初中
·正确认识个人与集体的关系，主动参与班级和学校活动，并发挥积极作用，有团队意识和集体荣誉感，感受学校生活的幸福，体会团结的力量。 ·理解竞争与合作的关系，能正确对待社会生活中的竞争，敢于合作，善于合作。

2. 学生的身心发展水平和需要影响德育内容的选择

国家根据德育目的规划了学校的基本德育内容框架或主题，但是不同阶段的学生身心发展水平和需要是有差异的，因此各级学校必须根据学生身心发展的水平和需要，合理地、有针对性地选择德育内容，设计内容的广度和深度，这样才能使德育内容易于被学生接受、吸收，并能促进其品德的发展，实现预期的德育目标。这点与前面论及的德育目的的层次性对德育内容的影响是一致的。这里，需要特别关注学生的品德需要问题，因为品德需要是道德学习的动机。新一轮德育课程改革确立了回归生活世界的理念，这体现了对学生品德发展需要的尊重。

此外，学生的身心发展水平和需要对德育内容的影响也反映在地区、学校差异上。比如，近年来，在经济发达的地区青少年出现了高消费、攀比、盲目追求时尚等问题，引导青少年学生确立合理的消费观念和行为已经成为学生健康发展的需要，这自然要成为学校德育的内容之一。

（二）影响德育内容选择的外部因素

影响德育内容选择的外部因素主要是就德育过程之外而言的。这种因素主要有下述三种。

1. 社会的发展需求

社会是影响教育的重要因素，德育内容虽然直接受制于德育目的，实则是受到社会发展需求的影响。根本而言，不同历史时期的德育内容都是不同历史时期社会生产力发展水平，政治、经济制度以及文化发展对学生品德发展需求的反映。比如在古代社会中，自由、平等、博爱不可能成为德育内容，只有在近现代社会中它们才能成为德育内容。再如新中国成立后由于我国国情的需要，政治教育在学校德育中占据了主导地位。某一历史时期中，社会需求的具体发展也会影响德育内容的构成。比如从 20 世纪 90 年代开始，受人类日益严重的生态问题的影响，生态教育成为学校德育的内容之一。随着网络的普及，网络道德教育、媒介素养教育受到关注，成为主要内容之一。同时，社会对合格公民的需求，对尊重生命的倡导，都使今天的学校德育内容面临新的课题。

此外，社会的发展也会使具体道德价值的含义发生变化，进而影响德育内容。比如，在古希腊的斯巴达教育中，“勇敢”意味着勇敢屠杀和残忍对待奴隶，勇敢教育包括袭击和残杀他们的敌人——希洛人。随着社会的进步和发展，“勇敢”的含义已发生变化，其教育内容也发生改变。这提醒教师在把握整体的德育内容时要结合时代的变化对内容的具体构成及其内涵进行更新，这样才能确保德育内容的有效性。

2. 民族文化传统

民族文化传统也是影响德育内容的重要外部因素之一。这种影响既体现在整体德育内容的构成上，也体现在同一德育内容的具体含义上。比如，由于我国农业社会的历史较长，因而勤劳、节俭、厚道等品质一直受到重视和提倡，它们也一直是学校德育的基本内容。而在西方的学校德育中，这些并不被列为主要德育内容。对于人类普遍的道德价值“孝敬父母”，由于文化传统的差异，在中西方的学校德育中也有不同内容的规定。这说明，在开展德育时，教师不但要积极吸收我国传统文化中积极健康的内容，而且要注意吸收和借鉴不同文化传统中积极健康的内容，包括任一德育内容的具体构成或含义，丰富现有的德育内容体系。此外，一个国家中不同少数民族的文化传统也会影响德育内容的选择。这就更加需要教师在传授德育内容时注意文化的差异问题。

3. 偶发因素

根据德育目的、品德结构、学生的实际身心发展状况和需要，以及社会的发展需求和民族文化传统，国家基本上可以为学校德育确定一个常规的内容体系。依据这些常规内容，学校德育可以相对稳妥地培养学生的品德。但是，学生是处在开放而复杂的社会环境中的，其品德发展不是学校按照计划能够完全预计和控制的，作用于学生身上的任何因素或偶发事件都会影响他们的品德成长。因此，偶发因素也是影响德育内容选择的因素之一。及时发现偶发事件带来的影响，有针对性地施以教育，将有助于及时解决学生品德发展上的困惑，避免不良的发展倾向,也有助于确保德育的实效。

影响德育内容的偶发因素是纷杂多样的,包括学生自身的因素,如突遇的事件或事故;学校或教师因素,如激烈的师生冲突;家庭因素,如父母不和、父母离异等;社会变动因素,如疾病的突发等。任何对学生品德发展构成影响的事件都可能对德育内容提出挑战,教师应该及时关注学生的变化,积极利用他们身边发生的事件展开相应的教育,切实促进其品德的发展。

二、我国学校的主要德育内容

新中国成立至今,我国学校的德育内容集中在以下几个方面。

(一)基本行为规范教育

行为规范见诸日常生活的小处,是衡量一个人教养程度的最直接标准,故而是每个人都必须具备的。基本行为规范的教育是学校德育的最基本内容。

学校中的行为规范教育主要包括生活和学习两个方面。生活方面的行为规范涉及个人生活,如独立料理生活;家庭生活,如孝敬父母、尊敬长辈、参与家庭劳动、邻里和睦相处;学校生活,如热爱集体、遵守纪律、尊敬老师、关爱同学;社会公共生活,如遵守社会公德、遵守公共秩序。

行为规范教育旨在使学生养成文明的行为习惯,具有健康的生活方式。因此,教师需要明确的是,行为规范教育不是让学生在认知层面知道有哪些规范及其具体要求,也不是强硬地训练他们的行为。行为规范教育应该建立在"晓之以理"的基础上,让其知道、领悟和认同为什么要这么做,这样才能真正确保行为习惯的养成。此外,行为规范不是固定的,它具有情境性即相对性。教师应该引导学生认识到规范的相对性,懂得依据原则运用行为规范。这也告诫教师,在依据学生遵守规范的情况来评价其品德发展时需要谨慎,要注意考虑行为的情境性和学生的品性。

(二)基本道德品质教育

由美国教育心理学家戴安·泰尔曼负责主持的"生活价值教育计划"通过长期的研究,得出 12 项人类共同拥有、共同恪守和共同追求的价值。它们是和平、尊重、爱心、包容、快乐、责任、合作、谦虚、诚实、简朴、自由和团结。① 这些道德品质成为人们生活的基本道德要求,是人类的共识性道德。美国教育学者阿迪斯·瓦特曼也曾指出:"不管时代如何变化,我们总将有着和我们祖先同样的需要。那就是,愉快、勇敢地度过我们的一生,和周围的人友好相处,保持那些指导我们更好成长的品质。这些品质是欢乐、爱、诚实、勇敢、信心等。"②无疑,人类的共识性道德即基本的道德品质成为学校德育的基础性内容之一。

我国的传统文化是一种注重人的道德修养和人格完善的伦理型文化,其中蕴含丰富且在当今依然闪烁光芒的道德价值,如诚实、守信、爱国爱民、忠孝仁义、重义轻利、童叟无欺、"己所不欲,勿施于人""天行健,君子以自强不息"等。这些都是对个人基本道德行为的要求,因而构成了基本道德品质教育的重要内容。优秀的传统美德教育也是弘扬传统文化的必然选择。2017 年教育部颁布的《中小学德育工作指南》已经明确指出中小学德育应该开

---

① [美]戴安·泰尔曼. 7-14 儿童生活价值训练广场[M]. 吴薇,李宝荣,译.北京:北京师范大学出版社,2004.

② 商继宗.中小学比较教育[M].北京:人民教育出版社,1989:195-196.

展家国情怀教育、社会关爱教育和人格修养教育，传承发展中华优秀传统文化，大力弘扬核心思想理念、中华传统美德、中华人文精神，引导学生了解中华优秀传统文化的历史渊源、发展脉络、精神内涵，增强文化自觉和文化自信。需要注意的是，在开展传统美德教育时，学校应该注意剖析传统美德的合理内涵和要求，注意结合时代发展需要赋予其新的内涵和要求，确保传统美德积极价值的实现。

基本道德品质教育的内容还包括自尊自爱、自立自强、勤奋、勇敢、有责任心等。随着时代的发展，一些新的个人道德品质也越来越受到重视，如合作、正义感。实际上，基本的道德品质非常多，学校德育不可能穷尽，只能在基本的道德品质中找出更基本的品质。这就需要注意人类共识性的道德品质和具有时代特征的道德品质的相统一。

（三）爱国主义教育

在我国，爱国主义教育历来是一个非常重要的德育内容，贯穿学校德育的全系统。与之相关的热爱中国共产党、热爱人民解放军、热爱社会主义的教育也是重要内容。激发学生的爱国情感，树立民族自尊心、自信心和自豪感是爱国主义教育的核心。但爱国不仅仅是一种情感，更是一种行动。作为一种行动，爱国既包括消极的爱，也包括积极的爱。消极的爱国行动体现为“不作为”，即不做危害国家的事，如不违反国家的法律，不伤害他人，不破坏国家的公共财产，不做有损国家尊严和形象的事等。积极的爱国行动体现为“有所为”，即积极关心国家的发展，为国家积极贡献自己的能量，如积极履行公民的权利和义务，积极参与社会生活，敬业守职，积极担当责任，为国家发展建言献策，维护国家利益等。爱国主义教育要引导学生较全面地理解爱国的含义。

激发爱国情感和爱国行动要注意层次性。詹万生将爱国主义教育的内容划分为三个层次，值得我们借鉴。他将爱国主义的教育内容依次分为对三种实体的热爱：①自然实体维度。从爱自己的出生地、居住地，到爱祖国的自然环境、国土资源等祖国的自然实体。②人文实体维度。从爱父母、爱老师、爱同学开始，到爱祖国的传统文化，最后达到对祖国现代文明的理性思考。③ 政治、经济实体维度。从爱国家的标志（国旗、国歌、国徽等），到对祖国政治制度的热爱，以及对国家制度的理性思考和积极建设。①

此外，爱国主义不是狭隘的民族主义，爱国主义教育也不能变成狭隘的民族主义教育。因为狭隘的民族主义总是与民族国家间的利益对抗联系在一起，在此之下，“青年的纯真的爱国心被歪曲、被利用、被蹂躏”，于是“本来对自己生存社会的纯真的爱，却变成了对其他国家国民的深恶痛绝”。② 爱国需要抱有开放的心态，应该与“爱人类”统一起来。这在全球化时代中已经变得日益重要。为此，爱国主义教育应该与和平教育、国际理解教育结合起来，以加强国家之间的沟通、对话、理解和合作为目标，以维护世界和平和人类共同利益为目标。

（四）集体主义教育

集体主义是社会主义社会中人们处理个人与集体、社会相互关系的基本原则，培养学生具有集体主义精神历来是我国学校德育的重要使命。自然，集体主义教育是社会主义道德教育的重要内容之一。

---

① 詹万生.注意爱国主义的层次性[J].教育研究，1995(4).

② [日]池田大作.展望二十一世纪[M].北京：国际文化出版公司，1985：226-227.

集体主义教育的核心是引导学生正确认识和处理个人与集体的关系，懂得正当的个人利益是受到集体的承认和保护的，当个人利益与集体利益发生矛盾时，应以集体利益至上为原则，在处理个人与集体的关系时应以人民和国家的利益为最终准则。集体主义教育的内容主要集中在热爱集体，关心集体，维护集体荣誉，服从集体决定，遵守纪律，积极担负集体责任等。由于集体不是一个抽象的概念，因此在进行集体主义教育时教师要注意引导学生感受集体的力量，激发个体在集体生活中的被认同感和价值感，体验集体生活中个人的权利与责任，进而促使他们认识个人与集体的合理关系，并积极建构个人与集体的和谐关系。

集体成员之间的关系是影响一个集体的凝聚力和向心力的重要因素，正确处理成员之间的关系有利于维护集体利益、发展集体。所以，引导学生形成团队精神和合作意识与能力，学会尊重、关心和互助，也是集体主义教育的重要内容。

（五）民主与法制教育

积极参与国家的民主与法制建设，自觉维护国家的民主与法制，是一个人对国家基本政治生活和社会生活秩序的维护。因此，民主与法制教育也是学校德育的基本内容之一。

当前，我国的民主与法制教育的内容主要包括民主与法制的性质和作用、现代民主与法制意识、社会主义民主与法制观念、权利与义务、民主与集中、自由与纪律的关系、正确运用法律等。在新一轮德育课程改革中，民主与法制教育的内容已有所增加。与民主与法制教育相关的还有纪律教育。纪律教育主要在于引导学生认识遵守各种规章制度和维护公共秩序的重要性，养成自觉遵守纪律的良好习惯。

法律和道德都是调整人与人、人与社会关系的行为规范体系，在实际生活中也有重合之处。但是，法律和道德并不等同，它们依靠的力量和作用的范围都不相同。法律是道德的最后防线。因此，在进行法制教育时，我们要注意引导学生在学法用法的基础上认识道德的重要作用，引导他们积极发展道德，而不以不触犯法律作为基本的为人准则。

三、德育内容的新课题

个人行为规范教育、基本道德品质教育、爱国主义教育、集体主义教育和民主与法制教育都是我国学校德育始终贯彻的基本内容，它们为青少年学生的品德发展构筑了基础。随着社会的发展变化，学生在品德发展上面临很多冲击，这对学校德育提出了新的任务，德育内容出现了需要重视的新课题。

（一）社会主义核心价值观教育

新世纪以来，受多元价值的侵扰，社会道德失范现象不断显现，国家发展亟需一个核心价值体系作为精神纽带，为社会的前进指明方向。2006 年 10 月，党的十六届六中全会第一次明确提出了“建设社会主义核心价值体系”的重大命题和战略任务，明确指出社会主义核心价值观是社会主义核心价值体系的内核。经过多年的研究，2012 年 11 月党的十八提出了社会主义核心价值观的主要内容，即“富强、民主、文明、和谐、自由、平等、公正、法治、爱国、敬业、诚信、友善。”社会主义核心价值观正成为学校德育的重要内容之一，这对于我国社会主义核心价值体系建设和社会主义文化建设，以及国民凝聚价值共识都具有重要的意义。正如党的十九大报告指出的，“社会主义核心价值观是当代中国精神的集中体现，凝结着全体人民共同的价值追求。要以培养担当民族复兴大任的时代新人为着眼点，强化教育引导、实践养成、制度保障，发挥社会主义核心价值观对国民教育、精神文明创建、精神文化产品创作生产传播的引领作用。”

进行社会主义核心价值观教育，需要注意三点。第一，核心价值观需要具体化，也就是说学校和教师要针对每一核心价值观确定更加具体的内涵和表现，这涉及不同年龄阶段学生的身心发展水平问题。第二，要注意结合学生的身心发展水平进行核心价值观的排序。这种排序不是基于核心价值观的重要性而言的，而是出于学习的需要，就是说由于不同年龄阶段学生的理解水平、社会生活的范围和内容不同，某一核心价值观适宜先学习，比如友善相比于敬业、公正对于小学生而言就更加容易理解和内化，可以先学，然后逐步扩大到其他核心价值观。第三，社会主义核心价值观教育要渗透到学校的整体教育生活中。学校除了可以通过德育课堂教学、主题德育活动等形式开展社会主义核心价值观教育外，还应该注意与其他教育内容的结合，如爱国主义教育、国情教育、法治教育、诚信教育、文明礼仪教育等，更重要的是要将社会主义核心价值观贯彻到中小学的校园文化中，积极营造友爱、民主、和谐的学校教育生活氛围，以引导、推动学生在日常行为中自觉践行社会主义核心价值观。

（二）理想信念教育

理想信念表现为主体对其所认定的体现着最重要的生活价值的某种或某些对象的由衷信赖和执著追求。它统摄、指导个体的生活，是个体生活的精神支柱和行动指南。合理的理想信念将推动人的素养和生命质量的提升。然而，随着物质生活水平的提高，大众文化的发展，青少年的生活观念、态度和理想等已呈现出迷茫、错位、低俗化的倾向，加强理想信念教育势在必行。事实上，理想信念对人的道德发展也具有重要的论证、聚合和圣化作用。① 也就是说，理想信念能为道德发展确立目标，提供精神支撑。

理想信念教育的关键在于引导青少年学生学会确立科学、合理的理想信念，主要内容包括世界观、人生观教育和理想教育。世界观是人对世界的根本看法，决定人认识世界和改造世界的根本态度和方法。它包括自然观、社会历史观、伦理观、审美观和科学观等。在今天的社会转型时期，各种观念交杂，青少年的世界观很容易出现混乱。因此，学校需要加强马克思主义教育，引导学生正确认识人与自然、社会的关系，形成正确的自然观、社会历史观；需要加强人文科学教育，引导学生正确认识伦理、审美和科学的内涵、本质与作用，形成正确的伦理观、审美观和科学观。

人生观是关于人生目的、人生态度、人生理想等的基本观点，它表达人对人生应该如何度过、人生的价值和意义是什么等问题的思考和认识，为个体的存在提供根本的价值支撑，也影响人的道德观。人生观教育旨在引导学生形成正确的生活观念和积极的行为方式，因此教师要引导学生正确认识人生的各种问题或矛盾关系，如苦与乐、物质需要与精神需要、个人与社会、现实与理想等，学会合理地判断、选择和规划人生。

理想问题是人生观的一个重要内容。它为人确立奋斗的目标，建立希望。理想教育的内容是多样的，包括生活理想、职业理想和社会理想。每一种理想都表达了人对美好生活的憧憬，因此理想教育要引导青少年学生合理地认识美好生活的内涵，引导他们树立合理的理想。同时，理想教育还应该激励学生树立远大崇高的理想，追求更富有内涵的生命。

（三）生命教育

近年来，青少年学生的自杀率逐渐增长，伤害他人身体的犯罪行为也在增加。与此同

---

①　檀传宝.信仰教育与道德教育[M].北京：教育科学出版社，1999：10-12.

时，他们对生命的迷惘和困惑也日益凸显。青少年也出现了追求享乐、高消费、攀比等不良生活倾向，以及迷恋网络、吸毒、酗酒、欺辱同学等不良行为。归根到底，这些反映出当前青少年学生对生活和生命迷失了合理的定位。教育青少年学生学会珍惜生命，追求有意义的生命已成为当前德育面临的重要课题。

道德与人的生命密不可分，发展道德既要建立在生命的基础上，也要致力于发展人的完满生命。正所谓，“在一定意义上，教育是直面人的生命、通过人的生命、为了人的生命质量的提高而进行的社会活动，是以人为本的社会中最体现生命关怀的一种事业”①。因此，生命教育以生命关怀为宗旨，其根本目的是尊重人的生命，并积极完善人的生命，特别是人的精神生命，使人懂得自觉和合理地追求生命的意义。

生命教育至少包含三方面内容。第一，生命意识教育。生命教育要引导学生发现生命的宝贵，具备热爱生命的情感、积极的生命意识以及基本的生存技能。其中，热爱生命指热爱所有的生命。第二，生命价值教育，即教育学生认识生命的完整内涵，尤其领会人的社会生命和精神生命的重要价值，合理认识生命的价值，学会积极创造生命，提升生命的质量。第三，生命意志教育。人的生命旅程总是充满坎坷和波折，人需要以顽强的生命力应对各种挑战。因而，生命意志教育应该是生命教育的内容之一。

（四）生态伦理教育

生态危机是当今全球性的危机之一，保护生态资源，维护生态环境，追求人类的可持续发展已经成为全球的共识。为了实现这一目标，发展基本的生态伦理逐渐成为世界各国力倡的重要举措之一。2011 年底颁布的新修订的德育课程标准已经将“热爱自然，保护环境，爱惜资源，初步理解人与自然、环境的相互依存关系”②等作为课程目标之一。生态伦理教育已经成为德育内容的重要部分。

生态伦理倡导以道德的方式处理人与自然的关系，强调人与自然要和谐共处，人类不能任意宰割、掠夺自然资源；人要尊重自然，爱护自然，自觉维持自然环境的完整和稳定，自觉履行保护自然的责任和义务。因此，生态伦理教育的主要目的是引导青少年学生崇敬、感激、关爱自然，树立尊重自然、保护自然的发展理念，养成勤俭节约、低碳环保、自觉劳动的生活习惯，形成健康文明的生活方式，积极维护和保护生态环境。为此，生态伦理教育包括三方面内容——生态意识教育、生态情感教育、生态能力教育。

生态意识教育旨在引导学生形成生态危机意识和忧患意识，生态建设的责任意识，树立合理的生态伦理观念包括生态自然观、生态价值观、可持续发展观等。生态情感教育旨在引导学生形成对自然的感激、尊重、敬畏等情感。生态能力教育包括生态知识教育和健康生活方式教育。掌握基本的生态知识是青少年正确、有效保护自然的重要保障之一，发展健康的生活方式对于缓解生态危机尤为重要。学校要引导青少年学生养成健康、绿色的生活方式，尤其是合理的消费方式是其学会善待自然，自觉减少资源浪费和环境污染，积极保护生态环境的重要途径。

（五）媒介素养教育

在今天的社会生活中，大众传播媒介已经成为人们获取信息、传播信息、沟通信息的最

---

① 《教育研究》杂志社记者. 为“生命 · 实践教育学派”的创建而努力——叶澜教授访谈录[J].教育研究，2004(2).

② 参见《义务教育品德与生活课程标准(2011 年版)》、《义务教育品德与社会课程标准(2011 年版)》，北京师范大学出版社，2012 年版.

主要的渠道和载体。尤其是互联网的迅速发展和使用极大影响了社会信息流通和传播的速度和广度。大众传媒以其及时、形象的传播特点扩大了人们对世界的了解，丰富了人们的生活。但是，它也给人们带来了诸多挑战。对于青少年学生而言，大众传媒正在影响青少年的生活方式、价值观念、文化心理、是非辨别能力、批判能力等。面对大众传媒的挑战，引导青少年学生“提高媒介素养，能够积极适应信息化社会”已经成为不容忽视的教育课题，也成为学校德育的新内容之一。

在信息密布且混杂的信息时代中，人们不仅需要善于利用大众媒介获取信息、运用信息，而且需要文明、合理地使用媒介，理性地判断和选择信息，以积极吸收有益的影响。因此，媒介素养既指有效、文明地利用媒介获取、运用和传播信息的能力，也指正确、合理分析、评价和选择信息的能力。媒介素养教育的主要目的就是引导青少年学生正确、文明地使用和驾驭大众传媒及其信息，以吸收大众传媒的积极影响。

依据媒介素养教育的目的，媒介素养教育的内容可以分为三部分：媒介知识与技能教育、媒介能力教育和网络道德教育。媒介知识和技能教育主要在于帮助学生认识不同媒介的传播特性与优势，使用媒介传播、搜集、加工信息的基本方法等，学会在信息时代合理地使用各种媒介。媒介能力教育主要指信息辨识、评价和选择能力的教育，重在引导青少年学生有效辨识“媒介真实”与“社会真实”，辨识良莠不齐的信息，自觉抵制消极信息的干扰和侵蚀，发展基本的批判能力，推动积极价值观念和行为方式的发展。相比于这两种，在学校德育中，网络道德教育是更主要的。随着网络的快速应用，诸多网络不文明行为或失范行为和网络犯罪，如交流平台中的恶语、对骂、中伤、窃取他人隐私，以及发布虚假信息、散布谣言等问题不断出现，网络道德亟待加强。当前对青少年学生进行网络道德教育，重在引导他们学会以文明、健康、积极的方式使用网络。这包括语言文明、客观公正地发布信息、理性地对待评论、合理地表达个人的想法和情绪、彼此尊重对方隐私、有节制地使用网络等。

在媒介素养教育中，学校特别需要明确一个基本立场——“疏”和“导”，而不是“禁”和“堵”。为此，学校不应回避甚至掩饰媒介的不良信息，而应该直面和积极利用媒介信息，尤其是对反映了青少年不良发展倾向的事件组织学生开展讨论、研究和学习，培养他们的思考能力和道德判断能力，增强对媒介不良信息的应对能力。

案例分析

帮同学打扫一次卫生或扶老人过马路，可以加分；打架、骂人则会被减分。这学期，樊城区万户小学的学生们，每一次善行都会被“银行营业员”以积分的形式记入“存折”，学生可凭积分换取奖品。这种可存可取的“正能量信用评估储蓄存折”，受到该校师生的一致好评。

从去年10月开始，万户小学五、六年级的学生，每人办理了一本“正能量信用评估储蓄存折”，用来记录学生的道德诚信状况。

“干一件好事可以加分，做了错事要扣分。”该校校长贾全胜说，本学期初，学校探索在五、六年级各班设立“正能量储蓄银行分行”，小组长是营业员，负责记录小组成员的道德诚信状况；班长担任分行行长，为营业员们做记录；班长的诚信记录，则由所在小组的营业员记录。

记者看到，在人手一本的“储蓄存折”上，有日期、摘要、存入、支出、结余、经办人。主动打扫卫生、帮同学答疑等可获得相应的加分；打架、乱扔垃圾则要被扣分。

10 分可以兑换橡皮等小文具，20 分可以兑换一份礼品，30 分则可以实现一个小心愿。这个学期六(2)班的陈苗苗“存折”上积攒了 34 分。上周一，她用掉了 30 分，当了一回周一的升旗手。她说，用道德诚信储蓄值实现自己的心愿，感到无比自豪。

五(2)班的祁子翔还在为“存折”上被扣分后悔不已。两个月前因与同学发生争执，祁子翔被扣掉 1 分。从那以后，他格外注意自己的一言一行。

贾全胜说，为学生办理“储蓄存折”，将每一件有关道德诚信的小事存储起来，让学生从小养成知书达理、崇德向善的品质。

——襄阳：学校“道德存折”催生善行小富翁

资料来源：湖北文明网 2015-01-29

请从德育目的的角度谈谈你对学校施行“道德存折”制度的看法。

本章小结

本章主要介绍了德育目的与德育内容两个主题。

首先，本章对德育目的的基本问题，主要涉及内涵、功能、影响德育目的制定的因素和德育目的的类型，以及德育目的的具体化问题进行了阐述。本章认为，德育目的是社会对德育所培养的学生在品德方面达到的某种总体状态的设想，它对德育活动具有导向、调控和评价功能；对德育对象具有引导和规范功能。德育目的的制定会受到主客观两方面因素的影响。客观因素包括社会政治经济制度、民族文化传统，学生的身心发展水平和需要；主观因素包括对道德的认识和教育思想。德育目的因价值取向不同表现出不同类型，主要是社会本位的德育目的与个体本位的德育目的，精英主义的德育目的与平民主义的德育目的。德育目的的具体化主要表现为德育目标的分类和分层。

其次，本章讨论了新中国成立后德育目的的演变和现行的德育目的。本章认为，新中国成立后我国的德育目的经历了新中国成立初期、社会主义全面建设时期、“文革”时期和改革开放至 20 世纪末，以及 21 世纪以来五个时期，在这一演变中，社会主义始终是我国德育目的的根本性质所在，同时我国德育关注个体的全面发展，德育目的与时俱进、不断完善。未来的学校德育目的需要在社会本位取向与个体本位取向、多元价值与核心价值、时代精神与传统道德以及理想性与现实性的相统一方面继续进行完善。

最后，本章重点介绍了我国学校的德育内容，包括影响德育内容选择的因素和学校德育的基本内容与新课题。影响德育内容选择的因素包括内部与外部两方面，内部因素是德育目的、学生的身心发展水平和需要、德育理论；外部因素是社会的发展需求，民族文化传统和偶发因素。学校德育常规内容：基本行为规范教育、基本道德品质教育、爱国主义教育、集体主义教育、民主与法制教育，德育面临的新内容是社会主义核心价值观教育、理想信念教育、生命教育、生态伦理教育和媒介素养教育。

【思考题】

1. 在制定德育目的时通常要考虑哪些因素？

2. 学校德育目的存在哪些类型？
3. 新中国成立后我国的德育目的发生了怎样的变化？
4. 新时期我国学校德育应该加强哪些内容的教育？为什么？

【拓展阅读】

1. 檀传宝:《学校道德教育原理》,教育科学出版社,2003 年版。
2. 瞿葆奎:《教育学文集·教育目的》,人民教育出版社,1989 年版。
3. 鲁洁、王逢贤:《德育新论》,江苏教育出版社,2000 年版。

第五章　德育主体与对象

学习目标

了解学校德育中教师作为德育主体的育人角色，理解教师德育素养的结构及其发展提升的途径。掌握学生品德发展的特点与规律，明晰不同阶段特征学生的身心发展需要，学会运用个体道德发展的相关理论来解决学生品德成长中的具体问题。

建议学时

6 学时

学习导读

关于谁是德育主体一直是教育与德育理论中极有争议的话题。自 20 世纪 80 年代以来，中国大陆关于教育主体的问题，存在着“单一主体论”，即教师主体或学生主体；“双主体论”，即教师和学生都是主体或互为主体；“主体转化论”，即教师开始为主体，随后学生逐渐成为主体等不同论述与讨论。

本书所论述的德育主体，是指在德育过程中充分注意发挥学生道德学习主体性的道德教育工作者，即教师；本书中的德育对象，是指在发挥主体性基础上接受道德引导与自我教育的道德学习者，即学生。简言之，教师与学生分别对应德育的主体与对象，这一对关系在现代学校德育中显得尤为重要，其并非道德教育关系的副产品，而是德育工作得以进行的前提。

当前，学校德育中师生双方各自都有其时代特质，他们的互动关系也呈现出新的特点，这一切均给现代学校德育的发展提出了新的挑战和要求。因此，重新定位教师育人角色与理解德育素养发展的意义，了解学生品德发展特点与探寻道德培养途径，不可避免地成为新时期学校德育关注的重点。

学习完本章，有助于我们更为深入地理解学校德育中教师与学生的特点，也能引导我们以更为科学的视角去看待学校德育中的种种现象。

教师是德育中重要的主体，其角色认同与定位关系是学校德育的基础，而德育对象是德育过程中所有因素作用的焦点，一切的德育工作皆要从学生的视角与需要出发。因此，深入讨论学校德育中的教师与学生这两个要素，是我们德育工作有效展开的重要前提。

第一节 教师的育人角色与德育素养发展

一、教师的育人角色

学校德育中教师的育人角色是通过教师在德育过程中的行为来表征和实现的,同时也是教师的多种社会属性和社会关系在教学活动中的反映。它包括教师在德育教学中的一整套行为规范,以及人们对教师的角色期待。具体来看,德育中教师的育人角色可分为以下几种。

(一)教师是道德教育者,也是道德学习者

教师被赋予智者的形象,然而其教师身份的获得,并非意味着教师已是一个固定成型的人,而是一个需要不断成长和发展的人。教师与一般人一样有自我发展的需要,需要在认知、情感和社会化等方面得到不断的提高和发展。同时,教师作为专业的教育工作者,在专业能力、专业情意和专业伦理等方面也有进一步发展的需要。因此,教师应当有颗谦虚之心,积累专业基础知识,夯实专业基础概念;应以严谨的科学态度,基于原有的经验基础研究教材;还应能融会贯通,将客观知识内化于心,将扁平的知识线索发展为立体丰富的学术体系。此外,教师应不断阅读积累,更新自己的知识储备;应不断走进生活,扩充感性体验,从而为德育教学的生成性发展提供广阔的知识背景。

与此同时,教师的职业还要求教师做一个合格的道德教育者,教师不是"已成"的人而是"成长"中的人,因为人的本质的不确定性和发展的潜能,决定了任何人都不可能是既定的道德完人。教师也是一样,同样需要不断学习、进步和成长。教师的自我成长贯穿在教育生活的整体领域,是不断获得发展的人。可现实社会中,"人们将道德仅视为外在的纲常礼仪与行为规范,进而强调对这些规范的模仿和操练,忽略了道德作为人的一种生存方式所具有的内在主体性和动态生成性,其后果是导致了道德整体性中的一个重要维度的缺失,即道德价值观念形成过程与道德行为实践中生命意义的缺失。道德中的生命维度被忽视,其直接结果便是道德整体性被肢解。"[①]实际上,道德不是静态的、现成的规范,而是与生命体验共同生成的过程,生命的本质在于其自然的生长性,教师与生命一体,成长是教师的应有特性。因此,教师既是道德教育者,同时也是道德学习者。

(二)教师是道德示范者,也是道德实践者

教师不仅是知识教学的主体,同时也是学生学习模仿的对象。教师自身作为一门"隐性课程",对学生发挥着重要的道德影响。试想"当我们希冀学生拥有一些优秀的品质,而此时作为教师自身对优良品性都无一个清晰的概念,那盲目地推行教育策略是毫无意义的。"[②]因此,教师应充分利用学生善于模仿的天性,不断提高自身的道德修养,以身示范,将自身气质、教学风格、教姿教态潜移默化地渗入学生的生活日常。此外,教师榜样作用具有双重性质。优秀的德育教师榜样,能给学生产生积极的榜样作用,反之,则会造成负面效应,甚至给学生埋下心理阴影,导致学生行为缺陷。

---

① 易连云.传统道德中的生命意义解读——论"生命·实践"道德体系的构建[J].教育学报,2005(05):65-69.

② 怀特海.教育的目的[M].上海:文汇出版社,2012:10.

此外，教师不仅要注重规范学生的行为，更应当了解自己学生的内心世界。在获得学生的认同与共鸣之后，他们便能自发地促进自身道德成长，并不断在实践中涵养优秀的道德品质。仅注重传授知识的教师是"经师"，只有那些使学生能生动活泼地、积极主动地使自身品德修养得以发展的教师，才为"人师"。这样的教师不仅授人以鱼，更授人以"渔"。他们能在教学生学习知识的同时，教学生学习方法与技巧；善于激发学生的学习热情，培养学生自主学习的能力和习惯，调整学生的不良情绪和心态；能走进学生的内心，对其进行滋养与引导，让其领悟生活的智慧与道德的价值意义。

同时，教师还是一个道德实践者，他需要不断完善自身，努力从生活中的实然状态向理想中的应然状态不断超越。人的最高追求是自我实现，人本主义学者马斯洛的需要学说也提出将自我实现作为人的最高需要。教师的自我实现就是通过完善自身，从而育人成人。教师道德一方面作为一种教育的精神力量存在于教师身上，另一方面师德也是其自身行为与品质的表征，并在其自身价值实现过程中起着动力作用。从教育效果看，教师作为道德示范者具有影响学生与引导学生的社会价值；从教育主体看，教师作为道德实践者具有自我实现的价值。因此，教师作为道德示范者和道德实践者的结合，实际上反映的是教师的社会价值和自我价值的统一。

（三）教师是道德知识的传递者，也是学生道德学习的合作者

教师作为知识文化的传递中介和社会文化的诠释者，担当着承接过去与未来的角色，是社会发展的"中间人"，因此传授价值观念、知识技能是教师的基本职能。教师需要传播人类文明、开发人类智慧、塑造人类灵魂。教师并非以一种规范固定的方式传递一套共同的价值与知识，教师在传递哪些类型的知识、哪些形式的道德规范上都带有自己的理解与价值选择。教师自身的价值取向、精神风貌和道德品质等综合素质，会直接影响到学生的未来发展。

道德教育的目标不是现成的，而是由教师和学生在教学过程中相互作用、相互协商而生成的。虽然教师与学生有一定的年龄、地位、阅历等方面的差异，但这并不影响师生之间友情的建立。教师不仅是知识的提供者与复述者，也是与学生共同进行学习的分享与交换合作者，这就要求师生之间应形成真正的交流。

在这个意义上，教师的角色就不再是一成不变的知识"权威"，教师也不能再用普适与统一的观点，将学生打磨成统一的模版。因为学生主体本身具有多样性和差异性，教师应走近学生，成为帮助学生学习和培养学生各种能力的合作者、促进者和引导者。事实上，教师把学生当作朋友，可以使学生更亲近老师，教师也能更深入地了解学生。苏霍姆林斯基曾强调，优秀的教师，应能在与学生的精神交往的过程中，忘记自己是教师的职业身份，而能将学生视为志同道合的朋友。① 当师生双方的关系走近，心灵相依，就能建立平等和谐的师生关系，这也更加有助于教师帮助学生解决问题，促进孩子健康成长。

教师的角色转向意味着教师从固有的知识"传话筒"和课堂话语的"霸权"定位，转变为教学活动的变革者和创新意义的建构者，因此，教师是道德知识的传递者，同时也是学生学习的合作者。

---

① 苏霍姆林斯基.给教师的一百条建议[M].北京：教育科学出版社，2005.

（四）教师是德育活动的设计者、组织者、管理者

德育活动常常以集体活动的形式呈现，要全面实现教育的整体功能，最大化地推进德育活动，教师就应当充当精心设计者、周密组织者和科学管理者的角色。首先，教师应是德育活动的设计者。好的德育设计可以使活动有序进行，并能提供良好的环境，促进学生养成习惯，进而全面地完成教育任务。要精心地进行德育设计，就要求教师全面把握德育的任务、内容特点、学生的兴趣与心理发展特征等要素。其次，教师是德育活动的组织者，即教师在教育资源分配（包括时间分配、内容安排、学生分组）和教育活动展开等方面是具体的实施者。通过科学地分配活动时间，采取合理的活动方式，可以启发学生的思维，协调学生的关系，激发集体学习的动力。再次，教师是德育活动的管理者。德育管理是指对德育要素及其之间的关系进行系统调控。教师主要是通过对德育活动的调控来实现其管理功能。如对德育环节的调控；对学习态度、学习活动、学习习惯、学习质量的调节；对教育偶发事件的处理等。

学校德育中教师的育人角色有多种形式，既有显性的，也有隐性的；既有认知方面的，也有情感方面的。这些角色统一于德育过程中，作为教师，应能做好角色转换，因时因地扮演好相应的角色，做学生道德成长的陪伴者、引导者和榜样。

二、教师德育素养的发展

（一）教师的德育素养结构

教师进行德育需要具备一定的德育知识以及完成德育工作的能力。教师德育素养是教师素质的综合性体现，需要教师认真学习，不断积累，以提高德育工作的水平。具体来看，教师的德育素养结构包括：教师的德育意识、德育知识以及德育能力。

1. 教师的德育意识

唯物史观认为，意识是客观事物的反映，这种反映可能是正确的，也可能是错误的。正确的意识对实践活动起着积极的调控作用，使其达到预期的目标，错误的意识产生消极阻碍的作用，对活动目标的实现起阻碍的作用。德育工作也是如此，因此，教师要形成积极正确的德育意识，就要不断学习，强化自己的德育修养，检查自己的德育意识是否与德育工作要求相一致，发挥德育意识的正向指导功能。

教师德育意识的形成，首先，需要教师增强自我体验能力，保持良好的意识状态，并强化自身的道德敏感性，这是教师德育意识形成的基础。其次，教师要关注学生的道德实际，获得感性意识。德育的对象是学生，学生的思想面貌、道德水平、学习态度和生活习惯，会直接反映在教师的头脑中，这些都是教师了解学生的意识基础；此外，只有从学生实际出发，获得学生道德的实际体验，才能通过一系列思维的转换，将感性材料化为教师的德育意识。再次，教师在德育活动中，也能获得意识体验。德育活动是主观与客观的统一，其变化与发展，是构成意识反映活动的基础。最后，德育总是在一定的环境中进行，家庭、学校和社会三个层面，都会对教师德育意识的形成产生影响。

2. 教师的德育知识

教师因个人能力和其他原因的限制，可能做不到对每门学科样样精通，但作为一名教师，应对德育的知识有所了解和掌握。就像英国著名教育家赫斯特所说，专门从事道德教育工作的教师“应对道德的本质有所研究，对道德适当的领域有必要合理的理解，而且在道德上受过专门的训练。”[①]教师的德育知识包括两个方面，一是被林崇德先生称为“本体性的知识”，即关于什么是道德和道德相关的知识；一是被称为“工具性的知识”，即关于如何教道德和如何才能让学生发展道德的知识。

教师德育的“本体性知识”是教师胜任德育工作、实施教书育人活动的基本保证，其具体内容包括：关于道德的认识、内容和相关的理论，关于道德的概念、原理、理论和事实及其发展变化等。

教师德育的“工具性知识”是指帮助教师有效进行教育教学活动的教育学科知识和实践知识。主要包括，第一，教育学科知识。这要求教师根据学生的身心发展特点和发展规律，形成正确的教育思想和教育理念，具备从事教育教学工作所需要的能力，如与学生沟通对话的必要技巧和注意事项，了解组织学生活动的成功经验，知晓进行德育研究的程序和环节等。第二，教师的实践知识。这主要是基于教师个人的经验积累，表现为教师对待和处理德育问题时体现出来的个人特征和教学智慧。这些实践知识有些是可以明确意识到的，有些是以缄默知识的形态存在于教师的知识体系之中的。教师个体的实践性知识具有较强的情境性特点。

3. 教师的德育能力

教师德育能力是教师专业能力的重要组成部分，与教师的德育知识和技能密切相关。它主要通过教师在具体的德育实践活动中不断形成、发展和完善。教师德育能力是影响德育效果的重要因素。教师除了需要具备先进的德育理念和德育知识外，还需要具有与之相匹配的德育能力，才能有效地在教育过程中进行德育，开展德育活动，从而让学生顺利地发展自己的道德品质。

教师在德育活动中提高自身的德育能力需要依靠一定的条件。首先，教师发展德育能力需要掌握必要的德育知识与技能。一方面，教师在掌握德育知识和技能的过程中，与德育活动有关的心理机能就能受到锻炼；另一方面，在掌握德育的知识和技能的过程中，教师也会提升其自身的德育能力。其次，德育能力的发展还依赖于选择恰当的德育活动内容，使之与学生的道德发展阶段特征相适应。在此基础上，做到因材施教，因时而教，在不同的发展阶段选择适当的德育内容，才能获得理想的德育效果，教师的德育能力才会得到锻炼和提高。最后，德育能力的发展还要求合理安排德育活动和恰当运用德育方法。教师应从学生的实际生活出发，将学生引入道德世界，实现与学生共同的道德成长，从而逐步在实践中，培养教师德育的智慧。

（二）教师德育素养的形成途径

道德教育要改变学生的道德认知，学生态度的改变、信念的确立、行为的养成才是道德教育追求的更高目标。然而，并非所有的老师都知道道德教育的实践特征和任务要求。因此，教师德育素养的提升，需要国家层面的政策制度支持，同时也要教师个人的努力。总的来看，教师德育素养的发展与提升，主要通过培训、自修以及实践中锻炼等途径进行。

1. 教师的培训

教师的培训分为职前教育和职后培训两个阶段。职前教育主要由大学教育中的师范类教育专业担当培养师资的任务。教师通过专业课程的学习和专业技能的培养，如通过参加

---

① Hirst, P.H. Moral Education in a Secular society [M]. National Children's Inc, 1976: 112.

学校所开设德育的课程、进行教育见习和实习、参与教育实践活动等，获得一些基本的德育素养。在职后培训阶段，主要通过观摩、借鉴和有针对性的训练而达成目标，主要由校外继续教育培训或是校本培训来完成，其目标是提炼教育经验，并将其转化为德育的实际能力。另外，在教师取得任职资格时必须获得一定的道德教育课程学分，也能作为提升教师德育素养的有效保证，如日本仍旧规定“道德教育研究两个学分是获得教师任职资格的必要条件”①。

2. 教师的自修

教师德育素养提升，还应充分发挥教师自身的主观能动性，使其通过自修来内化吸收德育知识。教师的目标不应仅局限于让自己成为一个满腹经纶的“经师”，还应让自己成为能育人育德的“人师”。教师要通过自修来提升德育素养，首先就应明白德育工作的职业使命。教师所从事的教育工作的最大意义，就是能影响学生的心灵，使其向“善”的方向成长。这样光荣的职业期待，能够激发教师进行德育修养的动机和自觉意识。教师要在教学和教研过程中，将德育作为一项必需内容进行研究，只有研究型的教师才能不断地发现问题、解决问题。教师在研究中不断地将理论与实践相结合，就能有效提高德育工作的实际能力。

3. 教师的实践

实践是教师提升德育修养的根本途径。德育实践既是教师德育修养的源泉，也是教师德育修养的目的，同时还是检验教师德育修养所能达到客观效果的一个标准。“纸上得来终觉浅，绝知此事要躬行”，教师不仅要通过学习来掌握德育知识与教育技巧，更重要的是身体力行，将所学所得投注于实际的教育教学工作中，做到在教书中育人，在育人中教书，将教书育人融为一体。实践是教师实施德育的经验的来源，只有在德育实践工作中，才能获得对德育的真切理解，才能对德育工作进行反思，进一步完善教师自身的德育工作素养；同时实践也是教师提升德育素养的动力。在德育实践过程中遇到的德育难题、产生的德育困惑与面临的德育问题，能让教师不断地进行思考、解决问题和改变行动，还能不断积累德育工作经验，提升德育素养，增强德育的实效性。随着社会发展变化的进程加快，学校德育工作会不断地面临着新问题和新要求，这就要求教师要在德育实践中进行新的探索，不断更新德育知识，增长德育工作的才干。

第二节　学生的品德发展特点与道德养成

一、学生的品德发展规律与特点

（一）品德的定义及其结构

德育的本质是培养人的品德，那么什么是品德？从最广泛意义上讲，品德是个体在道德生活中所表现出来的稳定的行为特征和态度倾向，它是社会道德在个体身上的内化结果。因此，品德相对于道德而言，主要属于个人意识的范畴，是一种个体现象。

一般而言，品德内容包括思想、政治、法律和道德四个层面，每一方面又包括一些具体的内容。品德的形式结构包括道德认识、情感、意志和行为四个要素，即通常所称的知、情、意、

① 戚万学，杜时忠，主编.现代德育论[M].济南：山东教育出版社，1997：390-391.

行四者。道德认识,是指人们对一定社会道德关系及其理论、规范的理解和看法,包括人们通过认识形成的各种道德观。道德认识是道德品质形成的基础与前提;道德情感,是随着道德认识而产生的,是人的道德需要是否得到满足所产生的情感体验;道德意志,是指人们为了达到某种道德目的而产生的自觉能动性。道德意志表现为意志活动,是一种巨大的精神力量。道德行为,是指人们在一定道德认识或情感支配下采取的行动,它是内部心理表现出来的具体行为,是衡量一个人道德品质的客观指标。品德结构中的知、情、意、行,四个要素各有特点,彼此紧密联系,相互作用,不可分割。

阅读链接

如何区分学生的品德问题和心理问题

在学校里,教育者常常需要对学生不良行为问题定性,以确定问题的解决方案。但人的行为的复杂性常常使我们混淆不同性质的行为,特别是把品德问题与心理问题混淆起来。结果是,要么把品德问题心理学化,用心理学的手段解决道德问题;要么是把心理学的问题扩大化为道德问题。这样做的后果在于贻误问题解决的最佳时机,问题变得更加严重。在学校德育工作中,这类的误判还有很多,处理不好不只会闹笑话,而且影响学生的健康成长。尽管道德问题和心理问题并非泾渭分明,但我们至少可以从以下几个方面将二者相对地区分开来。

(1) 品德问题反映了个人稳定的道德品质,心理问题往往是应激性的心理或行为反映。当我们说一个人品德不行时,就称其为“小人”或“坏人”,事实上就是对其道德人格的全部否定,意思是他一贯如此,具有稳定性。心理问题则具有应激性,是在某种环境的刺激或影响下,所产生的心理和行为异常现象。比如,有的学生由于别人的辱骂或挑衅刺激,而进行回击性的打骂。这种情况即使不止一次出现,也不能理解为该生存在品德问题。可以从两方面将其理解为心理问题:第一,该生情绪控制能力较差,这可能是遗传的或在同伴群体中后天习得的;第二,在家庭中经常遭受父母的暴力,或者,父母中有一方遭到家庭暴力,于是在一定情境下很容易将对施暴者的愤怒释放或转移到其他人身上。当我们如此界定不良行为的性质时,我们就很容易从交往对象和家长那里找到解决方案。

(2) 品德问题跟价值观紧密相连,心理问题一般无关价值观。道德是处理社会关系的规范,必然涉及人与人、人与社会的关系问题。品德不良的学生在处理这些关系时,只是根据其价值观有意识地行动而已。当他们的价值观发生积极改变时,一般不会再出现类似的品德问题。心理问题则不然。比如,有的学生经常盗窃他人钱物,以获利为目的的行为是品德问题。但对于心理问题引发的偷窃行为,如他偷来的东西并不是为了自己使用或当作商品交换,甚至还可能偷来以后就把偷到的东西扔掉,且这种盗窃的冲动难以遏制,即具有强迫症症状的“盗窃癖”。对此,不能指望通过价值观的引导来改变其行为。

(3) 品德问题的产生是自由选择的结果,心理问题的出现则是自我难以掌控的,具有强迫性。由于价值观是可以自主选择的,所以因品德问题而产生的行为具有自主性。学生可以选择符合道德规范,也可以选择违反规范。但出现心理问题的学生不是在价值观的驱动下，而是在内部神经机能所控制的心理力量驱动下，实施损害他人利益的无德行为，他无法掌控自己的行为。如有的男学生喜欢窥探女厕所，尽管这种行为违背了道德规范，但定性为心理问题更为恰当；还有的学生总是在上课时说话、做小动作，违反课堂纪律，这有可能是多动症导致的。上述两种情况都难以经由道德上的谴责或惩戒解决，需要找专业的心理医生进行辅导或药物治疗。

（4）不能将一定发展阶段的正常心理和行为问题等同于道德问题。教育者特别容易犯的一个错误就是对于一定时期的正常现象大惊小怪。比如，把早恋学生贴上"不自重""轻浮""败坏班级风气"道德标签，认为说谎的孩子是"坏孩子"。事实上，"早恋"是中国特有的带有贬义价值判断一个词，西方社会心理学家将十二三岁到十八九岁这一时期的恋爱称为"青春期恋爱"，强调其是随着青春期性生理的成熟而产生的正常行为。对此，我们应当用平和的心态看待这一现象。对于说谎行为，尤其是低年级学生的说谎，不应将其定性为品德问题，在心理学家科尔伯格看来，害怕惩罚或获取好处是 13 岁以前的孩子主导的行为动机，所以说谎是这一阶段的孩子很正常的行为，一般会随着年龄增长和相应道德认知水平的提高而逐渐消失。对此，教育者需要的是耐心。有的孩子习惯性撒谎的，可能与家庭环境有关，教育者可以与家长一起解决孩子撒谎问题。

总之，对于学生的行为道德成长是一生的事情，对于未成年的学生来说，学校教育者尤其应当把学生看作是道德上的未完成者，要用发展的眼光看问题，不要轻易对学生的行为问题做道德判断。德育工作者不能越界，将本应由心理咨询或治疗去解决的问题转交给德育，这样，才能体现出德育的专业性。

资料来源：刘华杰、檀传宝：《如何区分学生的品德问题和心理问题》，《福建教育》，2016(26).

（二）学生品德发展的规律

学生品德发展与任何事物的发展一样，也有一定的规律与特点。探明这些规律与特点，对学校德育的有效开展有着直接的理论与实践指导意义。总体而言，学生品德发展的规律主要包括以下几个方面。

1. 学生的品德发展从他律走向自律

学生的品德行为可以分为两个层次：一是他律品德；二是自律品德。他律品德基于学生本能的需要，在此处的品德行为并非是目的，而是满足其本能需要的手段。如当孩子知道有礼貌可以有糖果吃时，他会为了获得糖果（满足基本需要），而有礼貌（品德行为）。一切的他律品德，都会受到法律法规等外在因素的制约与影响。换言之，他律的行为并非出于个人意愿，而是源自外在规范的约束。自律品德基于学生自己的品德需要，品德行为本身就是目的，而不是出于手段。如一个孩子相信对他人友爱是一种美好的品质，此时的他便不会为了外在的奖励、赞赏，而是为了达成这一美好品德而待人友善。一切自律的品德，是源自学生自己对品德认知的认可与深信不疑，是无条件的、绝对的，是为义务而义务，为目的而目的的。他律品德是学生到自律品德的必经阶段。低年龄阶段的学生的品德评价往往依靠老师与家长，凡是老师、家长夸奖的就是好的；凡是老师、家长批评的就是坏的。随着年龄增长与品德认知水平的提高，学生会慢慢学会自主地进行品德评价，进而由他律品德过渡到自律品德阶段。

2. 学生的品德发展具有从众性

从众，是指在现实或想象的群体压力之下，个体改变自己的立场、观点、态度，而随从多数人的意见，产生与多数人一致的言行。从众并不是偶然的现象，它有深刻的心理根源，是人类心理需要的产物。学生的知识、能力是有限的，他们无法解决当下所面临的全部问题，这时他们往往会参考集体中大部分人的做法，因为这在一定程度上，能够满足他们自身的安全需要，即“如果和大家一样，就不会出大错”。

在集体中，学生品德发展的从众性心理变化大概需要经历三个阶段：第一阶段：当学生发现自己的思想言行属于少数派时，便会感受到集体的压力，但他们会尝试说服别人，希望别人理解自己的思想言行，从而获得别人的认同。第二阶段：当多数派逐渐由听取多方不同的意见，转变为主动的说服众人时，少数者就会感到集体压力变得越来越大，于是部分学生就会放弃自己的观点，服从多数人。第三阶段：未放弃自己观点与意见的学生，可能由于受到集体的冷落、遗弃和否定性评价，产生羞耻感、孤独感、失落感甚至是恐惧感，于是自己只好放弃原来的观点，服从集体的意见。由此可见，从众具有双重作用，它既可能促使学生形成良好的品德，但同时也可能诱使他产生不良的品德。如果集体中正确的道德舆论占主导地位，学生便会服从集体的意志，按照品德要求，形成良好的品德行为与养成优秀的品德习惯。如果集体中错误的道德舆论占上风，学生也会在集体的压力之下，产生不良的品德认识与行为，甚至染上不好的行为习惯。因此，学校德育要善于利用品德从众规律的正面效应，避免负面效应，充分利用正确的道德舆论导向，促使青少年品德健康发展。

3. 学生的品德是在其认知冲突中不断发展的

品德认知冲突是指个体内化外在的品德规范时与原有认知结构之间的矛盾。思想品德的认知发展有着相对固定的顺序，具体表现为品德的发展由低级到高级、从特殊到一般、从自我中心走向关心他人利益。然而，在这个过程中往往也会产生矛盾，这种矛盾便导致了品德认知的冲突，此时通过对冲突的调和与解决，能促进学生品德不断向前发展。如果没有这些矛盾，便不会产生认知冲突，也就不能促进学生品德的真正发展。换句话说，品德的认知冲突是推动学生品德发展的真正动力。

根据这一规律，德育一方面要适时地向学生提出较高的品德要求，从而促进他产生品德认知冲突；另一方面，就学生的品德教育来说，不能总是停留在直观思维能力的培养上（如榜样教育法、课件呈现），还必须创设情景，通过思想教育去培养他们的理性思维能力（如案例分析、道德两难法），让他们尝试用自身的理性去支配自己的思想言行，去评价社会道德现象、进行道德实践，从而促进学生品德认知冲突的顺利解决，并在此基础上提升品德水平。

（三）学生品德修养的特点

1. 自觉性

品德修养过程是个体自觉主动进行的内化过程。学生品德修养的自觉性是在个人品德认知提高与内心信念增强的基础上建立的，是学生自我独立性与主观能动性的反映与体现。当学生有了品德修养的自觉性，就能在社会生活实践中，时时刻刻严格要求自己。这样不论在面临成功或失败、顺境或逆境，都能保持积极向上、努力进取的坚定意志，并能努力克服自己的缺点和错误，不断提高自己的品德水平。

2. 内省性

品德修养过程具有内省性的特点。学生在品德修养过程中，能够通过内省与反思，将一定社会的思想道德转化为自己的品德要求，进而不断提高自身品德水平。学生在进入学校之前，就已经有了一些品德认知的基础，以及明辨是非的价值取向，经过在学校的德育学习之后，学生就能获得了一些思想道德方面的知识，并能明确社会、学校、家庭对自己提出的品德要求。通过内省与反思，学生便能将外界获得的思想道德知识，与已有的品德认识进行比较、鉴别、选择、处理和加工，最终有效地将社会思想道德转化为个人的意识，并逐渐形成个人的道德品质。

3. 自主性

品德修养的主体是自我。品德修养过程与德育、智育等教育过程相区别的根本特点在于，它是自我主动内化吸收的过程，是学生作为道德成长的主体对自身的思想品德不断反思和完善的过程。它起始于自我思想道德进步的动机和主动倾向，归结于思想道德实践和自我品德水平的提高。这一特点告诉我们，学校德育成败的关键是要看品德教育能否最终转化为学生的品德修养。学生的生活范围不限于学校，他们最终的活动天地大多数也不是学校。无论是在校期间还是走向社会之后，他们都要接受来自社会和家庭的各种性质和水平的思想道德影响。如果学生自我不具备品德修养能力，缺乏"慎独"之心和自我完善之意，那么就很难成为一个言行一致、表里如一，具有良好品德的人。

4. 实践性

品德修养是通过内省、涵养的方式进行的，其过程具有内省性、自主性的特点，但它并不纯粹是"闭门思过""面壁反思"的过程。品德修养过程也要以积极的活动与社会实践为基础。因为品德修养是社会实践的要求，它既要在社会实践过程中进行，也要接受社会实践的检验和评判。在实践中，学生可以将书本中的道德教育知识落于生活实践中，不断地理解吸收以将理论知识内化于心。

二、个体道德发展理论与学生道德养成

(一) 个体道德发展理论

关于个体道德发展理论，西方心理学研究很多，主要有三大流派有较大影响，其分别是：认知发展方面的道德认知发展理论、情感发展方面的精神分析理论、行为发展方面的社会学习理论。

1. 认知层面:道德认知发展理论

(1) 皮亚杰的道德发展阶段理论

皮亚杰认为，儿童的道德发展可以根据其对规则的理解划分为四个阶段。

① 自我中心主义阶段(2-5岁)

在此阶段，儿童是以自我为中心，规则对儿童来说没有约束力，他们对规则缺乏意识，没有把规则看成是应该遵守的。如在游戏中，儿童是按照自己的想象去执行规则，因为他们还不能将自己与周围环境区别开来，他们的游戏活动只是个人独立活动的任意行为，与成人、同伴还没有形成合作关系。

② 权威阶段(6-8岁)

此阶段又称他律阶段。在这一阶段儿童逐渐对规则予以关注，他们的道德判断受外部的价值标准支配和制约。这时的他们，服从外部规则，绝对服从权威指定的规范。如绝对遵从父母、教师或年长的人，他们认为听家长的话就是好孩子，否则，就是坏孩子。此外，他们将规则看成是固定的、一成不变的，违背规则是绝对错误的，并应受到惩罚。这一阶段的儿

童对行为的判断只看客观的效果，而不考虑主观动机。

③ 可逆性阶段(8–10 岁)

此阶段又称自律阶段。这一阶段的儿童已不把规则看成是一成不变的东西，而是认识到规则具一定的变通性，是同伴之间的共同约定，因此也是可以修改的。这一阶段的儿童已经意识到同伴间是一种社会关系，即应该相互尊重共同约定的规则。规则对儿童来说具有一种互惠的可逆特性，此阶段标志着儿童具有了一定的判断是非的能力，其道德发展逐渐由他律转向了自律。

④ 公正阶段(10–12 岁)

此阶段儿童的"公正观念"是在可逆性的自律阶段上发展起来的，他们开始倾向于公正、平等，他们体验到公正和平等应当符合个人的具体情况，公正感与责任意识成为其情感领域的核心、规范。这一阶段的儿童已过渡到真正的自律阶段，他们在进行道德判断时，已逐渐具备自己的行为准则和判断标准。

总之，皮亚杰认为，儿童的道德发展是从他律向自律转化的过程。在他律道德阶段，儿童会根据外在的道德法则而做出判断，只注意行为的外在结果，而不考虑行为的动机，是非标准取决于是否服从成人的命令或规定，他们受自身之外的价值标准支配而做出道德判断；在自律道德阶段，儿童能依据自身主观价值观去支配的道德判断，这时他们已能从主观动机出发，用平等与否、公道与否等新的标准来判断是非，皮亚杰认为，儿童只有达到自律道德的水平，才能有真正的道德。

(2) 科尔伯格的道德认知发展阶段论

科尔伯格认为他律、自律阶段的划分过于简单，依据的范畴也不充分，于是，他在道德发展研究中提出了著名的三水平六阶段的道德认知发展阶段理论。

① 前习俗水平

这一水平的道德观念是纯然外在的。儿童为了免受惩罚或赢得奖赏而服从权威和权威规定的规则。这一水平包括以下两阶段。

a. 服从和惩罚的道德定向阶段。儿童只根据后果来判断行为的好坏，他们主要是为了免遭惩罚而听从权威人物的命令，尚未具有真正意义上的准则概念。学生"不参与"某种行动，并非是因为他意识到这一行动是坏的，而是因为权威的作用；判断过错的标准不是行为本身的性质，而是遭受惩罚或造成破坏的程度。

b. 朴素的享乐主义或功利主义定向阶段。这一阶段的儿童为了获得奖赏或满足自己的需要而尊重规则，开始有了互惠的概念。假如对自己有好处，那就是"对"的。交换原则是"你对我好，我就对你好"。这是种低级的、实用主义的观念。但儿童对过错的严重与否的判断已经开始部分地根据行为者的主观意向来进行。

② 习俗水平

这一水平的主要特点是个体着眼于社会及其希望考虑的问题，认为道德的价值在于为他人和社会尽义务，以维持社会的传统秩序。它包括阶段 c 和阶段 d 两个阶段。

c. 好孩子定向阶段。处于这一阶段的个体重视社会的期望，他们在进行道德评价时总是考虑到他人和社会对一个"好孩子"的期望和要求，并以此为标准展开思维和行动。

d. 尊重权威和维护社会秩序定向阶段。处于这一阶段的个体更加广泛地注意到维护普遍的社会秩序的重要性。他们重视维护固定的秩序，开始强调每个社会成员都应当严格遵守全社会共同约定的某些行为规则，强调对法律和权威的服从。

③ 后习俗水平

这个水平的主要特点是，个体不仅认识到尊重规则的重要性，而且开始认识到法律、规则的人为和相对的性质，会在考虑到诸如全人类的正义、个人的尊严等基础上形成超越法律和规则的普遍原则。它包括阶段 e 和阶段 f 两个阶段。

e. 社会契约定向阶段。这一阶段的个体不再把规则和法律看成是死板的、一成不变的教条，而是认识到规则是人为的、灵活的，是一种民主的、"契约"性的东西。他们清晰地意识到个人的价值与意见是相对的，只有那些经过民主程序符合公正原则的准则才是可以被接受的；强加于人的、不符合大多数人的利益的法则都是不公正，因而应予拒绝的。

f. 良心或普遍原则定向阶段。这一阶段的个体已经认识到了社会秩序的重要性和维持社会秩序可能的弊端，因而看到了社会规则和法律的局限性。个体开始基于自己的良心或人类的普遍价值标准判断道德行为，形成自己的道德哲学，其中包括"普遍的公正、互惠、人权平等原则等"①。

科尔伯格的道德发展阶段②

三种水平		发展阶段	心理特征
一	前习俗水平（9 岁以下）	服从和惩罚的道德定向阶段	只从表面看行为结果的好坏。盲目服从权威，旨在逃避惩罚
		朴素的享乐主义或功利主义定向阶段	只按行为后果是否带来需求的满足以判断行为的好坏
二	习俗水平（10-20 岁）	好孩子定向阶段	寻求别人的认可，凡是成人赞赏的，自己就认为是对的
		尊重权威和维护社会秩序定向阶段	遵守社会规范，认定规范中所有的事项是不能改变的
三	后习俗水平（20 岁以后）	社会契约定向阶段	了解行为规范是为了维护社会秩序而经大众同意所建立的。只要大众取得共识，社会规范是可以改变的
		良心或普遍原则定向阶段	道德判断以一个人的伦理观念为基础。个人的伦理观念用于是非判断时，具有一致性与普遍性

① 科尔伯格. 道德教育的哲学[M]. 魏贤超，译. 浙江：浙江教育出版社，2000：22.

② 转引自：易连云，主编. 德育原理[M]. 武汉：武汉大学出版社，2010：81.

此外,科尔伯格通过研究还提出了以下几点结论①②:

1) 个体道德判断力的发展在10岁前大都处于第一水平;13岁以后半数以上处于第二水平,只有极少数进入第三水平;16岁以后30%进入第三水平阶段。

2) 学生道德发展阶段的次序是固定不变的(与思维发展有关)。但对每个人来说,时间有早有迟(与文化背景、社会交往有关)。

3) 要促进学生的道德发展,必须让他不断接触道德环境和道德两难问题,以利于讨论和展开道德推理方面的练习。

4) 道德发展与不同环境的刺激以及儿童的社会交往环境有关。

道德认知发展理论对道德认知能力的发展及其阶段性的研究大大推进了我们对德育对象的道德发展实际的认识。但是认知只是道德发展的一个侧面。要真正了解德育对象的发展实际需要我们有更为全面的认识。

2. 情感层面:精神分析理论

(1) 弗洛伊德的精神分析理论

精神分析理论的典型代表之一是弗洛伊德。弗洛伊德认为人格中有本我、自我和超我三个层面。

本我(id)是个性结构中较为原始的部分,弗洛伊德称之为"力比多",新生儿只有本我。本我主要是由无意识的性本能和攻击本能组成,按照快乐原则行事,其核心是即时性的个人满足,没有任何自制力。

在个体生命的早两年中,本我逐步分离出自我(ego)。自我努力满足本我的需要,但它与本我不同的是,它在行动时,会将周围环境的现实情况纳入考虑范围,从而按照现实原则行动。

随着年龄的增长与认知水平的提高,这时便会出现超我(superego)。超我由良心和自我理想两部分构成,它抑制本我的冲动,会监督与指导自我采取较高的道德标准。它通过家长、教师向学生传达道德观念,从而使之内化吸收社会的价值观念和标准。

在弗洛伊德看来,儿童的道德成长存在着本我、自我和超我三者之间的不断冲突与协调。一方是超我的力量,另一方是本能的需要,还有在这两者中间左右摇摆的自我。人的一切行为都是三个层面之间矛盾冲突的结果。道德是通过超我的发展而获得的,恰当的超我能够有效促进学生形成合理的道德判断。学生可以借助于父母、教师等榜样力量,通过"自居作用"将社会伦理规范加以内化,从而促进自身道德成长与发展。

(2) 埃里克森的新精神分析理论

新精神分析理论的代表人物是埃里克森,他将人格发展解释为8个阶段。

① 信任对不信任(0-1岁)

此时是基本信任和不信任的心理冲突期,因为这期间孩子开始认识人了,当孩子哭或饿时,父母是否出现则是建立信任感的重要问题。信任在人格中形成了"希望"这一品质,它起着增强自我的力量。具有信任感的儿童敢于希望,富于理想,具有强烈的未来定向。反之则不敢希望,时时担忧自己的需要得不到满足。如若这一阶段的危机得到成功解决,那么就会形成所希望的美德。反之,则会形成恐惧与不安。

---

① 檀传宝,主编.德育原理[M].北京:北京师范大学出版社,2013:94.

② 易连云,主编.德育原理[M].武汉:武汉大学出版社,2010:82-83.

② 自主对羞怯(1-3 岁)

这一时期,儿童掌握了大量的技能,如,爬、走、说话等,更重要的是他们学会了怎样坚持或放弃。也就是说,儿童开始按照自己的意志来决定做什么或不做什么。这时候父母与子女的冲突很激烈,也就是第一个反抗期的出现。一方面父母必须承担起控制儿童行为使之符合社会规范的任务,即养成良好的习惯;另一方面儿童开始有了自主感,他们坚持按自己的方式行动,所以训练良好的习惯不是一件容易的事。

如果这一阶段的危机得到成功解决,那么儿童就会形成自我控制的美德;反之,儿童就会产生自我疑虑。

③ 主动对内疚(4-5 岁)

在这一时期如果幼儿表现出的主动探究行为受到鼓励,幼儿就会形成主动性,这为他将来成为一个有责任感、有创造力的人奠定了基础。如果成人讥笑幼儿的独创行为和想象力,那么幼儿就会逐渐失去自信心,这使他们更倾向于生活在别人为他们安排好的狭窄圈子里,缺乏自己开创幸福生活的主动性。

如果这一阶段的危机得到成功解决,那么就会对自己的发展方向有一个主动的规划;反之,就会形成自卑感。

④ 勤奋对自卑(6-11 岁)

这一阶段的儿童,如果能顺利地完成学习课程,他们就会获得勤奋感,这会让他们在今后的独立生活和承担工作任务中充满信心。但是,如果儿童过于重视自己的学习,而缺乏对其他事物的兴趣和敏感性,那么他们有可能走向另一个极端,变成学习和工作的“奴隶”。

如果这一阶段的危机得到成功解决,那么就会形成能力感;反之,就会形成无能的无助感。

⑤ 同一性对角色混乱(12-20 岁)

青少年期的主要任务是建立一个新的同一感或自己在别人眼中的形象,以及他在社会集体中所占的情感位置。但是,以成人为代表的社会会以自己的立场和眼光为青少年规划好其发展的方向,试图让青少年表现出他们所认可的社会形象。在这种情况下,青少年必然与社会存在角色认同上的冲突。如果这一阶段的危机得到成功解决,那么就会形成忠诚的美德;反之,就会形成不确定性。

⑥ 亲密对孤立(20-24 岁)

具有牢固的自我同一性青年,在这一时期面临着在恋爱关系中把自己的同一性与他人的同一性融为一体的挑战。如果这一阶段的危机得到成功解决,那么就会形成爱的美德;反之,就会形成混乱的两性关系。

⑦ 繁殖对停滞(25-65 岁)

建立亲密关系的成年人在这一阶段的主要任务是生儿育女、关心后代的成长与发展。如果这一时期,成人只关注自我而缺乏对孩子成长的关心,那么他就容易自私自利、缺乏关心的美德。

⑧ 自我完整对失望(65 岁-　)

这一阶段的人由于走向衰老,需要解决衰老或死亡所带来的自我绝望感和回顾自己的一生所产生的充实感之间的矛盾。当老人们回顾过去时,可能怀着充实的感情与世告别,也可能怀着绝望走向死亡。如果这一阶段的危机得到成功解决,那么就会形成智慧的美德;反之,就会形成失望和无意义感。

精神分析理论的主要关注点在情感方面,这一理论的突出之处在于强调父母对个体的感情影响,因而,在孩子幼时父母的行为方式、赏罚方式会极大地制约个体的人格与道德发展。有众多学者认为,精神分析理论对人格与道德发展的分析虽有启示的意义,但同时也批评其过于武断和简单。

3. 行为层面:社会学习理论

社会学习理论是一个受行为主义影响但又有所发展的心理学派,所以有人称之为新行为主义学派。班杜拉是这一学派的代表。社会学习理论的主要观点是,个体只需通过观察学习就可以获得大部分的新行为。这一过程实质上是一种"替代强化"。个体可以通过替代强化去习得道德行为。环境、社会文化以及成人榜样直接影响个体的道德形成和发展。如果充分利用这样一些条件和方法,鼓励个体的正确行为,抑制其不良习惯,将有利于个体的道德成长。具体而言,主要包括以下几个方面的内容。

(1) 抗拒诱惑

沃尔特斯等人所做的抗拒诱惑实验(1963 年),目的是证明抗拒诱惑的能力可以通过榜样学习而增强。实验组挑选了一些所谓的"下层阶级"的 5 岁男孩进入一个房间,里面装有玩具和字典,带领他们参观并提醒他们"这些玩具禁止玩,但可以翻看字典"。然后将学生分为三组。第一组学生看部短片,短片中男孩在玩一些被告知不准玩的玩具,不久男孩的妈妈进来,夸奖他并和他一起玩;第二组的短片中,男孩的妈妈进来后严厉训斥他,男孩显出很害怕的样子。第三组是控制组,即不看短片。最后让学生回到原来的房间单独待 15 分钟。通过单向玻璃屏观察其结果是:第一组很快就屈从于诱惑,在 80 秒后即开始玩玩具;第二组抗拒诱惑时间最长,男孩可以克制自己 7 分钟,最长的能坚持 15 分钟;第三组则平均坚持了 5 分钟。研究者认为:榜样的"替代强化"作用很大程度上影响了个体对诱惑的抗拒。

(2) 赏罚控制

赏罚控制的实验是班杜拉和罗斯在 1965 年做的。他们选择了 66 名四岁的儿童作为被试,并随机分成三组,每组 22 人。不同组的儿童观看电影中的同一攻击行为的不同对待结果。第一组是攻击-奖赏组:一个成年人采取攻击行为后,另一个成人称赞他的行为,并给他巧克力与糖果等食品作奖赏;第二组为攻击-惩罚组,一个成人采取攻击行为后,另一个成人对他指责,骂他是暴徒,打他并迫使他低头逃跑;第三组是控制组,一个成年人采取攻击行为后,既没有受到奖赏,也没有得到惩罚。然后,实验研究者将学生带到与短片里相同的实验情境中,让儿童玩 10 分钟,通过单向玻璃屏观察儿童的行为。结果发现,与其他两组相比,攻击-惩罚组几乎没有人模仿攻击性行为。因此,他们得出结论,认为替代惩罚降低了学生对攻击性行为的模仿。

(3) 模仿学习

班杜拉和麦克唐纳做了关于模仿学习的实验(1963-1968 年)。他们选择了一些道德判断故事,经过筛选后,选择三组 1-11 岁儿童进行实验。第一组,当儿童对故事所做的道德判断比刚开始稍有进展就予以积极强化;第二组,在儿童做道德判断时除了给予积极强化之外,还有一个成人同时做他的榜样;第三组与第二组情况基本相同,但成人不给儿童做出的判断予以强化,而是提供榜样示范。经过一段时间的训练后,对这些儿童进行再测。结果是发现,初测时水平相同的儿童在实验过后,他们在判断上有显著的差异。第二、三组儿童的成绩远远超过第一组，第二组略高于第三组。这一实验证明，成人榜样对儿童的影响远远大于强化。研究者认为，儿童道德判断不像皮亚杰等人所说的那样有那么多的年龄差异，而重要的实际上是个体差异，主要来自不同的社会学习和不同的成人榜样的影响。

综合以上三个实验以及班杜拉社会学习理论的主要观点，该理论对德育工作具有以下启示。第一，德育应重视儿童的观察学习在道德行为养成中的重要作用。人的多数行为是通过观察别人的行为和行为的结果而学得的，而儿童尤其善于观察和模仿，他们依靠观察学习较为有效地掌握大量的行为模式。第二，德育要高度重视榜样的作用。人的行为虽然可以通过观察学习过程获得，但获得什么样的行为以及行为的表现如何，则有赖于榜样的作用。榜样是否具有魅力、是否拥有奖赏、榜样行为的复杂程度、榜样行为的结果和榜样与观察者的人际关系都将影响观察者的行为表现。第三，德育应着力发挥学生的自我调节能力。人的行为不仅受外界行为的影响，而且更重要的是受由自我引发的行为结果的影响，即自我调节的影响。自我调节主要是通过设立目标、自我评价，从而引发动机功能来调节行为的。第四，德育要帮助学生提升道德的自我效能感。如果一个人对自己的道德行为具有较高的自我效能感，那么他就更容易在道德效能感的激发下产生相应的道德行为；反之，缺乏道德效能感的人，就容易在道德选择面前退缩，缺乏相应的道德行为。

（二）学生道德养成途径

1. 激发学生道德修养的主动倾向

道德修养是学生主观意志的表现，而不是外力强制的结果。只有激起学生道德修养的需要和愿望，才能有效地推动其自觉、积极、主动地进行道德修养。因此，教师要使用教育艺术与教育智慧，帮助学生明确具体的品德要求，为其创设达成品德修养目标的可能途径，给予其方向、方法的指导，从而激发学生主动进行道德修养的主动倾向。如为学生介绍理想的思想道德人物；举办有关思想道德修养的报告和讲座；奖励优良的和惩罚不良的思想道德行为；放映相关的影视作品，使其获得道德认同与情感共鸣等，以上都能有效地激发学生品德修养的愿望和动机。

2. 帮助学生全面正确地认识和评价自己

正确认识和评价自我是品德修养的重要环节和必要条件。教师要帮助学生学习、领会思想道德准则和规范，提高他们的品德认知水平，并指导其进行自我品德分析、判断和评价，进而提高对自我的品德认识和评价能力。同时，教师要带领学生走进集体活动，通过集体舆论、品德评价、榜样示范等，引导学生积极主动地进行品德反思。此外，教师还可以引导学生养成写生活日记的习惯，鼓励、帮助他们进行自我品德反思与评价；可以通过召开座谈会，组织学生围绕一个大家感兴趣的问题，如“十四岁生日”“安全意识”“说说你的理想”等人生课题进行讨论，帮助学生强化主体意识，探索理解自我的内心世界。

3. 启发学生制订道德修养计划，帮助学生立志自勉

在学生能够正确认识和评价自我品德动机与行为的基础上，教师要引导他们制订相应的道德修养计划，以帮助他们确定道德修养的目标、内容及其实施的途径、方法以及步骤。只有这样才能提高学生道德修养的方向性，避免盲目性。拟订道德修养计划的关键和实质是“立志”，即目标的确立。为帮助学生立志，教师首先要为学生树立具体可感的理想人格形象，激发其向目标靠近的动力，为其探索方法、策略以及可能性。此外，教师还应开展多种丰富多彩的教育活动，帮助学生在实践中丰富道德认知，树立高尚的思想道德目标。

4. 引导学生在生活实践中锤炼道德品质

人的品德是在活动和交往的社会实践中形成发展的。随着心理年龄发展与生活阅历不断丰富，学生会逐步扩充自我的感性意识与理性认知。生活实践中充溢着发展因子与启蒙契机，学生能在诸多日常事件中理解、选择与评价，并对自我与事件进行理性分析，继而形成自我的道德体系。因此，教师要有计划地安排并引导学生参加各种形式的社会实践活动，帮助他们在社会实践中增强自我品德监督、行为控制和品德修养的意志力。

在具体引导学生参加社会实践活动过程中，教师应教给学生进行自我品德锻炼和自我品德激励的一些方法，以帮助他们坚定品德修养的信心和决心，坚定不移地实现品德修养计划。此外，教师还要为学生创造各种锻炼机会和条件，使他们在实际活动和交往中独立自主地选择正确的品德行为，引导学生由被动"受教"到自主"建构"，再从自主建构中获得实践智慧。

5. 帮助学生克服道德养成中面临的困境

学生在道德修养过程中，常常容易受到内在与外在双重因素的影响，二因素彼此交织，相互作用。对此，教师要帮助他们克服和消除学生道德修养中经常出现的障碍与困境：如有意义障碍、智力障碍、情感障碍、意志障碍、行为障碍等。① 这些障碍的产生既有外在的客观原因，也有内在的主观心理因素的作用。教师应深入学生，调查研究，帮助学生找到问题根源，并针对不同学生的具体障碍及其产生的原因，有的放矢地采取措施，帮助学生走出困境。同时，也要强化学生的自我教育能力，引导其自觉主动地抵御外在不良因素的干扰，以保证道德修养的顺利进行和促进道德修养能力的提高。

6. 帮助学生养成道德修养的习惯

教师在指导学生进行道德修养的过程中，还应注重引导学生养成道德修养的习惯，逐步将道德修养过程中的立志自勉、自我评价和自我激励等环节、步骤和方法，变成经常性的、主动进行的活动方式。教师要启发学生将思想道德修养看作是内在自发的道德意愿，而不是外在附属的道德要求；引导他们在理念与实践中，不断涵养道德品质，形成道德习惯，不仅要将其视为一种德育模式与方法，更要将其看作是一种生活方式与人生理念。

案例分析

班主任的示弱与学生的主人翁意识

期中考试中，我班成绩大幅下滑，作为班主任，我感到了空前的压力。我该怎样帮助学生走出低谷呢？我该怎样才能重新激发学生的学习积极性呢？况且，我自己的情绪也很低沉。突然，一缕思绪在我浓黑的心空中闪烁：告诉学生我的困惑，向学生真实展现我此时的无奈甚至无能，让他们为班级思考，为自己选择。

新的一周开始了。我神色凝重地走进教室："同学们，这几天，我心里很乱，很茫然，甚至有些心力交瘁。我不明白，在我看来，上半学期我们采取了很多措施来促进我们的学习，我也明显地感受到了我们班空前的学习热情，但期中考试却无情地告诉我，我们在大幅后退！我无法接受这个现实。我不知道为什么，我不知道下一步该怎么走。我想知道大家是怎么想的，我想知道如果你是班主任，你会告诉我，告诉大家，我们怎么做。"

---

① 胡厚福主编.德育原理[M].沈阳：辽宁大学出版社，2000：220.

接下来同学们的表现令我感动，他们踊跃发言，分析原因——我的、科任老师的、同学们的，寻找办法。下课了，有的同学还到办公室来谈他的看法，给我出主意。他们不仅仅考虑自己个人的学习，他们开始在为班级整体着想了。这就是主人翁意识，这就是我想要的。这以后，同学们抛弃了沮丧，重新投入到学习中去，后面的考试证明，我们慢慢地爬起来了，尽管慢，但特别有力……

资料来源：重庆市北碚区朝阳中学　石孝全

请结合本章德育主体与对象理论的学习，谈谈你对故事中“班主任”观点与行为的看法。

本章小结

首先，本章重新定位与解读了教师的育人角色。具体来看，教师既是道德教育者，也是道德学习者；既是道德示范者，也是道德实践者；既是道德知识的传递者，同时也是学生道德学习的合作者。最后，教师还是德育教学活动的设计者、组织者和管理者。

其次，本章分析了教师的德育素养结构，包含教师德育意识、德育知识、德育能力，并为教师的德育素养发展指明了方向：教师可通过培训、自修与实践三大途径，实现自身的德育素养提升。

再次，本章论述了学生品德的定义及其结构，并指出学生品德发展的规律，主要包括由他律向自律转化的规律、从众性规律、品德发展的认知冲突规律。同时，阐明了学生品德发展具有自觉性、内省性、主体性与实践性的特点。随后，重点讨论了个体道德发展理论，分别从认知、情感与行为三个层面逐一展开：认知层面主要包括皮亚杰的道德发展阶段理论以及科尔伯格的道德发展阶段论；情感层面主要包括弗洛伊德的精神分析理论与埃里克森的新精神分析理论；行为层面主要是指班杜拉的社会学习理论，并详细陈述了抗拒诱惑、赏罚控制与模仿学习的三个实验及其对德育的启示。

最后，本章陈述了学生道德养成的途径与策略，分别是：激发学生道德修养的主动倾向；帮助学生全面正确地认识和评价自己；启发学生制订道德修养计划；帮助学生立志自勉；引导学生在生活实践中锤炼道德品质；帮助学生克服道德养成中面临的困境；帮助学生养成道德修养的习惯。

【思考题】

1. 请阐释学生品德发展特点及其养成途径。
2. 三大主要的道德发展理论的重要贡献和缺陷何在？如何根据这些理论指导德育实践的开展？
3. 教师的德育素养结构包括哪些内容？
4. 如何提高教师的德育素养？

【拓展阅读】

1. 檀传宝：《论教育对象的三重主体性》，《中国教育学刊》，2001年第3期。
2. 苏霍姆林斯基：《给教师的一百条建议》，教育科学出版社，2005年版。

第六章　德育课程

学习目标

了解德育课程的基本内涵以及当代德育课程的主要发展趋势，知道德育课程的三种基本形态及其特点，掌握德育课程实施的基本原则，学会运用有关德育课程的理论去分析和解决德育课程实践中的具体问题。

建议学时

4 学时

学习导读

德育课程是落实德育目标、培养学生品德发展的重要载体。德育因其教育目的的特殊性而使得德育课程无论是从内容上还是从组织形式上都有特殊的要求。正确认识和了解德育课程的内涵，明确其与其他学科课程的区别与联系，了解不同的德育课程形态在促进学生品德发展中所起的特殊作用及各自的优劣，有助于我们更好地理解德育课程的本质、特点及其功能，从而有助于教师科学有效地在德育实践过程中充分发挥德育课程的育德功能，进而为教师创造性地开发和设计各种德育课程提供必要的理论指导。

德育课程是实现德育目标的重要载体，是德育内容的基本组织形式。理解和实施各类德育课程、挖掘与发挥学校课程的德育功能，是学校德育工作者的重要任务。

第一节　德育课程概述

一、德育课程的内涵及特点

（一）德育课程的内涵

在中国，宋代朱熹在《朱子全书·论学》中就多次提及“课程”一词，如“宽着期限，紧着课程”“小立课程，大作工夫”等，“课程”在这些论述中具有“功课及其安排”的意思。在英语世界，课程（curriculum）一词源于拉丁文 currere，其原意为“跑道”（the course of race）。教育学中对课程的最常见的定义是“学习的进程”（course of study），如《中国大百科全书·教育卷》（1985）就把“课程”就定义为“课业及其进程”。

教育学界对课程的定义有严格和宽泛两种。在严格的定义中，课程是指学校正式开设的教学科目的总和及其开设顺序、学时分配等。宽泛的课程定义把课程看作是一切对学生身心发展产生教育影响的因素或一切有教育价值、教育作用的因素。

学生的品德形成包括正式课程或显性课程的影响，也包括非正式课程或隐性课程的作用；既来源于学生获得的间接经验，也与学生的直接经验密切相关。因此，从宽泛的角度去定义德育课程，更符合学生品德形成的实际。根据宽泛的课程定义，德育课程主要是指学生获得的有关思想道德方面的直接经验和间接经验的总和及学习历程。

以学生获得的有关思想道德方面的直接经验和间接经验的总和及学习进程作为德育课程的定义，强调的是德育内容各要素之间的内在联系。同时，用学生所获得的“经验”来定义德育课程，可以超越用“学科”“进程”“计划”等概念定义德育课程的狭隘性和封闭性，使得德育课程不仅包含间接经验的学习内容，而且也包含学生直接经验的内容，体现了学生在德育课程建构中的主动性、参与性和创造性，更符合德育课程的特殊性和德育过程的特殊性。

根据不同的分类标准，德育课程可划分为不同的类型。从学校德育课程的存在形态来看，德育课程主要可以分为德育学科课程、德育活动课程和德育隐性课程三种类型。

（二）德育课程的特点

德育课程除了具有一般课程的性质外，还具有其独有的特点。理解这些特点，对于德育课程的实施意义重大。

1. 德育课程的目标主要是情感、态度和价值观的培养

德育课程固然包含知识学习的成分，但是，德育课程的主要目标是学生正确价值观念的确立、态度的转变以及道德信念和道德行为的形成，这也是评价和诊断德育课程否有效的重要标准。德育课程的目标与德育本身的目的是一致的，都是要“帮助学生形成正确的道德信念以及实践这种信念的生活与行为方式，在根本上引导学生过一种善“善”、恶“恶”的道德生活”①。如果德育课程仅仅是一种纯粹的知识教学，那么这种德育课程从根本上来说就是无效的。

2. 德育课程的学习必须以学生主体性的高度唤醒为条件

由于德育课程主要致力于培养学生正确的价值观念，而学生正确价值观念的形成必须以学生主体性的高度唤醒为条件。道德具有鲜明的价值属性，如果道德学习主体在情感上不认可、不接受特定的道德价值，那么道德学习将会沦为机械的背诵或行为上的简单模仿，而很难转变成个体内在的道德品质。这就使得学生在道德学习中其主体性的自觉参与程度成为决定德育效果的关键因素。强制或压力对于一般的知识或技能的学习也许会有一定的效果，但是对情感、态度、价值观的学习则不然；如果没有对学习主体的了解与尊重，就不可能取得应有的效果。正如杜威在《民主主义与教育》中说，你可以将一匹马牵到河边，但你绝不可以按着马头让它饮水。德育课程目标的特殊性决定了其必须高度重视道德学习主体即学生的主体性。

3. 德育课程的实施应最大限度地丰富和改变学生的道德体验

道德体验是学生道德养成的重要前提。道德体验一方面源于学生的日常道德实践，另

---

① 戚万学，唐汉卫.学校德育原理[M].北京：北京师范大学出版社，2012：178.

一方面则有赖于教师创设良好的道德环境。而德育课程就是教师创设良好道德环境的重要载体,因此,学生是否能够在德育课程中获得真实的道德体验,就成为德育课程实施是否有效的重要标志。学生很难通过教师直接的知识讲授和学生对道德规范的被动诵记来获得道德体验。真实的道德体验必须诉诸学生道德情感共鸣和道德动机的激发。这就注定了德育课程的实施方式方法必须多样化。在中国,德育课程实施最大也是最常见的一个问题就是课程的教学形式过于单一,以直接传授学生道德知识为主,忽略通过角色扮演、榜样示范、活动参与和情感体验等方法对学生道德品格的塑造。尽管重视道德认知,但没有对学生道德批判能力给予足够的重视,没有充分给予学生对道德两难和道德困境问题进行思考和讨论的机会,而是过于着急地给出确定的道德结论。这既不利于学生道德思维的发展,也不利于学生真实道德体验的获得。

二、当代德育课程发展的趋势

(一) 德育课程日益受到世界各主要国家和地区政府的高度重视

世界上主要国家的学校德育课程设置各有不同,有的开设专门的德育课程,有的没有开设专门的德育课,而是将道德教育渗透于其他学科课程之中。进入 21 世纪以来,越来越多的国家和地区都开始开设专门的德育课程。英国除了开设专门的宗教课以及“个人、社会、健康教育”课程(即 Personal, Social, Health Education,简称“PSHE”)对学生进行有关道德方面的教育之外,自 2002 年 9 月起,英国政府将“公民教育”作为一门国家课程正式在英国中小学实施。虽然美国很多学校没有专门的德育课程,但是自上世纪 90 年代以来,由于品格教育的兴起,目前为止全美国已有 30 多个州在其立法中规定和鼓励开设品格教育课程。一些品格教育联盟学校也根据自己的学校实际情况,开设了形式多样的专门德育课程。而东方许多国家和地区如日本、韩国、新加坡和中国港澳台地区一直就有在学校中开设德育课程的传统。在中国大陆,德育课程一直以来都受到政府的高度重视,从小学到大学都有专门的德育学科课程。当前,我国正在进行新一轮的德育课程改革以确保德育课程能够更好地体现国家和社会发展的要求以及青少年学生身心发展的需要。

(二) 德育课程的生活化取向日益突出

传统德育课程的重要弊端在于过于重视抽象道德知识的传授,既脱离学生的日常道德生活经验,也与社会发展实际相脱节。当前,德育课程改革的一个重要趋势是,在生活化理念的指导下,力求使德育课程更加贴近学生、贴近社会。总体而言,当前德育课程生活化取向主要体现在:

(1) 德育课程组织形式的生活化。这主要包括两个方面:第一,德育课程是以学生生活主题的转变为基本组织原则,力求与学生道德成长的规律相匹配。第二,德育课程的组织形式更加丰富和多样,不再是单一、枯燥的道德知识和道德规范的简单堆积,而是越来越重视通过创设真实道德情境、实践活动、人际互动等形式来组织德育课程。

(2) 德育课程内容的生活化。第一,体现在德育课程内容的主题选取越来越具有生活的气息,与学生的道德生活体验更加密切。例如,初中生思想品德课程标准中就提到,该课程要在学生生活经验的基础上,与学生“一起体会成长的美好,面对成长中的问题,为初中生正确认识成长中的自己,处理好与他人、集体、国家和社会的关系,提供必要的帮助”。第二,德育内容的编排越来越符合学生的认知特点和审美特征,更容易引起学生的学习兴趣,激发学生的学习动机。如现在的德育内容当中穿插着很多学生喜欢的动画、卡通形象,这在很大程度上改变了过去德育内容较为死板的说教面孔。第三,德育内容的话语方式也与儿童、青少年的语言认知特点相匹配,尽可能地采用儿童能够听懂并愿意听的方式来讲道理。

（三）当代德育课程的科学化水平不断提高

随着品德心理学等学科知识的不断进步,以及人们对德育课程性质认识的日益加深,当代德育课程的科学化水平也得到不断提高。总体而言,当代德育课程的科学化水平的提高主要体现在以下两个方面。

1. 从横向水平看,当代德育课程的内容呈现出综合性的特点

首先表现在其内容是多学科的整合。当前,德育课程日益重视培养人格健全的现代公民,而现代公民的养成是任何一个学科都无法单独胜任的。因此,需要多学科的共同参与,才能造就自由而全面发展的现代公民。另外,学生的现实道德生活是完整的,不存在泾渭分明的"分科",这在客观上也需要从道德生活的整体性来构建现代德育课程。基于此,自上个世纪 90 年代以来,很多国家和地区的德育课程日益呈现出综合性特点。比如,美国的品格教育既包括学生道德德性、公民素养的培养,也包括对学生良好学习习惯以及学习动机的培育等。新加坡在二三十年来学校道德教育的主要内容是《好公民》《生活与成长》《儒家伦理》。在我国,综合性主要体现在德育内容是心理品质、伦理道德、法治观念、政治素养、国际理解等学科知识的有机融合。

其次,综合性表现在课程内容是跨领域的。一般而言,道德不仅关涉个人的幸福,也与他人、社会、国家、世界以及自然的和谐有序发展有着十分密切的关系。因此,当前的德育课程是个人、集体、社会、国家、自然等多领域知识的系统建构。比如,初中思想品德课程标准明确指出,"初中阶段的学生需要进一步学习正确处理与自我、他人和集体,以及与国家和社会的关系,这三组重要关系依次构成了本课程的三大内容板块。"

2. 从纵向水平看,当代德育课程的内容具有明显的层次性

第一,从微观角度看,层次性体现在德育课程内容的设计和组织主要依据是儿童品德心理发展的阶段特点。当代德育课程大量借鉴了皮亚杰、科尔伯格等人提出的关于儿童道德发展阶段理论,在课程内容的选择、编排和呈现等方面力图与学生的品德心理发展特点相匹配。比如,对于爱国这一德育目标,小学阶段的德育课程标准中的要求是"热爱祖国,珍视祖国的历史、文化传统"。而初中的德育课程标准对学生的要求则是"热爱集体、热爱祖国、热爱人民、热爱社会主义、热爱中国文化,继承革命传统、弘扬民族精神"。由此可见,在初中阶段,德育课程对学生的爱国要求明显高于小学生。

第二,从宏观角度看,层次性体现在大中小学德育课程的有机衔接。这一点在我们国家表现得尤其明显。当前,我国的德育课程已经形成了由低到高、由浅入深、循环上升、有机统一的整体。在小学和初中教育阶段,我国主要开设以公民基本道德和法律素养为核心内容的《道德与法治》德育课程。在高中阶段,主要开设《思想政治》课,着重讲解哲学基本常识和政治生活、经济生活、文化生活常识,公民道德与伦理常识、法律常识。大学阶段主要开设《马克思主义基本原理概论》《毛泽东思想和中国特色社会主义理论体系概论》《中国近现代史纲要》和《思想道德修养与法律基础》等德育课程。大学德育课程既是对中学德育课程的系统化和升华,同时也体现了大学阶段德育课程理论性、整体性、系统性和综合性的特点。

第二节 德育学科课程

一、德育学科课程概述

（一）学科课程

学科课程又称为“分科课程”，是以学科知识为基础、根据学科知识自身的逻辑、受教育者发展水平以及教育教学规律而编排的课程。学科课程由一系列不同类别的学科组成，如语文、数学、英语、物理、化学等课程都属于学科课程。

学科课程的长处在于其内容是严格按照学科知识的逻辑体系而编排和组织起来的，因此具有结构性、系统性和清晰性，便于学生循序渐进地学习和掌握。其不足主要有两个方面。一是学科课程建立在学科分科的基础上，忽略了不同学科知识之间的联系，割裂了知识的整体性，不利于学生对知识的整体性把握。二是学科课程的内容主要是相对比较抽象的间接经验，这些“课本知识”容易忽视生动活泼的生活经验，脱离学生的生活实际。

（二）德育学科课程的定义

对道德教育来说，学科课程可以有两类，第一类是广义上的德育学科课程，是指包含道德教育内容及其道德影响的所有学科课程；第二类是狭义上的德育学科课程，是指专门的德育学科课程，即直接的德育课程。本书使用狭义的概念，认为德育学科课程是指学校专门开设的以介绍道德价值、规则的原理与知识体系，培养学生的道德认知与道德实践能力为目标的课程。这类德育学科课程根据社会对受教育者的品德要求和受教育者的年龄特点，以及道德知识固有的逻辑体系来加以组织和设计，通过课堂教学的形式传授给学生。

从中国的现实看，专门的德育学科课程是道德教育的主阵地和主要组织形式，是学校进行道德教育的主要渠道。我国早已建立起了连贯和系统的中小学德育课程体系，如从2001年开始一直到2016年，小学阶段的《品德与生活》《品德与社会》，中学阶段的《思想品德》，高中阶段的《思想政治》都是国家规定的德育学科课程。2016年9月起，义务教育小学与初中阶段的德育学科课程被更名为《道德与法治》。

二、关于专门德育学科课程的争论

尽管专门的德育学科课程在我国是主导的德育课程形态，然而，道德教育是否可以作为一个专门的学科课程存在，却是德育理论界反复争论的一个问题。反对将道德教育作为专门课程去开设的理由一般有以下几条：1）道德教育作为专门的学科课程很容易导致道德灌输，忽视学生的主体性和能动性，使学生在道德学习上面显得消极和被动，因此德育效果必然不理想。2）德育课程若作为专门学科课程去开设，就会出现一些与一般课程概念相抵触的东西。比如道德教育不像一般课程那样以知识教学或思维训练为目标，而是以态度和稳定行为模式的改变为主要目的。又比如，列入学科课程的科目一般都应当、也可以进行课业成绩评定，但学生道德教育课的成绩却很难评定。3）德育专门课程的设置，客观上使德育从教学等其他学校活动中单独分离出来，这种人为的分割导致了学校出现“两支教师队伍”的现象，从而有淡化其他学科教师道德教育义务的危险。

当然，赞成将道德教育作为专门的学科课程有以下理由：1）相比于其他德育形式，专门的德育课程在知识上具有更强的科学性。这主要是因为,国家德育课程的编写,是建立在大量专家、一线教师的精心研究和深入思考的基础之上的,因此德育学科课程作为国家课程,一方面既体现了国家对学生品德发展的整体要求,另一方面也反映了学生品德发展的基本特点和需要。2)专门德育学科课程对于缓解与纠正中小学功利主义倾向是必要的。尽管理想的教育目标是学生的全面发展,但现实的教育目标和教育动机往往是功利主义的,体现在学校、学生、家长都只注重学生的学业成绩和升学率,不仅不重视学生品德的发展,甚至要抢占品德课的时间和资源,开设专门的德育课程恰恰是对这种畸形的功利主义教育的制度性矫正。3)道德教育从古至今也是我们的传统和优势。我国是一个礼仪之邦,仁义礼智信是最大的学问,道德教育是我国古代最主要的课程内容,专门的德育学科课程在我国的出现有其深刻的文化背景。同时,鉴于新中国成立后德育课程与我党思想政治教育的密切关系,德育课程成为进行思想政治教育的主要渠道,是整个学校德育的主要组成部分。因此,取消专门德育学科课程既没有充足的理论依据,更没有实践的可能性。

对于该争论,我们的意见是,道德教育可以也应当作为一个专门的学科课程去开设。我们可以通过对课程的某些方面进行改进而解决批评者所说的那些问题,而无需将它取消。德育学科课程的灌输倾向和忽视学生主体性、能动性的缺点,可以通过使课程内容更加贴合学生兴趣和需要,使教学方式变得更加民主、多元和生动而得以解决。通过改变课程评价方式,如综合各方评价(学生自我评价、同学或小组成员互评、班主任评价等)、学生在测验中对道德两难或道德困境的理解与分析、学生的道德实践活动的参与和收获等多种方式来测量和评估学生的道德学习和道德发展状况,可以克服"考试分析不能反映学生道德水平"的缺点。

三、学科课程与德育的关系

这里所说的"学科课程"是指专门德育课程之外的其他各学科的课程,如语文、数学、英语、物理、化学等文化课程,也包括体育、音乐、美术等文体课程。这些课程虽然不是以直接培养学生的思想道德为根本目的,但是它们当中也蕴含着丰富的德育资源,对学生的品德发展具有重要影响。

首先,我们需要认识到,德育学科课程的存在并不意味着把所有的德育任务都包揽。虽然德育学科课程在系统地、有计划地向学生传授道德知识,但是德育学科课程不可能承担、也承担不了所有的道德教育任务。开设德育课程并不意味着可以免除其他学科的道德教育责任,正如赫尔巴特所说的那样,"教学如果没有进行道德的教育,只是一种没有目的的手段"。他认为,人的观念、情感、善的意志是不可分割的,作为知识传递过程的教学和作为善的意志形成的道德教育是统一的,没有无教育的教学。

其次,学科课程蕴含巨大的德育价值,是进行间接德育的重要载体。这体现在以下几个方面:

第一,相比于进行直接德育的德育学科课程,事实上,学科课程的课时数远远要多,它在学生的学校生活中占据了最多的时间,学生在学科课程中也投入了大量的精力和专注程度。在这种情况下,德育若不与学科课程"联姻",就只能接受在学校生活中的边缘地位。

第二,学科课程中与道德、价值、人类命运、幸福等主题息息相关的内容是非常好的德育素材。比如,在语文课或历史课中,一篇文章的作者,一篇小说中的主人公,一个历史事件或一个历史人物，往往都会涉及道德善恶判断或价值判断。数理化等自然科学学科，同样可以进行间接德育，因为科学世界观的建立本身就为道德教育提供了知识基础，况且，自然科学课堂中，老师可以通过让学生了解物理学家或数学家身上的美德来感染学生。至于体育、美术、音乐等学科的德育价值就更加显而易见了，它们甚至可以直接塑造学生的情感和性情、锻炼学生的品格、磨砺学生的意志。因此，道德教育不可能彻底地独立于其他学科之外，其他学科教学的道德教育因素不仅客观存在，而且与专门的道德教育在某些内容上总会有交叉和渗透。

第三，学科课程的组织形式本身也是重要的德育资源。任课教师对一堂课的组织安排、教师以何种方式呈现课堂的知识内容，有时比内容本身更有德育影响。比如，教师在语文课上教导同学们珍视公平，但如果这位教师在给予学生发言机会这件事上总是表现得很不公正，或者总是采用一言堂的风格，干脆不给学生发言的机会，那么教师的公开教导是无法取得很好的效果的。

阅读链接

如果我们将品德发展作为一种终极的教育目标，同时又将知识的获得和理解力的发展——这些在学校教育生活中占用大部分时间的工作——视为与德育无关的话，学校德育实际上就会是毫无希望的事情。

资料来源：John Dewey. Democracy and Education：An Introduction to the Phylosophy of Education[M]. New York：Macmillan，1958：411

总而言之，学科教师应当在完成学科教学任务的同时，充分利用和挖掘学科课程潜在蕴涵着的德育素材对学生进行道德教育。但是，这并不意味着我们要把所有的学科课程都变成专门的德育课程，从而失去间接德育的优势、忘记各科教学的“本职”任务。

四、德育学科课程的实施

（一）直接德育课程的实施

第一，要把直接德育课程上升到学校德育发展的重要促进力量的高度来认识。在我国的学校德育中，直接德育课程通常都是国家德育课程。国家设立直接德育课程的根本目的是把它当作学校德育的重要组成部分，与德育活动、德育管理等一起，共同致力于学生良好品德的发展。但是，国家德育课程在很多时候被当作普通课程。事实上，直接德育课程的目标超越任何一门具体的课程目标，其课程内容的综合性在客观上也决定了其教学效果的取得必须依赖于其他课程的有机配合，因此，它不能被仅仅当成一门普通课程，而应被当作整个学校德育工作的有机组成部分。学校应该在学校的宏观德育布局中，自觉将德育课纳入其中。不仅德育课教师需要研究德育，学校德育系统的管理人员也要自觉地研究和分析国家德育课程，从中吸收灵感，从而将学校的整体德育工作与国家德育课程密切结合。在某种程度上，直接德育课程可以成为学校整体德育工作的核心和抓手来统整其他方方面面的德育工作。

第二，直接德育课程的实施要牢牢把握其价值属性，避免其知识化。虽然直接德育课程主要以道德知识传授的形式展开，但是其根本目的是促进学生道德品格的发展和价值观的形成。很多时候，在应试教育、重智轻德的氛围影响下，直接德育课程的价值属性在实际教学过程中往往被忽视，道德教育的内容被当作知识和技能传授给学生。这就使得学生大多采用机械记忆和死记硬背的学习方法，像应付考试一样去应付德育课程的考核。这需要我们在实际的德育课程实施过程中注意以下两点：第一，教师应该有明确的价值引导，从而保证课程内容的价值属性或充分的“教育性”；第二，直接德育课程的评价和考核应当尽量综合和全面，不能仅采取卷面考试的形式。

第三，提升直接德育课程实效的关键点是突破学生内在的情感障碍。不同于以增长学生知识和技能为目标的其他课程，道德教育课程的目的虽然包括学生的道德认知，但更重要的是使学生在情感、态度、价值观层面发生转变。没有进入情感层面的道德教育，是收效甚微的。然而，这也是德育课程最为困难的地方。面对直接德育课程的内容，学生也许在理智上理解和认同，却不一定能在情感态度上欣然接受。尤其在学生课业压力比较大的时候，甚至会对这些德育课程产生抗拒。要突破学生内在情感障碍，最重要的是要让学生感觉到课程内容是符合自己的兴趣和需要的，而不是生硬、枯燥、乏味和与生活脱节的。其次，直接德育课程的开展应避免用高高在上的道德权威来约束、限制学生，而应该创造平等、宽松的氛围来感召学生。最后，教师应通过创设情境、使用生动、活泼教学方式和手段，突破学生的情感障碍，使学生建立起基于情感的道德认同。

第四，要保障直接德育课程的实施所需要的条件。直接德育课程的实施依赖人力、物力、财力、时间、空间等资源，课程实效性的取得有赖于这些资源的充分程度和质量高低。然而在现实中，很多学校有时连起码的时间条件——德育课程的学时——都难以保证。如果说在平时直接德育课程还能按计划开展，到了期末考试或者“统考”的时候，就很容易出现德育课被其他学科课程大范围侵占的现象。另外，作为德育课程的直接实施者，教师的德育专业素养的高低对于课程实效的取得极为关键。德育课程并不像很多人想象的那样谁都可以教，相反，它非常依赖讲授者的专业知识和素养。很多学校安排一些处于“剩”“闲”岗位的老师去承担德育课的任务，这实际上大大低估了讲授德育课程的难度。就现状而言，负责直接德育课程的教师专业素养还有很大的提升空间，因此德育教师的专业能力发展是学校德育质量提升的方向。

（二）学科课程德育的实施

这里所说的学科课程，是指除直接德育课程之外学校中所有其他教学科目的课程。学科课程德育的实施需要贯彻以下三个原则。

1. 知识与价值相统一

开设专门的或直接的德育课程，并不意味着其他学科课程就免除了德育的任务。任何形式的教育，要想成为真正意义上的“教育”而不是“训练”或“培训”，就必须承担起价值引导的任务。在古代，人们所学的知识主要都是伦理道德知识，同时也包括社会生活中的很多经验、技能和技巧，二者密不可分，是“技”与“道”的统一。自进入现代以来，科学知识逐渐从政治、伦理、道德中分化出来，被认为是价值中立的。尽管科学知识属于和价值领域不同的事实领域，但人类如何利用价值中立的科学知识和技术，是造福还是作恶，是贡献还是破坏，仍然取决于人类的价值和目的。就个人的角度而言，掌握和精通纯粹的知识技能也许能解决个人生存和谋生的需要，但无法使其品格健全发展，也无法满足个人的内在精神、价值方面的需要。因此，正如德国教育家赫尔巴特所说，“没有无教育的教学”，任何学科课程的教学都应贯彻知识与价值的统一这一原则。因此，学科课程既要注重科学知识的传授，又要善于对学生进行相应的价值引导。

2. 挖掘与渗透相结合

当前，人们在说学科德育时，最为常用的一种说法是要在学科中渗透德育。然而，“渗透”主要指的是一种事物进入另外一种事物的过程，这就意味着渗透物和被渗透物并不是同一种事物，而是性质不同的两种事物。如果说在学科教学中要渗透德育，这就意味着学科教学和德育在逻辑上是相互分离的。实际上，学科内容当中既蕴含有丰富的德育资源，其组织形式也对学生的品德发展有着重要的影响作用。将学科德育仅仅理解为渗透德育，一方面不符合学校教育教学的现实，也不利于增强学科教师在学科教学中实施德育的自觉性。2017 年颁布的中小学德育工作指南，在谈及学科教学中的德育时，用的是“挖掘”而不是“渗透”。因此，教师在开展学科教学时既要考虑外在德育资源在学科中的引入，更要着力于对本学科教学中德育资源进行充分挖掘。

3. 显性和隐性相一致

学生的道德成长既需要教师直接的价值引导，也需要良好道德环境和氛围的熏陶。当前，我们的学校德育过于直接的，在很大程度上却忽视了良好的道德环境对学生道德发展的重要作用。在学科课程德育的实施过程中，既要采用直接和显性的价值引导，也要注重间接和隐性的德育影响。前者主要是指对学生的有形影响，而后者则主要是对学生的潜移默化。显性教育和隐性影响同样重要，应当确保两者相一致。

第三节　德育活动课程

一、德育活动课程的含义

（一）活动课程

活动课程（activity curriculum）又称经验课程、儿童中心课程等，是指以儿童从事某种活动的动机与经验为中心组织的课程。杜威是现代意义上的活动课程的首倡者，他反对以学科为中心、分科过细、忽视儿童兴趣和经验、与儿童生活严重脱轨的传统，主张课程应该以儿童的发展为目的，以儿童的兴趣和需要为出发点，把儿童的态度、动机和兴趣等因素与各门科目的事实和真理之间联系起来，强调儿童通过各种活动来获得社会经验。在杜威看来，教师只是儿童学习生活的顾问和指导者，教材只是为学生解决疑难问题、满足学生兴趣而提供的参考材料。杜威的活动课程论对传统的学科课程产生了极大的冲击。

活动课程通常被认为是传统学科课程的对立面。这种对立的背后实际上是直接经验和间接经验的对立。学科课程强调学生学习间接经验，在课程设计、编排上强调学科知识的逻辑性、系统性；活动课程强调学生学习直接经验，强调学生通过实践活动获得亲身体验。强调间接经验的学科课程的缺点上面已经说过，但活动课程同样也有缺点，它的缺点正是学科课程的优点。活动课程由于不能使学生很好地、有效率地掌握系统的科学文化知识，不能使儿童按部就班地学习，而受到过广泛的批评，其发展势头在 20 世纪 50 年代以后曾经一度受到压抑。因此，在学科课程与活动课程这个问题上，走哪一个极端都是不对的。人类的学习离不开直接经验也离不开间接经验。活动课程与学科课程在根本上并非对立的，而是可以相互补充，为学生提供更为完整的经验来源。

（二）德育活动课程的内涵及功能

1. 德育活动课程的内涵

德育活动课程是与德育学科课程相并列、互为补充的一种课程类型。德育活动课程是指学校从学生的需要与兴趣出发，有目的、有计划、有组织地设计各种活动，引导学生积极主动地参与，以增进学生的道德理智和道德实践能力，改善学生道德生活的课程类型。

德育活动具有以下主要特点：

（1）实践性。实践性是德育活动课程区别于其他德育课程形态的根本特征，强调这一特征是为了指出德育活动课程符合道德的实践性本质。一方面，我们只有通过道德实践才能获得道德德性，正如亚里士多德所说，"我们做公正的事情才能成为公正的人；进行节制，才能成为节制的人；有勇敢的表现，才能成为勇敢的人。"另一方面，一个人道德德性也只有通过"做事"或道德实践才能体现出来和得到检验。

（2）体验性。体验性是指在德育活动课程为学生的道德学习提供了直接的经验，这种直接经验不仅包括理性认识上的，更是包括情意上的，它是一种一体化的经验。在德育活动课程中，学生的所有感官系统对活动场域的各种要素都是开放的，他/她是作为一个整体的人全身心投入到这种活动中。

2. 德育活动课程的功能

（1）激活学生的道德动机。道德动机是指引发道德行为、追求道德生活的动力和出发点。内在稳定的道德动机对于学生道德品格的形成和发展尤为关键，它构成了道德认识与道德行动之间的重要桥梁。学生从德育学科课程所学到的道德主要是以知识形态存在的，它不足以保证学生能在行动和生活中将它们落实。德育活动能起到将这种知识形态的道德"活化"的效果，使学生对道德知识具有为更直观的理解和体验，从而不断激活和强化其道德动机。

（2）强化学生的道德责任感。道德责任感是一种重要的道德情感，也是道德自主性的重要体现，指的是道德主体把某些道德行为看成是自己分内的、不得不做的事。缺乏道德责任感的学生在日常道德实践中通常缺乏充分的自主性，容易受到外在利益、诱惑等因素的影响。在德育活动课程中，学生是活动的主体，其道德自主性和能动性得到了最大的鼓励和锻炼；并且，真实的实践活动不同于纸上谈兵，它"迫使"学生去努力承担活动中赋予自己的道德责任，这能起到强化道德责任感的作用。

（3）培养学生的道德实践感。道德实践感是指道德主体应对日常道德情境，解决道德困境或道德冲突所体现出来的能力，类似于亚里士多德所说的"明智"或实践智慧。在很大程度上，人们的道德实践感是在丰富的道德实践经验的基础上逐渐形成和发展的。德育活动课程本质上是一种带有学习性质的道德实践，它可以使学生在有组织、有计划的德育活动中获得真实、生动、可靠的道德经验素材，从而不断增强学生的道德实践感和行动力。

二、德育活动课程的实施原则

德育活动课程的实施不像其他学科课程那样有一套较为完备的课程方案和实施细则，这是由活动课程本身的特殊性质所决定的。因此，这里重点讨论德育活动课程的实施应该贯彻的几个主导原则。

（一）教育性原则

教育性原则是指德育活动课程要有价值导向和道德教育意义。虽然是以活动的形式开展德育课程，但德育活动课程与课外活动，或其他社团之类的活动的根本差别在于，它具有鲜明的德育目标，是以促进学生的道德发展为根本宗旨的。在德育活动课程实际的开展过程中，容易出现的问题是为了活动而活动，或者把德育活动课程开展成和其他活动课一样，这样就使德育活动课程在很大程度上失去了育德功能，也违背了学校开展和重视德育活动课程的初衷。

贯穿这一原则，需要教师在观念上对德育活动课程的性质和重要性有足够的认识。另外，德育活动课程的实施要有明确的目的性。教师应当在每一次德育活动课程之前明确活动的预期目标，围绕德育目标来计划、组织和实施德育活动。

（二）主体性原则

主体性原则是指，德育活动课程的实施要充分考虑学生道德学习的兴趣和需要，发挥学生参与德育活动的自主性和能动性。能否充分发挥学生的主体性，是德育活动课程是否发挥其育人功能的重要评价标准。德育活动课程的优势就在于，它可以充分调动学生参与德育活动的积极性、主动性和创造性。而这种优势的发挥就必须以充分尊重学生的主体性为基本前提。当前，学校德育活动课程缺乏魅力的重要原因就在于，它基本上是学校和老师一手包办和设计出来的，而缺乏学生的主动参与，从而导致活动的内容、形式等各方面与学生道德成长的实际需要存在较大的差距。这就在很大程度上降低了德育活动课程的实效性。因此，在德育活动课程的实施中，必须贯彻主体性这一基本原则。

贯彻这一原则，一是要杜绝活动中的形式主义，二是要充分吸收学生参与德育活动课程的建设。就前者而言，形式主义主要指的是那些学校和教师预先确定好活动的目的、程序和组织形式、甚至具体细节，而不考虑学生的学生的需要和兴趣的“走过场”活动。就后者来说，德育活动课程的设计、组织、管理和评价应充分吸纳和听取学生的意见。

（三）系统性原则

系统性原则主要是指德育活动课程的开展要有整体性和序列性。整体性的意思是，活动前有设计，活动中有组织和管理，活动后有评价和反馈，这样构成一个完整的德育活动。序列性的意思是，德育活动课程不能是一次性的，而应当和前后活动课程形成联系，这种联系既可以是横向的，也可以是在某个方面的纵向深化。

贯穿系统性原则要求学校对德育活动课程应当具有阶段性和策略性的整体规划，并对德育活动课程的具体开展和实施做好管理和评价工作。

第四节　德育隐性课程

一、隐性课程的概念

“隐性课程”一词是由杰克逊（P. W. Jackson）在 1968 年出版的《课堂生活》（Life in Classrooms）一书中首先提出的。他认为，除了读、写、算或其他学术课程上的进步外，学生还额外地从学校生活的经验中获得了态度、动机、价值观和其他心理状态的发展。隐性课程，顾名思义，是与显性课程相对的一个概念。学校中开设的各门学科课程都是显性课程，它们都是学校有计划有组织地实施、课程目标公开和明确的正式课程。与此相反，隐性课程“是指这样一些教育实践及成果，它们在学校政策、课程计划上并没有明确规定，然而又是学校经验中常规的、有效的一部分”①。国内外学者对隐性课程做过许多定义，综合来说这些定义涉及了隐性课程的以下几点共性：第一，从影响的内容来说，隐性课程主要是指学业成绩之外的非学术影响，如情感、价值、态度等方面的影响。第二，从影响的计划性而言，隐性课程是自然的、随机的、非计划的和无意识的。第三，从影响的效果而言，隐性课程具有“潜移默化”而非“立竿见影”的效果，具有迟效性、稳定性或持久性。因此，如果说显性课程是学校教育中有计划、有组织地实施的正式课程的话，那么隐性课程则是学生在学习环境中所学习到的非预期的或非计划的知识、价值观念、规范和态度等。

二、德育隐性课程的意义与内涵

（一）隐性课程的德育意义

隐性课程的影响主要是非学术的情感、态度、价值观，这些正好是德育的核心或关键的内容。隐性课程具有潜移默化的特点，这正是有效的德育不可缺少的手段。隐性课程所具有的稳定性和持久性的影响效果，又是德育所要追求的目标。因此，隐性课程与德育具有天然的紧密联系。

对德育来说，隐性课程的作用非常大，它对学生思想品德的影响是其他显性的德育课程所难以达到的。目前我国开设的德育学科课程，有重道德知识轻道德情感和行为养成的弊端，课程内容与学生生活相脱离。尽管国家将之与其他学科相并列，但这种直接的德育课程却很可能导致学生的逆反心理。与此不同，隐性课程具有“诱导”的特性，它避免了正面的灌输式教育所可能引起的反感和内心的抵制，而是通过个体无意识心理活动潜移默化地影响个体的道德活动。如果说知识取向的德育学科课程培养的是学生品格结构中“知”的部分，活动课程所培养的是“行”的部分，那么隐性课程对学生“情”和“意”的深刻与持久的影响，能够使学生在“知”与“行”之间建立牢固的联系。

（二）德育隐性课程的内涵

国内学术界对德育隐性课程的定义大致有狭义的和广义的两种。前者如“隐性德育课程一般是指存在于课内外、校内外、间接的、潜在的、有目的的教育活动中，通过受教育者无意识的、非特定的心理反应发生作用的教育性经验的传递与渗透”②。后者如“德育隐性课程指在学校内外，凡是人们能够想到与看到的一切现象、事物、活动与观念都是广义的隐性德育课程”③。不管是广义还是狭义的定义，德育隐性课程都具有以下要素。

第一，从德育隐性课程存在的范围看，德育隐性课程包括学校内对学生品德形成和发展产生影响的一切有教育意义的因素，但不包括家庭、社会对学生有潜在影响的教育因素。第二，从德育隐性课程的作用机制是间接、内隐、潜意识的，它是通过学生无意识的、非特定的心理反应方式对学生的品德发展产生影响的，使学生在不知不觉中受到教育。

（三）德育隐性课程的类型

通常来说，对德育隐性课程类型的划分大致有两种，即三分法和四分法。

---

① 檀传宝.学校德育原理[M].北京：教育科学出版社，2015：144.

② 冀学锋.试论高校隐性德育课程设计[J].伦理学研究，2003(2).

③ 戚万学，杜时忠.现代德育论[M].济南：山东教育出版社，1997：364.

1. 三分法

典型的三分法是檀传宝教授对德育隐性课程的类型划分，分别是：(1)“学校课程”方面的德育隐性课程，包括作为专门学科存在的德育课程与教学中的德育隐性影响、各科课程及教学中存在的隐性德育影响，以及德育的活动课程中隐含的非正式德育影响；(2)“学校制度”方面的隐性课程，即指班级和学校教育中领导体制、规章制度、领导风格、管理模式、教学组织形式等存在的德育影响；(3)“校园文化”方面的隐性课程，即指学校的物质与精神环境等方面潜在的道德影响。①

2. 四分法

魏贤超教授在其专著《整体大德育课程体系初探》中，将德育隐性课程分为四个类型：(1) 认知性德育课程中的德育隐性课程，包括专门德育学科课程中和其他认知性学科课程中隐含的德育因素和德育影响；(2) 存在于德育活动课程之中的德育隐性课程，其中有一半是显性的、正规的活动性德育课程，另一半是隐性的、非正规的德育影响；(3) 教育体制中的隐性德育课程，包括学校的领导体制、科层组织、校长的领导风格、教师的教学组织与管理诸方面；(4) 学校教育、德育环境中气氛方面的隐性德育课程，比如师生关系、教师人格与心理影响、班级心理环境的气氛等。②

本书认为，德育隐性课程的类型可以根据隐性课程所涉及的领域和范围来加以区分。德育隐性课程涉及以下四个基本领域。一是学校正式课程中隐含的价值观、态度、观念等意识形态内容以及正式课程实施过程中所产生的偶然的、无意识的文化影响。二是学校的物质环境和精神环境。物质环境包括校舍布置、教室、实验室的布置，图书馆的布置和管理，运动场的设置，道路的布局，校园绿化、宿舍、办公室的布置与管理等。精神环境包括政治舆论、学术气氛、校风学风、心理气氛、人际关系、文化生活、组织气氛等。三是学校管理制度、生活制度、各种仪式等学校教育结构的特性及其对学生产生的教育影响。四是教师人格与教学行为、领导方式对学生的影响。

三、德育隐性课程实施的优化

德育隐性课程的范围基本上涉及了学校的所有生活领域。具体来说，我们认为从以下几个领域实现对德育隐性课程的优化。

（一）学校课程中的德育隐性课程优化

“学校课程”方面的德育隐性课程有三种。第一是专门德育课程与教学中存在的非预期的德育影响；第二种是其他各科课程及教学存在的不自觉和非预期的德育影响；第三种是德育的活动课程中隐含的与显性目标不一致的德育影响。在显性的德育课程中，无论是专门的德育学科课程、其他各科教学和活动课程，都有明确的德育目标。在上述三个方面存在的隐性课程可能与这一目标一致、协同，也可能产生相反的影响。比如，如果教师用居高临下的教学方式去让学生体会“民主”，就会导致显性课程与隐性课程的对立。德育工作者所要努力做到的是尽量求得两类影响在德育目标上的一致。

---

① 檀传宝.学校德育原理[M].北京：教育科学出版社，2015：148.

② 魏贤超.整体大德育课程体系初探[M].南京：南京师范大学出版社，2006：438-439.

（二）学校制度中的德育隐性课程优化

“学校制度”方面的德育隐性课程是指班级、学校教育中的领导体制、规章制度、领导风格、管理模式等存在的非预期的德育影响。学校制度中德育隐性课程的优化，其根本任务是确保学校制度育人和管理育人的有效落实，重点是提升学校制度和管理的民主化与法治化水平。这就要求学校在制度设计过程当中，为广大教师和学生参与学校管理提供必要的途径和平台，从而不断提高教师和学生的学校认同感和主人翁意识。

（三）学校文化中的德育隐性课程优化

学校文化中的德育隐性课程优化主要指的是提升学校物质与精神环境等方面潜在的道德影响的品质。在物质环境建设方面，一是确保学校物质条件的建设要完备，环境要优美，这对于鼓舞师生的士气、培养学生积极向上的态度，有着非常重要的作用。二是要处理好学校的物质空间关系。如果学校的行政部门占据着学校的最好位置，而学校的教学楼被安排在相对偏僻的校园角落，那么，这样一种学校建筑空间布局实际上无时无刻不在对学生进行权力至上的价值观念教育。此外，班级中座位的排列方式，讲台与课桌的距离等，也体现着一个班级的民主氛围。在精神环境建设方面，重点是营造以立德树人为核心的校风、班风和教风，以及打造良好的人际关系和心理氛围。这些都会对学生人格的健康发展产生促进作用。

（四）教师的行为、教学和领导方式中隐性课程的优化

相比于其他类型的隐性课程，教师是活生生的德育隐性课程的重要载体。教师很多时候是学生的榜样或模仿对象，教师的行为、教学和领导方式不可避免地会对学生产生影响。这种人对人的影响，往往比物对人的影响或制度、文化对人的影响都更加直观且深刻。因此，教师应该对自己可能对学生产生的隐性影响有主动的意识和反思。具体而言，教师应当时刻严于律己、言行一致，既要关爱学生，又要做到公平公正地处理学生的问题，做一个有理想信念、有扎实学识、有道德情操、有仁爱之心的“四有”好老师。

案例分析

通过对某校的调查研究分析，超过90%的教师认为“我们学校考核教师的主要依据是教学成绩。”同样，教师对学生的评价主要依据学习成绩。超过一半的学生认为“老师最看重我们的学习成绩”。61.8%的学生认为“老师都喜欢学习好的学生”。

我们通过查阅部分教师的教学工作手册，发现其中出现较多频率的词是“基础知识”“两纲”“考试”“试题”“训练”等。其中较为典型的表述是：“基本上做到了每周一考每周一练”，“钻研两纲和近5年的高考题，明确哪些知识是高考的重点热点，哪些是高考的必考内容，做到重点知识重点练，必考知识必须练，准确把握高考的方向”等等。其中一个青年教师的教学反思发人深省：“对于一个青年教师来说，如何备战高考首先得深入了解高考也就是要明白高考考什么的问题，要熟悉考纲考点，要明确教材的高考地位……注重知识，合理大胆的取舍，有些知识如高考不考或对学生讲了也要出错，不如少讲或不讲。”

资料来源：班建武：《学校德育问题诊断研究：框架、流程与实务》，广东教育出版社，2015年

请从学科德育的视角出发，分析以上这段材料所体现出来的教育观及其对德育的影响。

本章小结

本章首先讨论了德育课程的内涵和特点，以及当代德育课程的发展趋势，接着分别详细介绍德育课程的三种基本形态。

德育课程主要是指学生获得的有关思想道德方面的直接经验和间接经验的总和及学习历程。德育课程的目标主要是情感、态度和价值观的培养，德育课程的学习必须以学生主体性的高度唤醒为条件，德育课程的实施应最大限度地丰富和改变学生的道德体验。当代德育课程的发展趋势主要体现在三个方面，一是德育课程日益受到世界各主要国家和地区政府的高度重视，二是生活化取向日益突出，三是科学化水平不断提高。

德育学科课程是指学校专门开设的以介绍道德价值、规则的原理与知识体系，培养学生的道德认知与道德实践能力为目标的课程。开设专门德育学科课程有其现实意义和必要性，目前德育学科课程存在的弊病可以通过对其各方面的改进而加以克服。提高德育学科课程的育德功能，需要我们在实施中将其上升到学校德育发展的重要促进力量的高度来认识、牢牢把握其价值属性、寻求突破学生情感障碍的途径、保证课程开展所需的条件和资源。德育学科课程的开设并不意味着其他学科课程免去了德育责任。学科课程德育不仅必要，而且大有可为。学科课程德育的实施，要做到知识和价值相统一、挖掘与渗透相结合、显性和隐性相一致。

德育活动课程是指学校从学生的需要与兴趣出发，有目的、有计划、有组织地设计各种活动，引导学生积极主动地参与，以增进学生的道德理智和道德实践能力，改善学生道德生活的课程类型。德育活动课程具有实践性和体验性的特点，能够激活学生的道德动机，强化学生的道德责任感，培养学生的道德实践感。德育活动课程的实施要遵循教育性、主体性和系统性三个原则。

德育隐性课程是指学校中存在的以间接、内隐的方式对学生品德的形成和发展产生潜在的、无意识的影响的一切教育因素或经验。德育隐性课程所涉及的范围主要包括四个方面，分别是学校正式课程，学校的物质和精神环境，学校管理和制度，教师人格及其教学行为与领导方式。对德育隐性课程的改进和优化要从这四个方面入手。

对于学生的品德发展，三种不同形态的德育课程各有其长处和不足。在实际的课程实施过程中，教师要根据不同的德育目标和德育任务，灵活地安排和使用德育课程，从而更好、更全面地促进学生的品德发展。

【思考题】

1. 中国德育学科课程存在哪些问题？应该如何改进？
2. 什么是德育活动课程？为什么活动课程对德育意义重大？
3. 应当在哪些方面优化学校德育的隐性课程？

【拓展阅读】

1. 檀传宝著：《学校道德教育原理》，教育科学出版社，2015 年版。
2. 梁明月、班建武：《学校德育课程的问题、原因及对策》，《教育科学研究》，2010(11)。

第七章 德育过程与方法

学习目标

了解德育过程的基本内涵及其特点，知道传统德育模式和现代德育模式的主要区别，认识德育过程的主要矛盾及其实践意义。了解德育方法的内涵以及影响德育方法选择的决定因素，学会根据德育情境的特点和对德育过程的理解，选择有效的德育方法来开展德育工作。

建议学时

4 学时

学习导读

德育过程即德育活动的客观顺序或工作流程。德育过程理论是对德育活动程序及其规律性的认识，也是一个关系德育全局的领域。对于过程的理解往往会影响德育方法的选择。因此结合德育过程了解德育方法具有十分重要的现实意义。

首先，从学理上理解现代德育过程模式和传统德育过程模式，并从实践层面理解德育过程的组织。建议从德育过程的基本矛盾入手，寻找优化德育过程的路径。其次，对教师来说，德育活动的组织需要注意最近发展区原则、隐性教育原则、关系性原则等重要的几个组织原则。在理解德育过程的组织原则基础上，掌握德育过程展开的基本环节。

德育方法是德育过程得以具体展开的有效载体，也是教师在德育工作中需要重点掌握的基本技能。确保德育方法选择的科学性，需要教师重点了解德育方法的内涵以及影响德育方法选择的关键因素。在此基础上，教师应该学习常用的德育方法，并在实践中创造性地应用各种行之有效的德育方法，切实解决德育工作中的具体问题。

德育过程是教育者根据一定社会的要求及受教育者思想品德形成的规律，对受教育者有目的地施加影响，并通过受教育者能动的认识、体验和实践，从而使其养成教育者所期望的思想品德的教育活动过程。科学有效的德育过程，是确保学生思想道德健康发展的重要条件。

第一节 德育过程与德育过程模式

一、德育过程的内涵及特点

一般而言,关于对德育过程内涵的理解,可以从“德”和“育”两个方面加以把握。从“德”的角度来看,德育过程主要指的是,个人的道德修养不断提高和完善的过程。这实际上指的是品德的形成过程。我国古代不少思想家和教育家大多从这个角度来定义德育过程。如孔丘把学、思、习、行看作是道德修养过程的四个重要方面。从“育”的角度来看,德育过程主要指的是,德育活动的客观顺序或工作流程,强调的是从学校教育和德育工作的角度,来探讨德育工作者如何组织和安排德育活动。本书主要是从“育”的角度来定义德育过程。

实际上,任何事物的存在、运动和发展,都离不开过程。作为人类实践中的组成部分的德育活动,其存在、运动和发展同样离不开过程。如果德育目标没有依托特定的德育过程予以展开,那么德育目标就无法达成,德育实效也就落空。因此,过程属性是德育的基本属性,深受社会发展和学生身心发展过程属性的制约。如果忽视德育的过程属性,就容易对德育活动产生不切实际的、急功近利的要求,这会在很大程度上违背学生品德形成和发展的规律。因此,从德育过程的角度来看学校德育工作,要求我们不仅要重视德育的结果,更要重视德育展开过程所必需的时间、空间等条件的充分支撑,不能只求结果不问耕耘。

正确理解德育过程的内涵和意义,就必须了解德育过程的基本特点。总体而言,德育过程的特点可以从德育过程与社会影响、与其他教育过程和个体品德发展过程三个角度予以界定。

(一)德育过程组织的计划性

与一般社会影响相比,德育过程的组织具有鲜明的计划性。社会环境对个体品德的形成和发展有着重要且深远的影响,但是总体而言,这种影响是自发的、无序的,是学校德育很难控制的。学校德育作为有目的、有计划、有组织的实践活动,其对学生道德发展的影响是自觉、有序和可控的,因而学校德育相比于一般社会影响对学生品德发展的作用,其针对性更强、效率性更高。这是学校德育的优势所在。我们强调德育过程的计划性,并不意味着对学生道德学习主体性的否定,也不意味着对德育过程情境性、生成性的否定。实际上,德育过程的计划性更多反映的是教师和学生在德育过程中的主动性和创造性。这种主动性和创造性不仅包含了教师对德育过程计划性的贯彻落实,也包含了教师对德育过程当中的情境因素以及各种偶发因素的自觉考虑,同时也包含了教师对学生在德育过程中的主动参与性和建构性的积极考虑,是计划性与灵活性、生成性的有机结合。

(二)德育过程的引导具有正面性

一般社会环境对学生的道德成长的影响,除了具有无序性和不可控性之外,还存在一个明显弊端就在于其影响的内容良莠不齐。既有可能对学生产生积极的、正面的价值引导,也有可能对学生产生负面的、消极的价值误导。而学校德育与一般社会影响的不同,既表现在它的组织原则具有鲜明的计划性,也体现在其价值影响具有突出的正面性。这是因为,作为有目的、有计划的德育影响总是包含着人们对学生品德发展的美好期待。这种期待实际上反映的就是社会对各种正面价值观的积极肯定。学校通过德育过程实施对学生品德的影响时，在价值选择上就不可能不考虑选择积极的价值内容和最有利于学生品德发展的教育方式。因此，德育过程的正面性一方面体现为其内容导向的积极性，另一方面体现为其方法选择的科学性。

所谓内容导向的积极性，是指教师对学生进行价值引导的道德与价值内容的选择既要符合国家和社会对学生品德发展的期待和要求，也要能够促进学生品德朝着正确和健全的方向发展。当然，我们强调德育过程的价值引导要具有正面性，但并不意味着学校德育要回避各种社会问题。德育过程价值引导的正面性，也应该包括培养学生对负面的道德影响的分析、判断、抵制能力。所谓方法选择的科学性，是指对于这些正面、积极的内容，教师应当通过符合一般教育教学规律以及学生品德发展特殊规律的教学方法和教学手段，使这些方法和手段与学生的道德发展阶段特点相符合，从而更加有效地促进学生品德的成长。

（三）德育过程的实施具有复杂性

相比于智育、体育和美育，德育过程呈现出更加复杂的实践形态。一般而言，智育、体育、美育主要处理的是个体与物质世界和审美世界的关系，其过程相对单纯和简单。但是，德育过程不仅需要处理个体与外在世界的多重关系，而且也需要处理个体与不同层面自我的复杂关系。因此，德育过程所要最终实现的德育结果主要体现在个体要能够基于特定的道德法则，以利他或者超越性的方式去处理这些复杂的利益关系。

德育过程的复杂性除了与其所要面对的道德生活本身的复杂性密切相关外，还在于它所面对的是成长中的活生生的学生个体。学生自身品德形成的复杂性在很大程度上也决定了德育过程的复杂性。总体而言，学生品德形成的复杂性主要体现在这几个方面：① 学生的品德成长是多因素共同作用的结果，这就需要德育过程的实施要综合考虑学校、家庭、社会等影响因素的作用。② 学生的品德成长具有明显的阶段性和反复性，需要教育者有足够的耐心和信心。③ 不同学生的品德成长具有鲜明的个体性特征，这就决定了德育过程的展开必须充分考虑实际情况，不能够采取“一刀切”的方式去处理学生成长中的道德问题。

德育过程的复杂性决定了道德教育不可能一蹴而就，既需要综合考虑不同影响因素的共同作用，也要充分意识到学生自身品德发展的复杂性，努力实现德育过程中教育与再教育、自我教育的统一。

（四）德育过程的引入具有多端性

与德育过程复杂性密切相关的另外一个德育过程特征就是多端性。德育过程的多端性主要源于学生品德心理结构的多元性。总体而言，学生的品德心理结构可以区分为道德认知、道德情感、道德意志和道德行为这几个方面。所谓多端性，主要指的就是道德教育的过程可以从道德认知、道德情感、道德意志和道德行为中的任何一个心理要素开始。

如果说智育主要以认知为教育的出发点，美育更多地以情感的触发为开始，体育从行为的训练入手，那么道德教育则可以从以上任何一端开始进行教育。这主要是因为，① 学生的品德是一个完整的心理结构，其各个要素虽然相对独立，但是它们之间实际上是相互影响、相互作用的。② 学生个体的心理结构发展是不平衡的，教师要善于根据学生品德结构的实际状况因势利导，充分利用其心理结构中的关键要素对其进行有针对性的道德教育，从而起到牵一发而动全身的教育效果。实际上，德育过程的多端性反映的是德育过程的灵活性、主动性和创造性，这就需要教师在德育过程中充分利用学生德育过程的多端性特点，开辟多种渠道,有的放矢地使学生在品德心理结构的知情意行几方面都得到相应的发展。

(五) 德育过程的展开具有生成性

德育过程的展开固然有其预设性的一面,但是,相对于智育、体育、美育等教育过程而言,德育的生成性会更加突出。这主要表现在:① 德育过程深受社会情境的影响,因此在具体展开过程中要密切关注社会情境的变化,并能够自觉根据情境的变化来及时调整。这就使得德育过程的展开必然会生成诸多在德育开始前预料不到的新问题。② 学生在德育过程中并不是被动地接受教师所预设的德育环节,而是具有很强的自主性和创造性,这就使得在德育过程当中会发展和生成许多超越于原有德育预设的新课题,需要教师及时调整德育过程以促进学生品德的健康发展。③ 德育过程当中充满了诸多偶发因素,这些因素同样会对德育过程的有效展开产生深远影响,这也使得德育的过程具有生成性的特征。

认识德育过程的生成性,对于克服德育中只见教师不见学生、只考虑计划不考虑变化的弊端具有十分重要的作用。学生品德发展是一个具体的过程,因此我们要学会用发展的眼光去看待学生在道德成长中所出现的各种问题。教师等德育工作者要对学生品德发展的长期性有足够的耐心,不宜操之过急,对学校德育的评价也不宜过于短视。

二、德育过程的主要模式

总体而言,德育过程模式回答的是德育过程应该分为哪几个阶段,阶段之间是什么关系这一问题。对德育过程的阶段及各个阶段之间关系的理解不同,会形成不同的德育过程模式。准确把握德育过程模式,需要我们理解在一般教学过程模式的认识上存在的两种主要观点。

第一种观点是以赫尔巴特"四阶段说"为代表的传统教学模式。赫尔巴特将兴趣分为注意、期待、探究和行动四个阶段。与此相对应的教学过程也分为了四个阶段,依次是明了、联想、系统和方法。后来赫尔巴特的追随者们将这四步教学模式改造为著名的五步教学法,亦即五个教学阶段的理论,即:预备、提示、联想、概括、应用。

第二种观点是以杜威为代表的现代教学过程模式。杜威认为,人的思维发展一般包括五个阶段:① 问题的感觉;② 问题的界定;③ 问题解决的假设;④ 对问题及其解决方法的逻辑推理;⑤ 用行动检验这些假设。杜威认为,这不仅是教学和学习的方法,也是改造经验和改造社会的基本方法。

从以上两种教学过程模式的划分可以看出,传统教学过程模式主要强调的是教师在教学过程中的主导地位,相对忽视学生的主体性。现代教学过程模式则突出学生在教学过程中的主动性。依据教学过程的这种模式划分标准,我们也可以将各种德育过程模式简单分为以下两种。

(一) 传统德育过程模式

传统德育过程模式主要指的是,教师在德育过程当中居于核心和主导地位,学生更多的只是道德教育的被动接受者和执行者。提倡这一过程模式的重要代表人物之一是康德。康德认为,儿童接受道德教育主要遵循以下三个环节:第一,管束——抑制人天生的野性;第二,教化——让儿童学会礼貌和智慧;第三,陶冶——使儿童明辨是非,走向道德自律。虽然,康德关于儿童接受道德教育的过程更多的是一种宏观上的理论描述,但是从其论述当中,我们不难发现他主要强调的还是教师或成人在德育过程中的主导地位,而对学生的主动性强调不够。这就使得他关于德育过程的论述具有传统德育过程模式的特征。

传统的德育过程模式在苏联表现得尤为明显。苏联教育学家巴拉诺夫就将儿童的个性发展划分为五个基本阶段，分别是① 刺激(外部作用)；② 动机(内部动力)；③ 行为纲领和行为形式的选择；④ 动机成为行为和行为变成习惯；⑤ 习惯的行为形式变成个性。[①] 从巴拉诺夫关于儿童个性发展的阶段划分来看，他主要强调的还是外界力量的重要影响作用，其德育过程模式反映的师生关系还是一种单向度的授受关系。在这种关系中，学生更多的是处在被动地受成人和外界影响的从属地位。因此，虽然巴拉诺夫是从“儿童个性形成”的角度来思考教育过程，但是它仍然是一种强调外部作用的传统德育过程模式。

传统德育过程模式看到了教师在德育过程中价值引导的重要性，突出了外界环境因素的影响作用，但是却相对忽视了学生道德学习的主体性和能动性，不利于学生在德育过程中的自主建构。

(二) 现代德育过程模式

现代德育过程模式与传统德育过程模式相比，最大的特点就在于更强调学生在德育过程中自主建构的重要性，相对弱化教师直接的、正面的、外在的价值引导。这一模式比较典型的是以拉思斯、西蒙等人为代表的价值澄清理论模式。价值澄清理论认为，价值接受过程实际上就是从选择、评价，再到行动的过程。具体来说，有七个过程：① 自由地选择；② 从各种可供选择的项目中进行选择；③ 在仔细考虑后果之后进行选择；④ 赞同与珍视；⑤ 确认；⑥ 依据选择行动；⑦ 重复(该类行动)。从价值澄清过程的七个步骤来看，学生在德育过程中居于明显的主动地位，学生的价值选择、价值情感和价值行为几乎都是学生个体自主决定的结果。而教师在学生的价值澄清过程中，只是提供一种形式上或方法上的指导，而缺乏实质性的价值内容的引导。这一点，在以科尔伯格为首的道德认知发展模式中也表现得十分突出。

在科尔伯格的道德认知发展模式中，道德两难故事作为一种非常重要的德育方法，也体现出非常明显的现代德育过程模式的特征，其有关道德两难故事的教学更多地是强调学生面对一个道德两难故事时的自主选择，以及这种选择内在的行为动机。在此基础上，教师的作用主要是帮助学生学会用比自己现有道德认知发展阶段高一个层级的道德思维来自我教育。道德认知发展模式的核心目标是促进学生道德推理能力的发展，学生在这一教育过程当中始终居于中心地位。

由此可见，以拉思斯和科尔伯格为代表提倡的现代德育模式，其共同点就在于突出学生在德育过程中的主体地位，而教师只是帮助学生道德成长的“脚手架”。

实际上，传统德育过程模式与现代德育过程模式的区别主要不是表现在二者实施过程中的形式差异，而是体现在二者对于道德教育发生机制认识的根本性不同。前者主要秉持的是一种道德成长的外铄论，强调的是外在环境和成人权威在学生道德成长中的核心地位。这固然看到了德育过程当中外在价值引导的重要性，但是，如果应用不当，则会走向强制灌输，不利于学生道德主体性的主动发挥。后者主张的是一种道德成长的建构论，强调学生的自主建构是德育过程的关键环节。这样一种德育过程模式，对于高扬学生道德主体地位的重要性无疑具有十分重要的促进作用，事实上也体现了学生道德成长的规律性。但是，如果

---

① 巴拉诺夫，等，编.教育学[M].北京：人民教育出版社，1983：204-205.

片面强调学生在德育过程中的自主建构，甚至因此而否定教师价值引导的必要性，那么就十分容易导致德育过程中的“无政府主义”，这同样也不利于学生品德的健康发展。因此，在德育过程中，我们必须充分把握这两种德育过程模式的优势及其可能存在的德育风险。克服这些风险的关键在于切实实现德育过程中教师的价值引导和学生的自主建构的相统一。

从20世纪80年代以来，在如何平衡德育过程中教师的价值引导和学生的自主建构之间的矛盾这一问题上，很多学者做出了不懈的努力。其中，正在美国方兴未艾的品格教育运动可以说尤为引人注目。作为美国品格教育运动的重要旗手，托马斯·里克纳（Lickona，T）致力建构的品格教育模式，既强调教师和学校正面教育在学生品格发展中的重要作用，也强调对学生道德主体人格的尊重及其道德反思能力的培养。可以说，这一努力在很大程度上为我们如何思考和有效处理德育过程中教师价值引导和学生自主建构之间的关系提供了理论和实践层面的诸多有益启示。

总体而言，德育过程模式的差异表面上看反映的是人们对德育过程当中师生关系和地位的不同认识，但深层次上它反映了人们在理解道德及其教育机制方面的根本性差异。因此，要处理好德育过程中的诸多问题，就必须加深对道德及其教育机制的科学认识，这样才能够更好地处理德育过程当中的师生关系，平衡好教师的价值引导与学生的自主建构之间的关系。

第二节　德育过程的组织

一、德育过程组织的基本矛盾

德育过程就是将德育目标落实为学生道德品质的过程，也就是促使学生现有的道德品质朝着德育目标或德育要求规定的方向更好发展的过程。因此，德育过程的基本矛盾就在于学生现有的道德发展水平与德育目标所要求的理想状态之间的矛盾。矛盾是事物发展的内在动力，任何事物的发展都依赖于自身矛盾的不断协调和超越。因此，正视德育过程中的基本矛盾，对于我们准确把握德育过程的重点和难点，有着十分重要的意义。要处理好德育过程中的这一基本矛盾，重点是要解决好德育目标要求与学生道德发展实际的矛盾，学校的德育影响和社会一般影响之间的矛盾，学生的道德认识、道德理想和道德实践之间的矛盾。

（一）德育目标要求与学生道德发展实际的矛盾

作为德育过程的基本矛盾，德育目标要求与学生道德发展水平这一矛盾制约着学校德育活动的方方面面。从根本上来说，学校德育的最终价值就是要使学生的现有道德发展水平与德育目标的要求相一致。这就要求教师既要准确把握德育目标的具体要求，又要科学理解学生现有道德发展水平。如果教师对德育目标缺乏准确的理解和定位，那么德育过程就容易偏离方向，走入歧途。如果教师对学生现有道德发展水平理解片面或不充分，那么德育过程就容易要求过高或过低，偏离实际，导致德育实效低下。

处理好学校德育过程中的这一基本矛盾，关键就在于教师要在充分理解德育目标的前提下，将其转换成学生可以理解、乐于接受、易于践行的德育内容和德育方法。具体而言，教师要善于将抽象的德育目标要求与学生具体鲜活的生活实际相联系，用学生喜闻乐见的德育形式提高学生对德育目标的认可度和践行力。正如鲁宾斯坦所言：“教育的主要方面恰恰在于,使人同生活发生千丝万缕的联系,从各个方面向他提出对他有重大意义的、富有吸引力的任务,因而被他看作自己的、必须亲自解决的任务。这比什么都重要,因为道德上的一切缺陷,一切越轨行为的主要源泉,都是因人们的精神空虚而造成,当他们对周围生活漠不关心、冷眼旁观的时候,他们对一切都会满不在乎。”因为“在个性发展中的任何东西都无法直接从外部引申出来”。①

(二)学校德育影响与一般社会道德影响之间的矛盾

要正确处理好德育过程的基本矛盾,不仅需要教师能够根据学生道德发展的实际创造性地采用各种行之有效的手段落实德育目标,而且也需要教师很好地处理学校德育的影响与社会环境影响时间的关系。总体而言,学校德育影响与一般社会道德影响之间存在两种形态的矛盾关系。第一种矛盾关系体现为,学校现有的德育状况难以及时跟上社会环境的德育要求,从而导致功能上的不适应。比如,当前,我国正致力于建设富强、民主、文明、和谐的现代中国,构建自由、平等、民主、法治的现代社会,培养爱国、敬业、诚信、友善的现代公民。但是,部分学校现有的德育状况未能充分满足社会发展对学校德育的要求。这就需要学校德育不断提升专业化水平,以更加科学、开放的姿态积极回应社会发展的德育要求。

第二种矛盾关系则主要体现为,社会道德影响与学校德育引导在价值取向方面存在矛盾和冲突。具体体现为,社会的一些不良风气如拜金主义、享乐主义、物质至上等对学校德育的侵蚀,在很大程度上造成了学校德育工作“$5+2\leqslant0$”的发展困境。解决这一矛盾一方面需要增强学校自身的德育自信和德育自觉,不能因为社会环境存在的一些不良影响而放弃学校德育的育人责任。另一方面则需要政府高度重视学校德育环境建设,为学校德育的健康发展提供一个更加公正、民主的制度环境和积极向上、敬业乐群的精神环境。

(三)学生的道德认知、道德理想与道德实践之间的矛盾

知行脱节是学校德育长期受人诟病的核心问题。在现实生活中,我们常常遇到一些学生知而不行、行而不佳的问题。出现这一问题的原因是多方面的,既有学生个体层面的原因,也有学校、家庭、社会等方面的影响。从学生的角度看,学生知行不一,关键在于学生的道德认知和道德行为之间缺乏必要的情感联系,导致学生的认知仅仅停留在被动的知识记忆上,尚未真正内化为个体稳定的心理结构。另外,学生道德意志的薄弱,也使得学生在道德行为养成的过程当中,遭遇困难时容易放弃,从而也使学生产生道德认知与道德实践之间的脱节。从学校、家庭和社会等方面看,这些不同的德育主体对学生的德育要求如果不同,容易引发学生道德认知上的混乱,从而导致其道德行为上的无所适从。如果学校德育对学生的道德要求过高,超出了学生能力范围,那么也容易导致知行脱节。此外,学生道德行为的发生需要一定的物质、制度和文化的有力支撑。缺乏这些外在的条件作保证,学生的道德行为也难以发生。比如,如果学生处在垃圾桶安放数量极少且难以被发现的环境中,那么即使学生知道不应乱扔垃圾这一道德规则,他们也很难时时刻刻都遵守这一规则要求。再比如,我们很难想象通过一个非民主的制度去培养民主的公民。因此,确保学生知行合一,需要我们提供必要的条件支持。

二、德育过程组织的基本原则

一般来说,一个完整的德育过程组织应当特别注意的基本原则有以下几点。

---

① 鲁宾斯坦.心理发展的原则与方法[M].北京:三联书店,1959:140. 转引自伊·斯·马里延科.德育过程原理[M].北京:人民教育出版社,1985:65.

（一）方向性原则

德育过程最终是为实现特定的德育目标而服务的，因此，德育过程的组织必须以德育目标的实现为行动方向。如果德育过程偏离了这一方向，那么即使德育过程组织得再完美，其德育效果也是不佳的。具体而言，在德育过程组织中，教师的首要工作就是充分了解和把握德育目标的要求，并将这一要求转化为学生可知、可感、可行的努力方向。

（二）教育性原则

德育过程不仅是落实德育目标的手段，其本身也蕴含着丰富的教育资源。实际上，在现有的德育课程三维目标当中，过程与方法就是其中一个非常重要的方面。这主要是因为过程的组织形式反映了组织者特定的教育观念和伦理追求，而这些都会潜移默化地影响学生的品德发展。比如，采用合作教学的方式不仅有利于提高学生的学习效率，而且这种方式本身对于培养学生合作、分享、共赢的道德品质也有着十分重要的促进作用。因此，教师在组织德育过程时，要凸显过程的教育性原则。

（三）最近发展区原则

德育过程的重要任务就是要不断促进学生现有的道德发展水平朝着德育目标逐渐靠近。这就要求德育过程的组织必须依据最近发展区原则，在充分考虑学生现有道德发展能力的基础上适度超越，既对学生道德发展有挑战，又是学生通过努力所能达到的。如果德育过程的组织低于学生已有的道德能力，一方面，难以引起学生道德学习的兴趣，另一方面也会影响德育效果的取得。如果德育过程的组织明显高出学生现有的道德能力，那么这会使学生产生畏难情绪，同样不利于学生的道德成长。

（四）教育与再教育、自我教育相统一原则

十年树木，百年树人，这一点对于学生的道德成长而言表现得更为明显。这主要是因为学生的道德成长具有复杂性、反复性和长期性。这就决定了学校德育必须要有“静听花开”的耐心，一方面充分发挥教师在学生道德发展方面的积极、正面引导作用，同时更要着力唤醒学生道德成长的内驱力和自觉性。这就要求教师在德育过程的组织中要充分贯彻教育、再教育和学生自我教育相统一的原则。对于教师而言，其教育主要体现在为学生道德的成长营造良好的价值环境。而对于学生的再教育，重点就在于教师要充分意识到学生作为成长中的个体，其思想道德状态尚未定型，在成长的过程当中需要教师不断提醒和帮助，而不能对学生道德成长的反复性一味抱怨。对于学生的自我教育，重点是教师要在思想观念上把学生作为一个完整的道德主体，相信学生具有道德自主建构的能力，善于通过良好价值环境的建设，把学生这种内在的道德自主建构能力充分发挥出来。

阅读链接

道德学习的过程和机制

作为个体道德成长的基本方式，道德学习是指学习者因经验而引起的道德行为、道德能力和道德心理倾向的比较持久的变化，它是个体以情感体悟为核心的道德知识经验的积累和行为修炼的综合。知善、欲善和行善是道德学习的三个关键性环节。理性、情意和实践是道德学习的基本三维。① 道德学习应该是一种学生在如沐春风般的情境中改善认知、陶冶品性、习得良好的道德行为习惯的过程。道德学习更多的是一种自发自觉的过程,外在的强加无法逼迫道德学习过程自发产生。

道德学习的发生机制是暗示、体验和模仿。接受暗示的一个根本特点在于接受某种影响而不自知,或者说是"受影响于浑然不觉之中"。我们往往无意间接受了与自己已有道德志趣和倾向一致的暗示和影响。② 由于接受暗示是道德学习的一种重要机制,因此,我们尤其需要重视肃清社会风气、整顿校风、班风的重要性。如果任由社会、学校、班级风气败坏,学生可能就会失去对丑恶的敏感性和反感心理,从而美丑、善恶不分,甚至以丑为美、以恶为善。体验就是道德学习者在一定的情境中体验人与人之间的相互道德关系,学习解决道德问题的策略。道德学习是学生社会学习的重要内容,而社会学习主要就是学生通过对成人的模仿来进行的。

如何有力地促进学生的道德学习?教师可以从以下几个方面着手进行努力:

第一,创建优良的校风、学风、班风。学生在优良的校风、学风、班风中通过无意识体验和模仿,进行道德学习。优良的校风、学风、班风对于德育来说最关键的是要创造欣赏型的德育氛围。从美育的角度来看,富有美感的、欣赏性的德育氛围更有利于学生的道德学习的发生。"道德学习在欣赏中完成"的目标从时间的角度也可以分解为以下几个具体步骤:第一阶段,发现或建立欣赏的视角;第二阶段,展现道德智慧与积极人生的美丽;第三阶段,践行审美化的人生法则。③

第二,教师要重视自身的言传身教,与学生进行平等的道德对话,与学生一起实现道德的成长。教师的言传身教对于学生的道德学习也意义重大。教师作为学生成长中的重要他人,对学生具有权威效应,教师的道德表现也才更有对学生的说服力。学生在与教师相处的过程中,通过暗示、体验和模仿习得教师的言行。因此,教师的言传身教对学生的道德影响非常大。教师不仅要注意正式课堂教学中的言行,更要注意日常生活中的言行,因为后者对于学生来说更真实,也更容易被学生模仿。

第三,着力培养学生的道德理性与道德判断能力。在善恶混杂的社会中,学生如果不具有道德理性和道德判断能力,他们很容易被不良的社会现象所吸引感染,并习得类似的不良行为。当学生拥有了道德理性和道德判断能力,他们能从自己接触的社会生活中取其精华、去其糟粕,吸收有益的东西为自己的人格成长所用。道德理性和道德判断能力的培养不能仅靠道德知识的传授,教师可尝试在道德教育中多运用案例讨论、分析以及实践活动体验等方式来培养学生的道德理性与道德判断能力。

第四,教师要善于发掘生活中的细节的道德价值。任何道德学习都是关于生活的,人不可能学习生活之外的道德。学习生活中的各种道德关系,认识具体生活中的道德现象,探究隐匿在道德生活场景背后的利益基础。道德学习是生活本身,是对生活应当关

① 吴俊.道德学习研究[M].长春:吉林人民出版社,2007:42.

② 高德胜.道德学习在生活中是如何发生的[J].南京师大学报(社会科学版),2004(3).

③ 檀传宝.让道德学习在欣赏中完成——试论欣赏型德育模式的具体建构[J].北京师范大学学报(人文社会科学版),2002(2).

系的认识和理解,是对生活方式的把握,是对生活品质的关注。[①] 道德学习是生活化的过程,教师的颔首赞许、同学信任的眼神、他人不经意的一个评论、一本优秀的小说、一部让人感动的电影、朋友间推心置腹的谈话、旅游地的美丽风景等,这些都可能成为道德学习的契机。因此,教师要善于发现和利用生活中的细节来促成学生的道德学习。

资料来源:檀传宝等著:《走向德育专业化——学校德育 100 问》,华东师范大学出版社,2012 年版第 9-10 页。

第三节 德育方法及其应用

任何一种实践活动都必须依托于一定的方法,才能够予以落实。德育作为人类实践活动的重要组成部分,同样需要采取行之有效的方法才能够保证德育工作落到实处。因此,了解德育方法的基本内涵和常用的德育方法,对于德育实践意义重大。

一、德育方法的内涵及其影响因素

(一)德育方法的含义

方法一般指的是为获得某种东西或达到某种目的而采取的手段与行为方式。因此,德育方法主要指的是师生为了实现特定的德育目标而采用的具有一定内在联系的活动方式与手段的组合。

德育方法可以从不同的维度进行分类。根据概括程度,德育方法可以分为三种层次。一是方法论意义上的方法,二是多种德育方式组合意义上的方法,三是单一德育方式意义上的方法。由于现代德育对象思想的复杂性及现实社会价值的多元性,我们在具体的德育活动中很少只用到一种德育方式。因此,我们往往把后两种层次意义上的德育方法统称为操作意义上的方法。操作意义上的方法又可以从德育途径、德育手段、德育目标等不同维度进行分类,如从内容上可以分为提高心理健康素质的咨询法、提高法纪素质的案例分析法、提高道德素质的"两难道德讨论法"、提高思想素质的疏导方法、提高政治素质的"讲授法";从途径上可以分为"三育人"途径中的讲授、讨论、疏导、惩罚、评价、示范法,"活动育人"途径中的参观、访问、调查、社会服务法;环境育人途径中的陶冶法;师生平等参与途径中的对话法、咨询法;从手段上可以分为以语言说理为主、以形象感染为主的方法;从目标上可以分为提高认知的讲授、讨论法,陶冶情感的熏陶法,锻炼意志、坚定信念、训练行为的实际锻炼法。

正因为德育方法分类的多层次性,德育实践中还常常存在着与此相类似的概念,如德育方式、德育手段等。檀传宝在《学校道德教育原理》中,对这些日常生活中常用的概念进行了较为清晰的梳理。他认为,德育方式主要指的是德育活动过程中可以分解为一系列具体活动的细节或组成部分。因此,德育方法实际上是多种具体德育方式的排列组合。例如,讲授法作为一种以传授道德知识为重要目标的德育方法,它可以通过介绍信息、活跃注意、加速识记、比较对比、归纳演绎等方式来具体落实。由此可见,相比德育方法,德育方式属于从属的地位。但是,这并不是说德育方法和德育方式的这种关系是固定不变的。在某种情况

① 吴俊.道德学习研究[M].长春:吉林人民出版社,2007:186.

下，德育方法是实现某种德育目标的唯一途径，但是在另一种情境当中它又可能成为某种只具有局部工具效应的德育方式。例如，谈话法作为一种德育方法，在实施情境教学或教授法的过程当中，它又变成了组成大的德育方法的具体德育方式之一。德育手段主要是道德教育活动的工具、载体及其应用。德育方法的多样性在很大程度上取决于它所依赖的实现手段的可选择性。在这里需要明确的是，德育手段服务和服从于德育方法的选择和德育目标的达成。但是，这并不意味着为了达成某一德育目标就可以不择手段。目标的合理性并不能说明手段的合法性。因此，教师在选择德育手段时，除了在技术层面考虑这一手段对达成德育目标是否有效之外，还必须重点考虑手段本身是否符合身心发展的规律，是否符合国家相关法律要求，是否符合特定社会的伦理道德规范。

（二）德育方法的影响因素

德育方法是达成特定德育目标的中介，德育方法的选择除了受德育目标自身性质的影响外，还受到社会政治、经济、文化等各方面的影响和制约。因此，充分认识到影响和制约德育方法选择的因素，对于我们更好地选择和使用德育方法具有重要的意义。总体而言，德育方法的选择，既深受教师德育观念和德育能力的影响，也受学生身心发展特点和德育其他要素的共同制约。

1. 教师的德育观念和德育能力

在很大程度上，教师德育方法的选择深受其德育观念的影响。如果教师将德育视作对学生道德形成的强制灌输，那么其在方法选择上则会更多地偏向于那些突出教师权威地位的德育方法，如讲授法和行为训练法。如果教师认为德育主要是学生道德自主建构的过程，那么能够充分发挥学生主体性和自主性的德育方法则更容易受到教师的青睐，如价值澄清法。与此同时，教师个人的德育能力也会制约其德育方法选择的广度和类型。对于那些缺乏德育能力的老师，他们在德育方法的选择上更偏向于因循守旧、墨守陈规。而那些充满德育自信的老师，则善于在德育方法上不断自我超越、推陈出新。

2. 学生的身心发展特点

教师德育方法的选择也深受学生身心发展特点的影响。不同年龄段的学生身心发展特点是不同的。对于低学段的儿童而言，他们处在形象思维的发展阶段，因此对他们的德育不能采用以说理为主的德育方法，而必须采用感性直观的教育方式，才更加容易引起儿童的情感共鸣，达到预期的德育效果。而对于大学生来说，他们的思维具有高度的抽象性，这时候就可以采用带有思辨性质的辩论、讲授等德育方法。此外，德育方法的选择还必须考虑不同地区、不同文化、不同性别学生的身心发展特点，采取更有针对性的德育方式，才能够更好地落实德育目标。

3. 其他因素

与德育过程密切相关的其他因素主要包括德育目标、德育内容和德育手段等。这些因素同样会对德育方法的选择产生重要的影响。总体而言，德育方法是为特定的德育目标而服务的，因此，德育目标是德育方法选择的最根本的依据。与此同时，为了完成特定的德育目标，德育方法的选择还必须考虑与相应的德育内容相匹配，也就是说，德育方法的选择要以具体德育内容相适应。例如，以道德知识传授为主要内容的教学过程、与以道德规范训练为主要任务的德育过程必然选择不同的方法、手段和方式。前者更多地采取讲授法，而后者选择行为训练法或社会实践法。

总体而言，德育过程涉及德育活动的方方面面，其自身是一个包含诸多德育要素的巨型系统。在每一个具体的德育实践过程中，教师常会面临德育方法的选择问题。教师要善于根据自身的优势、学生的特点以及可资利用的条件，综合判断、选择相对经济、便捷、有效的德育方法。

二、常用德育方法

不同的学者对德育方法的分类也不尽相同，在这里结合德育途径、德育内容、手段、目标等维度介绍当前我国中小学德育的几种基本方法。

（一）讲授法

讲授法主要是指德育课程和非德育课程教师借助各种文字和音像材料，借助黑板、多媒体、语言等媒介手段在课程教学中向学生传递心理健康、法纪、道德、思想、政治知识及表达思想道德情感和价值观念，以提高学生认知、陶冶学生情感为主的教育方法。讲授法主要包括讲述、讲解和讲演等形式。讲述主要是客观描述事实，呈现知识、材料和观点，主要解决的是"是什么"的问题。讲解是进一步分析、论证和说明问题，主要解决"为什么"的问题。讲演则是综合运用讲述、讲解等方法，采取演说、辩论或指导阅读、报告的形式，完整、深入地论证或说明某一问题。

讲授法的优点在于能在最短的时间内向学生呈现、介绍大量而系统的心理健康、法纪、道德、思想、政治信息，帮助学生较快掌握有关知识、明白相应道理、转变思想观念；也能使教师较好地发挥主导作用，对心理健康、法纪、道德、思想、政治信息进行选择、加工，保证德育的方向性。如果运用不当，讲授法不利于教师有针对性地开展教学活动和及时了解学生对某个问题的理解程度，也不利于调动学生的积极性、主动性和能动性。因此，教师在运用讲授法时要注意扬长避短，与其他方法有机结合使用。

讲授法是以教师的讲和学生的听为基本方式进行的，教师的讲授以学生的"听"为基本目标，因此，教师虽然在教学中处于支配地位，对教学效果掌握着基本的主导作用，但教师的课前准备和课前设计必须以学生能够听懂、理解和体会为基本目标。围绕这个目标，教师对讲授的具体内容、材料、方式等都要事先精心设计。具体来说，涉及以下几个方面。

第一，确定重点和难点。教师在讲授前根据课程内容标准、学生对所要学习的内容可能存在的认知、情感、行为误区和盲区，确定讲授的重点和难点。比如在对学生进行集体主义教育时，可以通过座谈、个别调查或自我分析等方式了解所教学生对于什么是集体主义、集体主义有哪些基本要求，为什么要爱集体、如何爱集体等内容可能存在的模糊认识（如集体与群体的区别）确定教学的重点和难点。

第二，选择具体材料。讲授内容不等于教材内容，因此在设计讲授内容时，教师还要善于围绕重点和难点，结合学生的思想实际、生活世界、思维特点以及我国和世界发展状况等选择具体的教学材料。比如在对学生进行爱国主义教育时，要结合新中国成立六十年来我国在政治、经济、文化、社会发展取得的成绩及国际影响力、国际地位的提升，围绕国庆六十周年阅兵式发生的种种感人故事等选择材料。

第三，设计讲授方式。讲授法包括讲述、讲解和演讲等方式，但究竟使用讲述、讲解还是演讲或是其他组合方式，要根据教学目标、内容、学生的思维特点等具体情况进行选择。比如，对小学生进行道德规范、法纪规范教育宜用讲述的方式，对初中生和高中生进行道德规范、法纪规范教育则宜用讲解或演讲的方式。

第四,创设问题或问题情境。讲授法虽以教师的讲为主,但并不等于教师的独白,需要调动学生的积极性、主动性才能取得良好效果。因此教师要善于通过直接设问、案例设问、情境设问等方式不断将学生引入无知或困惑中,激发学生探寻答案或解决问题的强烈动机。比如在对学生进行法律常识教育时,可以直接问学生公民享有哪些权利,也可以通过某教师侵犯学生权利的案例来问学生是否知道该教师侵犯了哪些权利,或创设一个情境(比如张明同学捡到李华同学 100 元钱,如果他不还给李华,是否违法? 为什么?)来了解学生对于权利的认知情况,从而激发学生的学习热情。

第五,设计材料的呈现方式和顺序。大量研究表明,不同年龄阶段、不同思维特点的人对信息的呈现方式的喜爱程度不同,且以不同形式出现的同一信息所能引起的关注度也不同。一般而言,能同时激发人的视觉、听觉的声音、画面、文字交融的,或者越具体的信息,引起的关注度越高,时间越持久。

(二)榜样示范法

榜样示范法是以他人的高尚思想、模范行为和卓越成就影响学生品德的方法。榜样把道德观点和行为规范具体化、人格化,使之具有更大的感染力、吸引力。此外,青少年学生的模仿性很强,喜欢效仿有威望的人,尤其崇拜伟人和英雄。而这种模仿只有积极地往良性方向引导才会成为学生前进中的巨大推动力。如果缺乏制度、纪律和正确的舆论环境,榜样作用的范围将受到局限。

榜样示范包括:伟人的典范、教育者的示范、优秀学生的典型等。

(1)典范。历史伟人、民族英雄、革命导师、科学家、思想家等杰出人物,很多是学生崇拜的对象。他们的伟大业绩、崇高品德和光辉形象,对学生有很大吸引力,容易激起学生对他们的敬仰之情,学生对照典范严格要求自己,从而使自己不断取得进步。

(2)示范。家长、教师和其他长者是青少年学生最近的榜样。他们对学生的示范影响最频繁、最直接。不论家长和教师本人的品德修养如何,学生都会有意或无意地以他们为榜样予以模仿。家长是学生最先模仿的对象。教师是学生的表率,他们经常生活学习在一起,教师对学生的影响是潜移默化的。总之,家长和教师的言行、思想作风、待人接物的态度等都会影响学生。特别是在小学阶段,儿童的向师性非常强,教师在儿童心目中几乎是完美无缺的仿效对象。家长和教师必须在自己的言行、举止、仪态、作风、为人处事等方面严格要求自己,起到良好的示范作用。《学记》有言:“善歌者使人继其声,善教者使人继其志。”

(3)典型。学生中的好人好事,特别是学生信服的“三好学生”、优秀典型是学生最熟悉的榜样,对他们来说最具感召力和说服力。由于这些榜样是从学习、生活在一起的本班、本校同学中涌现出来的,年龄相仿、生活经历相似、环境影响相像,所表现出来的好思想、好行为使学生容易理解和信服,易激起学生的上进心,积极进行模仿和学习。

运用榜样示范法需要注意以下几点。首先,明确目的,选好学习的榜样。了解学习目的后才能确定学习的方向,进而有针对性地选取典型的好榜样,这是有效学习榜样的重要前提。

其次,激起学生对榜样的敬仰之情。若要学生主动地学习榜样,可以借助讲授法让学生了解榜样的身世、艰苦奋斗的经历、卓越的成就、光辉的品质,尤其是那些感人至深、令人肃然起敬的典型事例,使得学生在内心深处产生惊叹、敬佩之情,进而自觉地将外在的学习榜样转化为内心想要模仿的榜样。

再次，树立和宣传榜样要实事求是。“金无足赤，人无完人”。任何榜样都是社会中的一员，不可能尽善尽美。我们在宣传榜样的模范事迹时，不能任意夸大其优点，缩小甚至掩盖其缺点，更不能随意拔高将之神化，而应该真实地反映其高尚的思想品德。与此同时，对个别形象的消极方面，也要指导学生具体分析，使他们学会鉴别好坏，“择其善者而从之，其不善者而改之”。

最后，引导学生用榜样行为来调节自身行为，提高修养。当学生听到伟人、模范的光辉事迹时，易激动地表达学习的决心，从敬仰之情到道德行为和习惯，还需要开展必要的实践活动，教师要引导学生把榜样与自己的品德认识、情感、行为联系起来，并落实到具体行为上。

（三）情感陶冶法

情感陶冶法的具体实施途径一般是三个方面。教师的师爱、环境陶冶、艺术陶冶。陶冶法的关键是设置具有隐性教育意义的教育情境。这个情境必须能够引人入胜，具有感染力。教育作用渗透其中而非显性的存在，在教育情景设置之后，教师的作用应当尽量淡化，除非教师本身就是情境的构成要素之一。

教师成为情境构成要素的基本条件是热爱学生、对学生真诚、自身具有道德人格魅力。教师应当成为道德人格的榜样。

这里介绍英国教育家威尔逊的家庭化模式（family model）。威尔逊强调道德思维的重要德育意义和价值，提出了道德教育家庭化的设想。具体做法是：由 30~80 名不同年龄和性别的学生组成一个家庭，有家长、男女舍监和自己的房子，学生共同参与一些仪式和日常生活。其中家长及时保证规则实施的监督和主持，更是与儿童平等的角色。他的主要任务是使学生意识到自己的情感，并正确处理好自己与他人的情感问题。男女舍监分别代表男女主人，管理家庭生活。这种模式由于家庭既提供归宿、安全、交流和合作的机会，又促使儿童独立思考和承担责任，情感生活和道德生活统一，有学者认为，能够较好地将情感和理性、道德和生活结合在一起，较好地实现了在生活中完成德育的基本设想。

同样对道德情感非常重视的学者是美国斯坦福大学教育学院的教授诺丁斯，诺丁斯于 20 世纪 80 年代提出了道德教育的关怀模式。诺丁斯强调，如果我们按照数学方式处理道德教育的话，我们就大错特错了。在诺丁斯看来，关心者与被关心者的关系应当成为道德教育的基本人际关系；教师应当淡化职业角色，不仅是帮助者，更要成为关心者；教师和家长应当与学生进行真诚、平等的对话；教师应当跟着学生原来的班级直到毕业，以利于长时间了解和关心学生，给儿童创造关心的机会，在关心的行动中学会关心等。

陶冶法能够将其德育目标和教育内容寓于生动形象、趣味盎然的活动，能够较好地结合情感和认知两个维度，激发和培养学生的学习动机、想象能力和理解能力。但很难在短时间内传递明确的、大量的信息和知识。因此，在德育活动实践中，往往会将陶冶法与其他德育方法配合使用，充分发挥陶冶法的长处。

（四）奖励与惩罚

奖励与惩罚是广泛存在于道德教育过程中的教育方法，但截至今日，其教育性和道德性仍存在一定的争议。但在德育实践中，奖励和惩罚都是经常使用的传统教育方法，在这里也进一步做介绍和说明。

奖励和惩罚常常结合于一体，称为奖惩法，往往指的是广义的奖惩。奖励包括一般的赞许、表扬，也包括专门形式的奖励；惩罚也包括一般的批评，也包括较严重的处分。奖惩法是通过奖励与惩罚这两种积极和消极的强化方式去影响学生道德行为的教育方法。

奖励是一种积极强化的教育方法，在教育活动中往往被广泛接受和采用。“奖励”意味着对学生正确的认识与正确的行为予以肯定。适当的奖励可以使学生得到精神上的满足和愉悦，增强其学习的动机，也可以作为学生正在参与的道德实践生活。同时，对正确的态度和行为予以肯定也是创设积极的校园价值环境的重要路径，可以借此改善德育活动的氛围。在教育实践中，我们常常看到，一些成绩一般或存在某些缺点的学生，因为得到表扬等积极强化而增强自信，真正成为优等生的成功范例。

但是，必须说明的是，奖励并不绝对是一种积极的教育方法，奖励也可能导致负面的德育效果。已有研究表明过度奖励或者不恰当的奖励可能造成负面效应。因此，如果要在德育实践中充分发挥奖励的德育效果，必须将之作为教育艺术认真对待。综合现有研究，教师应该注意以下几点要求。

首先要注意的是，奖励指向的不仅是成功的结果，而且是获得成功的过程，即过程中表现的动机、态度、学习方式、意志力等。其次，要注意奖励的频率和程度。当奖则奖，不能无原则地滥用奖励。程度指的是奖励的级别与成就的高低相当。第三，注意灵活运用不同的奖励方式。需要根据奖励的对象确定奖励，既要统一，又要公平。同时，要有一定的灵活性，从点头赞许、口头表扬到特定形式（奖状、奖品、奖金）要灵活运用。第四，无论何种形式的奖励，本质上都应是精神上的奖励。在学校教育中，要慎用物质奖励的方式，要特别注意努力引导学生将奖励的象征意义当作第一位。最后，奖励应当尽可能面向全体学生，以形成集体道德舆论，获得学生集体的支持，以期收到建设德育环境的效果。

作为一种传统的教育方法，惩罚在教育实践中“遭遇”很多困惑。一方面，体罚等惩罚方式被广泛否定和禁止，另一方面，不少理论学者和实践者也都认识到惩罚的教育价值。需要注意的是，惩罚不是体罚！苏联教育学家马卡连柯曾指出：“合理的惩罚制度不仅是合法的，而且是必要的。这种合理惩罚制度有助于形成学生的坚强性格，能培养学生的责任感，能锻炼学生的意志和人的尊严感，能培养学生抵抗引诱和战胜引诱的能力。”

如马卡连柯所言，惩罚具有其教育价值。问题的关键在于如何在德育活动中使用惩罚手段。正确运用惩罚手段需要注意的基本问题有：(1) 注意惩罚的目的是教育，不能为了惩罚而惩罚。必须让学生认识到问题所在，认识惩罚手段所实际寄寓的教师的期待、善意与尊重。(2) 惩罚应当合情合理、公平、准确，要避免那种主观、武断和随意的惩罚。(3) 不能刻板使用惩罚手段。惩罚手段和形式应当多样化，针对不同的对象也应该有不同的惩罚手段。(4) 惩罚要与对学生的尊重相结合，要注意时机、场合和火候。(5) 惩罚的场合需要特别注意，适合公开处罚的惩罚应当充分发扬民主，获得学生群体的道德支持，以此扩大惩罚的教育面，使之成为学生道德生活的重要组成部分。

除了上述德育方法之外，中小学德育实践中还常使用理想激励法、行为训练法等。这里不再详述。

案例分析

我经常奖励表现好的学生,给他们彩票、糖果、小贴画、笑脸和星星等。如果学生乖乖地认真听讲或写字,我会给他们小贴画或笑脸,激励他们继续保持这种行为。如果他们和同伴说话或者不写了,我便在黑板上记下他们的名字或给他们哭脸。

起初,这些方法很管用。可是后来,我发现了方法的消极效果。那些因上课安静、听讲、尊重同学和服从命令而不时得到奖励的孩子一旦得不到任何奖励,便开始拒绝遵守课堂纪律、认真学习、尊重我和同伴了。另一个是贴标签的问题。例如,年初的时候史蒂文经常违反课堂纪律,总爱与同伴吵架或打断他人。每一次史蒂文违纪,我都在他的名字或笑脸下面做一个违纪记号。不久,史蒂文被同学贴上捣乱者的标签。有一天上课时,一位学生没有举手便大声回答问题,我问,“是谁没有举手就大声回答问题?”有几个学生立即说是史蒂文,但那天史蒂文没来上课。可见,他已经被同学贴上了“捣乱者”的标签。只要一出事,班上同学没准儿就责怪史蒂文。

资料来源:珍妮·奥克斯、马丁·利普顿《教学与社会变革》(第二版),华东师范大学出版社,2011年第273页。

请从德育方法的角度,分析以上材料中所使用的德育方法及其存在的问题。

本章小结

本章首先界定了德育过程的基本内涵,德育过程是教育者根据一定社会的要求及受教育者思想品德形成规律,对受教育者有目的地施加影响,通过受教育者能动的认识、体验和实践,从而使其养成教育者所期望的思想品德的教育活动过程。德育过程的特点具体有计划性与正面性、复杂性和多端性、引导性与整合性三点。针对具体的德育活动,存在着以赫尔巴特为代表的传统过程模式和以杜威为代表的现代过程模式。传统模式对教师主体性的重视提示价值引导的重要意义,现代德育模式对学生主体性的重视提示我们学生自主建构的重要意义。

本章的重点是结合学校道德教育过程的基本矛盾、讲解德育过程的组织。德育过程的三个矛盾分别是:学校道德教育影响与一般社会道德影响之间的矛盾,德育目标要求与学生的道德发展实际的矛盾,学生的道德认知、道德理想与道德实践之间的矛盾。其中第二点是德育过程的根本矛盾。基于这三个矛盾,德育过程在组织中需要遵守的基本原则是:方向性原则,教育性原则,最近发展区原则,教育与再教育、自我教育统一的原则。

最后,本章介绍了德育实践中的常用德育方法。第一,说服教育法。说服教育主要是用讲授法,包括讲述、讲解和讲演等形式。在使用中,教师对讲授的具体内容、材料、方式以及材料的呈现方式等都要事先精心设计。第二,榜样示范法,在实践中,榜样包括伟人的典范、教育者的示范、优秀学生典型等,教师需要注意引导学生把榜样与自己的品德认识、情感、行为联系起来,并落实到具体行为上。第三,情感陶冶法,这个方法能够较好地结合情感和认知两个维度,在实践中往往与其他德育方法配合使用。第四,广泛存在于道德教育过程中的奖励与惩罚法。本章介绍了正确运用奖励和惩罚手段需要注意的问题。

【思考题】

1. 德育过程包含哪几个主要特点？其主要矛盾有哪些？

2. 结合德育过程的传统模式和现代模式，谈谈对“德育过程是教师价值引导和学生自主建构相统一”的理解和认识。

3. 任选一种德育方法，结合实践介绍该德育方法的使用过程。

4. 简述正确使用惩罚手段的基本注意事项。

【拓展阅读】

1. 檀传宝著：《德育原理》，北京师范大学出版社，2007 年 9 月版。

2. 陈桂生：《关于“德育过程”问题》，《湖南师范大学教育科学学报》，2004(1)。

第八章　德育活动

学习目标

了解德育活动的含义、特征及其功能，知道德育活动的存在形式及其分类，并能以德育活动实施原则为导向，进行具体德育活动设计与实施。深入了解共青团、少先队活动，较为系统的理解仪式、游戏活动的德育价值，能够有目的地进行仪式和游戏的设计与组织。

建议学时

3学时

学习导读

德育活动是促进学生品德发展，实现德育目标的重要途径。学校需要重视活动德育的开展，采取多种多样的活动形式，以提高德育的过程性感受和实效。良好的德育活动需要众多方面的考量，需要明晰德育活动的含义与特征，了解德育活动的形式、实施原则及实施方法。因此，从理论上深入理解德育活动，将会对实践工作具有重要的指导意义。

德育活动是理论与实践有效结合的表现形式，良好的德育活动的设计与实施需要系统的、多元的理论支撑，我们需要从不同角度审视德育活动、创设德育活动，这些视角就包括教育学的基本原理，还需要补充一些其他学科的必备知识，例如儿童学、心理学、教育社会学、伦理学等。还需要了解一些具体活动的相关理论与实践探索，如共青团、少先队的教育主张与组织实施，仪式与游戏活动的德育要旨等。

德育活动是德育理论走向实践，发挥实效的最直接形式，也是德育工作的一项重要内容。总的来说，德育活动形式多样，学校会采取诸如专门的品德课教学，其他各学科的德育渗透，组织班团队活动等。除了这些典型的德育活动之外，在一些常规的活动中也蕴含着丰富的德育价值，这些活动包括仪式、游戏等形式。本章我们将首先讨论一下德育活动的含义、特征、分类等情况，然后就具体的德育活动进行介绍与分析。

第一节　德育活动概述

一、德育活动的含义与特征

（一）德育活动的含义

德育活动，是一种重要而普遍的教育活动，那么，我们若想明晰何谓德育活动，首先要从活动的含义入手。《教育大辞典》中对“活动”有这样的定义：由行为动作构成的主体与客观世界相互作用的过程，为意识能动性和个性能动性的高级形式。马克思主义认为，活动是人的一种存在方式，自由自觉的活动是人类的特征。虽然人们对活动的具体界定各不相同，但对活动的理解一般都包含两种共识：活动是主体与客体之间的相互作用过程；活动产生于人们的一定需要，即活动以满足人们的某种需要为目的。① 在教育学领域中，有人将教育活动界定为“教育主体能动、现实地改造世界（包括物理世界、心理世界和文化世界），以促进人的素质全面、生动发展的社会互动过程。”②实际上，从广义上来说，一切教育的存在形式都可以称为教育活动，那么广义上的德育活动我们可以这样理解，一切培养学生品德，促进学生品德发展的教育活动就可以称之为德育活动。

学生通过积极的活动形成和发展自己的心理；同时，已经形成的心理又反过来调节以后的活动。在德育过程中，活动是人的个性和思想品德赖以形成和得以表现的基础。社会生活条件决定活动的性质、目的和发展。性质、内容、方式不同，对人的影响作用也不同。依活动对象、目标分类，有多种活动形式，主要有学习、游戏、劳动等。德育过程中，教育者根据德育任务要求加以组织，保证其思想方向性。③ 在道德教育模式中的活动范畴，简言之，就是具有道德教育意义或功能的个人外部活动，或影响个人道德意识、道德行为、调节人际关系的外部活动。具体说，就是在学校道德教育过程中，由学生自主参与的，以学生的兴趣和道德需要为基础的，以促进个体道德的整体发展和社会和谐为目的的现实的社会交往活动。④

本章中讨论的德育活动，特别是指那些有目的地设计和组织的，以学生为主体，促进学生品德发展的教育活动。与其他学科相比，德育活动实际上是道德教育最关键、最重要的德育组织形式。

（二）德育活动的特征

德育活动除了具备一般活动的特点之外，还有自己的内在特征。

1. 实践性

实践性是德育活动最为关键的特征。道德教育的目的不是让学生只在认知层面掌握多少社会的道德规范、准则和价值观，还在于使学生形成道德行为习惯、行为方式。⑤ 因为判断一个人是否是道德的，并不是从认知层面进行判断，而是通过道德行为，观察他到底做了怎样的道德选择。道德教育的过程就是不仅让学生形成正确的道德认识，更重要的是要能

---

① 赵志毅主编.德育原理与方法[M].北京：人民教育出版社，2013：231.

② 柳海民.教育原理[M].长春：东北师范大学出版社，2006：374.

③ 教育大辞典（增订合编本）[M].上海：上海教育出版社，1992：1471.

④ 戚万学.活动道德教育模式的理论构想[J].教育研究，1996（6）：71.

⑤ 戚万学，唐汉卫.学校德育原理[M].北京：北京师范大学出版社，2012：210.

够在德育活动中将道德认识转化为道德行为，让学生们如临其境地进行体验，增加学生对于相对抽象的道德认识的敏感度，使道德认识能够真正转化为道德行为落实到学生们的日常行为中。

德育活动正是将内在的道德认识进行外化的重要桥梁。通过组织德育活动，教师可以引导学生将抽象的道德认识与自己的生活体验相联系，加深对道德规范与价值观的感性认识，使学生能够把在活动中养成的道德习惯在真实的生活中践行。

2. 主体性

和德育学科课程不同，德育活动特别强调学生的主动参与，尤其强调学生的主体性，主要有以下三个方面。

第一，自主性。在德育活动的设计与实施上，教师不是领导者，而是协助者和引导者，将学生置于主体的地位，充分发挥学生的自主性，能够依据自己的兴趣提出对于活动目的、活动设计的想法与认识。

第二，主动性。德育活动课程的主动性特征是指学生在教师的引导下，有目的、有意识地通过活动提高道德认识、践行道德规范，是学生主体性的根本表现。[①] 在活动当中，学生不是被动应付而是可以主动参与、主动思考、主动提出质疑，这就是德育活动希望达到的最好效果。如果在活动后，学生能够针对活动有所感悟，不断修正调整自己原有的道德认识，能够更加明确何为正确的方向，就是德育活动所追求所希望实现的教育教学效果。

第三，创造性。这是德育活动主体性发展的最高表现。德育活动，不仅希望培养学生的品德，更希望能够实现学生的个体社会化，使学生能够达到人格的完善。但是，由于学生个体家庭成长环境不同，每个学生都拥有不同的生命历程和生活经历，即便是同一个德育活动，每个学生理解的程度包括作用在学生身上的影响程度也都是不同的，这也使得德育活动具有一定的创造性。

自主性、主动性、创造性的特征使学生在德育活动中能够充分发挥主体性。

3. 生成性

德育活动的生成性主要包括两个方面。一方面是德育活动因为不像德育课程有明确的大纲和教材，有一定的统一性、方向性、规定性，所以会呈现出多元开放的局面。德育活动相对而言自主性比较强，不同学校需要根据各自学校的教师资源、校园文化、校本资源等情况来设计德育活动。另一方面就是德育活动在设计实施时，本身就有预设和生成两个部分，预设的活动，教师应尽可能按照活动设计按部就班推行，以期达到预设教学目标。但由于教学活动本身就具有一定的生成性，预设的德育活动也可能会在实施时生成预设目标之外的结果。这时就需要调整活动目的和设计流程，及时沿着新生成的方向来调整预设方案，最终获得预设目标之外的新效果，这就是生成性的德育活动。

德育活动的生成性主要体现在几个点上，第一就是德育资源生成性，在德育活动中，师生之间的互动交往中隐含着一些新的教育资源，如果教师能够敏锐捕捉到，就可以借此来引导学生对特定德育主题进行更加深刻或者更加广泛的理解，但这一般来源于师生之间的交互，而不是教师本身的设计。第二就是德育目标生成性，在活动过程中，一旦出现了上述隐含的教育资源，如果教师认为可以利用新资源达到新的教学目标，那么就可以把它转化成一

① 戚万学，唐汉卫.学校德育原理[M].北京：北京师范大学出版社，2012：210.

个新的教学目标,围绕着这个新的教学目标,教师可以再及时补充一些资源,形成新的德育活动环节,也就是德育过程的生成性。有了新的德育资源,又有了新的德育目标,德育活动实施过程自然也要相应调整。

二、德育活动的分类与功能

(一)德育活动的分类

学校中的德育活动可谓是丰富多彩,形式各异,依据不同的标准可以进行不同的分类。

1. 依据活动内容进行的分类

依据活动内容可以将德育活动分为政治教育活动、思想教育活动、道德教育活动、法纪教育活动。依据品德的结构可以将德育活动划分为发展认知的活动、培育情感的活动、锻炼意志的活动和养成行为的活动。但是,后者的划分不是绝对的,在实际的德育活动中,往往是两种或更多的品德要素同时得到发展,只是发展的程度不同而已。①

2. 依据活动形式进行的分类

依据活动的形式可以将德育活动分为学习类德育活动、社会实践类德育活动、游戏文娱类德育活动。学习类德育活动主要是通过言语发展培养学生的品德的活动,比如报告会、演讲会、讨论会等。社会实践类德育活动主要是侧重学生的亲身参与和实践,激发起学生的感性体验,比如公益服务活动、参观活动、调查研究活动等。游戏文娱类德育活动,主要是通过寓教于乐的方式,设计一些轻松活泼的游戏和文体活动,让学生能够在活动中充分展现自己,让德育效果自然生成。

实际上,学校的德育活动是非常丰富的,除了上述分类,还可以依据其他标准形成其他的分类,在这里不一一列举。

3. 依据活动频率进行的分类

按照活动开展频率可以将德育活动分为常规活动和重大活动。常规活动是学校或者班级定期举办的活动,具有一定稳定性。比如班队活动,或者学校经过不断发展后固定下来的体现学校文化的活动,如读书节活动、科技节活动、体育节活动等。主题活动是专门针对某个特定的品德德目培养而开展的德育活动,尽管这类活动不具有经常性,但却具有很强的针对性,而且主题也不局限于固定的品德德目,主题也能来源于学生,诸如现实生活中暴露出来的道德认知与道德行为不一问题,一些社会道德事件反映出的道德缺失问题,都可用主题活动课来进行讨论,激发学生的道德感。

(二)德育活动的功能

学校通过组织和开展丰富多彩的活动进行德育,可以发挥学生的主体作用,让学生变被动为主动,是实现德育效果的有效途径。

1. 德育活动为道德知识的实现提供了实践场所

道德教育本身是有认知成分的,对于学生的品德培养,首先需要让学生建立道德意识,如果学生在意识层面就有偏差,就不可能实施正确的道德行为。在形成了正确的道德意识后,需要让学生把正确的道德意识在生活中落实,这时,德育活动的功能就体现出来了。在德育实践活动中观察学生的行为选择,教师就可以判断学生的道德认识仅停留在了认知层

---

① 赵志毅主编.德育原理与方法[M].北京:人民教育出版社,2013:235.

面，还是真正落到了实践层面。

2. 德育活动可以激发学生学习道德知识的动机

对于人类来说，不论是道德规则还是道德价值与规范，其存在的价值就是在人们遇到一些道德层面的矛盾与纷争的时候，能够找到调和的依据，但这必须要建立在体验道德生活的基础上。个体只有在道德活动中才能发现道德规则等存在的必要，从而更深一步地建立道德信念。与此同时，道德规则由于比较抽象，对具体道德生活的导向可能不会很明显，但是在道德活动中，当学生看到不同道德行为选择导致不同奖惩结果后，会使学生的道德情感更强烈，从而提升对道德知识的重视，增强学习的动机，特别是内在动机。所以，学校和教师应多组织德育活动。

3. 德育活动可以增强学生的自我道德教育

道德教育的最高境界是形成学生的自我教育机制，真正让学生将道德判断的标准、对道德的正确认知内化，在活动中不断质问、不断反思，在面对各种负面环境时，不动摇道德信念。在不断反思、不断评价的时候，学生内心的道德信念、遵守道德规则的信心和动机会得到进一步强化。事实上，不管是德育课程，还是德育活动，终归都是外部教育，对于学生品德形成发展、只是发挥导向作用。从品德发展过程的本质来看，人的品德生成与发展是不断自我教育、自我建构的过程，所以在德育活动实施中，培养学生不断自我教育是特别重要的一项功能。当然，教师也要意识到，尽管德育活动能够给学生带来深刻的认识，但是持续时间不长，所以教师不能只关注某一活动的效果，要用一系列持续性活动来引导学生，将活动中的感悟与认同转化为现实的行动，真正做到知行统一，实现德育目的的最终达成。

三、德育活动实施原则

德育活动的实施是德育活动理论走向实践的关键，在对德育活动的内涵、特征、功能等内容有所了解的基础上，需要进一步关注德育活动实施的原则。

一般德育活动的实施，需要关注以下几个原则。

（一）德育活动要凸显主体性

所谓主体性原则即要在活动实施过程中充分考虑学生的兴趣与需要。以学科教学为主的品德课，并不是所有内容都能引发学生的兴趣，然而德育活动却能很好地弥补学科教学的不足，将学生的学习兴趣与需要的满足作为德育活动设计重要的支点。当然，不可否认的是，德育活动的设计初衷与核心并不只是满足学生的兴趣，而且道德教育的内容也不能照顾所有学生的所有兴趣，教师要尽量顾及学生的兴趣，让道德教育过程变得更加主动，更加自然。

（二）德育活动要与德育课程相配合进行

强调德育活动的重要性并不否认学科课程的价值，相反，我们认为，德育活动必须要与德育课程相配合进行才能更好地实现德育活动的功能，否则，就会陷入“为活动而活动”的尴尬局面。在德育活动实施前，最好有德育课程做引领。德育学科课程与活动应该是相辅相成的，让德育课程的学习效果在德育活动的实践中体现与提升，让德育活动对德育课程的内容与效果进行测评。

（三）德育活动要与社会生活相统一

道德教育在一定程度上是帮助人们过上有道德的生活，道德教育也是帮助学生实现

“社会化”的助力行动。由于社会外部的大环境无法给予应有的支持，直接的社会化依旧很难找寻到生存的土壤，这就需要在学校生活中融入帮助学生适应社会生活的内容，使学生有把社会变得更加美好的期待与能力。这就要求教师在设计与实施德育活动的时候，尽量让德育活动的原型来源于真实的社会生活，让学生感受到真实感，这样才能让学生在学校场域内发生的道德学习与真实的社会生活道德实践形成对接，从而实现道德教育应有的预见性和实效性。

第二节　具体德育活动

一、共青团、少先队等组织的活动

学校共青团、少先队是学校里学生的重要组织。这些组织所开展的活动中包含着丰富的德育内容，这些组织所开展的活动，不仅发挥了学生的主体作用，调动了他们的积极性和主动性，培养了他们自我教育与自我管理的能力，而且是实现德育内容、达到德育效果的有效形式。

（一）共青团组织的活动

中国共产主义青年团是中国共产党领导下的先进青年群众组织，是广大青年学习共产主义的学校，是中国共产党的得力助手和后备力量。为了加强对学校青年学生的教育，我国中等以上学校都普遍建立共青团组织。

学校共青团的基本任务是，在党的领导下，配合学校行政、教学，以共产主义精神教育全体团员和青年学生，充分发挥团员的模范作用，带动全体同学，开展以“三好”为目标，以学习为中心的各项活动，使广大青年学生在德、智、体、美等各方面都得到发展，成为有社会主义觉悟的、有文化的、身体健康的社会主义一代新人。①

1. 学校共青团活动概述

共青团的事业是党的事业的重要组成部分，青年工作是党的群众工作的重要组成部分，对青少年进行思想政治教育和道德品质教育是党对共青团的要求，也是共青团的基本任务。

“中国共产主义青年团是中国共产党领导的先进青年的群众组织，是广大青年在实践中学习中国特色社会主义和共产主义的学校，是中国共产党的助手和后备军。”

共青团的组织宗旨，就是要成为“广大青年在实践中学习中国特色社会主义和共产主义的学校”，对青年进行思想道德教育，引导青年健康成长是共青团组织最重要、最基本的任务和职能。为了履行好教育引导青年的职能，《团章》规定：“中国共产主义青年团加强思想政治工作，坚持对青年的教育和引导，组织青年学习马克思列宁主义、毛泽东思想、邓小平理论、‘三个代表’重要思想和科学发展观，广泛开展党的基本路线教育，爱国主义、集体主义和社会主义思想教育，社会主义道德教育，近代史、现代史教育和国情教育，民主和法制教育，增强青年的民族自尊、自信和自强精神，树立正确的理想、信念和世界观、人生观、价值观……对团员还必须进行中国特色社会主义共同理想和共产主义远大理想教育。”

---

① 胡厚福.德育原理[M].沈阳：辽宁大学出版社，2000：170.

2. 学校中典型的共青团活动

学校共青团应根据团章所规定的基本任务,结合青年学生热情高、精力充沛、喜爱活动、勇于探索、上进心强、可塑性大等特点,积极开展团员喜闻乐见的各项活动。活动内容概括起来要有以下几个方面。

(1) 品德教育活动。开展具有价值引领的各种活动,对广大团员和青年学生进行马克思主义基本理论教育,社会主义和共产主义理想教育,社会主义民主和法制教育,社会主义核心价值观教育,帮助他们树立坚定正确的政治方向,形成社会主义的法纪道德品质、科学世界观、人生观。

(2) 学习活动。通过活动,对广大团员和青年学生进行学习目的和科学精神教育,帮助他们端正学习态度,树立严谨勤奋、刻苦认真的学风,学会科学有效的学习方法,崇尚人文,热爱科学,追求真理。

(3) 文娱体育活动。通过经常开展文化娱乐和体育活动,关心广大团员和青年学生的精神文化生活、物质生活和身体健康,对他们进行德育、体育、劳动教育和美育,促进其身心健康发展。

(4) 公益志愿活动。共青团员不单单是组织内的优秀青年,更应该具有奉献社会、服务他人的良好品质与能力。通过各种公益活动、志愿活动,可以增强青年人的社会责任感、担当精神。共青团组织应该有意识地组织开展公益、志愿类的活动,有益于团员与青年学生公民素养的提升与个体的全面发展。

(5) 共青团自身的组织活动。通过团的组织活动,经常进行共青团自身的思想建设和组织建设,充分发挥共青团组织在学校学生集体中的核心骨干作用和共青团员在青年学生中的模范带头作用。①

3. 学校共青团活动的德育作用

学校共青团组织开展的各项活动,在学校德育工作中有着重要的作用。

(1) 学校团组织围绕学校各个时期的中心任务,针对青年学生的实际思想状况,及时而有灵活性、针对性地开展深入细致的教育工作,从而更好地接触青年学生的思想实际,帮助他们解决思想上和行动上的问题。

(2) 通过团的特有的组织形式发挥教育作用。共青团有光荣的名称和奋斗的历史,有为共产主义而奋斗的明确目标,有自己的章程、组织纪律、活动制度,有自己的旗帜、标志、歌曲、隆重的仪式以及友爱的集体。这一切对青年学生都有极大的吸引力,能给他们以很大的教育影响。

(3) 团组织通过开展适合自己特点的形式多样、丰富多彩的活动教育青年学生。寓教育于活动之中,是共青团组织的基本特点。

(4) 团组织是青年学生自己的组织,在这个组织中,学生自己的主动性、创造性可以得到充分发挥,有利于形成自我教育的要求和能力。团的组织生活对青年学生会开展批评与自我批评、正确处理同学关系、学会过民主生活等,都是具有重要意义的。②

---

① 胡厚福.德育原理[M].沈阳:辽宁大学出版社,2000:171.

② 胡厚福.德育原理[M].沈阳:辽宁大学出版社,2000:171.

（二）少先队组织的活动

1. 少先队组织

中国少年先锋队是中国少年儿童的群众组织，是少年儿童学习共产主义的学校，是建设社会主义和共产主义的预备队。少先队的创立者和领导者是中国共产党。中国共产党委托中国共青团直接领导少先队。

中国共产党创建少先队的目的，在于通过它团结教育整个少年儿童一代。把全体少年儿童组织起来，是教育的需要，是由少年儿童的年龄特点决定的。集体组织有强大的教育作用和吸引力。少年儿童爱好集体，喜欢合群，他们热爱和向往少先队，渴望戴上红领巾，把他们吸引进来，是少先队进行教育的前提和基础。党以“先锋”的称号命名队的组织，并不是要求队的组织和队员在少年儿童中起模范作用，而主要是教育少年儿童学习先锋的榜样，继承先锋的事业，做革命事业的接班人。

2. 少先队活动

（1）少先队活动概况

中国少年先锋队是中国共产党创立和领导的中国少年儿童的群众组织，简称少先队。少先队是少年儿童学习中国特色社会主义和共产主义的学校，是建设社会主义和共产主义的预备队。少先队的目的是团结教育少年儿童，听党的话，爱祖国、爱人民、爱劳动、爱科学、爱护公共财物，努力学习，锻炼身体，参与实践，培养能力，立志为建设中国特色社会主义现代化强国贡献力量，努力成长为社会主义现代化建设需要的合格人才，做共产主义事业的接班人。维护少年儿童的正当权益。①

（2）少先队活动的形式

从少先队活动的组织架构来看，可分为大队活动、中队活动和小队活动。从活动内容来看，可以分为组织教育活动、少先队基础教育活动、少先队节日、纪念日活动、少先队季节活动、少先队地区活动、少先队特色活动等。现在已经形成的特色活动有雏鹰争章、手拉手活动等。从政策上，少先队活动一直都备受重视。根据教育部 2012 年颁布的 3 号文件《教育部关于加强中小学少先队活动的通知》中指出，一直以来少先队活动在引导学生树立远大理想、形成坚定信念、提升综合素质等方面起了不可替代的作用，成为中小学教育的重要组成部分。各地要充分认识加强少先队活动的重要性、确保少先队活动的时间、科学设计少先队活动的内容和形式；加强组织领导、辅导员队伍建设和活动基地建设等。

为了积极推进少先队活动的有效性和系统性，全国少工委、教育部联合发文努力推动少先队活动课的建设步伐。2013 年全国少工委发布《少先队活动课指导纲要（试行）》，并同时提供《少先队活动课分年级活动建议》。纲要指出：以少先队特有的大、中、小队及红领巾小社团等形式，根据时代要求和今天少年儿童的生活经验、特点需求，吸收少先队历史上经典、有效的活动形式，创新设计为少年儿童喜欢、有时代感、普遍性强的活动形式，开展主题鲜明、生动活泼的少先队活动。少先队活动课主要采用少先队组织生活和集体活动形式，综合运用组织培养、群体互动、信息传播、个体辅导等方法。注重运用包括图书、报刊、电视少儿频道、广播等传统大众传媒和互联网等新媒体，少先队队室、红领巾广播站、电视台、宣传栏等校内媒体，以及辅导员、家长和少先队员同伴之间的人际传播等渠道，运用时代感强的

---

① 胡厚福.德育原理[M].沈阳：辽宁大学出版社，2000：171-172.

优秀文化艺术产品,传播教育内容。注意关心少先队员的个体特点,根据需要进行有针对性的个别辅导。

2015 年,全国少工委进一步出台《少先队活动课程指导纲要(试行)》,将少先队活动课程建设推向新的高度。

(3) 少先队活动德育价值

少先队的教育主要包括组织意识、道德养成、政治启蒙、成长取向等方面内容,教育组织形式以活动方式为主。教育引导少先队员遵守少先队的章程,积极参与队活动的设计与实施,努力完成队组织交给的任务,热心为大家服务,学会合作,培养集体主义精神,增强光荣感和组织归属感,培养党、团、队相衔接的组织意识。教育引导少年儿童从小学习如何做人。养成严实而高尚的品德。学习和传承中华民族传统美德,学习和弘扬社会主义新风尚,热爱生活,懂得感恩,与人为善,明礼诚信,争当学习和实践社会主义核心价值观的小模范。记住要求,心有榜样,从小做起,接受帮助。培养法治意识,养成守法习惯,爱护生态环境。教育引导少年儿童从小学习立志。认识和理解党的"两个一百年"的奋斗目标和中华民族伟大复兴的中国梦。把自己的志向同祖国和人民联系在一起。培养追求真理、报效祖国的志向,爱祖国、爱人民、爱劳动、爱科学、爱社会主义,时刻把祖国和人民放在心中,从小听党的话、跟着党走,努力做祖国和人民需要的好孩子,做祖国和人民事业发展的接班人。

(4) 少先队的典型活动

按照《中国少年先锋队章程》规定,少先队应定期举行队会,组织参观、访问、野营、旅行、故事会,开展文化科学、娱乐游戏、军事体育等各种有意义有趣味的活动,以及参加力所能及的公益劳动和社会实践。根据 2017 年共青团中央、教育部等部门联合印发的《少先队改革方案》,要求在中小学普遍落实每周 1 课时少先队活动课,突出少先队员主体地位和实践体验特色,避免课堂化。加强少先队活动课指导,研发配套资源。大力支持、积极鼓励基层少先队组织开展生动活泼、时代感强的主题队日和课内外、校内外少先队实践活动。围绕素质教育,连接学校家庭与社会,大力发展少先队实践活动品牌。完善扩大少年儿童校外活动服务联盟,推动成立少年儿童夏冬令营活动社团组织,制定推行专业标准,争取各级财政和社会支持,大力开展公益性、普惠性夏冬令营等假日活动。大力支持开展少先队红色文化、探知探索、吃苦体验等研学旅行。创新发展平安行动、手拉手、少年军校、少年科学院、知心家庭学校等品牌活动项目。大力探索开发队员喜闻乐见的健康快乐的创新创造活动和时尚项目。

下面我们介绍两个少先队典型活动。

① 少先队的入队仪式

少先队入队仪式由共青团组织代表或者少先队大、中队长主持,仪式的程序大致如下:

◆ 全体立正、出旗(鼓号齐奏或者播放出旗乐曲,少先队员敬队礼,未加入组织的儿童行注目礼。旗手、护旗手站在队伍之前,面向少先儿童,礼毕。)

◆ 宣布批准新队员名单

◆ 授予队员标志(授予者双手托红领巾授予新队员,新队员双手接过、放在颈上,授予者给新队员打上领结,接着互相敬礼。)

◆ 唱队歌

◆ 新队员宣誓(主持人领读,领读人读一句,新队员重复一句。宣誓时右手半握拳,举在耳侧,拳心45度向外。队旗和旗手、护旗手位于新队员前面。)

◆ 大队长致辞

◆ 新队员代表发言

◆ 共青团组织的代表或辅导员讲话

◆ 呼号(由大队辅导员或邀请少年儿童心中最有威望的人面对队旗领呼:"准备着:为共产主义事业而奋斗",全体队员举起右手宣誓,面对队旗坚定洪亮地回答:时刻准备着!)

◆ 退旗(全体队员敬礼,鼓号齐奏或播放退旗乐曲,队旗按出旗线路返回,礼毕。)

◆ 入队仪式结束

誓词:我是中国少年先锋队队员。我在队旗下庄严宣誓:我热爱中国共产党,热爱祖国,热爱人民,好好学习,好好锻炼。准备着,为共产主义事业贡献力量。

② 少先队队会仪式

大、中队会仪式是少先队的基本仪式,大、中队会一般都应举行这种仪式。仪式分预备部分和正式部分。

a. 预备部分

内容包括集合列队,整理队伍。举行中队会时,由小队长分别向中队长报告人数。大队会时,可以免去小队长向中队长报告这一项,由中队长直接向大队长报告。如果中队很多,也可以免去中队长向大队长报告这一项,由大队长直接向大队辅导员报告。

b. 正式部分(共有九项议程)

<u>第一项整理队伍</u>

◆ 入场时,中队旗走在队伍最前列,中队长紧跟其后,小队长排在小队的第一位,小队旗手排在小队的第二位。

◆ 入场后,中队长下口令:"全体立正(双腿并拢、双脚成"八"字形,挺胸收腹、目光平视,人要站直,手帖裤缝),各小队整队,报告人数"。

◆ 在中队活动正式开始前,辅导员站立于中队长的左后方。

◆ 各小队同时整队。小队长出列,跑步(双手握拳,拳心向内,置于腰际,跑步时自然摆臂,收步时右脚并左脚,再放手成立正姿势)到队伍正前方,(也可直接向侧前方跨步出列,转向队员)发出口令:第×小队,向右看齐,向前看!报数!稍息,立正!然后跑到中队长面前,敬礼,(中队长还礼)报告:报告中队长,第×队原有×人,实到×人,报告完毕!(报告人与受报告人距离二至三米)。

◆ 中队长回答:接受你的报告!(中队长先敬礼,然后小队长再还礼)小队长回原位,发出"稍息"的口令,归队。下一个小队的小队长紧跟着向本小队发出"立正"口令后向中队长报告。

◆ 各小队报告完毕后,由中队长向辅导员报告。报告前,中队长应向全中队发出"立正"口令,然后跑步到辅导员面前,敬礼,(辅导员还礼)报告:"报告辅导员,本中队原有×人,实到×人,请您参加我们的活动,并给予指导,报告完毕!"

◆ 辅导员回答:接受你的报告,活动可以开始,祝我(咱)们的队会圆满成功!(辅导员先敬礼,中队长再还礼)。

<u>第二项出旗(主持人开讲)</u>

◆ 旗手握旗时,应左手在上,右手置于腰际,执旗于身体右侧。

◆ 出旗时，全体队员要立正、敬礼，（还没授巾的新队员行注目礼）目送队旗行进，队旗从队员队列的左边出发到右边或队伍前面的正中（或中队长和辅导员的后面停下），护旗手要行队礼行进，注意左手摆动。

◆ 出旗时，小队旗手可将握旗的右手向前伸直，旗杆着地点保持不动。

第三项唱队歌（同时敬礼）

◆ 中队仪式时，一般都采用现场伴奏或放伴奏磁带，要有指挥（指挥手站在队伍中间前三米处），指挥动作要规范，节拍要明朗清晰，队员要跟着指挥节拍唱好，唱出音乐内涵。

第四项队长讲话，宣布活动内容

第五项活动过程（这里是活动的主体，是队会的主要内容。）

第六项共青团组织的代表或辅导员讲话

◆ 讲话前发出"请稍息"的口令，讲话要简短，包括对队会活动内容效果的肯定与希望。讲话结束后发出"立正"口令。

第七项呼号

◆ 领呼人、全体队员要面向队旗，右手握拳，整齐举于耳侧，呼号回答完毕后要自觉整齐地放下，成立正姿势。

领呼：准备着，为共产主义事业而奋斗！

回答：时刻准备着！（并高举拳头）

第八项退旗（奏乐、敬礼、礼毕）（主持人总结情况）

（动作要求与出旗时相同，队旗从出旗路线返回，即从队列的右侧返回到队列的左侧）

第九项仪式结束。（由主持人宣布）

二、德育仪式与游戏

（一）仪式教育的内涵及其实施

1. 仪式的含义

仪式，是人类生活的重要活动，维系并发展着人类社会和群体生活。人类学、文化学、社会学、心理学等众多学科对仪式都进行了卓有成效的研究，尤其近些年来仪式的教育价值越来越受到人们的重视。仪式中的教育，教育中的仪式，成为教育学界最近的热点话题。德国当代教育人类学家武尔夫（Christoph Wulf）将仪式定义为一种表演文化，和宗教、政治、社会和集体、经济和法律、艺术与科学、教育与教养的产生、实践和变化都有密切关系。学校是完成学生社会化的重要场合，仪式大量存在于学校生活，蕴含着丰富的德育价值。

2. 学校仪式教育的类型

按照发生的空间和场域来分，仪式教育可以分为家庭仪式教育、学校仪式教育、社会仪式教育、朋辈仪式教育和媒介仪式教育，我们这里主要讨论一下学校仪式教育。

仪式广泛地存在于学校的日常教育教学活动中，从表现形式上，包括升旗仪式、开学/毕业典礼、联欢会、颁奖典礼等，但是还有一些活动实际上也是仪式活动，如课间操、家长会、主题班队会。按照最新的研究观点，甚至课间活动都可以看作是一种仪式活动，这些仪式活动对于学生成长和学校建设都发挥着重要的作用。仪式活动形式灵活，富于变化，在不知不觉中感化学生，教育学生，熏陶学生，改变学生，起到良好的教育效果。

3. 学校仪式教育的设计与组织实施

我们应该充分重视学校中的仪式活动，发挥其潜在的教育功能，有效地推动学校仪式教育的设计与组织实施工作。

（1）学校仪式教育的设计原则

第一，学校仪式活动在设计时要体现学生的主体性，特别要关注仪式参与者的体验与收获。让学生参与活动设计与实施的各个过程，当仪式设计从教师独立完成转为学生或师生共同完成，学生的个性将会得到展现，教育需要也会得到满足。

第二，学校仪式活动要尝试加大学生在仪式中的参与，体现在语言、手势、表演、行动等方面的综合参与。①如何调动学生积极参与各项仪式活动，如何改变学生仅仅是观看或聆听的这种较低程度的参与局面，是仪式教育成败的关键。若想改变这种局面，可以尝试从增加体验元素入手，如在仪式设计中增加学生展演的机会，多给学生表现的可能，在保持仪式活动结构性、程序性的同时，尽可能多地实现学生的参与，提高仪式互动性，有效地调动仪式参与者的热情，提高仪式教育的实效性。

第三，学校仪式活动要重视仪式的历史性与文化性。每个校园仪式的设计与实施，都不是凭空想象，其背后都有一定的历史缘由和文化根源，历史性与文化性不但是仪式本身生存发展之根，更是彰显仪式教育价值的核心所在。充分挖掘仪式中承载的文化，不仅能够保留仪式本身的文化底蕴，更能凸显仪式在文化传承与发展方面的教育性。

（2）仪式设计的主要内容

规范的仪式至少该包括如下几个部分：

◆ 仪式名称。一般说来，仪式都有一个确定的名称，名称是仪式的重要标志，需要认真反复推敲，力求做到简洁、明确。需要说明的是，仪式名称大都会出现在现场条幅等宣传媒介上，要特别注意语言文字的使用。

◆ 仪式目的。仪式的目的是整个仪式活动的起点和归宿，它决定着仪式是否能够顺利进行。教育者要充分挖掘仪式目的，力求达到多维度、多视角，为仪式表现形式的丰富与创新创造可能。

◆ 仪式的时间与地点。仪式有严格的程序性，必须有明确的时间与地点，并严格遵循。仪式的时间和地点的选择，很多时候需要依据仪式主题而定，具有一定的象征意义。

◆ 仪式的参与者。对于学校仪式来说，除了学校的师生参与外，可能还涉及家长等校外相关人士，要提前做好仪式的相关通知工作，在活动现场也要注意仪式参与者的不同角色和活动内容的分配与安排。

◆ 仪式场景布置。区别于其他学校活动，仪式活动除了具备一般活动所必需的活动环境之外，象征符号的设计，如徽章、旗帜、声音、图像、实物道具等可以烘托和渲染仪式气氛的物品都要进行合理安排，建构起合理的仪式场景与氛围。

◆ 仪式活动。这是仪式的主体部分，仪式应该在严谨有序、节奏分明、张弛有度的状态中有序推进，每个步骤的仪式内容、时间长短、仪式参与者的活动要求、所需要的仪式氛围渲染等，组织者和实施者都应该清晰明确。

◆ 注意事项。这一部分应该包括仪式活动中的突发情况预案等。

① 张志坤.我们为什么需要仪式教育[J].人民教育,2015(17).

(3) 仪式的组织与实施

仪式的组织与实施工作一般包括三个阶段:准备阶段、实施阶段、结束阶段。为了确保仪式活动的顺利开展、仪式教育意义的实现,组织者要特别注意以下几点内容。

第一,认真做好仪式设计方案实施前的相关准备工作,例如做好学生动员、搜集与了解相关知识与背景资料、提前做好人员安排与角色分配、邀请与通知发送、告知仪式参与者着装需求、针对仪式活动细节及各注意事项进行反复推敲和模拟演练、活动场地所需物品及场地环境的筹备、布置与调试。

第二,关注仪式各步骤各环节有序进行。好的仪式活动具有结构紧凑、内容聚焦、象征意义明显等特点,所以要求仪式组织者充分考虑时间、地点、人员、设备等各个方面,对突发事件一定要有预案,确保仪式的顺利进行。

第三,仪式结束后对仪式活动进行反思与评价,也是非常重要的环节。反思和总结的方式可以灵活多样,内容上可以集中在仪式的成败关键点分析、是否达到了仪式的教育目的、学生在哪些环节或在哪些内容上有所收获、对仪式参与者进行评价等。因为仪式本身具有重复性的特征,所以在仪式结束后进行及时反思与总结对于仪式教育的不断完善有重要意义。

4. 仪式有助于学生形成全面的道德关系

学生在校的道德生活可以视作以自我为中心的同心圆,外围分别是他人、集体、社会(国家)、世界、自然界。良好的道德关系可以促进学生自我与其他各圈层的和谐相处和共同发展。

(1) 仪式帮助学生进行自我确证

作为道德关系逻辑圈层的第一个关系,应该是自我内部的关系,即处理好个人与自我的关系。学校中发生的事情、举行的活动,都会影响学生的自我发现、自我认识、自我发展和超越。而个人的成长离不开个人的努力和外界的影响。学校通过组织各种比赛活动、评比活动,以确证和彰显学生个体的存在与进步。同学们在比赛中争前恐后、取长补短,这种活动可以有效激励学生,锻炼他们的拼搏精神;通过好人好事的宣传可以为个人的成长树立榜样;通过争优创新活动的启动,培养学生的合作精神,引导学生在合作中发现自我价值、做出贡献、实现自我的超越。适度的竞争性仪式活动,是让每个学生都出彩的有效途径。按照最新的生命教育的观点来看,个体应该向着"成为优质自我"的方向发展,学校组织的各种仪式活动为个体的发现、模仿与创新开辟了广阔的舞台。

(2) 仪式有助于学生形成集体主义

道德关系的重要一环是处理好个体与集体之间的关系,学校常规仪式活动具有一定的凝聚功能,即集体主义的养成功能。集体主义精神是在长期的共同的社会实践基础上形成和发展的,为集体大多数成员所认同和接受的思想品格、价值取向和道德规范,是一个集体的心理特征、思想情感的综合反映。①学校、班级的价值观被确定、被认可后,成为一种黏合剂,形成了具有特色的"文化场",并且以它自身巨大的同化力促使个体按照它的价值指向行事,促使个体在集体心理的"同频共振"中逐渐趋同于这一共同体。集体主义有利于学生形成较为稳定的归属感,这种归属感对于儿童的成长非常重要,它可以增强学生之间的理解

---

① 邓艳红.小学班级管理[M].上海:华东师范大学出版社.2010:102.

能力、合作能力，理解“我”与集体的关系，认识到“我”是集体中的一员，“我”的行为关系到集体的荣誉，“我”有责任为集体做出贡献。同学们在参与和合作的过程中就达到了自我教育的效果。

（3）仪式促成对学生进行爱国主义教育

学校是国家实现人才培养的重要基地，在学校对学生进行爱国主义教育也成为学校的重要使命所在。学校组织的包括升国旗仪式、祭扫烈士墓碑仪式、参观爱国主义教育基地等活动都具有明显的爱国主义教育旨向。以升国旗仪式为例，在整个升旗仪式的进行过程中，活动教育目的的明确，各种符号的设计与使用，氛围的构建与渲染为对学生们进行身份认定、国家意识形成、使命感强化提供了很好的教育情境。比如，敬礼是表示对国旗、国家的崇敬，国歌是对这种情境的烘托，国旗下讲话等都是对国家精神的传达、认同与发展。在这种符号化、场域性的极具象征意义的仪式情境中，仪式参与者跳出了日常生活而走进了一个庄严而神圣的世界，使仪式参与者获得了一种象征性身份和象征意义，爱国主义这种相对抽象化的教育才更好得以实现。

（4）仪式拓宽学生的国际理解教育

仪式具有一定的历史性、文化性、本土性等特点，但是，也有一些仪式具有一定的交际性和开放性。信息时代，人与人交往的时空发生着巨大的变化，仪式的受众和承载的内容与价值被极大丰富了。比如，一些大型活动的开幕式和闭幕式，这些仪式活动已经不再影响现场的观众、某个地区或国家的观众，而是通过电视、网络、移动终端等媒介，瞬间传播到世界的每一个角落。学生可以通过这扇“仪式之窗”看国家、看世界，共同体验这个地球村的千姿百态与日新月异。造就能够应对国际化，实现全球性共同生活能力与素养的新世纪公民变得越来越重要。如何通过学校活动实现学生国际理解素养的培养成为学校的新的教育挑战，很多开放性的、国际化的仪式活动具有这方面的效果，比如，国际节日嘉年华、奥运精神万花筒等仪式活动就可以帮助学生了解各国风土民情、体会全人类更高、更快、更强的奥运精神，进而培养独具中国传统文明的“和而不同”的人类共同发展理念，为全球性可持续发展打好坚实的教育基础。

（5）仪式使学生形成与自然的亲近与友好关系

作为道德关系养成的最后一个圈环，人与自然的和谐相处应该成为学校德育越来越重视的一个方面。相对于西方早期，中国历来注重人与自然的和谐统一。但是，随着科技的进步、经济的繁荣，目前环境问题日益凸显，比如气候异常、大气污染、水污染、土壤污染、土地沙化等。面对如此艰巨而紧迫的人与自然关系紧张的问题，如何帮助学生认识自然、亲近自然、感恩自然、保护自然，成为中小学阶段德育工作的重点。在我国的传统文化中，有很多仪式与处理人与自然关系有关，如，封建时期，皇帝的祭天、祭地仪式，民间祈求丰收的仪式。不可否认，其中的一些仪式具有封建迷信色彩。现代学校应该从传统文化、神话传说、英雄故事、文学艺术，甚至是古代科技等方面挖掘、捕捉一些活动创意，为仪式教育的现代创新开辟新的道路。

5. 仪式促进学生各层面的品德养成

在德育活动中，不同活动形式对于道德各个层面也会产生不同的教育效果。

（1）行为层面

学生的全面发展是一个复杂的过程，行为的规范与养成成为品德发展的重要内容，秩序感被认为是德育的重要关注点，我们不妨以秩序为例进行讨论。

秩序作为一种品德修养对于学生的成长非常重要。朱小蔓教授认为，秩序是通过时空形式所表现出的事物或要素间和谐统一的运动状态，具体表现形态有均衡、比例、对称、节奏、韵律等。秩序感是人的生命对秩序的感受和追求，它是人类文化心理结构的积淀，是人类自然—生物和历史—文化演变的结果。① 由于仪式一般都有较严谨的程序，并包含相应的情境、语言、行为和活动。所有这些元素和条件都是依照一定的秩序进行的，参与者，尤其是学生会按照仪式活动的要求，依次做出相应的举动，日渐形成比较稳定的由内到外的秩序性。而秩序感正是建立其他良好道德素养的重要基础。

(2) 情感层面

在日常生活中，情感经常被用来描述社会性高级感情。一般认为情感是具有稳定而深刻社会含义的感情性反映，是对事物的社会意义的体验。人格智能理论认为，情感是一种能力，它主要是由内省性认知能力和交往性的交际能力为主要内容的一种生存能力，爱己、爱人、爱国，正是个体的自我感、归属感和价值感在社会生活中的体现。情感教育近些年来成为德育的重要组成部分，越来越被教育者重视。进行情感教育的方式方法也在不断地探索。体验式的情感教育效果好，而且途径较多，仪式无疑是其中之一。仪式活动的种类多样，承载和蕴含的情感丰富多彩，比如教师节献花仪式蕴含的感恩之情，烈士墓祭扫仪式的缅怀之情，爱心捐款仪式的关爱之情，毕业典礼的留恋之情等。学生在仪式中获得的情感体验也是丰富多样的，最终潜移默化的情感教育也是丰富而持久的。

(3) 精神层面

思想、精神、信仰除了人内部基础与修养之外，受到环境、教育、经历等外在因素的影响非常大。精神、信仰的建立与巩固对于人的全面发展和人性的健全与超越都是非常重要的。青少年时期正是价值观、精神信仰萌芽时期，能否有效抓住这一教育窗口，成为学校德育成败的关键。建立积极正向的、符合社会主义核心价值观的、符合个人成长需要的价值观和精神信仰方向是成就人生意义的重要基石。仪式活动从起源上讲就对人的精神信仰产生重要的影响，所以这类活动对儿童的精神影响是非常大的，我们一定要充分认识到仪式活动的重要与特殊价值。但是，按照有些学者的观点，精神信仰的“教育”，不是教（给）人精神与信仰，而是创造机缘帮助人找寻属于他自己的信仰，构建自己的精神家园。需要强调的是，这方面的教育与引领应特别注意采取恰当的教育措施以避免过高的人生目标给教育对象造成额外的心理压力。

（二）游戏的含义及其德育价值

1. 游戏与校园游戏

尽管存在着很多对于游戏的定义，但是荷兰文化史学家和语言学家赫伊津哈关于游戏的定义得到了最广泛的认可。他认为，游戏是指在某一固定时空中进行的自愿活动或事业，依照自觉接受并完全遵从的规则，有其自身的目标，并伴以紧张、愉悦的感受和“有别于”“平常生活”的意识。② 对于学生来说，我们可以将游戏进一步界定为：游戏是学生从学习的

---

① 易晓明，朱小蔓.初论秩序感的教育价值及其教育建构[J].教育研究.1998，7：10.

② [荷兰]赫伊津哈.游戏的人：关于文化的游戏成分的研究[M].多人，译.杭州：中国美术学院出版社，1988：30.

义务中抽身而出，放松身心并自由发挥想象力和创造精神的完全随意的活动。①

绝大多数的游戏研究指向纯粹自由、松散的活动形式，在判别游戏时多以时空的自由、身心的自由为必要条件，且较少涉及游戏的年龄差异、性别差异等问题。然而对于学生而言，校园里的游戏在家庭游戏之后成为另一种常态，因此，关注校园游戏有着强烈的现实意义和价值。校园游戏具有一些特有的形态和规则，但大多数都是传统游戏，同时，不同年龄、不同性别的儿童在选择游戏活动时往往会表现出较大差异。

2. 校园游戏种类

在校园游戏中，存在着很多的分类，我们主要将它们分为静态游戏和动态游戏两个类别加以区分和认识。

（1）“静态”游戏

课间的静态游戏，常见的如看图画书、跳棋、拍手游戏、在操场走动等，一般是教师最支持的游戏活动，因为少涉及安全问题，同时又能起到让学生放松身心的作用，有些游戏活动还可以锻炼逻辑思维能力。

（2）“动态”游戏

“动态”游戏是进入学校后最容易观察到的，几乎每所学校下课时都能听到学生的喧闹声。在课间十分钟里，学生时常会进行球类游戏、追跑游戏，以及踢毽子、跳绳等活动类游戏。

3. 校园游戏中的德育因素

总体而言，校园游戏中的德育因素主要包含以下几个方面。

第一，游戏活动蕴藏着德育契机。在游戏中，学生会身心放松、全身心投入，这时，游戏中潜在的道德资源会对学生产生润物细无声的影响。如，教师会发现可以在游戏中引导学生树立规则意识，并让学生体会到需要通过遵守规则才能享受游戏乐趣的道理。当教师将学生们热爱的游戏与品德培养有效结合之后，学生品德的养成过程都会变得更加积极与主动。

第二，游戏中有丰富的道德资源。游戏是一个非常大的道德资源宝库，如从游戏的规则性来看，学生可以在游戏中逐渐培养宽容、合作、尊重、遵守规则等品质。从游戏的交往性来看，学生可以在游戏中逐渐培养克己、自制、团结、诚实、合作、独立、理性的服从等品质，从游戏的情感性来看，学生可以在游戏中逐渐培养幽默感、快乐感、坚韧、细腻、豁达的情感特质。

第三，游戏为学生提供道德实践的机会。在前文中，我们提到，要在活动中逐渐感悟道德、体验道德、实践道德，与刻意设计的德育活动相比，游戏本身就是学生发自内心感兴趣的、会主动投入的，那么在游戏中培养道德，会大大增加德育的实效性。如果教师能够有意对游戏活动，特别是校园游戏活动给予恰当的关注，更可以形成对于德育课程的有益补充，从而更好更全面更广泛地在活动中实践道德。

4. 走近学生的游戏生活

作为教育者，如何为学生设计好的校园游戏，又该以怎样的态度和方法走近学生的游戏活动而不至于打扰或阻滞沉浸在游戏中的游戏者？

首先，在游戏进行中，教师要善于观察学生在游戏中的状态，适度引导学生，并及时调整

---

①　刘慧主编.小学德育实践[M].北京：高等教育出版社，2012：203.

学生在游戏中的状态。例如,有的学生控制欲很强,在游戏中经常以“指挥”的状态出现,教师就可以建议另一个能力很强但是不太自信的学生作为游戏的领导,让孩子们在游戏中磨合性格,锻炼团队意识和能力。①教师在介入游戏之前可以先思考几个问题,怎样介入才不会破坏学生游戏的兴趣,他们更容易接受哪种方式,采用的游戏干预方法会引起学生哪些反应,干预的时机是否合适,用不用再等一等？这些问题在教师打算介入学生游戏活动中前,建议要有所思考。

其次,教师可以通过筛选、改造、再造等策略来改良游戏,既增进游戏的吸引力,又增强游戏的育人功能。

筛选:筛选不单纯是选择,更意味着规范。筛选游戏前,首先教师要能够认识到游戏期是学生成长过程中的正常时期,把游戏看作是学生的一种生命需要,基于此,再对游戏进行合理的筛选。对于有助于学生更好地社会化,能够培养学生良好品质的游戏可以提倡,会危及人身安全和身心健康的游戏应该被禁止。与此同时,教师要积极引导,引导学生去发现那些好游戏的有趣之处,让学生们真正在游戏中发展品德。

改造:对游戏的改造一般是针对自然状态下的游戏进行的。教师需要从自然状态下的游戏中抽取一些有价值的游戏因素,特别是针对品德培养的,进行重新设计。经过改造的游戏,不仅蕴含了一定的道德元素,也会提高对学生的吸引力。对于具体改造的方法,因游戏而异,但核心关注点一定是学生本身,教师尽量不从自己的视角出发去判断什么游戏会是学生喜爱的、易接受的,要多细心观察学生们的游戏,了解学生们当前所感兴趣的、所关注的,在通过设计与之相似却又推陈出新的游戏活动,适当在游戏中加入教育味道的同时又不会失去游戏本身的乐趣,在游戏的游戏性与教育性之间把握好平衡。

再造:对游戏的再造反对成人视野,主张在保持学生自己的风格与特点的前提下,模拟学生们原本的游戏状态,设计相似的游戏环境。

最后,多渠道丰富校园游戏资源。游戏活动其实就如同日常学习活动一样,也需要教师精心设计,希望教师能够努力为学生在营造书香校园的同时也能为孩子提供一些优质的游戏资源,能够让学生在学校有地方有资源可以释放自己游戏的天性,满足学生内心对于游戏的需要。为此,教师可以进行以下几个方面的努力。

(1) 鼓励学生寻找游戏伙伴

对于大多数游戏活动而言,拥有好的游戏伙伴同样能够丰富学生的游戏生活,让学生获得更加优质的生活体验。为此,教师要鼓励学生在游戏生活中多去寻找好的游戏伙伴,结成游戏小组,为学生之间建立亲密健康的伙伴关系奠定良好的基础。

(2) 挖掘传统游戏的宝贵资源

随着社会的发展,各种类型的电子游戏已经几乎霸占了学生所有的业余时间,令教育者不得不思考如何才能降低蔓延的娱乐文化给学生们的道德影响,特别是一些负面的道德影响。从这点上思考,就特别值得关注传统游戏。对于当下这个时代,呼吁传统游戏的回归,是一件迫在眉睫的事情。

传统游戏多为户外游戏,如捉迷藏、跳绳,还有一些球类运动,这些游戏形式不仅可以强健学生的体魄,而且还能够让学生们保持一种对生活积极向上的态度。近些年来,新型娱乐

---

① 刘慧,李敏,等. 小学生品德发展与道德教育[M].北京:高等教育出版社. 2015:189.

游戏、电子游戏的校园风越刮越烈，传统游戏因为有着较大的场地要求和身体能量消耗而越来越难引起学生的兴趣，这就需要教育者积极运用“筛选”“改造”“再造”的策略来对一些有益身心的传统游戏进行改良，让校园游戏也跟得上时代的脚步和儿童的需要。

总之，作为教育工作者，特别是德育工作者，特别需要主动地、积极地关注学生的道德习惯的培养，为学生的品德养成积极创造合适的资源。游戏中潜在的德育资源如果能够得到充分利用，将对学生的品德发展产生很多积极有利的影响，诸如道德品质的养成、意志品质的修炼，甚至一些情感品质的培养。与此同时，教师本身也应该成为学生的玩伴，以参与的心态有选择性地进入学生的游戏生活，必要的时候可以进行引导与调整。教师需要把游戏作为一种德育资源库来建设，不断扩展不断丰富德育资源，使学生的道德培养变得更加丰富多彩，生动活泼。

案例分析

案例1:2013年11月18日（周一），我国西部C市某中学的全体师生在操场上举行升旗仪式。在主持人宣布升旗仪式开始之后，学校国旗班同学在庄严的军乐声中完成了“出旗–升旗”的过程。在某高中班的同学发表了以责任为主题的“国旗下讲话”之后，进入了班级才艺展示环节。在欢快的乐曲中，几位高一的同学边唱边跳完成了“流行歌曲串烧”的节目，台下学生一片欢腾。德育主任慷慨激昂地发表了讲话，升旗仪式结束。

案例2:2013年12月15日（周一），在我国东部S市某中学礼堂（因为雾霾天气临时改在室内）中举行升旗仪式，学校部分师生出席了升旗仪式现场（其余学生通过闭路电视转播观看）。仪式开始，在场师生通过视频模拟升旗现场，齐唱国歌并行注目礼。随后，某初中班的学生表演了舞台剧《最近有点烦（改编版）》，在场学生观看得兴致勃勃，现场气氛热烈。表演过后，学校教育处表彰了在上一周评比中表现突出的班级和个人，然后升旗仪式结束。

资料来源:李乃涛《论中小学德育活动“娱乐化”的原因与对策》《课程·教材·教法》,2014(6)

请结合有关德育活动的理论，分析以上德育活动存在的问题、原因及其改进策略。

本章小结

本章的第一部分，从德育活动的含义、特征、分类、功能及实施原则的角度概述了德育活动。德育活动，特别是指那些有目的地设计和组织的，以学生为主体，促进学生品德发展的教育活动，并以实践性、主体性、生成性为内在特征。就德育活动的分类而言，有多种多样的分类方式，本章主要从活动内容、活动形式、活动频率分类列举了常见的德育活动。就功能而言，德育活动可以为道德知识的实现提供实践场所，可以激发学生学习道德知识的动机，可以增强学生的自我道德教育。此外，本章还对德育活动的实施原则进行了论述，提出了三个主要的实施原则，强调德育活动的贯彻要凸显主体性，要与德育课程相配合进行，要与社会生活相统一。

本章的第二部分，就学校的几类常见的德育活动进行了重点分析讨论，主要是共青团、少先队、仪式与游戏活动。认识和理解共青团、少先队对于青少年的组织教育、思想意识教育非常重要，同时这些组织的活动也具备丰富的德育价值。作为学校具体德育活动的主要形式，仪式和游戏应该引起我们的重视。仪式可以促进个体与他人、与集体、与社会（国家）、与世界、与自然界之间的道德关系，同时仪式也可以从行为、情感、精神等层面陶冶个人的品德。游戏是另外一种学校普遍存在的活动形式，本章从游戏的概念、分类、德育功能进行了细致的讨论，并在最后重点讨论了如何走近学生的游戏生活，提出三种策略，分别为筛选、改造、再造。

【思考题】

1. 德育活动的特征有哪些？
2. 简述德育活动的主要功能以及实施德育活动应该注意的原则。
3. 仪式的德育功能有哪些？结合学校的某个仪式，思考如何发挥仪式的德育作用。
4. 请结合具体的游戏活动，分析游戏中的德育因素。

【拓展阅读】

1. 戚万学：《活动道德教育论》，南开大学出版社，1994 年版。
2. 滕星：《教育人类学通论》，商务印书馆，2017 年版（第十章 仪式与教育）。
3. 李敏：《游戏与学习——以游戏提升学生的生活质量》，教育科学出版社，2010 年版。

第九章　学生品德评价

学习目标

了解学生品德评价的内涵及其主要功能，掌握学生品德评价的基本原则，知道当前主要的评价模式，学会运用学生品德评价的基本方法。

建议学时

3 学时

学习导读

学生品德评价对德育实践有着非常重要的指导作用，可以说，有什么样的评价指标，就会有什么样的德育实践。相比于教学评价，品德评价更加复杂，更加难以操作。当前，学界对于品德评价并未形成统一的认识，这就需要我们在这一问题的学习中善于发挥学习的主动性和创造性，既要认真学习当前有关品德评价的主要理论、观点和方法，又要保持对这些已有的品德评价理论、观点和方法的自觉反思。这样，才能更好地把握品德评价的内涵，掌握品德评价的方法。

本章主要介绍了学生品德评价的基本内涵及其功能，并呈现了四种供品德评价参考的评价模式。最后从国内和国外两个角度，结合现实介绍了当前在实践层面较有影响力的学生品德评价方法。

衡量德育的效果是否已经达到预期的目标，一个非常重要的指标就是学生的品德发展状况，这就离不开对学生的品德进行科学的评价。实际上，对学生品德的评价是德育过程的一个十分重要的环节，对整个德育过程起着非常重要的调控作用。因此，加强对学生品德的评价及其研究对深化德育改革意义重大。

第一节　学生品德评价概述

一、学生品德评价的内涵

（一）学生品德评价的定义及内容

对学生品德的评价，是依据一定的品德要求和目标，采取科学的评价方法，对所搜集到的品德信息进行事实分析和价值判断的活动。其所包括的内容主要有:学生的思想品德发展状况,思想品德的知、情、意、行的水平及其日常表现等。评价主体主要是教师和学生,也包括家长及其他校外教育工作者。除了他人评价之外,还包括学生在教师指导下的自我评价。

(二)当前学生品德评价的发展趋势

中国学生品德评价的思想与实践活动源远流长。自从有德育现象、德育活动以来,就已存在品德评价。在古代,学生品德评价更多地是一种片面的、带有很强主观色彩的结果评定,它主要用于人才的鉴定、识别和选拔,属于终结性评价的范畴。个体很难对评价结果提出异议。然而,今天的品德评价则不同。随着心理学、测量学等学科的不断发展,现代品德评价日益超越传统品德评价的片面性、主观性,变得更加科学化和客观化。总体而言,当前的学生品德评价主要表现出以下几个方面的发展趋势。

其一,评价主体的多元化。长期以来,学生品德评价的主体主要是教育者和教育管理部门。现在,学生品德评价的主体已经拓展到与品德活动密切相关的所有群体。既包括教师,也包括学生,还包括家长;既包括学校,也包括教育行政部门和其他社会机构。这是因为,品德的发展是多方因素共同作用的结果,其表现也广泛渗透于社会生活的方方面面。只有综合各方人员的意见,我们才能更加客观、准确、全面地把握一个人真实的思想道德发展水平。

其二,评价方法的科学化。评价的有效性最终取决于方法的科学性。而方法的科学性则有赖于相关基础学科的充分发展。对于学生品德评价而言,要提高其方法的科学性,一方面既需要从理论层面更加深入地了解和把握品德形成和发展的一般规律,又要系统学习心理学、测量学当中一些行之有效的评价手段。当前,人们对德育基本理论问题的研究已经取得了丰硕的成果,而心理学、测量学等相关学科也在不断研究和实践中日益完善。这就为当前学生品德评价方法的科学化提供了强有力的学理支撑和实践依据。目前,人们在学生品德评价过程中,综合运用定性和定量、团体和个体、过程和结果相结合的方法,以不断提高学生品德评价的科学性。

其三,评价结果的客观化。现在的学生品德评价所采用的方法的科学化必然会带来评价结果的客观化。当前,学生品德评价运用了心理学中关于人格测量,社会学中的团体、社区实验,社会心理学中的小组、个体测量等方法,更为全面、立体地展示评价对象品格发展的各个维度,从而使得学生品德评价工作的结果更加真实、客观、准确地反映评价对象的实际情况。

其四,评价过程的动态化。学生品德评价的根本目的不是为了甄别和选拔学生,而是为了发现和解决德育工作中的问题而采取的一种管理手段。因此,与传统品德评价更多地聚焦于终结性的评价相比,现代的品德评价则更加强调形成性评价和诊断性评价,更加注重评价的过程性和发展性。

二、学生品德评价的基本功能

(一)导向功能

所谓导向功能,主要指的就是品德评价将引导学生的品德朝着德育目标所规定的方向发展。总体而言,德育目标既是德育活动的出发点,也是德育活动的归宿点。学生品德评价实际上就是要衡量现实的德育效果与德育目标所预设的效果之间的差距。因此,当我们用品德评价去衡量学生的品德发展时，对于学生那些合乎社会规范和德育目标要求的行为给予肯定性评价，对于不符合社会规范和德育目标要求的行为给予否定性评价，这必将会对学生品德的发展起到良好的价值导向作用。

学生品德评价的导向功能，有助于提高学校德育效率。我们知道，学校德育是促进学生品德社会化的主要手段。但是，在德育过程中，由于各种主客观因素的影响，特别是不良社会环境因素的影响，学校教育的效果往往得不到保证，学生的品德有时也可能出现偏离社会要求的发展方向。在这种情况下，如果经常开展学生品德评价活动，在一定程度上可以纠正学生品德发展的偏差，从而保证学校德育的良好效果。特别是在社会信息越来越丰富和复杂的今天，学生品德评价对于帮助学生辨别是非、美丑、善恶，从而抵制不良思想的影响，保证学生的品德朝着社会规范要求的方向发展，有着极为重要的作用。

（二）诊断功能

所谓学生品德评价的诊断功能，主要指的是通过品德评价，可以科学地鉴别学生品德发展的优势与不足，从而为进一步优化学校德育、提高学生的思想道德水平提供依据。学生的品德是在教育和社会环境的影响下形成和发展的。由于复杂的环境因素和学生的主观因素影响，学生的品德不一定都能按社会的要求而发展。因此，要在学生已有的品德基础上进行教育，就必须对学生的品德现状进行科学的诊断，进而因势利导地开展教育活动。教师可以借助品德评价了解学生品德的形成状况，加强教育的针对性；也可以用它来检查过去一段时间教育活动的成果，为改进教育内容和教育方法提供反馈信息。

（三）强化功能

所谓学生品德评价的强化功能主要是指在评价学生品德时，教师通过扬善抑恶，引起学生强烈的情绪体验，进而可以达到强化良好品质、抑制不良品质的教育效果。学生品德评价是一种主体活动，肯定的品德评价可以引起被评价者愉快的情绪体验；反之，消极或负面的品德评价则容易引发学生的内疚感和羞耻心。这些情绪体验都会对人的品德发展产生强化作用。心理学家桑代克把这种强化作用概括为“效果律”。由于学生品德评价具有强化功能，因而对学生品德的形成有直接的教育作用，即激发学生积极向上的道德学习动机，促使学生自我肯定、纠正缺点、不断进步。学生品德评价的教育作用具有潜移默化的特点。它不是直接向学生传授道德知识，但能帮助学生纠正错误的思想观点；它不直接训练学生的道德行为，但可以促使学生养成良好的行为习惯。

此外，学生品德评价还具有重要的调节功能，能够调节学生的言论和行为，为做好教学和教育管理工作服务。例如，通过批评和表扬，调节学生的行为，以稳定课堂秩序和维护学校纪律。

三、学生品德评价的基本原则

总体而言，做好学生品德评价，需要注意以下几个原则。

（一）注重发展评价，突出评价教育性

学生品德评价的核心目标和功能在于更好地促进学生的全面、和谐、可持续发展。因此，学生品德评价必须坚持发展性的原则。这主要是因为，① 学生的品德处于尚未定型和不成熟的发展阶段，其品德发展蕴含着无限多的可能。过早地对学生的品德作终结性的评价在很大程度上就否定了学生未来品德发展的可能性。② 学生品德的教育效果不是立竿见影的,可能需要在一段较长的时间后才能够显现出来。③学生品德的形成具有反复性,如果仅仅基于学生某个阶段的表现就给学生做出终结性评价,既不科学也不人道。

学生品德评价的发展性原则,实际上反映的是德育中的教育性原则。评价作为完整德育过程必不可少的一个环节,同样要服务和服从于促进学生品德健康发展这一根本任务。这实际上提示我们,任何的品德评价都只是一种手段而不是目的。我们要避免通过品德评价将学生在道德上分为三六九等的简单粗暴做法。只有从教育的角度来审视学生品德评价工作,才能够更好地发挥评价的正面作用。

(二)突出过程评价,推进评价日常化

学生品德评价既指向学生品德发展的结果,更要指向学生品德发展的过程。尤其是要重视学生在品德形成过程当中知识、技能、态度、情感、行为的表现,重视学生在德育活动中的付出与努力程度,以及在活动过程中的探索、思考和创意等;还要注重学生良好思想品德和心理素质的培育,创新精神和实践能力的培养等。即使在某些情况下,学生参与德育活动的最终结果没有达到预期的德育目标要求,也应从学生参与这一活动过程中所表现出来的精神面貌来加以评价。

由于学生的品德表现涉及其学习和生活的方方面面,因此学生品德评价应该贯穿于学生的日常教育教学中,才能更加准确、全面地捕捉到学生品德发展的真实面貌。在这一过程当中,教师要时刻关注学生在日常生活中的道德表现,并据此开展相应的评价活动。这就要求教师要注意收集并保存表明学生思想道德发展状况的重要资料,并通过对这些资料的呈现和分析准确把握学生思想道德变化发展的轨迹,从而在此基础上针对学生品德发展的优势和不足给予激励或具体的、有针对性的改进建议。

(三)实施多元评价,关注个体差异

学生品德评价的多元化主要指的是学生品德评价应该采用注重评价主体的多元性和评价角度的多样化,采取多种不同的评价方法,从而对学生品德发展的各个方面给出较为全面和综合的评价。对于品德评价而言,多元评价意义重大。它可以有效地避免单一评价的片面性和主观性。个体的品德具有很大程度的内隐性,在很多时候只能借助于一些外在的表现去间接地把握学生的道德水平。在这种情况下,不同的评价主体由于其教育观、观察重点和评价方法的不同,他们只能采集到学生品德发展的若干侧面而非全貌。因而,需要综合不同评价主体的意见才能相对客观准确地评价学生的道德水平。另外,品德评价的多元性还意味着其评价的内容是多元的。这主要是因为学生的品德心理构成既包括道德认知,也包括道德情感、道德信念、道德行为等不同维度。对学生完整思想道德风貌的评价,不能仅仅依据某一具体道德维度,而需要综合判断。除了评价主体和评价内容的多元外,学生品德评价的多元化还具体体现在评价方式的多样化上。当前,对学生的品德评价既有定性的评价,也有定量的评价。在具体的学生品德评价实践过程当中,成长记录袋评价、表现性评价、情境测试、行为观察、描述性评语等多种评价方式正日益成为学生品德评价方法的重要组成部分。各种品德评价方式都有其优势和使用范围,要注意确保评价方式和评价内容相适宜,以更好地发挥各种评价方法的优势。

关注学生的个体差异是实施多元评价的应有之义。学生的道德发展虽然具有一般的规律,但总体而言,每个学生的具体道德发展水平都会受到其个体经验、家庭背景、民族身份、宗教信仰等复杂因素的影响。这就使得学生的品德发展存在明显的个性差异。这就要求我们在对学生进行品德评价时，要关注学生品德发展的个性差异，避免“一刀切”，尤其是要避免对学生的品德发展不加区分地作整体评价。

（四）调动学生自主性，共同建构评价

为了让品德评价结果真实有效，切实可行，并对学生的品德发展起到更为积极的引导效果，在评价过程中，应该坚持自主性原则和共同建构原则，通过设计综合的评价内容、多元的评价主体、多样的评价方式，引导每个学生积极参与评价活动，最后由评价者和评价对象双方通过沟通、协商共同建构评价结果。从而确保评价结果得到学生的认同，更好地发挥评价结果促进学生品德发展的作用。

此外，调动起学生参与评价的主动性、积极性和创造性，能够让他们在这一过程中知道品德评价的重要性，对品德评价的方方面面有更为深入的了解，并对最后出来的品德评价结果形成更为深刻的认同感。只有认同结果，才相信结果，才能更好地发挥评价结果的引导和激励作用，进一步促进学生全面和谐发展。

（五）发挥激励作用，促进学生发展

学生品德评价的根本目的在于促进学生良好的品德的形成和发展，因此在对学生进行品德评价之后，充分地利用评价的结果强化学生的品德发展显得十分重要。因此，在向学生反馈评价结果时，应当十分重视发挥评价反馈的激励作用。

因此，学生品德评价必须以发展目标为导向，帮助学生辨别是非、美丑、善恶，抵制不良思想的影响，培养学生良好的道德情操和行为习惯，激发学生积极向上的动机，同时让学生认识自己的不足和缺点，及时纠正自己某一方面的偏差，促进学生不断进取，不断完善自我、发展自我。

第二节　学生品德评价的参照模式

相比于其他领域的评价，德育评价不仅在研究上缺乏具有广泛影响力和普遍共识性的理论成果，而且在具体实践领域也缺乏科学有效的评价经验。因此，主动学习和吸收其他领域有关教育评价的研究成果，并将这些成果作为我们建构德育评价的重要参照模式，对于我们更好地推进德育评价研究的科学性具有十分重要的意义。本章主要介绍泰勒模式、决策模式（又称 CIPP 模式）、应答模式、CSE 模式这四种与德育评价相关的评价模式，并分析这些模式对于做好品德评价的意义。

一、泰勒模式

泰勒模式是美国心理学家 R · W · 泰勒（Ralph W. Tyler）提出的一种课程评估模式。泰勒在所著《课程与教学的基本原则》一书里最早提出应当根据课程目标编制“合理的”课程计划，即根据事先确定的目标选择教学内容和方法，而后评估和改善教学制度，直到达到既定目标为止。

泰勒认为，如果我们要从事课程编制活动的话，就必须回答下列问题：① 学校应该达到哪些教育目标？② 提供哪些教育经验才能实现这些目标？③ 怎样才能有效地组织这些教育经验？④ 我们怎样才能确定这些目标正在得到实现？这四个问题简称为：确定目标、选择经验、组织经验、评价结果。

教育评价(德育评价)也需要围绕这四个方面展开。具体来说,评价内容包含以下方面。

(1) 目标的确定

泰勒认为课程目标的确定应该来源于:对学习者本身的研究;对校外当代生活的研究;学科专家对目标的建议。泰勒还提出确定课程目标的基本原则:把教育和社会哲学作为选择教育目标的筛子;在选择教育目标时运用学习心理学;用有助于选择学习经验和指导教学的方式陈述教育目标。

(2) 经验的选择

泰勒认为选择学习经验的一般原则有:第一,学生必须具有使他有机会实践这个目标所隐含的那种行为的经验。第二,学习经验必须使学生由于实践目标所隐含的那种行为而获得满足感。第三,学习经验所期望的反应是在学生力所能及的范围之内的。第四,不能为了确保实现所期望的目标,在课程中提供一组有某种限制的或规定的学习经验。第五,同样的学习经验往往会产生几种结果,应注意不良后果的发生。

(3) 经验的组织

泰勒认为,课程内容构成应以课程目标为出发点,包括学科知识、社会生活经验、活动经验三个维度。经验的组织需要注意纵向组织与横向组织、逻辑顺序与心理顺序、直线式与螺旋式这三项重要的原则。泰勒模式认为:学习经验的选择应培养思维技能的学习经验;有助于获得信息的学习经验;有助于形成社会态度的学习经验;有助于培养兴趣的学习经验。

(4) 结果的评价

评价结果自然涉及的是上述确定的目标、选择的内容和组织形式实现的情况和效果。

泰勒在评价原则中规定了评价的步骤:① 确定教育方案的目标;② 根据行为和内容对每个目标加以定义;③ 确定应用目标的情境;④ 设计应用目标情境的途径;⑤ 设计取得记录的途径;⑥ 决定评价方式;⑦ 决定获取代表性样本的方法。

泰勒模式是教育评价科学化的开端,它将评价引入课程编制过程,指出了目标制定、课程内容安排、教学组织方式与结果评价之间的不可分割联系,使行为有目的性和计划性,从而具有较大的实用性和可操作性。这一评价模式具有明确具体的评价目标、逻辑严密的评价程序,能够很有效地反映评价对象是否以及在多大程度上达到了教育目标的要求。

但是,这一评价由于过于强调评价的目标导向和评价过程的封闭性,在很大程度上忽视了教育自身的开放性和生成性。对于学生品德评价而言,要充分吸收泰勒评价模式的优点,同时,又要充分意识到品德评价的特殊性,尤其是注意品德评价的发展性和过程性。

二、决策模式

决策模式,即 CIPP 评价模式,亦称决策导向或改良导向评价模式,它认为评价就是为管理者做决策提供信息服务的过程。这一模式是由美国著名教育评价专家斯塔弗尔比姆于20世纪六七十年代提出的。当时美国联邦政府要求凡接受《美国初等与中等教育法案》资助的项目都必须接受评价。在这一背景下,塔弗尔比姆提出应建立一种超越目标模式的新的评价模式。这种模式应能提供整体的、全面的信息,以帮助方案目标的确定、研究计划的修订、方案的实施以及方案实施结果的考核。基于这样的认识,斯塔弗尔比姆建构了包括背景评价(context evaluation)、输入评价(input evaluation)、过程评价(process evaluation)、结果评价(product evaluation)的 CIPP 评价模式。

背景评价就是在特定的环境下评定其需要、问题、资源和机会。输入评价是在背景评价的基础上,对达到目标所需的条件、资源以及各被选方案的相对优点所做的评价,其实质是对方案的可行性和效用性进行评价。过程评价是对方案实施过程中作连续不断地监督、检查和反馈。结果评价是对目标达到程度所做的评价,包括:测量、判断、解释方案的成就,确证人们的需要满足的程度等。这四种类型的评价目的、方法与功效各不相同。在 CIPP 模式运用中,评价者可根据需要采用不同的评价策略,各种评价既可以在方案实施前使用,也可以方案实施中使用。可以实施一种评价,也可以实施几种评价。这完全取决于评价听取人的需要,它是一种十分灵活的模式。

CIPP 评价模式批判性地继承了泰勒评价模式,它将目标纳入评价活动之内,每一项评价必须根据对象的需要对目标本身进行判断,使目标本身的合理性受到审查。该模式突出了评价的发展性功能,它以决策为中心,而决策又贯穿在教育活动的全过程,使得评价活动也总是贯穿教育活动的全过程,实现了对教育过程的有效控制,从而改进教育活动。此外,这一模式还整合了诊断性评价、形成性评价和终结性评价,从对教育的需求调查开始,需要、问题、目标、条件、计划、实施、结果以及结果的影响等教育过程的所有阶段都置于教育评价的监视之下,提高了人们对评价活动的认可程度。其局限性是缺乏价值判断、可能为决策者政治上的便利提供虚假伪证以及其适用范围仍受到挑战。

就学生品德评价而言,CIPP 评价模式最大的启示就在于,对学生品德的评价,一定要与学生的品德发展需求紧密结合在一起,强调评价的诊断性功能。另外,在对学生品德进行评价的过程中,还必须时刻关注特定德育目标的合理性程度。也就是说,需要根据学生品德评价中的表现,及时调整和优化德育目标的确立。

三、应答模式

应答模式亦称反应式评价模式、当事人中心模式。由美国学者斯塔克于 1973 年在瑞典郭亭堡(Gotenborg)所举行的评价发展的新趋势研讨会中发表的《方案的评鉴: 尤其反应式的评鉴》一文中率先提出。应答模式主要有以下两个特点:兼顾各方面人员的目标和感受、采用多种方法获得全面的信息。

斯塔克强调以关心方案的所有人所关注的现实的和潜在的问题为出发点,不主张以预定的目标或假设为主发点。在选择人们所关注的有价值的问题时,强调价值观的多元性和发散性。因此,应答模式的优点表现为:(1) 关注到教育实践者提出的问题,而非纯粹纠缠于外部教育权威所提出的问题;(2) 认为解决实际教育问题需要依靠那些直接接触问题的人,这有利于被评对象更明确自身所具有的发展优势与劣势,更清楚地意识到所处的危机状态和所面临的挑战,也更明确改进发展的出路之所在;(3) 不排斥教育评价的量化研究方法,一定程度上促进了教育评价质性研究与量化研究的紧密结合。

在方法上,应答评价模式强调使用自然的观察法、交往法和描述性的定性分析法,也并不排斥在适当场合应用测验方法,认为搜集资料中所选择的方式方法,应该根据所关注的问题和评价目标来决定,而不是预设的搜集工具或手段。在评价实施过程中,由于应答模式对教育价值多元性和发散性的认识,这一模式强调信息交流、随时反馈,不把评价过程分为几个固定的步骤;反对用传统的预设目标、根据目标搜集资料的预定式评价。应答评价具有较强的弹性和应变性，更适合于对复杂多元的教育活动或多层次、多观点的评价所需。

不过，应答模式也具有自身难以克服的弊病，如自然观察法、座谈法、访谈法的完成需要大量的时间和精力，因而在实践操作层面上存在高消耗的缺点，推广实施也具有一定的难度。

参考应答评价模式，学生品德评价应该注重评价方法的多样性，综合采用定性评价与定量评价相结合。此外，还要综合多方人员的评价意见，从多角度、多方位对学生的品德发展进行立体式的评价。

四、CSE 评价模式

CSE 评价模式是以美国洛杉矶加利福尼亚大学评价研究中心（Center for Study of Evaluation）命名的一种评价模式，该中心自 20 世纪 60 年代后期以来一直在研究和推广的这一评价模式。

CSE 评价是一种综合性评价，它有以下几个特点：第一，它是一种为教育改革提供服务的评价模式；第二，在该评价模式中评价的形成性功能与终结性功能得到了有机统一；第三，这是一种动态的评价，评价活动贯穿于教育改革的过程中。这一评价模式从教育目标的确立开始，到教育质量的全面检查为止，在教育改革的各个阶段，根据教育改革的需要为教师和管理人员提供评价服务。

CSE 评价是一种较为实用的评价模式。它包括四个活动阶段：问题的选择；计划的选择阶段；计划的批准或采纳阶段；总结性评价阶段。

第一阶段：需要评定阶段。

这一阶段的核心问题是确定教育的目标，主要是为决策者设定目标而服务的，也就是问题的选择，即选择课题。

在教育实践中，如何选择问题是需要经验积累和反思、践行的。一般来说，常常优先选择教学中遇到的难题、学生与老师的看法不一致的问题、教师的意图与课堂实施效果不一致的问题等。

第二阶段：选择计划阶段。

这一阶段主要的工作目的是对各种可供选择的计划进行评价，并在各种方案中选择一个能够满足教育需要的计划，又称为计划的选择阶段。这里提供几个在制定行动计划时可参照的步骤和需要考虑的问题：给自己的行动计划起一个名称；对自己的行动计划进行理论论证；描述计划的内容和所准备使用的教材（或材料）等；说明如何使用这些材料；制定一个行动研究工作计划或执行方案的时间表；明确数据收集的方式和时间；说明和描述评价工具，论证其有效性以及是否符合研究的目标；描述所需资源和技术支持等。

第三阶段：形成性评价阶段。

这一阶段的评价主要是确定所实施的计划是否与原定计划相一致，通过发现计划在教育过程中成功与不足之外，随时修正某些偏离目标的地方，以保证目标的达成度，这一阶段又称为计划的修正阶段。

第四阶段：总结性评价阶段。

这一阶段工作的重点是对教育质量做出全面的评价和相应的判断，判断之后对所评价计划是推广、保留、修正，还是放弃做出最终选择。这一阶段又称为计划的批准或采纳阶段。

CSE 评价注重为改革目标服务，不单纯是选择目标和确定目标，而是更加强调为决策者和管理者设定的教育改革目标提供服务。对各种可供选择的方案的可能性进行评估，并在各种方案中筛选出一个能够满足教育改革需要的计划；同时还注重评价的修正作用，在动态的评价过程中，需要评定、方案评定、形成性评定、总结性评定四个评价阶段相互衔接、相互作用，不只局限于寻找问题和发现不足，而是更加着重问题的解决和计划的修正；另外，它还注重形成性职能与总结性职能的有机结合，从教育目标的确立开始，到教育质量的完全检查为止进行完整的评价，并且能够在教育改革的各个阶段，根据教育改革的需要为教师和管理人员提供评价和反馈的需要，是一种较为实用的评价模式，因此，其运用是较为广泛的。

借鉴 CSE 评价模式，学生品德评价应该重视评价的系统性设计，即要形成一个科学化的评价流程，并依据该流程稳步推进评价，并注重对评价自身的反思和总结。

第三节　学生品德评价的常用方法

对学生品德发展的评价是一个世界性的教育难题。在不断的研究和实践探索，国内外都积累了一些行之有效的评价方法。本章将重点介绍几种在当前理论和实践领域有较大影响力的学生品德发展评价方法。

一、学生品德发展的评价方法

（一）国外关于学生品德发展的评价方法

总体而言，对于学生品德发展的评价就其方式来说，主要有量化和质性两种。

1. 国外量化的品德评价方法

（1）自陈量表法

自陈量表法是施测者要求受测者根据有关量表，按照自己的实际情况做出回答，报告自己的态度、感受、体验、行为反应倾向，然后由主试加以评鉴的方法。自陈量表法多以自我报告的形式出现，即对拟测量的个性特征编制若干测题（陈述句），被试者逐项给出书面答案，依据其答案来衡量评价某项个性特征，是心理测试中最常用的是一种自我评定问卷方法。自陈量表法不仅可以测量外显行为（如态度倾向、职业兴趣、同情心等），同时也可以测量自我对环境的感受（如欲望的压抑、内心冲突、工作动机等）。应用于自陈法中的量表包括标准化的个性（人格）测量表和测评者自编问卷量表。如艾森克人格量表、卡特尔 16 种人格因素量表、明尼苏达多项人格量表等。

材料 1

卡特尔 16 种人格因素量表（16PF）

这一量表是美国伊利诺州立大学教授卡特尔于 20 世纪 50 年代编制的个性测验量表，适用于具有阅读能力的青年、成年及老年人。卡特尔根据研究所确定的 16 种人格根源特质，在某些情况下可能产生的表现，如：缄默孤独——乐群外向，权宜敷衍——有恒负责，畏缩退却——冒险敢为，坦白天真——精明能干、世故，矛盾冲突、不明大体——知己知彼、自律谨严，等等，分别编成 16 组题目。每组包括 10—13 个题目，共 187 题。每题有三种选择方案，分别记 0 分、1 分、2 分。

> 例:万不得已时,我才参加社交活动,否则我没法回避:(A)是的,(B)不一定,(C)不是的。
>
> 每一特质都可以得出一原始分数,然后再查常模换成标准分。这样,每一特质的量的差异就通过分数的高低表现出来。此外,还可以运用一个人在量表每个特质上的标准分,通过计算来考察其个性倾向、心理健康状况、在新的环境中有成长能力的个性因素等。

除了已有的标准化人格测量表之外,还可以使用自编问卷法对学生的品德特征进行测量。编制标准化的人格测评量表,必须是专业人员长期合作研究的产物。在品德测评的实际中,人们往往运用自编问卷研究、考察学生的思想品德状况(即调查法)。但由于缺乏测量理论的指导以及对学生品德心理特殊性的把握不够准确,问卷的编制和施测带有较大的盲目性、主观性,在很大程度上削弱了问卷调查的效度和信度。此外,有些调查仅通过简单的频数分析就推断青少年学生品德发展的优劣。这种做法看似科学,实际上却难以客观真实地反映青少年学生的思想道德水平。

(2) 限定性争端测试法

借鉴科尔伯格的已有研究成果,雷斯特研制出了一种简便的道德判断测量工具——限定性争端测试法(Defining Issues Test,简称 DIT)。雷斯特把暗含不同阶段道德推理方式的问题以及与道德判断无关的问题混在一起,放在几个道德两难故事之下,让被试者从中圈出自己认为在两难故事决断时最重要的问题,并对它们进行排序。测量者据此对照评级标准进行打分,最后识别出被试的道德判断发展水平。这是一种操作性较强的道德判断测量工具。

一般来说,DIT 测验有以下长处:设计严密,可以比较每个被试的信息。由于改“谈话法”为“纸笔法”,因此将由语言表达上的个体差异而引起的阶段记分差异降低到最小。记分客观,将由记分者的主观偏见引起的误差降到最低。改科尔伯格的“开放式”回答为有限的 12 个题目,既使被试者有较大的选择余地,又避免了被试者漫无边际的回答,使记分变得容易和省时。雷斯特在制定一种标准化、记分客观的道德判断测量工具上前进了一大步。但这一测量方法的问题在于,无法顾及道德认知发展的复杂性,有将道德认知状况完全对象化的倾向,也有自身的局限性。

(3) 道德判断测验

20 世纪 70 年代末期,德国道德心理学家乔治·林德,基于皮亚杰、科尔伯格及其弟子雷斯特的道德认知发展理论,提出了“道德行为与发展的双面理论”。他认为对个体道德的描述必须包含情感和认知两个方面,对道德发展水平的测量必须同时包含道德情感和认知两方面。根据自己提出的理论,林德创造性地发明了“实验问卷法”,编制了第一个可以同时评估道德认知和道德情感的“道德判断测验(Moral Judgment Test,简称 MJT)”。林德的评价方法,是综合考虑认知因素和情感因素的一个有益尝试。然而,MJT 也存在着一些问题。例如,当 MJT 被用于前后测研究时会低估一些被试的道德判断能力。另外,MJT 在实施中缺乏对一些情境因素影响的考虑,比如疲劳、被试的过去经验等,这些情境因素都应该在实验中得到很好的控制。

2. 国外质性的品德评价方法

(1) 投射法

个人的思想、态度、愿望、情绪或特征等,会不自觉地反映于外界的事物或他人,比如一个人的字迹,往往能够在一定程度上反映一个人的内在心理状态。这种内心深层的反应,是人类行为的基本动力,而对这种基本动力的探测,可借助投射技术。投射测验种类很多,20世纪30年代罗夏的墨迹测验(Rorschach Inkblot Test,RIT)从欧洲传入美国,在美国又发展起主题统觉测验(Thematic,Apperception Test,TAT)、文字联想测验、画人测验和视觉运动完形测验等。

具体说来,投射法就是让被试者通过一定的媒介,创建自己的想象世界,让被试在无拘束的情景中,自由显露出其个性特征的一种个性测试方法。测试中的媒介,可以是一些没有规则的线条,也可以是一些有意义的图片、只有头没有尾的句子、一个故事的开头等。因为这些媒介所呈现的信息是模糊的,所以个体对这些信息的说明和解释只能是来自于他自己的想象。通过对被试不同的回答和反应的了解,可以较为准确地把握其个性特征。

例如,造句测验是一种应用非常广泛的投射法。通过让学生填写未完成的句子来揭示个体对道德情境的理解,从而使其唤起对这一道德情境的情感反应。具体示例如下:

(1) 当时,我感到很羞愧。
(2) 我最开心的时候是________。
(3) 当我看到五星红旗时,________。

这一测试方法的优点在于,它可以让被试在相对安全的环境中,自由地将他的真实情感、态度投射到"无规定的刺激"上,从而可以有效地突破他们心底的心理防御机制,获得关于其内在情感、态度的真实信息。它的缺点是分析比较困难,需要有经过专门培训的主试才能够准确加以运用。

(2) 对偶故事法

这是皮亚杰研究道德判断时采用的一种方法。利用讲述故事向被试提出有关道德方面的难题,然后向儿童提问。利用这种难题测定儿童是依据对物品的损坏结果还是依据主人公的行为动机做出道德判断。由于皮亚杰每次都是以成对的故事测试儿童,因此,此方法被称为对偶故事法。

皮亚杰的经典对偶故事

故事一:一个小男孩在厨房里玩,当时,他妈妈不在家。他打碎了一只杯子。妈妈回家后,他说:"妈妈,不是我打碎的,是咱家的猫跳过去碰倒了杯子打碎的。"他妈妈心中很明白这是谎话。打碎了杯子还说谎话,因此她很生气,并狠狠地惩罚了这孩子。

故事二:故事情景与故事一相同,只是结尾不同。这位妈妈并没有惩罚他,只是说:"孩子啊,撒谎不太好。如果我们对你说谎,你也会不高兴的。假如你问我要蛋糕吃,而我说蛋糕都吃完了,但实际上还留着几块,你一定会认为这不好,是吗?那么,你对我说谎话同这是完全一样的。你撒谎让妈妈感到很伤心。"

对偶故事法是由教育者提供两个道德故事,要求儿童根据所提的标准对二者进行比较,目的在于了解儿童道德判断和道德推理的过程。运用这种方法的代表人物是皮亚杰,他在研究中，给儿童讲述如上对偶故事，在确认儿童已经清楚了解故事情节之后，要求儿童回答故事中哪一个行为者更不好，为什么会更不好，以考察儿童的道德认知水平。

通过被试的反应，皮亚杰发现，儿童的道德判断是从早期的注重行为结果的评价向注重行为的动机发展，其道德认知水平从“他律”向“自律”发展。虽然皮亚杰使用对偶故事法取得了许多研究成果，并在一定程度上得到研究证实，但这种方法及其结论仍具有一些缺陷：把儿童道德认知发展分为他律和自律两级水平，似有过于简单之嫌，因为有时很难把儿童的某种道德判断归为这两级中的任何一种。

（3）道德两难故事法

科尔伯格不仅继承和发展了皮亚杰关于道德的认知发展观和阶段论，而且把皮亚杰的对偶故事发展成道德两难故事。他把皮亚杰的对偶故事改成了包含道德两难冲突情景的单个故事，要求被试根据故事内容（如“海因兹偷药”的故事）提出的一系列问题作出判断并陈述理由，最后由评价者根据标准的评分体系对儿童的道德推理进行评分，把评分结果采用阶段归档或计算道德分数的方法确定出儿童道德认知发展的三级水平与六个阶段。

科尔伯格使用“两难故事法”在一定程度上弥补了皮亚杰“对偶故事法”的不足，当然其弊端也比较明显，特别是其采用的标准评分体系内容繁多，过于复杂而被称为“心理学文献中最复杂的评分体系”，从而影响到对它的掌握和应用。同时，使用既定的道德两难故事灵活地进行标准化的追问，是一项高超的访谈技术，然后再根据访谈对象的应答和辩护，在那本近 1000 页的评价手册上进行匹配，以识别访谈对象在诸问题上的道德推理方式，也是一项复杂而艰难的工作。

（二）国内关于学生品德发展的评价方法

1. 国内量化的品德评价方法

（1）评定量表法

评定量表又叫等级评定量表，是在对个人或团体的行为作系统观察基础上，用以对学生品德进行等级评定的工具。评定量表的构成包括两个部分：一是刺激变量，即被测评的品质；二是回答选择模式，即量表给出的等级，一般用数字、符号、性质描述语组成，可分为 3~7 个等级。

常用的评定量表主要有：

1）比较等级评定量表

比较等级评定量表，以团体成员间相互比较而做出的评定来确定其等级。

	很好	好	一般	较差	差
行为习惯					
同学关系					
课堂纪律					
……					

2）标准等级评定量表

标准等级量表是先订出各等级的评定标准，然后对照标准确定被评者的等级。

如对一个人的道德认识水平评定给出四个等级，各等级的标准是：

A 等：能够学习道德规范，关心集体，有进取心和是非判断能力。

B 等：爱读人生修养书籍，遵守道德规范，关心集体，完成集体交给的任务。

C 等：能够一般地遵守各项规章制度，但需要有监督和管制，参加各项班级活动但不主动。

D 等：对道德规范认识模糊，是非判断能力差，缺乏上进心，经常违反有关常规，并有不良行为发生。

此外，评定量表按其表现形式还可以分为评述式、图解式、数字式等。评定量表是对某项或某个培养任务的德育效果的测评，涉及多项问题时应运用统计方法加以分数的处理和综合。评定量表法的优点在于，它较为直观。其不足就在于，对内在的品德心理动机重视不够。

（2）12 种性格因素量表

该量表由我国中小学生性格发展与教育研究协作组编制，包含情绪特征（简称 E）、意志特征（简称 W）、理智特征（简称 R）三种性格特征，并将每种性格特征分解成了四种主要的性格因素。其中情绪特征构成因素包括稳定性、强度、持久性、主导心境；意志特征构成因素包括独立性、自制性、坚持性、果断性；理智特征构成因素包括思维水平、求知欲、灵活性和权衡性。

2. 国内质性的品德评价方法

（1）操行评语法

操行评语是在学期结束或学生升级、毕业时，班主任依据一定的评价标准，对学生这一阶段的思想、政治、道德行为，以评语的形式进行判断和小结，指出其优点、不足和努力方向的评价方法，涉及学生的学习、纪律、生活、劳动、品质、能力等各个方面。

传统型的操行评语中，老师常常称呼学生为“该生”，用几个评价性的形容词或词组进行描述，再表达对学生今后的希望，模式较为单一，常用词组也比较固定。比如，评语可以为：“该生上课认真听讲，学习努力，成绩较好，热爱劳动，对人有礼貌，是一名品学兼优的好学生。望继续努力，争取更大进步！”

而在推行操行评语改革之后，新型的操行评语中对学生的称呼改为“你”，用的句式词组也更具灵活性和多样性。比如，评语可以为：“比赛总是有输有赢，输掉一场比赛并不代表你的能力不行。其实你是非常有实力的，只不过还需要更多时间和更多比赛的磨练。相信你一定能从失败的阴影里走出来，老师和同学们都很期待看到你再次拿起球拍奋力拼杀的样子！”

这种评价方法的优点在于简单方便可行，是一种动态的形成性评价，可以发挥对学生的引导、激励和促进发展的功能，同时在沟通社会与家庭方面发挥着十分重要的作用。但是正由于在这一方法过程中掌握主要话语权的是教师，评语的好坏与教师的判断紧密相连，主观性太强，除此之外，评语的模式化、单一化、表面化，可能缺乏教育性与真实性，也是存在的一些问题。

阅读链接

中小学优秀操行评语的特点

1. 客观性：实事求是

优秀操行评语应该具有客观性，能坚持“褒其可褒，贬其可贬”的实事求是原则，努力做到客观、真实、准确地评定学生的操行：对每个学生的优点，既不抹煞也不拔高；对每个学生的缺点，既不掩盖也不放大。

2. 针对性：因人而异

苏霍姆林斯基说过："每个学生都是独一无二的世界。因遗传、环境、教育等因素的差异，学生的思想、智力、体力、爱好、才华、气质等也是千差万别。"因此，优秀操行评语应该具有针对性，能针对特定的"这一个"学生，评出学生的个性特点，并向学生提出有针对性的期望、建议与要求。

3. 激励性：催人奋进

卢梭说过："赞扬学生微小的进步，要比嘲笑其显著的恶迹高明得多。"优秀操行评语应该富有感召力，能彰显学生的闪光点，引发学生的成功体验，激发学生的内驱力，调动学生的主动性和创造性。

4. 形象性：具体生动

优秀操行评语应该具体生动，能从不同的角度对学生的操行进行具体生动的评价，并且特别注重描述走进学生心灵、让学生终生难忘的细节。

5. 情感性：以情动人

狄德罗说："没有感情这个品质，任何笔调都不可能打动人心。"优秀操行评语应该动之以情，富有感染力，能用爱的情感、美的语言打开学生的心门，走进学生的心灵，激发学生向上的力量。

6. 柔婉性：含蓄委婉

吕坤在《呻吟语》中说："责人要含蓄，忌太尽；要委婉，忌太直；要疑似，忌太真。"优秀操行评语应该含蓄委婉，富有同情心，能用包容的心态、柔婉的态度、得体的语言巧妙地指出学生的缺点和不足，引发学生对老师的认同感和信任感。

7. 简明性：言简意赅

刘知几说过："文约而意丰，叙事之工者，以简要为主。"优秀的操行评语应该言约意丰，具有简明性，就好比一幅漫画特写，只需寥寥几笔就能勾勒出学生的操行特点。

资料来源：王瑛《中小学优秀操行评语的特点及撰写》，《中国德育》，2017(22)。

（2）成长记录袋评价法

成长记录袋也被称为"档案袋记录"，它是指有关学生学习成就或持续进步信息的一连串表现、作品、评价结果以及相关记录和资料的汇集。作为一种评价形式，是指通过记录袋的制作过程和最终结果的分析而进行的对学生发展状况的评价。成长记录袋基本成分为学生的作品，包括学生优秀的学习成果、过程性作业、获奖证书、学生的自我反思和老师等他人对学生的评价。成长记录袋的主体是学生，教师和家长起辅助和引导作用，学生自主管理，作品的收集由学生自己决定或与老师共同协商。

1）成长记录袋的类型

以不同功能为标准，成长记录袋可分为五种类型：理想型、展示型、文件型、评价型、课堂型。以记录袋的内容侧重点来进行划分，成长记录袋可以分为最佳成果型、过程型以及综合型。

2）成长记录袋的建立

建立成长记录袋一般包括以下主要步骤：明确成长记录袋的目的；选择记录袋的主题和内容；明确筛选作品和设定评价的标准；采集、分析作品；成长记录袋自我反思；成长记录袋的反馈和展示。

3）成长记录袋的使用

通过成长记录袋可以为学生提供多种形式的展示性评价，使教师、同学、家长等能够共同参与，采用多元化的评价格局。

总体而言，学生记录袋具有发展性、多元性、多样化和全面性的特征。然而其自身仍存在着缺点和不足：质性评价方式没有量化标准，不能代替标准化测试，需要经过专业的培训。此外，它还受到时间、资金等方面的制约，因此我们要在实践中进行不断完善，把它和传统的纸笔测验相结合，全面地评价学生的成绩和进步，从而充分挖掘学生的潜能，促进每个孩子的发展。

（3）行为观察法

行为观察法是测评者根据预定的指标，有目的、有计划地直接观察被测评对象的言行举止等外在表现，写出记录，作为测评资料的方法，包括自然观察法、实验观察法等。

行为观察法的重要要求是测评者必须做好观察记录。记录方式包括：轶事记录法（记录典型意义的事件）、行为描述法、评定量表法（与前面的相近，只不过由测评者自己使用）和检核表法（又称行为评量表格，是把所要观察的内容加以分类列举，制作成表格，以便观察时易于发现，及时记录）。

使用行为观察法的一般步骤是：选择观察的指标；制订具体的观察记录方法；观察、记录以及对记录的资料进行整理分析；评定。

行为观察法的优点在于，它比较直观。缺点则在于，它不能够很好地反映被观察者的内在道德动机，而且也受观察情境的影响，带有较大的偶然性。

（4）情境测评法

情境测评法就是设置一个活动情境或提出一个问题情境，通过对被试者的观察、谈话或问卷，了解其思想品德的方法，包括情境测评（含设计的活动情境和自然的实际生活情境）和间接的情境测评（即问题情境）。

设计的活动情境测评须预先创设一种情境，主试在这种预设的情境中观测被评者的反应，从而对其品德进行评价。如诚实测验、责任心测验等。

问题情境测评是向被测评者提出一个困难的问题情境，这个情境学生未曾有所了解，要求被测者对问题作答，以评价其品德。如：在道德认知发展研究中使用的两难问题讨论和故事法等。

这种评价方法的优点就在于，它可以较为真实地反映学生的道德认知发展水平。其不足在于，由于情境的创设本身带有较大程度的虚拟性，因而它与现实的道德生活还是有较大的差距。学生在特定情境中的表现并不一定能够迁移到社会的真实道德生活当中。

（5）个案研究法

个案研究法是以个别典型学生为具体品德测评对象，通过对其思想、行为进行直接或间接的调查来了解他的品德状况与特征，并在此基础上提出一些积极的引导、教育措施的方法。

在品德测评中，一般把个案研究的重点放在问题儿童或品德不良学生的调查分析、诊断和矫正上。

个案研究法的基本步骤是：

1）确定研究对象。依据测评者的主观印象和一些现成的资料、信息来确定。

2）现状了解和评定。这里要综合行为观察法、调查法等来全面了解测评对象及其背景材料。

3）历史资料收集。从个体发展历程中找出其品德发展的某些方面的演进脉络，如通过历次的学生手册、品德操行评定表、升学成绩表等资料来进行研究，还可以在受测者配合下研究其周记、日记及个人的经历回顾等。在此基础上进行纵向和横向的比较分析。

4）诊断与分析。即根据所获取的信息、资料分析、诊断困难或问题的症结之所在。

5）个案发展指导。包括指导被测者对内在因素的调节与适应和教育者在外在条件上的改进和提高。

6）追踪调查。品德测评是贯穿于整个德育过程的长期活动，对个案研究的对象，有必要作较长时间的追踪观察和调查，以测评学生品德发展和改善的状况，测评发展指导措施、建议的有效性。

个案研究法的优点在于，由于它针对的是某个学生品德发展的具体个案，因而相比于其他方法能够较为全面、详细和深入地反映该学生的品德发展状况。其缺点在于，由于它只针对的是学生个案，对教师的时间要求和专业要求较高，因而很难被运用于对学生群体的品德发展状况的研究。

二、学生品德评价实践中需要重点关注的问题

以评价促改革、以评价促实效、以评价促发展是评价的重要使命，科学、有效的学校德育评价将促进学校德育朝着更为合理的方向改革。当前，在学生品德评价的实践中，存在诸多需要我们高度关注的现实问题。

（一）注重多元评价，摒弃片面以学业成绩评价学生的品德发展

对于学校德育而言，学校的评价方式将在深层次上制约着学校德育工作的开展。就目前的实际情况来看，学校评价存在的最大问题是评价的单一性，即主要是以学生的成绩作为评价教师和学生的最终依据。教师过多依靠学业成绩来评价学生，势必会导致对学生认识的不全面，进而可能造成师生的对立。特别是在学生的基础以及基本的学习方法存在较大问题的情况下，依然从成绩这个角度要求和评价学生，则显得十分不合理。一方面，学生在这个评价尺度下大多数是失败者，这势必会引起学生的挫败感和无意义感。另一方面，教师面对这样一个评价现实，同样会有很深的挫败感和无意义感。这样单一的成绩评价尺度无论对于学生还是对于教师，其结果都是痛苦的。另外，单一的评价尺度使得教师不能够以一种更为宽容的心态去欣赏学生学习之外的精彩。因此，改变学校现有的学生评价体系显得尤为重要。

在这方面，迫切需要改革的是，避免将成绩作为评价学生发展的主要甚至是唯一标准。其次，评价标准应该多元，为每个学生的个性成长提供相应的机会，避免用一把尺子衡量所有学生的发展。

（二）强调综合评价，避免用认知评价取代学生品德的整体发展

学校德育的重要任务是要培养学生掌握一定的道德价值与规范及其体系，激发学生的

道德情感，培养其良好的道德信念和道德行为。其不同于一般学科课程的关键点在于：它不仅要传授一定的道德知识，更重要的是形成学生对这些道德知识的正确态度，激发其道德行为的动机。因此，它要解决的不仅是知不知道的问题，更是信与不信的问题。

在现实中，很多学校对德育的评价更多的是强调其中的认知成分。比如，很多学校的德育课程在课程加工、教学方式、教学流程和学生评价方面没有体现出德育课程的特质，具有较为明显的学科化知识教学特征。它的教学方式主要是灌输；课程加工主要是条块化分割知识要点；教学目标主要是记诵知识，并能应用于考试；评价方式主要是考试成绩等。由此可见，德育课程的教学目的不是立足于提高学生的思想品德修养，而是用来增加分数，提高班级排名。学生按照老师的要求把书本划成条块型的知识要点。这些要点就是考试时回答相应题目的标准答案。虽然有应试的无奈，但这样就把德育课完全等同于一般学科的知识教学，没有体现出直接德育课程的价值性特征。因此，现有的学校德育评价必须突破已有德育评价认知化的倾向，从认知、情感和行为三个方面综合评价学生的品德发展。

（三）突出过程评价，防止片面追求“科学化”的量化评价

一些学校习惯于将德育评价视同为“道德测量”，在德育评价的实施中一般会以测验、品德赋分的方式对学生的品德水平进行测量和评定，可以说是典型的量化评价。虽然量化评价能够对评价结果做出明确的等级评定，能够明确评价对象在群体中的位次，但它也有显著的缺陷，过分依赖量化评价还会引发不良的后果。其一，以量化的方式实施德育评价是一种典型的终结性评价。强调对评价结果的量化表达，必将造成对德育过程的忽视。其二，学生的道德品质如道德情感和道德动机很难用量化的标准加以衡量。其三，由于量化评价更多地指向学生外显的行为表现，因此过多的量化评价会导致学生“为道德而道德”的机械行为表现。

修正这一弊端，需要突破终结性评价的传统，注重过程性评价。并且，需要将量化评价与其他质性评价有机结合起来。通过运用过程性评价，不仅可以详细记录和分析德育实施中的各种变动与不变，还可以以此为参照来分析学生道德品质的变化是否真实，分析学校德育中的利弊，实现对德育系统的整体关照。另一方面，为了避免质性评价中的分析困难，也可以结合量化评价同步实施，二者在评价中的互补性，一定程度上能促进德育评价的科学性、合理性和完整性。

（四）强化评价的教育性，淡化品德评价的评比和筛选功能

一些学校的德育评价的目的普遍存在着功利主义倾向，认为德育评价和应试教育一样，也要有得分的高低和名次的前后。于是道德高下的比较、德育工作名次的排列成为现实中学校德育评价的主要目的。然而这一认识，不仅违背道德的本质，还不符合道德的属性。

一方面，从本质意义上来说，品德评价不仅是为了了解学生的道德认知、情感和行为能力，还为了发现学生学习过程及结果中存在的问题，从而为解决和改善这些问题提供较为科学的依据。另一方面，对正在成长中的学生做出品德上的优劣之分，不仅是不合理的，而且也是不道德的。学校德育评价只是一种手段，而不是目的。其功能是为了促进所有学生在品德上的健康发展，而不是作为筛选学生、伤害学生人格的工具。因此，我们应该彻底摒弃将德育评价作为区分学生道德三六九等的做法，回到德育育人的原点去重新思考德育评价的功能及意义。

案例分析

以下为某校老师对学生的操行评语。

评语1:你的天真、纯洁与善良,如同一朵百合花含苞待放,中国的明天需要你去装扮。努力吧,多吸收一点知识养分,让自己在明天绽放,为自己、为家人,更为国家、为社会,倾吐你的芬芳。

评语2:你是一个优秀的学生,你已经踏上了成功之路。以后要学会多关心别人,多参加各种活动,让自己变得更聪明,更出色,做一个好孩子,一个好少年。

评语3:一个聪明的孩子就是知道充分利用自己的智慧来学习和生活的人;聪明的孩子应该知道利用周围的一切来为自己服务。我知道你是一个聪明的孩子,我很希望你能成为我的得力助手,你愿意吗?

资料来源:陈桂生等主编:《教育理论的性质与研究取向》,华东师范大学出版社,2006年版第494页。

请分析以上评语存在的弊端。

本章小结

本章首先界定了品德评价的基本内涵,认为对学生品德的评价,是依据一定的品德要求和目标,采取科学的评价方法,对所搜集到的品德信息进行事实分析和价值判断的活动。其所包括的内容主要有:学生的思想品德发展状况,思想品德的知、情、意、行的水平及其日常表现等。

本章介绍了泰勒模式、决策模式(又称CIPP模式)、应答模式、CSE模式这四种主要的评价模式。并分析了这些评价模式的利弊及其对学生品德评价的借鉴意义。总体而言,泰勒模式强调评价的目标导向和评价过程的封闭性,CIPP模式突出了评价的发展性功能,整合了诊断性评价、形成性评价和终结性评价。应答模式强调信息交流、随时反馈,具有较强的弹性和应变性。CSE评价能够从教育目标的确立开始,到教育质量的完全检查为止进行完整的评价。

第三,本章主要从国外和国外两个角度介绍了当前学生品德评价的主要方法,并阐述了当前学校德育中关于学生品德评价需要注意的突出问题。

【思考题】

1. 简述学生品德评价的功能和意义。
2. 结合实际,思考如何在学生品德评价过程中综合运用不同的评价方法。
3. 简述当前学校关于学生品德评价方面存在的主要问题及其改进策略。

【拓展阅读】

1. 黄光扬主编:《教育测量与评价》,华东师范大学出版社,2012年版。
2. 肖鸣政著:《人才品德测评的理论与方法》,中国劳动社会保障出版社,2008年版。
3. 杨志明:《我国教育与心理测评工作中亟待解决的几个问题》,《教育测量与评价》,2017(7)。

第十章　德育资源

学习目标

了解德育资源的概念和分类，理解德育资源意识确立的重要意义以及需要具备的观念基础。领会德育资源开发和利用的基本原则，熟悉并善于运用德育资源开发和利用的有效途径，能够在实践中做到对不同类型德育资源的有效开发和充分利用，从而丰富德育的现实载体，提升德育的实效性。

建议学时

4 学时

学习导读

生活中并不缺少美，而是缺少发现，同样，德育中并不缺少资源，缺少的是资源利用的意识和方法。因此，教师头脑中的德育资源意识的形成是开发和利用德育资源的必要条件。这种意识的形成并非一个自发的过程，而需要教师具有德育的自觉，意识到自己身负的德育使命。因此，德育资源意识的确立需要教师具有先进的德育观念，需要具有主体意识、生态意识、创新意识等观念意识基础。

教师想要在实践中实现对德育资源的有效开发，首先需要了解德育资源的类型，了解德育资源开发和利用的基本原则，并且善于利用学校生活中的各种育人途径实现对德育资源的有效开发。面对丰富的德育资源，教师应明确不同类型德育资源具体开发利用的方法，从而使德育资源的潜在价值得到现实的发挥和实现。

学习本章内容，会启发我们形成德育资源的概念和意识，从而推动我们形成德育资源开发和利用的主体自觉，并且能够提升我们实际开发和利用德育资源的能力。

第一节　德育资源概述

“社会环境无论在个体道德成长还是在学校德育运行方面的价值都有一个可能价值与现实价值的问题。社会环境并不是完全天然地发挥其德育影响的。”①客观社会环境成为主

① 檀传宝.学校道德教育原理[M].北京：教育科学出版社，2000：190.

观德育影响的过程，就是将德育环境转化为德育资源的过程。因此，社会环境作为潜在的德育影响源，其德育作用的发挥，需要德育工作者具有德育资源意识，并对其中的德育资源进行有效的开发利用和优化整合，使社会环境的德育价值从可能转变为现实。

一、德育资源的概念

资源是自然界和人类社会中能创造物质财富和精神财富的各种客观存在形态或存在物。存在物可资利用的内在价值属性是其成为资源的必要条件。事物是否能够成为资源，是一个由可能性变为现实性的过程。在这一过程中主体的资源意识和开发利用资源的现实能力，是将物的潜在价值转变为现实价值的必要条件。因此，存在物要成为教育资源除了其固有的内在价值属性之外，还需要进入教育者的视野，并且能够被恰当而充分地运用于教育活动中。

德育资源是一种特殊的资源形式，是指对培养人的德性起作用的一切因素，也指构成德育活动和满足这一活动需要的一切因素，是德育存在和发展不可或缺的物质和精神等条件，具体包括知识、经验、信息等资源，也包括人力、物力、财力等资源。人的道德品质形成的复杂性，使得德育资源相对于其他教育资源而言，具有存在上的广泛性和德育影响的普遍性。而且，自然和社会环境对学校德育的影响是复杂的，既有正向功能也有负向功能。所以，从一定意义上说，自然界和人类社会中的一切事物都有成为德育资源的潜在可能性。这就需要教育者以专业精神和专业能力对环境的德育影响进行筛选和过滤，并发现和利用其正向功能和作用，将各种客观事物和影响转变成能够帮助学生形成良好品质的德育资源。

二、德育资源的分类

德育资源种类庞杂。通过对德育资源的科学分类，可以使人们对德育资源的认识更为全面和清晰，也可促进资源利用意识的形成和资源利用方法的掌握。德育资源依据不同的标准会有不同的分类，而每一种分类都是认识和发现德育资源的不同视角。因此，对不同类型德育资源的认识和掌握，能够开阔德育工作者的教育思路，提升德育资源开发和利用的有效性。

（一）素材性德育资源和条件性德育资源

依据资源在德育中的功能和作用的不同，德育资源可分为素材性资源和条件性资源。素材性资源是指能够直接进入德育过程，成为德育素材的各种资源。比如能够对学生的道德认知、道德情感、道德行为等直接产生影响的知识性或体验性因素等。条件性资源是指能够影响德育过程但其本身并不进入德育过程的各种资源，它在很大程度上决定着德育的实施范围和水平。比如直接决定德育实施范围和水平的人力、物力和财力，时间、场地、媒介、设备、设施和环境等。在实际德育过程中，应该对两种德育资源之间相互影响、相互制约的关系有充分的认识。条件性德育资源是素材性德育资源发挥作用的必要条件，缺乏基本的时间保证、没有必需的场地设备，再好的素材和内容都无法充分发挥作用。另一方面，如果仅有优越的硬件设施，而没有充满教育智慧和创意的素材，那么硬件设施也只能成为闲置的资源，无用武之地。因此，只有充分重视两种不同类型的德育资源，才能使德育过程既有骨架，又有灵魂。

（二）隐性德育资源和显性德育资源

根据资源呈现和作用方式的不同，德育资源可以分为隐性德育资源和显性德育资源。显性德育资源主要是指教育者为了实现教育目标，有组织、有计划地在学校范围内以明确的、直接的、外显的方式，通过受教育者有意识的、特定的心理反应，主要使受教育者获得认知方面经验的德育内容和要素。而隐性德育资源是指教育者为了实现教育目标，有组织、有计划地在学校范围内以不明确的、间接的、内隐的方式，通过受教育者无意识的非特定心理反应，主要使受教育者获得情意方面经验的德育内容和要素。在学校德育过程中，人们往往重视德育的认知方面，从而形成“知性德育”形态，而忽视学生的道德情感和体验层面，也就是说重视显性德育而忽视隐性德育。在这一意义上，隐性德育资源的开发和利用具有重要意义。因为，隐性德育资源所具有的教育影响的潜在性、隐蔽性、渗透性、整体性、非预期性等特点恰恰与道德品质形成的内在过程具有高度的契合性，能够通过陶冶、唤醒等内在的心理机制自然形塑道德人格。

（三）校内德育资源和校外德育资源

按照德育资源空间分布的不同，可以把德育资源分为校内德育资源和校外德育资源。校内外德育资源对于德育实施都是非常重要的，但它们在性质上还是有所区别的。就利用的经常性和便捷性来讲，校内课程资源应该占据主要地位，校外课程资源则更多地起到一种辅助作用。校外德育资源虽然处于辅助地位，但却有重要的教育价值。苏联教育家凯洛夫曾明确指出：“课外活动和校外活动是对于学校正课所进行的课业的必要补充，并具有巨大的学习、教育和教养的意义。”①因此，并不能由于空间上的区分而将校外德育与校内德育割裂开来，恰恰相反，校外德育应该是完整的德育过程不可分割的有机组成部分。因为，校外德育资源的开发和利用对于丰富学生的真实道德体验和促进学生的社会化具有独特的作用。此外，还应重视建立校内外德育资源的转化机制，一方面学校要善于合理发掘和运用社区及其他兄弟学校的德育资源，另一方面校内德育资源也可以向社区和其他学校辐射，在最大程度上使德育资源的广泛交流和共享成为可能。

（四）传统德育资源和现代德育资源

依据资源时间属性的不同，德育资源可划分为传统德育资源和现代德育资源。传统德育资源是指历史上形成的能为今天的德育所借鉴的内容和要素。历史是一片肥沃的德育资源土壤，扎根于历史的德育才会有更稳固更深厚的力量。历史人物、历史事件、各种历史文化遗产都是人类精神和智慧的珍贵积淀，蕴藏着丰富的德育价值。在全球化的时代，对传统德育资源的挖掘和利用需要一种文化自信和文化自觉。这样的德育“使人学会尊重和欣赏各种不同的文化，学会与不同文化进行沟通和对话，学会回到自己的历史经验和生活世界中去，对异质文化作出自主选择，吸取其中一切有益的文化成果，学会文化上的程序嫁接。”②

当代德育资源是指当代社会中形成的德育要素。道德和德育都是历史范畴，都需要在新的时代里获得其新的意义和发展，所以德育需要在追随现实社会进步和发展的同时，超越时代的发展，为未来的社会培养道德合格的人。现代德育资源相对于传统德育资源而言，对学生的德育影响具有更强的现实可感性和贴近生活性。

---

① 凯洛夫.教育学[M].沈颖，等，译.北京：人民教育出版社，1953：423.

② 鲁洁.道德教育的当代论域[M].北京：人民出版社，2005：215.

（五）自然德育资源和社会德育资源

依据资源存在环境的不同，德育资源可划分为自然德育资源和社会德育资源。自然德育资源是指德育活动可利用的自然生成的物质资源，如土地、森林、草原、河流等。心理学家的研究表明，天空的流云、皎洁的明月、湖光山色、楼台水榭，都能作用于人并给人们一种身心愉悦的感觉，自然环境对人的品性形成的潜在影响是不可忽视的。随着环境污染的加剧，失去了蓝天碧水的人们日益认识到优美的环境对于人类生存和发展的意义，更意识到其对于人类心灵的纯净和滋养作用。

社会德育资源是指人类通过自身劳动，在开发利用自然资源的过程中形成的具有德育因素的物质与精神资源，如人力资源、财力资源、信息资源等。这里的社会资源是相对自然界而言的广义上的社会资源。就德育而言，学校环境中的社会关系和重要他人都是对学生产生道德影响的重要社会德育资源。正如科尔伯格在对隐性课程的研究中所指出的，“我们相信，在隐蔽课程中，要紧的是教师和校长的道德品质和思想意识，因为这两样东西会转化成一种动态的社会环境，而这种环境会对影响儿童的道德发展发生重要影响。”①

（六）现实德育资源和网络德育资源

依据资源的存在形态的不同，德育资源可分为现实德育资源和网络德育资源。随着互联网的普及，网络文化信息对人们生活的影响日益深入，网络资源成为不容忽视的德育资源。网络德育资源是指存在于网络虚拟世界中，对青少年的德育具有积极作用的各种资源。相对于网络虚拟德育资源，存在于现实生活世界中，对青少年品德发展具有积极影响的德育资源可称为现实德育资源或实体德育资源。网络德育资源虽然存在于虚拟世界中，但是对青少年道德世界的影响却是真实和深刻的，而现实的德育资源如果不善加利用也有可能形同虚设，无法发挥现实的德育价值。

三、德育各要素与德育资源的关系

德育资源作为德育要素之一，与其他德育要素之间有着内在的联系。正确认识和厘清德育资源与各要素之间的关系，是对德育资源进行合理开发和利用的必要前提。德育资源与德育目标、德育主体、德育内容、德育方法等德育要素共同形成了德育的完整体系，只有对各要素明确定位，并使各要素形成德育的合力，才能形成德育的最佳效果。

（一）德育目标与德育资源

德育目标是德育的首要问题，规定了德育活动的价值方向，体现了一定社会和国家对德育的期望和要求。“德育目标是教育者和受教育者全部活动的出发点和归宿。每一种德育活动措施都是为实现既定的德育目标服务的。德育目标支配、调节、指导、控制着整个德育过程。”②因此，德育目标的导向功能决定了德育资源开发和利用的内在价值取向，而德育资源的开发和利用服务于德育目标的实现，德育资源是对德育目标的具体落实。

（二）德育主体与德育资源

教师作为德育的主体既是德育资源开发的主体，其本身又是重要的德育资源。德育资源是否能够进入德育过程并在其中发挥应有的作用，取决于教师是否具有德育资源意识和

---

① 科尔伯格.学校的道德环境[M]//瞿葆奎.德育.北京：人民教育出版社，1989：523.

② 班华主编.现代德育论[M].合肥：安徽人民出版社，2001：130.

开发利用德育资源的能力。美国学者霍尔提出的“环境能力”就是教师在开发和利用德育资源时特别需要的一种专业能力。所谓的“环境能力是指个人意识到周围环境及其对自身影响的能力。”①在教育实践中,我们的许多老师,包括学校领导都缺乏应有的“环境能力”,因而常常不注意学校物质环境的利弊对学生可能产生的影响,更不会去主动积极地引导学生利用和改造学校的物质环境。学校环境应有的作为德育资源的功能因此难以充分发挥。另一方面,教师自身的榜样示范作用,其内在秉持的理想、信念、价值观等都作为重要的德育影响力量在现实的德育过程中发挥着作用。

(三)德育内容与德育资源

德育内容作为德育活动所要传授的具体道德价值与规范体系,是通过对德育文化资源的提炼和整合而形成的。所以,德育内容是对德育资源内涵的道德价值的提炼和浓缩,而德育资源则是德育内容在社会生活中的丰富和具体。德育资源的开发和利用将使德育内容更为丰厚。

(四)德育方法与德育资源

德育方法是教师和学生在德育过程中为达成一定的德育目标而采用的有一定内在联系的活动方式和手段的组合。从一定意义上讲,德育方法就是在德育过程中为达成德育目标而对各种形式的德育资源进行开发和利用的方法,如利用社会德育资源开展社会实践活动,利用学校德育资源开展校内生动活泼的教育活动等。而德育资源则为创新德育方法提供经验和各种物质手段,从而拓宽德育途径和优化德育方法。

德育资源与德育各要素之间的内在联系决定了对德育资源的开发和利用必须综合考虑,要充分认识各要素与德育资源之间的相互关系和相互作用,在相互促进、协调一致中使德育资源的效益得到最大实现。

第二节　德育资源意识的确立

德育资源意识的确立是德育资源得到有效开发和利用的重要前提。德育资源的价值潜在性决定了只有具有德育资源意识才能发现德育资源潜在的价值,才能为德育资源价值由潜在性向现实性转变提供主观前提条件。因此,德育资源意识的确立对德育资源的开发和利用具有重要的现实意义。

一、德育资源意识的定义

意识是人脑对客观事物的反映,但这种反应不是镜子式的简单被动的反映,而是一种积极主动的反映,这种反映是人对客观事物的主动关注、捕捉、思考,并为接下来的行为奠定思想基础。因此,意识是一种内蕴人类主体性的意向性思维活动。

德育资源意识是教育者为了实现德育目的而积极关注具有德育价值的事物,并主动而敏锐地进行捕捉和利用的主观意向性思维活动。德育资源意识表现为对各种事物所蕴含的德育价值的一种敏锐感知和积极捕捉,是德育工作者应具备的一种专业意识。同时,德育资源意识还表现为教育者面对各种事物所具有的主体意识,面对一般人熟视无睹的各种事物

---

① 刘根平,黄松鹤.潜课程论[M].沈阳:辽宁教育出版社,1992:191.

而积极探求其潜在德育价值的积极主动性。这种主体意识源于教育者的内在责任感和专业敏感性。

德育在本质上是源于生活的,在生活中进行并为更好地生活服务的。所以,教育者要想真正影响学生的道德品质就必须在变化的生活世界中、在信息泛滥的文化环境中,用自己敏锐的德育资源意识去发现、过滤、筛选、利用德育资源,使生活世界成为充满积极教育能量的德育情境。

二、确立德育资源意识的意义和作用

在学校德育实践中,德育资源的匮乏是影响德育效果的一个重要原因。而现实中的资源匮乏不是绝对意义上的匮乏,而是由于教育者缺乏资源意识和利用德育资源的实际能力导致的相对意义上的匮乏。与德育资源匮乏同时存在的,还有资源的闲置和浪费。这些在本质上都是由于教育者德育资源意识缺乏而造成的。因此,德育资源意识的确立对于学校德育实践具有重要意义和作用。

(一)确立德育资源意识是德育向生活世界回归的必然选择

当前,向生活世界回归成为重要的德育理念。但是,如何真正实现德育向生活世界的回归,使德育更加贴近生活,影响并提升生活成为德育实践中正在探索的问题。而解决这一问题很重要的一个方面就是,如何充分发现和利用生活中潜藏的德育资源,如何将学校德育目标与生活本身建立内在的紧密联系,使德育能够以贴近生活的方式完成。德育资源意识的确立,能够使教师改变仅仅依靠书本的德育观念,而是从社会、家庭、大众传媒等对学生的品德发展产生影响的现实生活环境中发掘德育素材,并经过专业化的加工和提炼,成为源于生活世界的高品质德育资源。所以,德育资源意识作为一种专业意识,能够使德育工作者从纷繁杂乱的生活世界中发现和提炼德育资源,实现德育向生活世界的真正回归。

(二)确立德育资源意识是构建和优化德育环境的前提条件

德育在实质上是教育者的价值引导和学生的自主构建的过程,教育者所要做的就是构建一个内含价值引导功能的德育环境,让学生在与环境的交互作用中获得道德心灵的成长。这就需要教育者具有德育资源意识,能够有意识地利用学生周围的人、事、物等各种具有潜在德育价值的因素,构建德育环境,使潜在的德育因素经过教育者专业性的开发和利用而成为现实的德育力量。在这一过程中,德育资源意识的确立是重要的中介条件。因为,"只有当作为影响源的学校德育的社会环境发生作用的中介机制建立起来并发挥作用,只有作为影响状态的学校德育环境进一步优化,学校德育的社会环境才不是'纯自然'的,才能够最大限度地实现其德育价值"①。因此,德育资源意识的确立,是学校德育环境得到构建并优化的前提条件。

(三)确立德育资源意识能为提高德育实效开辟现实路径

如何提高学校德育的实效性,是德育实践中面对的一大难题。德育内容的空洞枯燥,德育方法的简单陈旧,德育手段的单一落后都会导致德育低效或失效。德育资源意识的确立,能够改变教师的德育观念,开阔教师的德育视野,使其能够积极主动地开发和利用各种德育资源,从而丰富德育内容,创新德育方法,改进德育手段,使德育效果得到提高。例如,教师

---

① 檀传宝.学校道德教育原理[M].北京:教育科学出版社,2000:194.

对媒介德育资源的开发和利用,就可以与时俱进地吸收各种文化资源,使德育内容鲜活新颖,对网络、电视等媒介手段的使用可以使德育方法和手段得到更新,从而能够促进德育效果的提高。

三、教师形成德育资源意识的观念基础

德育资源意识是教师在德育实践环节中需要确立的一种主体意识,而这一意识的形成和确立需要教师在其整体的德育思想观念中首先具有一些更为上位的,对德育资源意识的形成具有基础性和奠基性作用的观念和意识。因此,德育资源意识的确立需要明确其需要的德育观念基础。

(一)先进的德育理念

德育理念是人们基于对德育的理解和认识而形成的一种相对稳定的思想观念。德育总是在一定的德育理论和思想指导下的教育实践活动。而任何一项实践活动要想取得预期的效果,实践主体内在的科学、先进的思想观念是其前提和基础。因此,对德育资源的开发和利用首要的是形成新的德育理念。

教师在德育中确立先进的理念意味着,教师要自觉反思已有德育中存在的功利主义、科学主义、权威主义等德育理念,以及由此形成的知性德育、灌输式德育等造成的德育与学生生活世界的割裂和疏离。在对德育实践的探索和思考中,在对德育理论和研究成果的学习中逐步确立先进的德育理念,如“德育向生活世界回归”生活德育理念、尊重学生主体性的“主体德育理念”等。如果教师确立了先进的德育理念,那么为了实现他内心珍视和信仰的理念,寻找、发现、开发和利用德育资源便会成为一种内在的需要,德育资源意识的确立就会成为水到渠成的过程。

(二)德育主体意识

德育主体意识是指,教师在学校德育中能够意识到自己的主体作用,能够充分发挥自己的主动性、能动性和创造性,在德育实践中积极投入自己的教育智慧,使德育在不断完善中培养人格完善的人。随着德育理论和实践研究的不断发展,学校德育的内在规律得到认同,学校德育的独立性得到尊重,这就需要并要求教师在德育中具有主体地位和主体意识。因此,教师需要改变对德育的认识,意识到德育的目标是按照学生的道德认知、道德情感、道德行为的发展规律,利用各种德育资源和德育方法,使学生形成健全的道德人格。只要有利于这一目的实现,教师就可以充分发挥自己的主观能动性,发掘自己的内在潜能,提升自己的德育素养,在德育的舞台上追求创新。因为,“每一位从事教育工作的人,都可以努力成为一名教育家,而不是教书匠,关键在于要有自己对教育独立的理解,有自己对教育的理想,有自己对教育的持久的追求,并逐渐形成自己的风格”①。

(三)德育生态意识

德育生态意识是指运用生态学及教育生态学的基本原理和观念来理解和思考德育问题,建立一种整体的、系统的、联系的、动态的德育认识观。“运用生态学的原理和方法,就是运用生态学的系统观、平衡观、联系观、动态观来考察教育问题。基于这一思考方式我们可以把教育理解为一个与自然的、社会的、经济的、政治的、文化的生态环境关系密切的,由

---

① 袁振国.教育新理念[M].北京:教育科学出版社,2002:179.

时间和空间构成的，开放而实在的生态系统，它是整个社会生态系统中相对独立的子系统。”①因此，德育生态意识的核心在于把德育视为一个有机的、复杂的、统一的系统，德育生态系统中的各因子都有机地联系着，这种联系又动态地呈现为统一与矛盾、平衡与失衡的状态。所以，确立德育生态意识意味着：第一，意识到德育情境的整体性和复杂性。德育并不是也不能够在学校这一孤立的环境或场域中进行并完成，而是受到人类生存其中的自然环境、社会环境、规范环境的整体而复杂的影响。第二，意识到学校德育作为教育的一个子系统，与社区、家庭等其他德育子系统之间的联系与互动，改变学校德育的封闭和孤立，建立各系统之间良性的合作与协同关系，使各系统的德育资源都能得到发掘和利用，实现德育资源的价值最大化。第三，意识到教师和学校在复杂的德育生态环境中的主导作用。德育环境的复杂使得德育影响可能具有不同的方向，有积极的影响也有消极的影响。教师和学校要担负起自身的职责，对各种影响进行筛选、过滤、改造和整合，使其符合教育和学生道德成长的要求，在德育中发挥正向的积极作用。

（四）德育创新意识

所谓创新意识是人们对创新以及创新的价值性、重要性的一种认识水平、认识程度以及由此形成的对待创新的态度，并以这种态度来规范和调整自己的活动方向的一种稳定的精神态势。创新意识是由创新意图、愿望和动机等对创新活动有重大影响的各种精神因素构成的。创新不单纯是一种技术过程，它更是一种激情，一种不满足现状的追求，一种态度和实践，一种稳定的价值取向。教师的德育创新意识是一种基于对自己职业的强烈情感以及内在的自我实现的高级需要而形成的一种不断超越和突破，不断否定和发展的积极精神品质。教师的创新意识对于教师的工作具有重大意义。因为，一旦教师产生了创新意识，那么这种意识便会作为一种稳定的精神力量影响其日常的教学工作，创新会逐渐成为一种惯性的影响力。当创新由意识成为一种教育习惯，那么教师的职业生活便会进入一种更高的境界。教师在德育中的创新意识表现为不断反思自己的德育观念和德育习惯，不断拓宽德育的思维和视野，不断更新自己的德育方法和手段，不断丰富德育的内容和形式，从而促进学生的成长不断走向完善，不断追求完美，使德育更为充实、丰裕和富有魅力。

第三节　德育资源的开发和利用

德育资源的开发和利用首先需要德育工作者具有德育资源意识，这是有效开发和利用德育资源的前提性条件。而在德育资源的具体开发和利用过程中，还需要遵循一些基本的原则，以保证德育资源预期价值和效果的实现。同时，还要明确德育资源开发和利用的有效途径，并对不同层面、不同类型的德育资源采取不同的开发策略，以充分实现各种德育资源的潜在价值。

一、德育资源开发和利用的基本原则

为了避免德育资源开发和利用中的盲目和低效，德育工作者对德育资源的开发和利用需要遵循一定的原则。开放性原则、生活性原则、创新性原则、经济性原则、安全性原则等，

① 范国睿.教育生态学[M].北京：教育科学出版社，2001：125.

是德育工作者在德育资源开发中应该遵循的基本原则。

（一）开放性原则

开放性是当代德育的一个基本特征，因为当代德育是弘扬主体性的德育，是尊重学生的生命个性和生活体验的德育，这样的德育只能是开放性的德育。封闭单一的德育难以落实新的德育理念和实现新的德育目标。因此，德育资源的开发和利用要遵循开放性原则。开放性意味着摆脱教材内容的局限，按照德育目标的要求，在课本之外更为丰富和广阔的文化和信息环境中寻找实现德育目标的资源；开放性意味着除了要立足校本德育资源的开发和利用，使学校的自然和人文环境等各种要素成为最亲近的德育资源之外，还要走出校园，对区域性的或具有民族特色的资源进行充分的挖掘和利用；开放性还意味着德育方式和方法的灵活和开放，打破原来"一根粉笔+一块黑板+老师满堂灌"的陈旧而单一的德育方式，充分利用各种先进的教学设施以及网络媒介资源；身处全球化的时代，开放还意味着对世界各国有益的文化教育资源的珍视和借鉴，使宝贵的资源为我所用。

（二）生活性原则

生活性原则意味着，德育资源开发的目标不是为德育而德育，而是为了受教育者更好的生活，包括拥有更美好的现实学校生活以及经营和创造出更美好的未来生活。因为，"教育儿童实际上就是培养儿童的生活，教师应该培养的不是儿童，而是儿童的生活。因为，儿童不仅在准备走向生活，而且他们现在已经在生活。"①比如让学生参加环保活动不是为了完成一次上级布置的任务，而是让学生在参加环保活动的过程中体验自己的行为与活动的意义和价值，受到心灵的触动和净化，使他们形成珍视美好环境、自觉保护环境的生活意识和生活习惯。这些活动目标和价值的实现不是自发的，它需要教育者在活动之初就预见到，或有意识地在活动中创设和彰显活动所内含的德育价值。也就是说，它需要德育工作者具有强烈的资源意识和先进的德育理念，才能实现活动内含的丰富的德育价值。否则，一次德育活动极有可能仅仅停留在表面，很难成为对德育对象的品德发展产生深远影响的德育资源。

生活性原则还意味着德育资源的开发和利用，要与学生的现实生活建立联系，贴近学生的现实生活，并以其原生态的生活为基础，以生活化的方式和手段进行开发和利用。因为，脱离生活的也必然是难以影响生活的。很多德育资源本身并不是天然与学生的生活相联系的，相反，很多德育素材是与学生的生活相距甚远的，但这并不意味着这样的德育资源不能影响学生的道德生活，而是需要教育者的教育艺术使之得到转化，用恰当的方式、恰当的语言揭示资源内含的德育价值，从而缩短与学生生活的距离，并使其潜藏的德育意义和价值得到学生的认同和领悟。比如很多学校都组织学生参观革命纪念展览或革命活动纪念地，然而如果不能使发生在遥远的战争年代的故事与学生的现实生活建立联系，不能用恰当的德育艺术揭示革命故事的意义，那么学生会把这种参观当成一般的旅游，活动过后，学生的道德方面很难有真正的收获。

（三）创新性原则

德育资源的开发和利用需要创新，而目前的德育却缺乏创新。很多学生从小学一年级一直到高中毕业，每周都要参加一次升旗仪式。年复一年几乎没有任何变化的升旗仪式让学生变得麻木和懈怠，参加升旗只是出于学校纪律的要求，而失去了内在的冲动和向往。这

① 阿莫纳什维利.孩子们，祝你们一路平安[M].朱佩荣，译.北京：教育科学出版社，2002：184.

样，升旗仪式本所承载的爱国主义教育目标难以实现。与此相似，每年三月的“学雷锋”，清明节的“扫墓”等很多德育活动因为程序化、程式化而变得乏味，失去了对学生的吸引力，从而也就失去了影响学生道德成长的内在价值。因此，德育资源的开发和利用，需要创新，需要摆脱德育中的刻板和惰性，在创新中让德育焕发其应有的活力。基于学生的道德发展需要而进行创新，就可以使德育活动收到预期的教育效果，而不是造成资源浪费和学生逆反。

（四）经济性原则

经济性原则是指德育资源的开发和利用要尽可能用最少的投入来追求德育价值的最大化，也就是要追求德育资源开发的最佳效益，具体包括开支的经济性、时间的经济性、空间的经济性和学习的经济性。开支的经济性是指用最节省的经费开支取得最理想的德育效果，尽可能开发与利用经费开支较少的德育资源，不应借口开发德育资源而大兴土木，不计高昂的经济代价。时间的经济性是指德育资源的开发和利用要根据德育的规律和学校德育的实际情况把握最佳的时机，注意资源的时效性和现时意义。比如对一些突发事件和一些新闻性事件的利用就要注意时效性，时过境迁之后再利用，其价值便会大打折扣。空间的经济性是指德育资源的开发和利用在空间上要遵循就近原则，要尽可能就地取材，不应舍近求远。要立足本校、本地区，对可资利用的资源进行最充分的挖掘和利用。学习的经济性是指尽可能开发和利用与学生的道德生活能建立紧密的联系，能激发学生的学习兴趣的德育资源。如果引入的德育资源远离学生的生活世界，或者对学生而言毫无兴趣，不仅达不到预期的目的，反而还可能造成资源的浪费或加重学生的负担。

（五）安全性原则

安全性原则是指德育资源的开发和利用要以保证教师和学生的生命安全为首要前提，尽量避免开展危险系数过高，对学生生命安全产生威胁的活动。在尝试进行一些新的德育项目的时候，如野外生存训练、素质拓展、夏令营等活动时，要尽最大的可能做好安全保障工作。需要注意的是，虽然我们要高度重视安全，但不能因噎废食、投鼠忌器，为了保证安全而取消本应开展的活动，为了安全就把学生困在校园里。很多学校因害怕安全事故发生而不组织学生参加春游、秋游、军训等活动，甚至不组织学生参加任何校外活动。这样则走向了另外一个极端，不利于德育的进行，不利于学生的全面发展。

二、德育资源开发和利用的有效途径

在教育实践中，德育资源开发和利用的有效途径的建立是确保德育资源得到有效开发的必要条件。只有建立稳定、畅通、系统的德育资源开发和利用的途径，德育资源在德育实践中的价值发挥才能得以保证。具体而言，在整个教育系统中，需要从学科教学、教师个体的德育影响力、少年儿童组织的德育职能、家校德育共同体、校外德育基地等重要途径入手，实现德育资源的有效开发和利用。

（一）学科教学中德育资源的充分挖掘

学科教学是学校德育最基础也是最重要的实施途径，同时也是德育资源开发和利用的首要途径。苏格拉底曾言“知识即美德”，求取知识的过程本身就是对品质的考验，而知识反过来又可以充实心灵，滋养品性，从而成就美德。培根则更具体地指出“读史使人明智，读诗使人灵秀，演算使人精密，哲理使人深刻，伦理学使人庄重，逻辑修辞使人善辩。凡有所学，皆成性格。”因此，每一门学科都蕴含着培育道德品质的内容，每一门学科的教学实施过

程中，都可以实现对学生道德品质的积极影响。苏霍姆林斯基曾充满激情地宣称，“课——是点燃求知欲和道德信念的火把的第一颗火星。”①可见，每一门学科课程都蕴含着丰富而宝贵的德育资源。因此，要将“教书育人”这一朴实而具有恒久性的教育宗旨不折不扣地贯彻在各门学科的教学过程中，真正实现德国教育家赫尔巴特所说的“教学的道德性”，使教学作为教育途径和手段永远不背离其目的。具体而言，学科教学作为德育资源有效开发利用的途径需要教师明确每一门学科的特殊性，发现每一门学科内容与学生道德品质发展的内在关联性，并且找到实现这种关联性的具体方式和程序，从而使其作为德育资源的价值得到充分发挥。也就是说，学科教学作为重要的德育资源开发途径，是通过学科内容的德育影响和学科教学组织过程的德育影响两部分来具体实现的。就教学组织这一环节而言，可以通过对学生的学习目的、学习态度、学习纪律等方面提出正确的、合理的、严格的要求，实现对学生的组织纪律性、坚强的意志品质等方面的培养。每一门学科的教师都应该将学科教学作为最有效的教育手段和过程抵达学生的心灵，影响学生的道德精神世界，从而使自己作为“灵魂工程师”的神圣称谓得以真正实现。

（二）教师德育专业素养的切实提升

教师是德育资源最具影响力的生命载体，同时也是德育资源开发和利用的重要主体性途径。教师作为德育资源本身和德育资源开发和利用主体的双重身份是由教师职业的本质属性所决定的。教师是以自身为工具展开职业生活的人，因此，教师既需要用个体纯洁高尚的道德品质赢得在道德上教育学生的资格和权利，更需要提升自我的德育专业水平以发现和发挥各种德育资源应有的德育价值。这里的“专业素养”是指教师“必须具备一定的道德哲学、德育理论和德育心理学等方面的专业修养，对道德教育内容和策略的原理有专门、具体和深入的认识。”②具体而言，教师的德育专业素养要求教师“不仅要自觉遵守教师的专业伦理，还必须责无旁贷地像了解、掌握本学科的教学法一样去了解、掌握必要的品德心理、现代德育的基本理论，具备对学生进行合适的间接德育（含利用隐性课程开展德育）甚或适时开展直接德育的专业能力”。就内涵而言，“教师的德育专业素养至少包括专业伦理和德育专业知能（知识与技能）两个方面。”③只有教师具备了这样的德育专业素养才会形成明确自觉的德育资源开发意识，并且具备有效开发德育资源的专业知识和能力储备，因此教师德育专业素养的提升是德育资源能够得到有效开发利用的重要主体性条件。

教师德育素养的提升既需要源于外部的专业成长机会和支持，又需要教师个体内部的自觉和自我提升。教育行政管理部门在进行教师专业培训的过程中，要加强对教师德育专业能力的重视，将德育专业化的相关知识模块纳入教师专业培训的课程体系，为教师德育专业素养的提升提供有力的外部支持。此外，学校应该围绕德育专业化形成校本培训课程和教研活动，结合教师的具体德育实践展开研讨和学习，这样会更具针对性地增强教师的德育能力。最后也是最重要的，是教师个体的德育自觉和自我专业发展的动力。只有教师深沉地热爱教师职业，对学生的道德发展深切关心，才会形成强烈的自我提升和发展的自觉，以此实现自己教书育人的专业使命。

---

① 苏霍姆林斯基. 给教师的建议[M].北京：教育科学出版社，1984：422.

② 檀传宝.学校德育原理[M].北京：教育科学出版社，2000：178.

③ 檀传宝.再论“教师德育专业化”[J].教育研究，2012(10)：39-46.

（三）少年儿童组织及社团德育职能的系统发挥

同辈群体是影响少年儿童社会化和道德发展的重要力量，集体组织是培养学生集体感、责任感、荣誉感等道德情感的重要组织形式，因此，少年儿童组织以及学生会、社团组织等承担着特定的德育职能，也是德育资源开发和利用不可忽视的实践途径。少年儿童组织以及社团等组织可以通过组织集体生活的建立和各种实践活动的开展实现对德育资源的开发和利用，同时实现其德育职能。

首先，组织集体生活中蕴含着丰富的德育资源，可以实现对少年儿童道德生活的整体性影响。苏联教育家马卡连柯关于集体教育的思想在今天仍然有重要的借鉴价值。他提出"集体自身就是富有创造性的、严格的、确实的和有教养的力量。我们要教育整个集体，这是正确的教育的唯一途径。"①马卡连柯明确提出了"教育过程的组织方法"，具体提出了共青团、少先队等集体的机构、方式、制度等的具体建立，并指出了其显著的德育效果。"这种组织具有很大的教育效果，因为它能造成不同年龄儿童之间更密切的协作，小孩子获得多种多样的知识、掌握行为习惯、工作方法，学会尊重大孩子及其威信。大孩子关心小孩子并且对他们负责——这能培养苏维埃公民所必需的品质：对人关怀、气量宽宏和严格要求，还能培养未来的家庭成员应有的品质以及许多其他的品质。"②因此，形成集体并且形成积极向上、健康和谐的集体生活是各种少年儿童组织教育应该追求的目标。

其次，少年儿童组织通过利用各种实践活动资源来实现其德育职能，这是少年儿童组织的优势所在。共青团、少先队、学生会、社团等都会基于自身的组织特性而开展各种适合少年儿童身心特征的活动，实现对其思想观念、价值体系以及意志品质的引导和塑造。这里需要指出的是，各种组织活动实施应注意，"把思想性、知识性和趣味性统一起来。既反对片面强调思想性，忽视知识性和趣味性，一味空洞说教；也反对只追求趣味性，忽视科学性和思想性，使活动庸俗化。"③这里特别需要注意的是避免各种活动的"形式主义"和"行政化"，不是出于青少年儿童的道德发展实际而开展活动，而是出于自上而下的"行政命令"而实施活动，这样的活动往往背离教育的初衷，难以实现德育的作用。陈桂生先生一针见血地剖析了这种现象。"我国德育中盛行的并不是针对学生日常行为的价值观念的教育、训练和感化，而是形形色色的'德育活动'。如根据某种指令或倡议而开展的竞赛、评比、汇报演出等活动。这类活动波澜壮阔，热闹非凡，口号动听，设计精巧，紧跟形势，学生也乐意凑这种热闹。它既丰富学生的生活，更有强烈的舆论支持，何乐而不为。以致每一项这样的活动的理由，既难以否认，这种活动来了又不可抗拒。问题是此起彼伏的外在活动，使教师和学生应付不迭，常常导致日常教育、训练和感化中断，这笔'账'不知谁人算过，谁人想到去估量这种代价！"④由此可见，各种组织活动并非必然发挥正向的德育价值和功能，而是需要教育者有更多反思和教育性加工，遵循德育的内在规律，方能切实实现德育的价值。

（四）家校德育共同体的有效构建

家庭环境中蕴藏的丰富德育资源，其开发和利用有赖于家校德育共同体的真正构建。

---

① 马卡连柯.马卡连柯教育文集[M].北京：人民教育出版社，1985：107.

② 马卡连柯.马卡连柯教育文集[M].北京：人民教育出版社，1985：255.

③ 华中师范大学教育系，等，编.德育学[M].西安：陕西人民教育出版社，1986：221.

④ 陈桂生.中国德育问题[M].福州：福建教育出版社，2007：124.

这是因为，少年儿童道德品质的形成需要一种高度统一的价值导向和行为示范，如果家校之间不能建立有效的合作机制，形成目标一致的教育共同体，那么家校之间的教育冲突就会削弱甚至毁灭教育效果，造成教育的浪费甚至是悲剧。正如苏霍姆林斯基所言，“教育的效果取决于学校和家庭的教育影响的一致性。如果没有这种一致性，那么学校的教学和教育过程就会像纸做的房子一样倒塌下来。”①对于德育而言，这种一致性的建立尤为重要。而建立家校德育共同体的过程，也就是建立这种内在一致性的过程。这种教育一致性的建立意味着，“学校和家庭不仅要一致行动，向儿童提出同样的要求，而且要志同道合，抱着一致的信念，始终从同样的原则出发，无论在教育目的、过程还是手段上。”②然而，虽然很多学校也建立了家长学校、家委会等家校合作的组织形式，但是在教育观念、教育方法等方面却仍然存在很多矛盾和冲突。家校合作只有从形式上的合作走向实质性的合作，家校才能在共同的育人目标之下实现教育资源的有效整合。这对于充分发挥家长的教育主动性，挖掘家庭教育资源和教育价值具有十分重要的意义。而德育资源作为教育资源中具有核心育人价值的资源类型，更应该受到重视，得到充分的挖掘和利用。具体而言，家校德育共同体的构建需要从两个方面实现实质性突破。

首先，要使统一、正确的教育理念尤其是德育理念成为家长和教师的教育共识，并以此建立密切的合作关系，进而实质性地构建家校共同体，以确立德育资源开发和利用的统一方向和家校关系基础。在德育观念统整和共同体关系的构建过程中，教师要发挥主导性作用，用自己先进的教育理念和专业素养实现对家长的积极引领，进而改变家校之间矛盾的教育观念，实现对儿童更完整、充分的教育。在这方面，苏联教育家阿莫纳什维利用他的教育实践为我们确立了典范。他自己信奉并坚定地实践着“人道主义的教育”，只有家长接纳并信任这样的教育观念体系，才能真正赢得支持，进而实现自己的教育理想。他深刻意识到了这一点，并且提出，“在对儿童的教育中，需要的不是学校和家庭的简单联系，而是教育的整体性，整体性的儿童观。这种整体性应该体现在家长和教师共同关心为一个儿童创造一种人道主义的教育环境，它还意味着学校在创造这种教育环境中的主导作用。”③为此，他“吸引家长参与拟定和实现学校的教育过程”，邀请家长到学校听课，观察和了解儿童在学校的学习和生活情况，请家长参与各种教育活动，分享孩子的成长。在这样的过程中，家长更加理解和认同教师的教育理念，更愿意配合教师实现共同的教育目标，家庭在孩子全面的成长过程中发挥了更加积极和充分的作用。家庭德育资源的开发在自然而然又全力以赴的教育合作中得到正向而充分的挖掘和实现。

其次，通过家长学校等形式，实现“对家长的教育”，进而提升家长的德育素养，达成对德育资源的充分利用。成为父母的人并非天然具有教育孩子的素养，很多时候，家庭中存在着严重的教育误区，阻碍着儿童的成长。正因为年轻的父母在家庭教育中存在着错误的观念、认识和行为，因此，苏霍姆林斯基才明确提出并且实践着他的“教育家长”——提升每一个家长的教育素养的教育理念。他不断强调和呼吁“家庭要有高度的教育学素养，因为教

---

① 苏霍姆林斯基.给教师的建议[M].北京：教育科学出版社，1984：526.

② 苏霍姆林斯基.给教师的建议[M].北京：教育科学出版社，1984：377.

③ 阿莫纳什维利.孩子们，你们好[M].北京：教育科学出版社，2002：102.

育的完善，它的社会性的深化，不是意味着家庭作用的减弱，而是意味着家庭作用的增强。”①因为，“生活向学校提出的任务是如此复杂，以致如果没有整个社会首先是家庭的高度的教育学素养，那么不管老师做出多大努力，都收不到满意的效果。学校里的一切问题都会在家庭里折射地反映出来；学校的复杂的教育过程中产生的一切困难的根源都可以追溯到家庭。”②所以，只有家长具有高度的教育素养，才能与学校建立高度的一致性，并提供有力的支持和协助，学校教育的目的才能有效达成。为了使“每一位家长都能掌握最低限度的教育学知识”，苏霍姆林斯基从幼儿园的家长开始，分学段建立家长小组，制定符合该学段家长需要的知识体系和课程内容。“由校长、教导主任和最有经验的教师进行讲课或谈话，把心理学和教育学的理论知识跟家庭教育的实际紧密地联系起来。让每一位父亲、每一位母亲把家长学校里学到的理论知识，能够跟自己孩子的精神生活联系起来。”在对家长的教育引导中，他尤其强调“家庭和学校保持一致的教育影响的方向就是培养关心人、体贴人、待人诚恳、对一切有生命的东西抱有善良的态度这些品质。如果儿童不在家庭里从事实际活动来加深和发展这些道德品质，我们学校是很难取得什么显著成效的。”③可见，苏霍姆林斯基把发挥家庭的德育影响力放在了家长学校最重要的位置上，通过提升家长对儿童道德品质培养的重要性的认识和专业知识的掌握，充分实现家庭对儿童道德品质塑造的基础性作用。这是德育资源在家庭教育中能够得到充分挖掘和实现的重要条件，也是核心目标和方式。

（五）校外教育机构德育效能的深度挖掘

儿童的成长尤其是道德发展的复杂性决定了教育的开放性，因此，突破学校的围墙，广泛开发和利用校内外各种德育资源就成为学校德育的必然要求。伴随整个社会对教育的重视，各种校外教育机构的建立和功能发挥成为客观需求。教育行政部门出台关于各种校外教育基地建设的政策建议，各种社会机构积极参与学校教育，从而开创了更为广阔的德育资源开发和利用的途径。例如，国家文物局、教育部《关于加强文教结合、完善博物馆青少年教育功能的指导意见》中明确指出，“加强博物馆教育资源统筹。各级各类博物馆要围绕青少年教育的需求，进一步加强资源统筹，设置充足的适合开展青少年教育的馆内场地，配套必要的教育设备，配备专业人员，在设计实施基本陈列、展览项目时要充分考虑青少年教育项目的需求，在进行藏品数字化、智慧博物馆建设中，要兼顾青少年教育项目实施的功能。”此外还立足长远，提出“建立中小学生利用博物馆学习的长效机制”，明确要求“文物部门和博物馆要加强与教育部门和学校的联系，根据教学需要实施相关教育项目，配备专职辅导人员，使博物馆教育与学校教育相互补充、相互促进。”除此之外，关于全国中小学环境教育社会实践基地、劳动教育实践基地以及爱国主义教育基地等都出台了明确的政策。在这种积极的政策支持和社会协同的背景下，学校要充分意识到校内外两种教育场域的德育资源都非常重要，要建立开放广阔、高瞻远瞩的德育视野，积极主动地关注并开发校外丰富多元的德育资源，使青少年儿童的道德成长更加丰富而完整。

在校外教育机构德育功能的深度挖掘方面，日本的做法对我们有积极的借鉴价值。他

---

① 苏霍姆林斯基.给教师的建议[M].北京：教育科学出版社，1984：377.

② 苏霍姆林斯基.给教师的建议[M].北京：教育科学出版社，1984：377.

③ 苏霍姆林斯基.给教师的建议[M].北京：教育科学出版社，1984：532.

们高度重视校外教育，认为："仅依靠学校作为形成少年儿童人格的基本途径是非常困难的，因此，校内和校外的结合以使学生获得更多的直接经验就显得尤为重要。"①这种对校外教育的重视具体体现在三个方面：首先，通过立法使社会教育机构的地位和教育价值得到充分认可和尊重。要使校外教育得以有序运行和健康发展，就必须在提高家庭和社会成员自觉性的同时提供法律保障。为此，日本在1949年颁布了《社会教育法》，这是日本校外教育管理的总法，它使日本的校外教育发展获得了直接的法律保障。此后，日本又相继颁布了《图书馆法》和《博物馆法》。这些法律的颁布，从法律上确认了校外教育在整个教育体系中与学校教育处于并列发展的地位，使校外教育走上了法制管理的轨道。其次，通过目的明确的德育活动的设计，实现了校外教育机构德育价值的高效实现。例如，日本重要的校外机构少年自然之家，其目的就是促进儿童接受自然体验、身心体验和集体生活训练，从而达成完整的育人目标。其具体教育目的体现在三个方面：在接触大自然的过程中，培养少儿亲近、热爱自然的感情；通过集体住宿生活，培养少儿遵守纪律、合作、友爱和奉献的精神；在自然环境中促进少儿身心的健康并培养其自我实践、创造的态度。第三，建立学校与各种不同社会机构的广泛而深入的合作，实现社会教育的丰富性和完整性。1999年日本终身学习审议会发布了《生活体验、自然体验培育日本儿童之心灵》的咨询报告，提出为了创建儿童的成长环境，要进一步向中小学生提供在校外学习和活动的机会与场所。例如，与社区合作，组织儿童在社区开展继承传统艺能与技术、了解乡土等活动；与环境厅联手，在全国开展让儿童担任国立公园管理员活动；与农林水产省联手，设立"儿童长期自然体验村"，以进行自然体验与环境学习、体验农业生产活动等；与林业厅联手，开展"森林之子活动推进计划"，让儿童接触森林；与通商产业省和中小企业厅联手，开展"儿童实习事业"，通过让儿童在当地的商业街体验各种职业生活，来了解劳动的重要、思考个人的愿望与将来职业的关系。

三、不同类型德育资源的开发和利用

学校、家庭、社区、媒介等构成了影响学生道德成长的基本的社会环境，而"社会环境无论在个体道德成长还是在学校德育运行方面的价值都有一个可能价值与现实价值的问题。社会环境并不是完全天然地发挥其德育影响的。社会环境系统如就其是否构成影响的现实性的角度划分，可分为作为德育影响源的社会环境和作为德育影响的社会环境"②。作为德育影响源的社会环境指具有德育潜在或可能价值的社会环境，而作为德育影响的社会环境则指对学校德育能起现实的影响或作用的环境。如大众传媒的内容构成学校德育的环境，但只有其中能为学生理解的部分才是现实性的德育影响。而那些大量的不为学生所认知的画面、声音等只停留在尚未发生现实影响的影响源层次。德育资源的开发和利用，就是要将德育环境从潜在的影响源转变为现实的德育影响，使社会环境在与学校德育的互动中产生积极的德育影响。

（一）学校德育资源的开发和利用

学校作为专门的教育机构，是对青少年进行德育的主体力量。青少年的个体社会化过程主要是通过学校的系统化、专门化的教育以及青少年的学校生活来完成的。对于德育而

① 王晓燕.日本校外教育发展的政策与实践[J].国家教育行政学院学报，2009(1)：90-95.

② 檀传宝.学校道德教育原理[M].北京：教育科学出版社，2000：190.

言，“学校最重要的任务就是提供适宜道德发展的环境——课程的内容能激起孩子的道德想象。学校里的成人，尽管并不都是美德模范，也要致力于发展自己的品德。学校的大厅、地面和教室都能反映出学校对品德的关注。鼓舞人心的话语遍布各处。伟大的男性、女性和孩子的图片围绕在学生的周围。这种组织环境，反映了亚里士多德有关应该每天给孩子们呈现出卓越的建议。教室和学校也需要以卓越的面貌包围学生：卓越的音乐、建筑、故事和生活。”①学校德育资源是指学校内一切有德育影响的因素。依据构成要素的不同，学校德育资源又可分为校园精神文化资源、校园物质文化资源、校园活动文化资源和学校德育人力资源。

第一，挖掘校园精神文化资源，提升学生的人生境界。校园精神文化是校园德育资源的核心层面，是校园德育资源的精华所在。“儿童的精神世界犹如一座神殿，把它弃置不用，这无异于教育犯罪行为。”②因此，用高尚、纯洁、丰富的人类精神文化充实儿童的道德精神世界，就成为德育的神圣使命。校园精神文化资源主要由认识、情意、价值、理想四种成分构成。认识方面包括教育方针、办学方向、课程内容、教法等教育理念。情意方面包括主体归属感、传统意识、团体心理倾向、师生忠诚品格。价值方面主要指师生员工对学校及其各种活动共同习得的价值取向，是从认知成分中衍生出来的行为规范，可作为校园主体共同实现的目标。理想方面指主体对学校未来发展寄予的期望与追求，它构成校园主体的精神支柱、行为导向和推动力。校园精神文化不仅体现着校园主体的浅层文化观念，而且反映着深层的思想理念，是大多数人认可并遵循的共同价值取向和生活信念。因而，直接影响着主体的精神状态，影响着学校办学方向和活动方式，制约着全部教育活动的进展。校园精神文化具有极强的渗透性，它浸透、潜伏和弥散在整个校园的各种环境因素及校园主体群之中，形成一种浓重的精神氛围，赋予学校和教师以特有的个性魅力。由于这种精神性环境是通过校园主体共同实践活动，并经反复选择、凝练和历史积淀而成的，从而使置身其中的广大学生具有向往感与亲和感，在不知不觉中受到感染、熏陶和净化，达到提升人生境界的效力。

第二，挖掘校园物质文化资源，熏陶学生的言和行。校园的物质文化资源，主要应包括校园建筑、校园文化设施和校园美化物态。校园主体建筑指门面、路径、教学楼、学生公寓、食堂等。校园文化设施主要指体育场馆、图书馆、展览厅、报告厅以及相关的设备、器物。校园美化物态或称艺术生态指草坪、树林、花坛、喷泉、牌楼、雕塑、亭台、楹联、假山、纪念碑等。客观物体本来是没有生命和情感的，但是，经过了教育建设者们按照预期教育目标，并适应学生成长的需要而进行的精心设计和创造，校园建筑物和生态环境也变得“活”起来。正如苏霍姆林斯基所说：一所好的学校连墙壁也能说话。教育社会学家科尔也曾指出：物体在空间里的摆放并不是随心所欲的。房间以其物质形式，代表着该场所与机构的精神和灵魂。一位教师的房间可以告诉我们他的性格以及他正干什么。③ 一所环境建设很好的学校，其校容校貌中透露出的浓烈的文化气息和青春活力，体现出来的教育者的价值取向、志趣爱好及文化素养，不仅能使学生得到美的享受，而且能像一位沉默而有风范的老师一样，使学生

---

① 凯文·瑞安，卡伦·博林.在学校中培养品德：将德育引入生活的实践策略[M].苏静，译.北京：教育科学出版社，2010：168.

② 阿莫纳什维利.孩子们，你们生活得怎样[M].朱佩荣，译.北京：教育科学出版社，2002：127.

③ 转引自刘根平，黄松鹤.潜课程论[M].沈阳：辽宁教育出版社，1992：191.

获得熏陶和感染，深刻地影响着学生的思想品德、行为方式与生活方式的选择。

第三，挖掘校园活动文化资源，陶冶学生的心灵。校园活动文化资源主要应指自主性科研学术活动、课外文娱、体育活动、群众性俱乐部活动以及师生之间、学生之间、异性之间交往以及校际交往活动，等等。校园活动文化，可将德育内容寓于各种生动活泼、形式多样、丰富多彩的活动之中，往往对学生具有极强的吸引力，它不仅使参与其中的学生在不知不觉中受到了教育，学会了鉴别、比较、判断、取舍，从而提高认识，使自己的思想道德向社会要求的方向发展，而且还可以感染、教育那些未能参加活动的同学，可以影响和改变周围的风气。

第四，整合学校德育人力资源，形成全方位的德育格局。德育作为一项整体性的育人工作，需要学校各部门之间的协调和配合。但目前学校各方面的配合、协作并不理想，存在"脱节"现象。一是德育教师队伍与德育管理队伍在德育实施过程中"脱节"。德育教师主要负责第一课堂，德育管理部门如团委、少先队、德育处、班主任等负责第二课堂，这两支队伍是德育中的两个环节，工作具有连续性，应统筹安排、整体考虑，才能达到教育目的。二是非德育教职工队伍和德育教职工队伍"脱节"。部分非德育教职工认为德育是德育工作者的责任，与己无关，工作中单纯完成自己的业务工作，管理育人、服务育人观念淡薄，不能从各自的角度和岗位发挥德育影响作用。这导致育人的主动性和积极性处于潜在状况，德育队伍孤军奋战，德育人力资源没有得到有效整合。而德育是学校核心工作之一，每个部门、每个教职工都有育人的责任，德育绝不是少数部门和少数人的事。所以构建德育管理组织体系必须坚持整体性原则，从教书育人、管理育人、服务育人的角度规划、设计内部结构，调动全体教职工参与德育工作，形成合力，实现学校德育目标。此外，为保证德育目标实现，要建立德育岗位责任制，将德育目标分解到岗到人，明确育人职责。每个人要根据自己工作性质、特点制订育人计划，积极开展工作。要建立考评机制，督促、评价德育工作情况，考评标准要具体、明确、有可操作性。通过考评机制促进德育工作落实，避免有计划、没行动，做好和做坏一个样的现象发生，保证德育工作的顺利进行和德育目标的有效实现。

这里需要指出的是，学校除了对校园内部的各种资源进行充分的挖掘利用之外，还应该在整个德育系统中，在各种德育资源的开发和利用中发挥主体性作用。学校德育所具有的整体性、开放性和动态发展性特征要求德育必须走出封闭性的校园，努力使各种教育力量形成合力。正如美国教育家 A.威尔森所指出的："个人的道德在家庭里、学校里以及社会中形成。这三种场所为个人提供了道德学习所需的整合性背景。互相支持，就像凳子的三条腿一样。现代社会令道德教育难以施行的社会现象之一，就是道德学习的上述三种场所之间丧失了道德共识。"①因此，整合各种社会德育资源，构建优化的社会环境是学校德育必须选择的出路，学校应当成为营造和谐的德育社会环境的主体力量。这就意味着"学校应作为个体道德成长社会网络中最能动的力量去主动连接其他社会环境系统，组合各种正面影响，形成合力"②。学校应当以其先进的文化和教育资源，形成对其他德育环境的积极而强有力的辐射和价值导向作用，并在与家庭、社区以及各种媒体的积极互动中使各种德育子系统得到改善和优化，形成有利于个体道德成长的社会德育环境。对各种德育环境资源的开发和利用不是一个孤立、分割、单向的过程，而是以学校为核心和主体的有机系统，是相互联系、

① ［美］A.威尔森. 美国道德教育危机的教训［J］.湘学，译.国外社会科学，2000(2).

② 檀传宝.学校道德教育原理［M］.北京：教育科学出版社，2003：227.

相互作用、多维互动的过程。而学校则应以其独特的文化和价值优势，自觉承担起在整个社会价值环境中的特殊使命，积极能动地介入各种德育环境和资源之中，充分调动和发挥其潜在的德育价值，从而实现各个德育环境子系统以及社会德育环境整体的优化和发展。

（二）家庭德育资源的开发和利用

家庭在青少年道德品质的形成和发展过程中起着不可替代的作用。苏霍姆林斯基明确指出“人的全面发展取决于母亲和父亲在儿童面前是怎样的人，取决于儿童从父母的榜样中怎样认识人与人的关系和社会环境”，[①]因此，家庭是“人性的真正学校”，“只有在家庭中萌生了对其他人精神世界的敏感性，这种敏感性才能在学校中，在人类的社会生活中得到发展”。[②] 也就是说，家庭教育为每一个孩子的道德世界涂上了最初的底色，而学校教育只是在这种底色上创作和加工。因此，家庭教育对学校德育具有重要的基础性和制约性作用。因为，“家庭教育影响在一个人的成长过程中起着某种先入为主的定势作用，它使得受教育者继后接受其他影响时形成一种‘准备状态’，即奠定了他接受其他教育的基础。”[③]所以，家庭环境是学校德育的基础环境，这主要是由于学校德育对象对家庭在经济上和情感上的依赖。而经济和情感上的纽带关系都会对儿童及青少年品德形成提供心理上必需的安全感、依恋感和归属感。这些正是对许多离异家庭、单亲家庭的青少年道德成长产生不利影响的重要原因。此外，在时间上，家庭自觉不自觉的德育也成为学校德育先入为主的基础。儿童在入学之前就在家庭环境中获得了许多道德观念及其行为模式。这将成为儿童在学校系统接受德育的基础和最初的认知结构。所以，无论是作为先入为主的基础作用还是家庭的物质、情感上的基础，家庭对于青少年道德成长的作用是其他环境无法取代的。

家庭环境对德育对象的影响因素包括家庭的经济状况、家庭结构、家长的职业及文化程度等客观因素，还包括家庭气氛、家长期望水平等。影响因素的复杂使得家庭环境既可以形成对德育对象道德成长的正效应，也可能形成负效应。例如，民主、平等、和睦的家庭氛围会产生良好的德育影响，而不良的家庭氛围易使青少年产生心理损伤，出现不良人格（如暴躁、抑郁、反社会倾向等），使家庭成为对学校德育产生负效应的环境因素。因此，需要具体分析德育对象的家庭环境，对各种因素的影响进行研究和分析，开发和利用积极因素，同时改变消极因素的影响，使家庭环境对德育对象产生积极作用。

对家庭德育资源的开发主要包括以下几个方面。

第一，增强家校联系，建立良好的家校合作关系，帮助家长形成正确的德育观念。具体而言，学校可通过家访、家长会、个别谈话、家长学校等形式加强与家长的联系和沟通，及时了解德育对象的家庭德育环境和家庭德育状况，并通过交流体会，加强德育针对性。学校可根据家庭德育的实际情况和家长的需要，聘请心理学、教育学等方面的专家为家长做报告，开设家长学校的相关课程，帮助家长了解德育对象的道德品质的发展规律及心理特点，克服重智育、轻德育的片面思想，正确认识德育的重要性、科学性，增强对子女进行德育的自觉性和主动性，积极配合学校搞好德育工作。

第二，指导家长搞好家庭德育资源建设，建立良好的家庭价值观和家风。在家庭德育资

---

① 苏霍姆林斯基.给教师的建议[M].北京：教育科学出版社，1984：397.

② 苏霍姆林斯基.关于人的思考[M].石家庄：河北人民出版社，2003：66.

③ 鲁洁主编.教育社会学[M].北京：人民教育出版社，1990：460.

源中家庭价值观是核心,制约和影响着其他德育因素。家庭价值观是一个家庭关于世界、社会、人生和婚姻家庭的基本看法和态度,主要包括家庭政治、社会、人生道德、审美、婚恋、教育等价值观念。它通过家长的言行反映出来,并体现在家庭教育中。家长要树立与社会发展要求相一致的正确价值观,言传身教,给子女以积极影响,及时解决他们出现的思想问题,指导他们看一些有益的书籍、读物,开展各种形式的家庭活动,参与适当的家务劳动,帮助子女形成正确的价值观,树立良好家风。所谓家风是指一个家庭的传统作风和风尚,是家庭在长期生活中形成的,包括家庭成员的处事原则、行为习惯、生活方式等。家风一经形成,对家庭每个成员都有制约和影响作用。每个家庭都有自己的家风,良好的家风对子女思想品德和心理发展起到积极推动的作用。家风建设要坚持与时俱进,反映时代的文明成果和精神风貌,树立民主平等、和谐关爱、勤奋好学、文明向上的家风,为子女健康成长创造良好的家庭条件。

(三)社区德育资源的开发和利用

社区是青少年除学校之外的另一个主要活动空间,是指与一定地域相联系的社会生活共同体,要素包括:共同生活于社区的人群、一定界限的地域、适应社区生活的制度和相应的管理机构和服务设施、基于一定社会经济发展水平和历史文化传统的社会文化和生活方式、社区成员对社区的认同感和归属感。社区环境包括社区风气、社区生活秩序和经济状况、社区居民整体素质、社区习俗和道德规范、社区文体设施、人际交往、卫生环境,等等。社区环境对青少年道德的影响有三个特征,即:“任何人”,包括学生在内的全体社区成员,他们都是德育的主体;“任何时候”,是指从人的出生至生命终结,这个过程中的任何时候都要受到社区教育的影响;“任何地点”,是指生活在社区的成员在任何地点都受到社区文化、生活方式、社区制度等的影响。① 因此,社区德育具有生活化、实践化、社会化以及普遍性、全程性、全员性等优点。同时,由于社区是一个社会的缩影,因此,它不可避免地存在着主体道德水平的差异性、德育环境的不规范性、德育内容的两面性、德育方法的不可控性等缺点。因此,需要重视社区德育资源的开发和利用,充分发挥社区德育的优势,同时尽力克服其缺点,使其成为学校德育的重要补充力量。

对社区德育资源的开发主要包括。

第一,充分利用社区内的基层社会组织,开发社区德育人力资源。社区内的社区教育委员会、居民委员会,关心下一代工作委员会等社区基层组织,是重要的社区教育力量。这些组织中的成员大部分为离退休的老干部、老党员、老教师等。他们社会阅历丰富、富有社会责任感,关心青少年的成长,是重要的德育人力资源。他们一般通过为青少年校外文化生活服务,组织青少年利用节假日参加各种社区文体活动和社会实践活动,关心青少年家庭教育,预防减少青少年犯罪等活动和方式来开展社区德育活动。学校要加强与这些组织的沟通和联系,形成青少年德育的合力。

第二,充分利用社区的各种环境设施,开发社区德育物质资源。每一个社区都有自己独特的物质环境和基本设施,因此,对社区德育资源的开发要因地制宜,从社区的实际和特色出发,使德育资源得到有效利用。比如,对于处于革命老区的社区,可以通过组织“红色之旅”的革命遗址参观纪念活动,老革命、老烈士的宣传学习活动开发本地资源。而对于处于

① 施蕾芬.论学校与社区德育互动的价值[J].黑龙江高教研究,2005(5).

旅游风景区的社区，则可以通过组织“绿色之旅”的生态环保活动开发社区资源。此外，对于社区内的文化、体育、卫生等基本的设施，以及公园、展馆、部队、企业等各种资源都可以通过组织不同形式的活动加以利用，使德育更为丰富多彩。

第三，充分利用社区的政治、历史、民俗等方面的特色，开发社区德育文化资源。不同的社区有不同的文化，社区文化会对学校德育产生不同的影响。主要表现在：一方面，不同社区文化产生不同特征的学校德育对象；另一方面，不同的社区提供不同的学校德育的文化环境。① 所以，对社区德育文化资源的开发和利用，要从社区文化的实际特点或特色出发，具体分析其对学校德育影响的长短利弊，扬长避短，为我所用。例如，对于不同社区存在的不同类型的民俗文化，就需要具体问题具体分析。一些少数民族的民俗文化，很好地保存了本民族的特色和民族文化的精华，成为对青少年进行民族情感教育的珍贵资源，值得充分挖掘和利用。而一些农村地区的带有宗法和迷信色彩的民俗活动，虽然在一定意义上具有强化中国传统道德的教化意义而有益于学校德育的作用，但另一方面又因其封建迷信特征而具有负面影响，因此需要有分析地对待。

需要特别说明的是，学校教育与社区德育资源之间并非仅仅存在开发利用的关系。学校本身是社区的最重要、最有文化自觉的组成部分，学校德育不能仅仅作为社区德育资源的被动利用者，学校应当确立社区主体意识，采取主动干预策略，积极主动地参与社区环境与社区德育资源的建设。

（四）媒介德育资源的开发和利用

媒介德育资源是指大众传播媒介中传播的各种信息中潜在的德育资源。大众传媒是指面向大众传播一定社会信息的媒体。依据接受者的感觉方式，可分为视觉系统接受的书籍、报刊，听觉系统接受的广播、录音，视听综合系统接受的电视、电影、录像、网络等。随着信息社会的到来，现代大众传媒已成为一种强有力的教育工具和影响个体社会化重要的力量之一，被称为除家庭、学校和同辈群体之外的“第四种教育力量”。大众传媒是通过直接向人们提供信息发挥其影响作用的，由于它具有广泛、快捷、生动、形象、直观等特点，已成为青少年获取信息的主要渠道，同时也对他们的思想和行为产生了广泛而深刻的影响。而且，商品消费、大众文化通过大众传媒这种载体，不仅深入人的日常生活，而且成为个体形成自己伦理道德观念的主要来源，这是当代学校德育发展的社会前提。因此，大众传媒成为不可忽视的重要社会德育资源。

对媒介德育资源的开发和利用，包括以下几个方面。

第一，重视并加强对青少年的媒介素养教育，使其具备对各种信息的价值判断、选择、评价、鉴赏的能力，也就是说使青少年自己具备理性开发和利用媒介德育资源的能力。由于电视、网络的普及，青少年接触各种媒体的机会和频率都很高，只有其自身具备很好的媒介素养，能够对各种信息进行理性的判断和选择，才能使大众传媒的正向作用得到发挥，负向作用被消解。

第二，教师要主动关注大众传媒对青少年的影响，并积极开发利用有益的媒介资源，丰富学校德育的内容和形式。大众传媒对青少年的影响是一柄双刃剑，既可能对青少年的道德成熟有益，但如不加调控，也会毒害青少年，对学校德育产生负效应。因此，教师应自觉关

---

① 檀传宝.学校道德教育原理[M].北京：教育科学出版社，2000：203.

注大众传媒对青少年的影响，根据德育对象接触大众传媒的实际情况对其进行引导和干预，适度控制媒介对青少年道德的影响，并使其向有益的影响转化和发展。同时，教师可以积极利用电视、网络中有德育价值的各种节目信息、网络文化资源，将其纳入自己的德育内容，使德育内容更具时代气息，也更接近德育对象的生活世界。

第三，利用各种媒介手段，实现德育手段的多样化，提高德育效果。要提升学校德育的效果，教师必须尽快地熟悉学生采用的信息交流方式，尽可能多地使用他们正在使用的传播手段。例如，要建设、利用立体的校园信息网进行德育，包括校报、校刊、学校广播台、学校电视台、校园网，等等。但是，这个校园信息网在发挥德育功能时必须注意两点：一是该网络不能影响学生全面、客观地了解社会信息，不能变成单色滤光镜；二是该网络应尽可能阻挡、抵消大众传媒中的消极信息。此外，还可通过组织青少年观看优秀的影视作品，开展优秀个人网页、博客竞赛等形式引导德育对象正确利用媒介，同时使学校德育形式更为丰富多样。

第四，尤其要重视网络德育资源的开发和利用。当网络日益普及并对青少年的学习和生活产生广泛而深刻的影响的时候，我们的德育工作者不能像鸵鸟一样对此逃避或视而不见，相反，我们要走在学生前面，以积极的态度驾驭和主导网络对德育乃至整个教育的影响和冲击。正如鲁洁先生所言“教育作为一种人的发展的自觉手段，它所要完成的任务是赋予人以自觉选择的意志和能力。从网络社会道德发展的角度来看，教育要促使人能够充分利用网络作为致善的手段，作为自我发展的台阶。”①也就是说，在一个缺乏外界约束的虚拟世界里，教育所要做的最重要的工作就是建立起学生的道德主体性，使其具备价值判断和行为选择的能力，作为理性的道德主体负责任地存在于虚拟空间中。

因此，对网络德育资源的开发和利用主要包括两个方面。一方面，教师要充分发挥网络作为信息资源的强大作用，充分利用网络信息来充实德育内容，使德育内容不再枯燥单调而变得充实鲜活，让学生耳目一新。同时教师也要引导学生利用网络信息进行自我教育，使网络成为学生道德成长的良师益友。另一方面，我们还要积极地占领网络阵地，主动出击，不断开辟网上德育阵地，搭建网络德育平台，影响网上主旋律。比如，可以在互联网上创办具有德育特色的网站；开辟网络特色主页；设置有关德育内容的主流板块等。此外，教师还可以利用网络与学生进行各种方式的沟通，如邮件、QQ、微信，教师博客、学生博客等及时了解学生的内心世界，拉近与学生的距离，走进学生的生活，以这样的方式开展对学生的引导和教育一定可以收到意想不到的效果。

（五）其他德育资源的开发和利用

除了以上德育资源外，我们还应该积极汲取我国优秀的传统德育资源，并吸收和借鉴其他国家和地区的优秀德育资源。

1.传统德育资源的开发和利用

中国传统文化是一种伦理型的文化，其中蕴涵着丰富而深厚的德育资源。德育在本质上是要形成每个人的德性品质，而一个人的德性的形成是不可能脱离其民族文化传统的，所以，德育只有植根于深厚的民族文化传统，汲取“母体”的生命养分，才能从根本上实现其内源性的真正的发展。然而，由于历史以及现实的种种原因，目前我们对传统德育资源的利用还远远不够。一方面，我们在对待传统文化的态度上还比较矛盾，究竟哪些是精华，哪些是

---

① 鲁洁.道德教育的当代论域[M].北京：人民出版社，2005：247.

糟粕，在实际选择过程中还存在顾虑和困惑。这种态度上的迟疑影响着传统德育资源的利用。另一方面，传统德育资源的开发和利用，需要在历史与现实之间实现沟通和转换。传统文化资源并不是搬来就可成为德育资源，需要教育者用教育艺术和教育智慧实现两者的教育性转化，使传统德育资源成为学生喜欢和接受、兼具历史的丰厚和现代意义的现代德育资源。如此，传统文化才能成为推动德育发展的内源性动力。

阅读链接

开展中华优秀传统文化教育的主要内容

中华优秀传统文化是中华民族语言习惯、文化传统、思想观念、情感认同的集中体现，凝聚着中华民族普遍认同和广泛接受的道德规范、思想品格和价值取向，具有极为丰富的思想内涵。加强对青少年学生的中华优秀传统文化教育，要以弘扬爱国主义精神为核心，以家国情怀教育、社会关爱教育和人格修养教育为重点，着力完善青少年学生的道德品质，培育理想人格，提升政治素养。

——开展以天下兴亡、匹夫有责为重点的家国情怀教育。着力引导青少年学生深刻认识中国梦是每个人的梦，以祖国的繁荣为最大的光荣，以国家的衰落为最大的耻辱，增强国家认同，培养爱国情感，树立民族自信，形成为实现中华民族伟大复兴的中国梦而不懈努力的共同理想追求，培养青少年学生做有自信、懂自尊、能自强的中国人。

——开展以仁爱共济、立己达人为重点的社会关爱教育。着力引导青少年学生正确处理个人与他人、个人与社会、个人与自然的关系，学会心存善念、理解他人、尊老爱幼、扶残济困、关心社会、尊重自然，培育集体主义精神和生态文明意识，形成乐于奉献、热心公益慈善的良好风尚，培养青少年学生做高素养、讲文明、有爱心的中国人。

——开展以正心笃志、崇德弘毅为重点的人格修养教育。着力引导青少年学生明辨是非、遵纪守法、坚韧豁达、奋发向上，自觉弘扬中华民族优秀道德思想，形成良好的道德品质和行为习惯，培养青少年学生做知荣辱、守诚信、敢创新的中国人。

资料来源：教育部关于印发《完善中华优秀传统文化教育指导纲要》的通知，2014 年。

2. 国外德育资源的开发和利用

国外德育资源是指国外的政治、经济、文化以及自然风土人情等各种具有德育价值，可资利用的资源。在全球化的时代，德育也必须放眼全球，以开放的视野来完成对世界公民的道德品质的培养。然而，在相当长的时期里，我们对国外德育资源的利用是远远不够的，教育尤其是德育领域里的狭隘性和封闭性阻碍了对国外德育资源的利用。事实上，世界各个国家和民族都在其漫长的发展历程中积累了丰富的德育资源，值得我们学习和借鉴。希伯来文化、阿拉伯文化、印度文化、希腊文化等各种文化都蕴藏着宝贵的德育资源，都可以在一定程度上“拿来”充实我们的德育，使我们的德育博采众长。对国外德育资源的开发和利用，首先需要的是开放的意识和开阔的胸襟。只要有益于青少年的道德成长，只要使我们的德育能够更好地进行，就要打破门户之见，大胆而谦虚地学习和借鉴，为我所用。其次，要努力实现国外资源的本土化。因为任何一种文化都有其特殊的存在背景，当我们借鉴国外资源的时候要根据我国的国情，尤其是德育的实际进行适当的改造，避免“水土不服”或文化生态上的排斥性。最后，在开发和利用国外资源的同时，我们要有清醒的“文化自觉”，不能完全放弃自己的文化传统和文化优势，不能失去应有的文化责任感和保护自我文化的自觉意识，而要在保持自我文化主体性的同时积极利用国外的各种德育资源。

3. 环境德育资源的开发和利用

随着自然环保教育成为青少年德育的一个重要主题，环境德育资源的开发和利用提上日程。环境德育资源的开发和利用要以激发学生保护环境的责任心和爱心，提升其参与生态文明建设的能力为教育目标，通过让学生接触大自然、体验环境的美和环境被污染的痛心、让学生参与力所能及的环保活动，让学生体悟到人与环境的亲密关系，体悟到环境对于人的生存的意义，体悟到每个人对于其生存其中的环境的依赖和责任。环境德育资源的开发一定要因地制宜，从本学校、本地区的实际出发，充分利用本地的环境特点和生态特色展开教育，让学生产生强烈的现实感，增强德育的效果。同时，环境德育资源的开发和利用要重视学生的体验性和参与性，不能只停留在书本和说教的层面，这样才能真正使学生确立起环保意识以及珍视环境、保护环境内在的道德情感。

案例分析

2000 年 10 月，团中央以弘扬爱国主义精神和革命传统为内容的“血铸中华”和“民族魂”两个网站在我校开通，我们又开展了“网上祭英烈，共铸中华魂”的主题教育活动。同学们在网站中找到了自己的最敬仰的烈士，并在网上为烈士“点”上寄托崇敬之情的火红的红烛，重温英烈事迹。很多学生在网上留言，激励自己要继承先烈遗志，努力学习，报效祖国。他们的那一刻感动，那一份激情时时运行在互联网上，这既是他们的骄傲，又时刻激励他们上进。“血铸中华”和“民族魂”网站，被同学们称为“矗立在互联网上的人民英雄纪念碑”。我校开设的网上党校、网上团校、网络演讲、辩论、知识竞赛等活动，深受学生的欢迎。德育信息的搜集、处理与运用，跨越时空灵活便捷，形成了永久性开放的特别的德育“基地”。

资料来源：北京市中小学数字德育网

请结合以上案例思考网络时代如何实现德育资源的有效开发和利用？

本章小结

本章首先从德育资源的概念和分类入手，力求澄清和确立对德育资源的基本认知。在此基础上，分析了德育各要素与德育资源的关系，从而将德育资源放在德育系统之中进行定位和理解。

其次，对于德育资源的开发和利用而言，首要的思想意识前提就是德育资源意识的确立。为了使学习者对德育资源意识的确立形成自觉和重视，本章对确立德育资源意识的意义和作用进行了阐释，并具体提出德育资源意识确立需要具备的观念基础。

最后，德育资源的开发和利用的具体实现需要首先明确开发和利用的基本原则，在明确基本原则之后则需要了解和掌握开发和利用的有效途径。因为不同类型的德育资源具体开发和利用的方法也会有差异，因此，在本章的最后重点介绍了学校、家庭、社会以及媒介等主要德育资源类型的具体开发和利用。

【思考题】

1. 德育资源有哪些分类？

2.为什么要确立德育资源意识?

3.德育资源开发和利用应遵循哪些原则?

4.德育资源开发和利用的有效途径有哪些?

5.结合实际谈一谈如何开发和利用学校德育资源。

【拓展阅读】

1.苏霍姆林斯基:《关于人的思考》,河北人民出版社,2003年版。

2.阿莫纳什维利:《孩子们,你们生活得怎样》,教育科学出版社,2002年版。

3.张艳红:《德育资源论》,东北师范大学,2011年版。

4.《中国德育》杂志微信公众号"中国德育"。

第十一章 德育环境

学习目标

了解德育环境的基本特点、类型与作用，知道学校内部德育环境与学校外部德育环境的组成要素及其影响，学会运用德育环境的知识分析和解决环境与学校德育方面的相关问题。

建议学时

4 学时

学习导读

学校德育作为社会系统的有机组成部分，必然深受各种社会环境的影响。当前，德育环境与过去相比，更为复杂，也更为多元。这既给学校德育提供了很好的机遇，同时也使得学校面临着诸多问题和新的情境的挑战。因此，深入学习和了解德育环境的相关知识，对于切实提高学校德育的实效性具有非常重要的现实意义。

德育环境是一个复杂的生态系统。因此，对德育环境的分析不是某一个单独学科就能够完成的，而必须采取跨学科、多领域的研究。这其中最为关键的几个学科包括社会学、政治学、心理学、伦理学、教育学等。为学好德育环境的相关内容，我们就需要对这些学科有综合性的了解。此外，德育社会环境与德育实践密切相关。这要求我们在进行理论学习的同时，要密切关注德育实践，自觉将理论与实践有机结合起来。

本章的学习，将增进我们对于德育环境多个方面的认识，有助于我们认识和分析相关的德育现象与问题，最终为建构学校、家庭、社会三位一体的立体式德育格局提供必要的知识储备。

学校德育的主要目的是促进个体的道德发展，使其能够更好地处理现实生活中自我与他人、与社会、与国家、与世界、与自然的道德关系。在这一过程中，无论是德育活动的参与者还是德育活动本身，均受到各种社会环境的制约和影响。因而，对德育活动发生的各种社会环境进行探讨，分析环境对于德育活动的影响，显得极为必要。

第一节 德育环境概述

一般而言，环境主要是指生物体生存空间内各种条件的总和。人类赖以生存、生活的环境主要可以分为自然环境和社会环境两类。自然环境包括地形、地貌、气候及山川、湖泊、植物、动物等;社会环境包括家庭、群体、社区、国家、文化等。对于个体的道德成长以及德育活动开展而言,社会环境发挥着重大作用。因此,我们所进行的"德育环境"分析主要是对学校德育之"社会环境"的探讨。

一、德育环境的特点

德育环境是指对学生道德成长以及德育活动开展具有影响作用的各种社会条件的总和。作为一种环境类型,德育环境既有一般环境所具有的普遍性,又因涉及个体道德、学校德育而呈现出一定的特殊性。总体而言,德育环境具有以下几个方面的特点。

(一)普遍性

对于个体的道德成长而言,社会环境扮演着"空气"和"水"的角色,一直环绕在个体周围。在现实生活中,德育环境的普遍性主要体现在两个方面:从时间上看,个体生命的全部历程均处于社会环境的影响之下,因而,个体的道德成长也"时时"受到社会环境的左右。从空间上看,社会环境通过其不同层次的组成要素,渗透到社会生活的每一个角落。在这种情况下,社会环境对于个体的影响是全方位的、无所不在的。由此,个体的道德成长也"处处"受到社会环境的影响。通过这种时空的"交织",社会环境"时时处处"地影响着个体的道德成长。

(二)建构性

人是社会环境的创建者。这里的"人",指的是作为整体的人类,而不是指具体的、单个的个体。一般情况下,社会环境形成之后,其对于个体而言具有较强的既定性特征。但是,由于德育活动的目的性、计划性和组织性,德育环境的建构性特征则更为鲜明和突出。这一特征主要体现在两个方面:第一,德育主体对于德育环境的选择性。在道德成长过程中,德育主体往往会根据自身现实情况、基本诉求等因素,选择特定的德育环境。历史上"孟母三迁"的事迹即是一个鲜明的例证。第二,德育主体对于德育环境的建设性。面对多种多样的德育环境,德育主体往往对相关的社会环境进行选择、改造,进而融入德育活动中。这种选择和改造,使得社会环境更具有积极的价值和意义,有助于促进个体道德的健康成长。

(三)历史性

德育环境既非"凭空"产生,也不能脱离一定的社会发展阶段而单独存在,具有鲜明的历史性特征。德育环境的历史性主要体现在三个方面:一是历史累积性。当前对于学校德育有着深刻影响的社会环境,在其产生初期可能并不具备这种影响力。在社会的发展过程中,这些德育环境随着自身的壮大、社会支持力量的增多而日益发挥其对于学校德育的影响。这种德育影响力,就是在历史发展过程中逐渐累积起来的。二是历史继承性。有些社会环境在产生之后,其对于学校德育的影响是长期的,并不会随着社会的发展而产生太多的变化,表现出极强的历史继承性。我国"孝""悌"等观念对于学校德育的影响即为一个例子。三是历史发展性。在特定的社会发展阶段,由于社会物质基础、价值观念等的影响,一些社会环境可能不断出现,另外一些社会环境则可能日益陨落。在这种情况下,对于学校德育产生影响的社会环境也就体现出一定的历史发展性。

(四)价值性

德育环境的形成深受人的意识及行动的影响,而且又与学校德育活动紧密相连。因此,德育环境自然带有深刻的价值性。这主要体现在两个方面:从社会环境的角度看,社会环境在形成的过程中就内含了诸多价值观念与价值取向。它在对学校德育活动发挥影响时,无法剥离这种价值性倾向。只不过,这里的“价值”,既可能是积极价值,也可能是消极价值。从社会环境与学校德育的联系来看,德育工作者选择或运用某些特定社会环境,在很大程度上看重的即为其所蕴含的价值导向。在这种情况下,社会环境的价值性更是不可避免的。与第一个方面不同的是,这里的价值基本上是积极的价值。

二、德育环境的类型

德育环境的类型纷繁多样。在不同的分类标准下,德育环境的类型也就有所差异。

(一)宏观环境、中观环境和微观环境

依照影响源的覆盖范围的不同,德育环境可以分为宏观环境、中观环境与微观环境。宏观环境是指影响范围最为广泛的社会环境,如生产技术、社会结构、社会政治经济制度、社会潮流与社会心理等。中观环境是学校德育活动开展与个体道德成长的重要社会背景,如社区、各种青少年组织、大众传媒等。其中,大众传媒因其具有特定的机构与组织形式,并在一定程度上成为个体生活的“场所”。因此,大众传媒也被称为“拟态社区”。微观环境则是与学校德育活动或者个体道德成长直接相关的社会环境,如家庭、学校、班级、同伴群体等。

(二)正面环境与负面环境

按照影响效果性质的不同,德育环境可以划分为正面德育环境与负面德育环境。所谓正面环境,指的是那些对于学校德育活动及个体道德健康发展具有积极、促进作用的各种社会环境。而负面环境,则是指那些阻碍甚至危害学校德育活动正常开展或个体道德良好发展的社会环境。当然,正面环境与负面环境的划分并不是绝对的。由于个体差异性的缘故,德育环境的具体性质可能因个体而异。如,一些对于大多数人来说是正面的德育环境,可能由于个体的叛逆、一味的否定而成为某些人道德成长的负面环境;同样地,一些对于大多数人来说是负面的德育环境,也有可能因为个体的警醒、内心的坚定而成为他们道德发展的正面环境。

(三)显性环境与隐性环境

依照日常生活中显现程度的不同,德育环境可以划分为显性环境与隐性环境。显性环境指的是那些对于学校德育和个体品德成长有直接影响、同时为人们所意识和应用的社会环境。隐性环境则是指那些虽然对于学校德育和个体品德发展发挥着重要作用,但并未为人所意识的一些社会环境。在社会发展过程中,诸多隐性环境被人们所揭示,成为学校德育的显性环境。这对于我们充分利用社会环境的积极价值、避免其不良影响,具有重大的意义。同时,显性环境与隐性环境的划分也提醒我们:在利用、探究德育环境的过程中,我们需要有意识、努力地发现那些隐性环境,并将其揭示出来。

(四)校外环境与校内环境

按照存在空间的不同,德育环境可以划分为校外德育环境与校内德育环境。校外德育环境指的是那些存在于学校外部、同时对学校德育及个体道德发展具有直接或间接影响的社会环境,如宏观的社会环境、中观的社区环境等。校内德育环境则是指学校内部对于德育活动及个体品德成长具有直接影响的社会环境。与校外德育环境的随机性、偶然性相比,校内德育环境的计划性、组织性更为明显。它对于学校德育及个体品德的影响往往较为系统、

深刻。校外德育环境的影响虽然较为零散、多元,但有时会出现一些“意料之外”的效果。

以上各种类型的环境,是为方便人们认识德育环境,人为划分的结果。在实际生活中,德育环境是浑然一体的,难以清晰地区别。各种类型的社会环境也处于相互嵌套、相互渗透、相互作用的状态。

三、德育环境的作用

依据影响对象的不同,德育环境的作用主要体现在两个方面:一是德育环境对于个体道德的作用;二是德育环境对于学校德育的作用。

(一)德育环境对于个体道德的作用

1. 导向作用

德育环境为个体提供了一整套道德规范体系,告诉人们“应该做什么”、“不应该做什么”以及“应该如何做”等,规定和指导着人们的思想与行为。这种导向作用的发挥可以借助于褒扬、鼓励的形式,也可以通过批评、否定的手段予以实现。

2. 示范作用

德育环境中不仅蕴含着道德观念与知识,还包含着诸多道德行为方式。个体的道德不仅可以借助于知识的学习、观念的习得而不断发展,还可以通过学习、模仿环境中的道德行为而实现成长。因此,德育环境中所提供的道德行为方式,对个体的道德成长而言具有极为重要的示范作用。

3. 资源供给作用

个体的道德发展需要多种多样资源的支持,如实践基地、图书资料、影像设备等。德育环境中蕴含着多种资源,可以满足学生成长的需要。一方面,学校德育的特定环境可以进行一定的转化,成为个体道德发展的资源,如社区可以转化为个体道德发展的实践基地。另一方面,德育环境本身就内含学生道德发展所需要的资源,可以供学生直接使用,如图书馆中的图书,等等。

(二)德育环境对于学校德育的作用

1. 指导作用

德育环境对于学校德育的指导作用,主要体现为德育环境以较为硬性的方式为学校德育活动指定基本的方向或者路径。这种指导作用,在某种程度上是以“决定”的方式为基础的。例如,政治环境、政治制度对于学校德育目标、内容等方面的影响。德育课程即为一个很好的例子。政治系统决定了德育课程的内容构成、编排方式等。但是,当德育课程具体转化为现实的德育活动时,这种决定作用的“决定性”会有所改变。按照著名课程理论家古德莱德(J.I.Goodlad)的观点,教育活动中存在着五种层次的课程:理想课程、正式课程、领悟的课程、运作的课程、经验的课程。在这五种层次的课程中,政治系统能够决定的是“正式课程”。但是,教育活动中实际运作的课程却可能是几种层次课程的组合,而非单一层次的课程。具体到德育课程而言,政治系统虽然能够决定正式的德育课程,却难以绝对地掌控其他课程类型,如领悟的课程、经验的课程等。因此,虽然诸如政治系统一样的其他社会环境,看似可以决定着学校德育活动诸多方面,但实际上却难以完全做到这一点。更确切地说,这些社会环境对于学校德育活动的作用是一种指导作用。只不过,社会环境的某种“决定性”为这种指导作用提供了重要的基础。

2. 引导作用

德育环境对于学校德育的引导作用,主要是指社会环境以各种方式引领学校德育的发展。它与指导作用最大的区别在于:引导作用缺少“决定性”的力量基础。社会环境对于学校德育的引导作用体现在多个方面,如德育立场和理念、德育内容、德育方式等。依照在引导学校德育时的强硬程度,社会环境的引导作用可以分为硬性的引导作用和柔性的引导作用。所谓硬性的引导作用,指的是社会环境以一种较为强硬的方式对德育活动进行引导。在这种情况下,社会环境缺乏指导学校德育相应的力量,无法以命令的形式让学校德育接受某些理念或者内容等。但是,社会环境却依旧通过调动各种具有压迫性的力量,如社会舆论等,试图改变既有的学校德育状况。所谓柔性引导作用,就是社会环境通过自然渗透、兴趣诱导等方式,改变着德育活动的主体——学生或教师,进而转变德育活动的一种状态。在这种情况下,学校德育活动的改变往往表现出某些“主动性”。比如,青少年文化对于学校德育的影响,在很大程度上就是社会环境柔性引导作用的一个体现。

3. 补充作用

补充作用,指的是德育环境对于学校德育活动种种侧面的弥补、扩展或者充实等。德育环境对于学校德育的补充作用有多方面的体现。总体来看,德育环境的补充作用主要集中在两个方面:一是德育资源的补充,二是德育手段的补充。所谓德育资源的补充,指的是德育环境中蕴含着学校德育活动所需要的场所、师资等。这些资源可以为学校德育活动所使用,并有效扩展学校德育影响的时间和空间范围。在这个方面,社区环境往往能够对学校德育活动起到很多补充作用。所谓德育手段的补充,指的是德育环境为德育活动提供了新的德育技术或者途径,可以扩展原有的德育手段。例如,网络技术的出现使得教育者可以通过网络平台等对学生进行德育,就是一个明显的例子。

4. 阻碍作用

德育环境对于德育活动阻碍作用,主要指的是德育环境对于德育活动的弱化作用。依据阻碍作用涉及范围的差异,德育环境的阻碍作用主要分为两种类型:一是部分的阻碍作用,二为整体的阻碍作用。所谓部分的阻碍作用,指的是社会环境的某个部分,对于德育活动某个侧面产生了弱化作用。例如,不良的家庭环境影响着德育的效果、社会问题的存在可能使得德育举步维艰。但是,无论这种影响多么深刻,他们并未完全改变德育活动的价值取向。换言之,学校德育活动仍然是一种人们所认可的道德教育活动,其基本价值取向是积极的。所谓整体的阻碍作用,则是社会环境的某个部分对于学校德育的整体状况产生了深刻影响,使得学校德育不再是“德育”,而成为一种“非德育”或者“反德育”的活动,脱离了德育的本真含义。在这个方面,法西斯理念或活动对于学校德育的影响就是一个典型的例子。

当然,德育环境对于学校德育能否发挥影响、究竟发挥何种影响、以什么方式发挥影响,都不仅仅是由德育环境本身决定的。为充分发挥德育环境的积极价值与意义,相关主体(教育行政部门、学校、教师、家长、个体等)需要在制度设计、平台建设、意识培养、能力提升等方面做出相应的努力。

第二节 学校内部德育环境

学校作为一个相对独立的社会系统,具有自身的特性。而且,对于学生而言,学校也是他们生活时间较长的一个场所,深刻影响着他们的道德发展水平。因此,了解学校内部德育环境对于个体道德及学校德育的影响,具有十分重要的价值和意义。一般而言,学校内部的德育环境可以分为学校整体环境、班级与同辈群体三类。

一、学校整体环境的基本要素及德育影响

学校整体环境是以学校为单位所形成的社会环境。它以学校组织为依托,借助于学校的总体力量对相关个体或活动施加影响。

(一)学校整体环境的构成要素

按照不同的分类标准,学校整体环境的构成要素是有差异的。这里根据社会环境的一般分类方式,将学校整体环境的构成要素分为三个部分:物质环境、制度环境和精神环境。

学校的物质环境主要是指那些可见可触的客观环境,是学校开展德育活动的物理空间,也是个体道德成长的基础和前提。主要包括学校的地理位置、校园布局、教室格局、自然景观和人文景观等。

学校的制度环境是指围绕着学校规章制度所形成的社会环境。它包括明显的制度规范条文以及整个制度规范制定和实施过程所形成的制度氛围。好的制度环境对于确保学校德育工作的规范性以及对学生品德的健康发展有着重要的支撑和导向作用。

学校的精神文化是指学校中对于个体道德发展及学校德育活动开展具有影响作用的理念环境体系,它既包括学校的办学理念、育人目标,也包括学校的人际关系、舆论氛围、文化现象、价值倾向等。与学校物质环境相比,它是一种看不见、摸不到的社会环境;与学校制度环境相比,这种环境主要表现为思想和观念状态,必须依赖于一些外显的制度和行为才能够体现出来。

(二)学校整体环境对于个体道德的影响

第一,学校整体环境对于个体的道德行为具有导向和规范的作用。学校的整体环境是学生道德成长的基本背景。在学校整体德育环境中所折射出来的学校办学理念与育人目标,对学生的言行举止具有重要的规范和导向作用。比如,学校的规章制度就对学生的行为表现做出了规定和指导。与此同时,学校整体环境还通过种种方式鼓励或者禁止某些行为的出现,发挥着规范道德行为的作用。如,学校通过舆论氛围褒扬某些行为以认可这种行为,进而提倡该种行为的出现。

第二,学校整体环境对于个体的道德观念具有培育和完善的作用。在学校环境中,道德理念不仅存在于学校精神环境中,还蕴含在学校的物质环境和制度环境之内。因此,学校整体环境对于个体道德观念的塑造具有重要作用。这种作用主要体现在两个方面:一是道德观念的培育作用。学校整体环境可以向个体传递其所不具备的道德观念,并促使这种观念在个体头脑中生根、发芽,进而不断成长。二是道德观念的完善作用。即,学校整体环境以其内含的道德观念,纠正个体在道德观念上的不合理甚至错误之处,使其不断完善。

第三,学校整体环境对于个体的道德情感具有陶冶和激励作用。人的道德情绪、情感深受环境的影响。在个体的道德成长过程中,学校的整体环境发挥着陶冶和激励学生道德情感的作用。在陶冶方面,学校整体环境以其蕴含审美价值取向的部分,对个体进行审美方面的影响和熏陶,涵养其心灵,陶冶其道德情操。在激励方面,学校整体环境的一些组成部分(如人文景观)中,往往包含着值得称颂的道德事迹、伟大的道德人格等信息,激发个体对于

良好道德观念与道德行为的向往之情。

(三)学校整体环境对于学校德育的影响

第一,学校整体环境影响着学校德育活动能否正常开展。学校德育活动的正常开展,需要学校提供多种环境的支持,如物质平台、制度保障、观念支持等等。如果缺乏相应的环境支持,学校德育可能无法正常、有序地开展起来。缺乏物质平台,学校德育活动就可能因为缺乏开展的具体场所而“望洋兴叹”;缺乏制度保障,学校德育活动则可能由于缺乏开展的制度依据而处于破碎、凌乱状态;缺乏观念支持,学校德育活动很可能由于缺乏氛围上的支撑而走向疲软、乏力的境况。如果具备了相应的环境支持,学校德育活动则能够正常开展。反之,学校德育活动则难以正常展开。

第二,学校整体环境左右着德育目标能否有效实现。学校作为个体道德社会化的一个特定场所,承载着诸多国家、社会对于个体道德方面的期待与诉求。这些期待与诉求,集中体现在德育目标上。如果学校整体环境的基本状况及其价值理念等符合国家、社会的要求与期待,则德育目标极有可能被有效实现;如果学校整体环境的现实状况或者价值取向不能满足国家、社会的要求与期待,甚至与这些要求和期待背道而驰,则德育目标很难实现。

第三,学校整体环境制约着德育基本方式的运用。在学校德育活动中,德育工作者选择何种基本方式,在很大程度上受制于学校整体的环境。一般情况下,表演性、活动性的方式需要一定的场所。如果缺乏相应的场所,那么这种方式则难以被采用。与之相似,实践性的方式可能由于安全、健康等问题,需要一定的制度保障。在缺乏制度设计的情况下,这些方式也很难被德育工作者所使用。

二、班级的基本要素及德育影响

班级是个体日常学校生活的主要场所,也是其道德社会化的重要机构。与学校整体环境相比,班级对于个体道德成长及学校德育活动的影响具有一定的特殊性。

(一)班级的构成要素

班级为个体之间面对面的交往、直接互动提供了便利的场所。同时,班级受到班级内部与外部各种因素的影响,形成了独具一格的风格。这是班级的特殊性所在。因此,当我们把班级视为一种学校内部的德育环境时,它的构成要素如下。

1. 人际互动特征

所谓人际互动特征,是指班级的人员在互动过程中所呈现出来的一些具体特点。在班级生活中,师生互动、生生互动较为频繁。受到班级成员性格、志向、价值观等方面的影响,每个班级的人际互动均具有其独特性。例如,从互动的情感因素来看,有的班级人际互动表现出较强的情感性特征,而有的班级人际互动则呈现出较多的理性取向;从互动的开放性程度来看,有的班级人际互动是敞开的,注重与不同个体及群体之间的交流,呈现出开放性的特征,有的班级人际互动则是相对封闭的,不太利于个体之间、群体之间的沟通,呈现出封闭性特征。从互动的性质上来看,有的班级人际互动强调人与人之间的相互尊重,注重平等性,而有的班级人际互动则过分强调某些权威,具有较强的控制性。

2. 集体风气

班级的集体风气是在班级结构、物质条件、人际互动等基础上形成一种气氛。依据不同的分类标准,班级的集体风气可以分为不同的类型。例如,以是否重视德育活动为标准,班级的集体风气可以分为注重、强调德育活动及个体道德发展的风气与轻视、忽略德育活动及个体道德发展的风气;以集体成员的相互信赖关系为例,可以分为集体成员相互信赖、相互支持的支持性风气和集体成员之间信任缺失、相互攻击与防卫的防卫性风气。

(二)班级对于个体道德发展的影响

班级对于个体道德发展的影响首先表现在个体道德发展的状态上。所谓个体的道德发展状态,是指个体道德发展的阶段、取向等。在道德发展阶段上,一般有"他律""自律""自由"阶段。正常情况下,民主平等的人际互动有助于个体的道德发展由"他律"走向"自律"甚至自由;而控制型的人际互动则可能无助于甚至阻碍个体的道德发展走出"他律"阶段。在道德发展的取向上,可以分为"趋向道德"和"悖离道德"两种。从班级的集体风气来看,支持性的风气由于强调相互信赖与相互帮助,往往使得个体道德发展"趋向道德";而防卫性风气则由于集体成员之间存在着不信任与恐惧,导致同伙之间钩心斗角、尔虞我诈,使得个体道德发展容易"悖离道德"。

班级对于个体道德的影响还表现在个体道德发展的速度上。个体的道德发展虽然深受个体生理发展与心理水平的制约,遵循着一定的规律,并呈现一定的阶段性,但是,班级这一环境因素也在很大程度上影响着它的发展速度,如果班级的人际活动、集体风气适合于道德的发展,那么,这将加速个体的道德发展;反之,则会使得个体的道德发展变得较为迟缓。美国道德心理学家劳伦斯·科尔伯格通过"公正团体法"的教育实验发现,努力使得班级成为一个民主道德氛围,即在班级中营造民主的风气,可以有效地提高个体的道德发展水平。

(三)班级对于学校德育的影响

对于学校德育活动而言,班级的影响主要体现在两个方面。

第一,班级影响学校德育活动的宽度和深度。所谓"宽度",主要表现在德育活动要素的多少;所谓深度,则主要体现于德育活动内涵的深浅。对于学校要求的各种德育活动,班级在落实和实施时,往往会做出较为灵活的改变。这种改变主要表现在宽度和深度两个方面。例如,班级中人际互动的开放性,可以使得多种元素进入德育活动中,这自然会拓展德育活动的宽度;而人际互动的封闭性,可能使得德育活动无法吸收外界的元素,甚至损失已有的元素,这自然窄化了德育活动的宽度。再如,注重德育的集体风气可能促使德育主体不断挖掘道德观念的各种内涵,加深德育活动的作用和影响;而那些忽视德育的集体风气可能使得德育主体对道德观念、道德活动不屑一顾,从而使得德育活动影响趋向表面化与形式化。

第二,班级影响学校德育活动的具体方法。德育活动的开展需要借助于各种德育方法,如讲授法、讨论法、谈话法等。任何一种德育方法的运用,不仅取决于德育主体的主观意愿,还受到师生状况、人际关系等因素的影响。班级在德育方法的运用方面就发挥着重要的影响。例如,在控制型的人际互动中,德育主体往往选择讲授法作为主要的甚至唯一的德育方法。可能在某些情况下,这些德育主体也会使用谈话法和讨论法等,但是,"控制"的特征往往会使得这些方法成为"伪谈话法"和"伪讨论法",实质上依然是讲授法。

三、同辈群体的基本要素及德育影响

同辈群体作为影响个体道德社会化的一个因素,其因具有平等性、开放性等特征而对于青少年的影响尤为显著,需要我们予以关注。

（一）同辈群体的构成要素

一般认为，同辈群体是处于某一特定年龄阶段的人所组成的人群集合体。它往往是基于一定的兴趣、爱好和价值观念而形成的，并展现出一定的特征。因此，同辈群体的构成要素主要有两个。

第一，共有的价值体系。在同辈群体成立及形成的过程中，他们逐渐确定了自己的价值原则、思想观念、活动旨趣等，形成了一套属于自己这个群体的价值体系。美国学者克拉克对于学生同辈文化的研究就是一个例证。在克拉克看来，美国中学生的同辈文化主要分为三种类型。第一种类型是玩乐型文化，其旨趣主要在于各种文体活动；第二种是学术型亚文化，其关注中心在于学科课程的学习及学术性课外活动的参与；第三种是违规型亚文化，其特征是回避乃至反抗整个学校教育过程。

第二，特定的表达体系。同辈群体不仅有自己的价值体系，还有特定的表达体系。具体包括崇拜的人物、消遣方式、服饰、发型、语言等内容。例如，对于喜欢恶搞的青少年来说，对于经典、权威的各种戏谑甚至颠覆，是他们主要的行为特征。再如，有着共同偶像的青少年，他们可能通过穿着特定的服装、保持某种发型、运用特殊的语言来彰显及强化群体同一性。这些均是同辈群体表达体系的鲜明证明。

（二）同辈群体对于个体道德成长的影响

同辈群体对于个体道德成长的影响首先体现在个体的道德观念方面。同辈群体拥有自己的价值观念。同时，同辈群体对于个体的影响一般是在自然状态下进行的，具有隐蔽性特征。即，个体可能在参加同辈群体并在同辈群体的活动中，不知不觉接受了同辈群体的价值观念。如果这种价值观念符合社会道德观念的基本要求，甚至与道德观念具有一致性，那么，同辈群体的价值观念则会强化个体的道德观念。反之，同辈群体的价值观念则会弱化甚至摧毁个体原有的道德观念，形成一套远离道德观念的思想体系。

同辈群体对于个体道德成长的影响还表现在个体的道德情感和行为层面。同辈群体往往可以满足个体的各种社会需要，如社交需要、安全需要、自尊需要等。在与同辈人员的交往中，个体能够与兴趣、价值观念相似的人进行深入的沟通，取得相互支持和心理慰藉。由此，个体也往往对同辈群体产生归属感甚至依赖感。如果同辈群体的基本取向与社会道德观念基本一致，那么，个体往往容易对道德观念产生强烈的认同感，并积极做出相应的道德行为；相反，个体一般会对道德观念与现象产生排斥感，并尽可能避免道德行为的出现。

（三）同辈群体对于学校德育的影响

第一，同辈群体影响着学校德育的形式与内容。同辈群体有着特定的表达体系。这些体系中的部分内容可以与德育活动建立一定的关联，形成一些新的德育形式。例如，一些中小学尝试用 RAP 的形式处理思想品德等科目中的一些知识性问题，取得了较为良好的教育效果。此外，有些表达形式本身就可以成为德育的重要内容，如青少年文学中格调清新、语言优美、歌颂美好人性的作品，流行音乐中旋律优美、内容健康、节奏明快的歌曲都可以使学生获得美的熏陶。

第二，同辈群体影响着学校德育的基本过程。德育过程是德育活动的基本工作流程。在道德教育过程中，同辈群体的互动方式、价值取向等深刻影响着德育过程。从互动方式看，同辈群体之间的互动、同辈群体与德育工作者的互动，对德育过程的计划性和复杂性产生着多种影响。从价值取向上看，同辈群体的价值体系可能会影响德育过程的顺利与否。

如果同辈群体的价值体系与德育工作是一致的,那么德育过程的进行可能就越为顺利,反之,则会影响德育过程的顺利开展。

第三,同辈群体影响着学校德育的理念。同辈群体中生成的价值体系,不仅能够渗透到个体思想中,还可能影响学校德育的基本立场和理念。例如,一种较为强调"建构"的同辈文化,会通过人际互动、活动进程等影响学校德育,使得学校德育慢慢转变德育的立场与理念,从"灌输"走向"建构"。

第三节 学校外部德育环境

学校作为社会的一个子系统,在教育日益开放的社会氛围中,深受各种社会环境的影响。学校德育作为一种教育活动,也受到社会环境全面而深刻的影响。只有正确、全面把握学校外部环境对于德育的影响,我们才能适宜地处理社会环境与学校德育的关系。因此,这里探讨的重点是外部社会环境对于学校德育的影响,较少涉及社会环境对于个体道德成长的直接影响。依据影响源覆盖范围的不同,我们将学校外部德育环境分为宏观社会环境、中观社会环境和微观社会环境。

一、学校宏观外部德育环境的构成及影响

学校宏观外部德育环境是指那些对于学校德育影响最为广泛和深刻的社会环境。它从不同层次和维度影响着学校德育活动。

(一)学校宏观外部德育环境的构成要素

学校宏观外部德育环境的构成要素纷繁复杂,主要包括经济、政治、文化三个要素。

1. 经济系统

经济系统是一个社会内部经济活动、经济关系以及经济制度的总和。它以特定的生产力和生产关系为基础,并成为多种社会活动的经济基础。教育事业的发展受制于整个社会的经济发展水平,因此,经济系统对于教育的有机构成部分——学校教育,同样发挥着重要影响。

2. 政治系统

政治有广义和狭义两种界定方式。广义的"政治"是一种近乎无所不在的社会现象,因为"政治"的基本问题是权力的分配与运作问题。依据这种界定,政治系统则几乎等同于整个社会系统。狭义的"政治"一般是指在社会上层建筑中处于统治地位的政治,因而这里的政治系统是一个国家或者一个地区在一定社会时期内各种政治活动、政治关系与政治制度的现实状况的总和。我们在此主要是使用狭义上的"政治系统"。

3. 文化系统

文化系统是指生活于一定的文化共同体中的人们长期积淀而成的一套文化体系及相应的心理系统,包括文化遗产、价值观念、思维模式、审美趣味、道德情操、民族性格等。

(二)学校宏观外部德育环境对于学校德育的影响

学校宏观外部德育环境因其涉及要素众多,对学校德育的各个方面均产生着影响。具体如下:

第一,学校宏观外部德育环境影响学校德育可资依赖的社会基础的坚实性程度。学校

外部宏观德育环境的各个要素构成了学校德育开展的重要社会基础。对于学校德育而言，这些社会基础有坚实性与否的区分。社会基础越是有利于学校德育的开展，其坚实性程度越高。例如，学校德育的开展需要教育经费、物资设备以及师资力量，即依赖于一定的社会经济基础。如果经济系统能够提供充足的经费支持，我们认为学校德育的社会经济基础具有较高的坚实性。反之，则其坚实性较低。

第二，学校外部宏观德育环境影响学校德育的任务和目标。学校作为社会促进个体社会化的重要机构，自然承担着社会的多种诉求与期待。这些诉求与期待，主要反映在学校德育的任务与目标上。一般情况下，学校德育任务和目标并非单纯受制于社会宏观环境，更不是为某一种宏观系统的构成要素所控制。但是，社会宏观学校外部德育环境在这个方面的影响却是非常深刻、明显的。政治系统在学校德育任务与目标方面的作用就是一个明显的例证。2017 年颁布的《中小学德育工作指南》明确指出，中小学德育工作的总体目标为：培养学生爱党爱国爱人民，增强国家意识和社会责任意识，教育学生理解、认同和拥护国家政治制度，了解中华优秀传统文化和革命文化、社会主义先进文化，增强中国特色社会主义道路自信、理论自信、制度自信、文化自信，引导学生准确理解和把握社会主义核心价值观的深刻内涵和实践要求，养成良好政治素质、道德品质、法治意识和行为习惯，形成积极健康的人格和良好心理品质，促进学生核心素养提升和全面发展，为学生一生成长奠定坚实的思想基础。

第三，学校外部宏观德育环境影响学校德育的立场、理念、内容与方法。一般情况下，学校德育的立场、理念、内容与方法是德育研究者、德育工作者依据社会的现实条件，结合德育对象的特征，运用特定的社会资源而生成的。从德育研究者、德育工作者及德育对象来看，他们的价值观念、思维方式、个体特征等，并非“凭空”产生的，而是特定历史与现实相结合的产物；从社会条件、社会资源来看，他们也是产生于特定的社会环境，并可能是以特定环境为基础产生的。由此可见，学校德育的立场、理念等，深受学校外部宏观德育环境的影响。

二、学校中观外部德育环境的构成及影响

学校中观外部德育环境主要包括两个部分：社区和大众传媒。鉴于这两种环境的差异性较大，这里分开进行讨论。

（一）社区及其德育影响

社区是进行一定的社会活动、具有某种互动关系和共同文化维系力的人类群体及其活动区域。作为社会宏观环境、学校及家庭的重要链接点及个体成长的场所，社区对个体的道德成长及学校德育活动发挥着深刻的作用。在学校德育方面，社区的作用主要体现在两个层面。

第一，社区的物质发展程度与德育。社区的发展程度，主要是通过社区的各种物质条件表现出来的。因此，我们主要从物质层面，阐述其对学校德育影响的具体表现。总体而言，社区发展程度对于学校的影响主要体现在两个方面：一是社区资源与学校德育。对于学校而言，常见的社区资源有图书馆、少年宫等，但是，随着社会的发展，人们日益发现，社区资源并不仅限于图书馆等常规的机构，诸如医院、福利院等，均可成为学校德育的社区资源。从某种程度上来说，这种社区资源为学校德育提供了重要的基础。如果有这些资源，学校德育可能得到更为有效的支持。例如，一些学校与社区卫生服务站、老干部局等相关机构协作，开展相关的德育活动，提高德育实效性。二是社区的物质环境对于学校德育的影响。社区

的物质环境，主要指的是社区的各种场所，如公共活动的场所、体育运动场所、会议室等。这种物质环境在某种程度上成为学校与社区合作的重要基础之一。例如，学校和社区可以在社区的公共活动场所开展德育活动，进而促进学生的道德成长。

第二，社区的价值观与学校德育。与个体价值观相似，一个社区在形成以及长期发展的过程中，也会逐渐形成相对稳定的价值体系与价值取向，即，社区的价值观。在现实生活中我们也可以看到这一点，如一些小区可能比较崇尚合作，而一些小区则可能充斥着暴力的氛围。对于学校德育而言，社区价值观对于学校德育的影响首先是通过作用于学生而实现的。具体而言，社区价值观对于学生个体道德品格发展产生着重要的影响。俗语有云："白沙在涅，与之俱黑。蓬生麻中，不扶自直。"一个人自呱呱坠地到青少年时期，往往成长于社区之中。因此，社区环境对于学校的品德成长具有重要的价值和意义。在某种程度上，社区价值观对于个体的影响是较为原初性的、全方位的，同时持续时间较长，因此，社区的价值观念深刻地影响着个体品德的形成与发展。这些深受社区价值观影响的学生，成为学校德育的教育对象。他们带到学校的个体品德，与学校德育相互作用，影响着学校德育的开展与具体进程。例如，如果社区价值观较为积极、健康，且与学校主张、宣扬的道德观念较为一致，那么，深受社区环境影响的学生走入学校时，将极大地有利于学校德育活动的开展。反之，则会影响学校德育的效果。此外，社区的教育观念，作为社区的价值观念之一，也在很大程度上影响着学校德育。具体言之，如果整个社区较为重视教育，且对社区与学校之间的合作抱着积极、乐观的态度，那么，社区环境对于学校德育而言就是一个有益的因素。反之，如果社区较为排斥与学校的合作，那么，社区对学校来说，就很难说是一个促进的环境。

（二）大众传媒及其德育影响

大众传媒是指面向大众传播信息的媒体，可以分为印刷媒介和电子媒介两种。前者如报纸、杂志、书籍等，后者如广播、电视、网络等。在现代生活结构中，大众传媒已经是人们生活结构的一个有机构成部分，并在某种程度上改变了人们的思维方式、生活方式甚至社会结构，从而改变了人与人之间的关联。它对于个体道德社会化和学校德育活动产生着重要影响。大众传媒对于学校德育活动的影响主要体现在三个层面。

第一，大众传媒在技术层面对于学校德育的影响。大众传媒的技术层面，指的是大众传媒的各种技术手段与技术设计。对于学校德育而言，它既可能是挑战，也可能是机遇。例如，网络技术因其能够吸引学生，可能给学校德育带来诸多困境；但是，德育工作者也可以利用网络媒体及多媒体技术手段，把以往德育的痛苦的硬性灌输方式，变成快乐的文化熏陶方式。

第二，大众传媒在生活层面对于学校德育的影响。大众传媒的生活层面指的是大众传媒给人们所带来的新的生活方式。这些生活方式通过影响个体的生活习惯、日常行为等影响着学校德育。例如，电视、网络的出现使得人们慢慢适应并习惯于图像阅读、平面阅读，进而影响人们的思维习惯、阅读习惯甚至个体的发展状态。相关研究显示，读图对于青少年的深刻影响在于，它过早地将各种成年人的"秘密"以各种带有强烈视觉冲击性的图像大量呈现在青少年面前，从而不可避免地加速了青少年的"早熟"。再如，网络游戏的出现为青少年的生活增加了新型的消遣之物，其进而导致的"网络游戏成瘾"也影响着学校德育的开展。这些方面，均可以显示出大众传媒的生活层面对于学校德育的影响。

第三，大众传媒在社会结构层面对于学校德育的影响。大众传媒的社会结构层面主要是指大众传媒对于社会结构所产生的影响。即，大众传媒的影响不仅体现在技术层面或者生活方式层面，它还通过左右生产力、生产关系等影响着社会结构。对于网络技术，美国著名的思想家史提夫·可兹曾经说过：互联网带来的信息革命本质上不是单纯的“科技”进步事件，而是一种社会政治文明现象，是“人”本身的问题。曼纽尔·卡斯特说得更为翔实。他指出，网络社会作为一种历史趋势，信息时代支配性功能与过程日益以网络组织起来。网络构建了我们社会的新社会形态，而网络化逻辑的扩散实质地改变了生产、经验、权力与文化过程中的操作和结果。这种社会结构的变化，影响着社会主体的价值立场、社会主体间的权力关系等，自然对学校德育产生种种影响。广播时代、电视时代、网络时代中学校德育之间的差异就是明显的例证。

阅读链接

童年消逝了吗?

波兹曼认为，在中世纪，一方面因为印刷的困难，另一方面更主要的是因为儿童在观念上被视为“小大人”，实际上没有真正意义上的童年。故总体上“童年”存在的时间不过五百年左右(从印刷机器的发明、应用到电视的普及)，其黄金时代是1850—1950年。如果是这样，我们认为这基本上不是童年的消逝，而是特定童年概念形态的消失。所谓，童年的概念类似于与儿童生活密切相关的另外一个概念的发展——游戏的发展与特定游戏形式的消失。我们知道，随着大众传媒的发展，尤其是网络时代的到来，儿童的游戏形式也从踢毽子、扔沙包(以中国为例)逐步过渡到了看卡通片和网络游戏等。因此，一部人类发展史从这个角度来说就是儿童游戏的发展史。……1982年出版的波兹曼的《童年的消逝》就是写电视时代的到来和儿童童年的消逝，如果考虑到网络社会的一些具体情况，那么我们今天似乎更有理由担忧。因为网络似乎比电视对于传统意义上的童年的破坏力更大。在键盘面前，“你是人或者狗，无人在乎”。在网络世界里，儿童和大人拥有同样的界面；在虚拟空间中，人们连年龄因素也是“虚拟”的。在网络时代，传统的童年概念已经面目全非，危机四伏。而且，从许多媒体的报道和相关研究所揭示的事实来看，网络也的确带来了很多负面的影响。但是其积极的方面也是毋庸置疑的。网络时代使儿童和成人一样面对不同的价值观念，并做出相对开放、自由和理性的选择。在一个价值多元化的时代，带有强烈古代社会特征的强制灌输范式的德育已经无以为继。此外，在网络时代，儿童也还存在地区、家庭、性别、年龄和个体的差异，存在上网与不上网的差异，因此当然也就存在已经改变和没有改变的童年，存在不同类型的童年。

资料来源：檀传宝等著.《网络环境与青少年德育》，福建教育出版社，2005年版，第2-4页

三、学校微观外部德育环境的构成及影响

学校微观外部环境主要是指学生成长的家庭。家庭是维系人类延续最基本的社会单位。人类的物质再生产、人口再生产、精神再生产，都源自于家庭。同时，人类活动中生物的、心理的、社会的关系也在家庭中体现得最集中、最充分。在个体道德社会化的过程中，家庭扮演着不可替代的作用。

一般认为，家庭对于学校德育的左右主要体现在德育实效的影响方面。这与其说是对学校德育活动的影响，不如说是家庭对于个体的道德发展影响。因为单个的家庭很难具有充足的力量去影响学校德育活动的整体效果。为厘清家庭对于学校德育活动的影响，我们

首先需要探讨家庭影响学校德育活动的方式。

总体而言，家庭对于学校德育的影响主要有间接和直接两种方式。所谓间接的方式，指的是家庭通过影响自己的孩子，也就是学校德育的对象影响学校德育。每个家庭都有着自己对于道德、德育的认识，也有着特定的教养方式与人际互动方式等。受到家庭的影响，每一个走向学校的孩子在道德上都不是“空白的”。他们有着自身对于道德观念的认识，也对某些德育理念、方式等表现出倾向性或排斥性。在这种情况下，家庭自然间接对学校德育产生了影响。所谓直接方式，则是家长与学校德育的相关主体就德育的特定方面进行交流与沟通。例如，家长因持有不同的德育理念而与学校进行的交流；家长因不满意学校德育的具体方法而与学校进行的沟通；家长因为觉得孩子在德育活动中受了“委屈”而对学校德育的直接干涉等。

这两种影响方式，作为独立的某个家庭，很难在整体上影响学校德育活动，但这并不意味着没有任何影响。具体而言，家庭对于学校德育的影响主要体现在两个层面：一是增添了学校德育活动的复杂性。从学校德育对象上来讲，由于每个德育对象都有着不同于他人的独特性，并对德育活动有着特定的要求，这自然使得整个德育活动因需要照顾这些特殊性而更为复杂；二是增强了学校德育活动的不确定性。学校德育虽然是有目的、有计划、有组织的活动，但是受到各种环境的影响，其具有一定的不确定性。而家庭可以直接干涉学校德育的开展，这无疑增强了其不确定性。

第四节　德育环境的建设

由于德育环境对于学校德育及个体道德成长发挥着重要作用，且处于不断发展变化过程中，因此，相关主体应该积极参与，加强对于德育环境的建设，使其不断得以优化。

一、学校内部德育环境的建设

学校内部德育环境涉及诸多方面，且直接而深入地关系到学校德育及个体的道德成长。因而，学校内部德育环境的建设，需要注意多方力量的影响，并把握学校及教育的特性。

（一）学校内部德育环境建设应合理调动多方力量

在学校内部德育环境建设方面，任何一方力量都难以单独完成。同时，为保证环境建设的质量等方面，学校内部德育环境建设需要调动多个方面的力量。以建设人员所属的场域来看，相关的建设力量可以分为两大部分：校外力量和校内力量。所谓校外力量，是指那些生存、生活场域主要在学校范围之外的相关主体，如家长、社区人员、各种社会组织里的人员等；所谓校内力量，则是指那些生存、生活场域主要在学校范围之内的相关主体，如教师、学校的一般工作人员、学生等。在利用各方力量建设学校内部德育环境的时候，相关主体能否“合理”地协调，也影响着建设的效果。即，如果相关主体能够合理地调动多方力量，那么各方力量则可以成为学校内部德育环境建设的积极促进者，提升环境的质量；反之，各方力量则可能无益于甚至阻碍学校内部德育环境的建设，降低环境的质量。从各个力量的关系及它们参与环境建设的方式来看，相关主体合理调动多方力量可以从以下两个方面着手。

第一，相关主体应适当确定学校内部德育环境建设的主导方或责任方。学校内部德育环境的建设虽然需要多方力量的共同努力，但是在这个过程中，各种力量对于学校德育及个体道德成长的定位、意义及具体作用方式具有一定的差异。如果相关主体不去考虑各种力量的特殊性,任由多方力量“优胜劣汰,适者生存”,则可能会影响整个学校内部德育环境的质量。例如,一些社会力量在不加任何限制的情况下,可能因其雄厚的力量基础而超越或限制其他力量,以其理念主导着学校内部德育环境的建设。假若这种社会力量的价值立场、价值理念是负面的、消极的,那么,以此为主导建设的学校内部德育环境则是令人担忧的。因此,确定学校内部德育环境建设的主导方或责任方极有必要。从校外力量与校内力量的性质及关系看,校内力量应成为学校内部德育环境建设的主导方或责任方。这是由于:校内力量更为了解学校德育、个体道德成长的方向、规律及需求等。在校内各种力量上,主导方或责任方的确定应该考虑德育环境的类型。如果是学校整体环境的建设,那么,学校领导及各中层机构应成为主导方或责任方;如果是班级德育环境的建设,那么,班主任及学生则更多地扮演着主导方或责任方的角色。

第二,相关主体应适当确定学校内部德育环境建设的参与方式与表达方式。在学校内部环境建设方面,相对明确、适宜的参与方式与表达方式有两个方面的意义。对于参与者而言,这些方式可以为参与者提供参与学校内部德育环境建设的基本路径与交流的途径。参与方式回答的是“如何参与”的问题。它为参与者指定了参与的方向、参与所应秉持的理念与原则等;表达方式回答的则是“如何表达”的问题。它在一定程度上规定着参与者应该使用何种方式、话语表达自己对于环境建设的相关看法。在参与方式尤其是表达方式相对清晰的情况下,参与者不仅能够知晓如何参与学校建设,还能与相关参与者进行沟通与协商。对于学校内部德育环境而言,这些方式可以有效防止一些负面现象的出现。一般情况下,经学校确定的参与方式和表达方式具有一定的合理性与科学性,其本身能在一定程度上避免一些不合理方式的产生。例如,内含民主理念并经过细致、系统设计的参与方式,可以在一定程度上避免“民粹式”参与方式的出现;蕴含理性观念且经过良好、完整设计的表达方式,可以在某种程度上避免仅仅基于“情感”的表达。

(二)学校内部德育环境建设要把握四项基本原则

学校内部德育环境因与学校德育、个体道德成长密切相关,因此,它的相关建设需要考虑学校场域、教育规律以及学生成长的特殊性。具体而言,在学校内部德育环境的建设过程中,相关主体需要把握以下四个基本原则。

第一,特殊性原则。每个学校、每个班级因为自身所处环境、发展历史、德育工作者和对象的差异性,导致他们都有自己的特殊性。同时,学校、班级对于个体的道德成长有着特定的需求。这些特殊性,在很大程度上影响着学校发展的一般路径与具体方向等,因此,考虑这些特殊性,可以使得学校内部环境建设更有针对性,并有助于其发挥“事半功倍”的作用。所以,在建设学校内部德育环境时,相关主体需要把握并照顾这些特殊性。

第二,过程性原则。学校内部德育环境,并不仅仅以“结果”的形式影响学生的道德成长。它们的形成过程,同样具有德育价值和意义。例如,制度制定过程中学生参与程度、民主程度等,均会对个体道德产生影响。通常情况下,道德的学校内部环境建设方式有助于培养个体的道德品质。可以说,影响个体道德成长的不仅是建成的德育环境,还包括建设德育环境的整体过程。因而,相关主体在建设学校内部德育过程时,要把握建设的具体过程,注意整个过程的道德性。

第三,科学性原则。学生生理、心理的健康发展,对于其道德成长而言具有极为重要的价值和意义。这些方面的健康发展,在一定程度上依赖于教育者能否对其有科学的认识。因此,学校内部德育环境的设置,需要有充分的科学依据。如充分考虑声、光、温度等,考虑学校布局的合理性、经济性、学生心理适应性等。以此促进个体身心的健康发展,进而有助于其道德成长。

第四,艺术性原则。德育不仅是一个科学性的活动,也是一个艺术性的活动。因此,学生的道德发展不仅需要科学性因素的渗透与影响,还需要各种艺术性因素的作用。以此推理,学校环境建设在考虑科学性的同时,也应该思考艺术性的内容。即,学校内部德育环境的建设需要充分考虑校园建筑、景观、制度规范的艺术内涵,努力使之具有对学生进行艺术陶冶的价值。

二、学校外部德育环境的建设

学校外部德育环境涉及不同的层次和类型,且对学校德育及个体道德成长的作用方式有一定差异。因此,学校外部德育环境的建设应该基于各个环境的特殊性,予以相应的塑造。

(一)学校宏观外部德育环境的建设

学校宏观外部德育环境的建设,是一个非常庞大的社会系统工程,需要国家和政府发挥主导作用,并亟待社会各方力量的积极参与。

第一,不断加强物质文明建设。物质文明是一个社会发展的重要基础所在,它对学校德育、个人品德成长的影响是深刻的、长远的。因此,我们需要不断加强物质文明建设。新中国成立以来,我国的物质文明得到了极大的发展。但时至今日,我国物质文明因发展的不平衡、不充分等问题,尚需进一步发展。因此,国家、政府以及社会各界力量,仍然需要大力地解放和发展生产力,以促进物质文明的建设。

第二,继续推进精神文明建设。良好的精神文明状况对于学校德育及个人品德成长具有非常积极的价值和意义。在进行精神文明建设的时候,社会各方力量尤其是政府部门需要从两个方面着手:一方面,社会应对社会成员进行价值引领。当前社会是一个文化多元的社会。如果缺乏核心价值观念的引导、凝聚,文化多元或容易陷入冲突,或易于走向文化虚无,影响社会精神文明的整体发展。另一方面,社会各方力量应该营造良好的社会氛围。借助于各种柔性手段(如引导、示范)和硬性手段(如建立规章制度)来逐渐消解社会不良氛围,并营造积极向上的社会氛围,为学校德育及个体道德成长塑造健康的社会环境。

(二)学校中观外部德育环境的建设

学校中观外部德育环境的建设,主要是指社区环境的建设。考虑到社区环境的特性,其建设主要可从以下三个方面着手。

第一,不断完善社区的物质基础设施,并充分挖掘其德育价值。在社区物质基础实施的建设方面,人们不仅要重视满足人们生存基本需要的物质设施(如住房)建设,还要非常注意满足人们各种发展需要的物质设施(如图书室、公共活动平台等)建设。这些物质基础的建设,是社区居民生存、发展的重要根基所在,也是德育环境形成的基础。在此基础上,人们还要充分挖掘各种物质设施所可能发挥的德育功能,并给予适当的标识与运用。

第二,营造良好的社区氛围。良好的社区氛围主要包括两个构成部分:和谐的生活氛围与积极的道德风气。在社区生活中,和谐的生活氛围可以通过为社区居民提供安全感、归属感等,影响个体的道德发展。因此,社区管理人员应该采取促进社区居民交流的多种手段,促进邻里关系的和谐、人们的相互信任等。此外,积极的道德风气不仅会影响个体的道德观念,还会左右人们的道德行为。鉴于此,社区管理人员则需要根据社区生活的实际状态,运用塑造榜样、营造舆论等途径,促使社区积极道德风气的不断形成。

第三,建立适宜的管理制度。社区不仅是人们的生活环境,还具有社会组织的属性。它是为兴办、管理一定的社区事务而建立起来的地域性社会组织。为保证社区的正常发展以及居民生活的健康运行,人们需要必要且适宜的管理。在建立管理制度的过程中,管理人员一方面要充分听取社区居民的各种意见,使得社区管理制度具有民主性;另一方面则要考虑社区生活的特殊性,使社区管理制度的内容及具体实施服务于人们的生活,而非简单管制社区的各种事务。

（三）学校微观外部德育环境的建设

学校微观德育环境的建设,指的是家庭德育环境的塑造。对于个体道德成长乃至个体全面成长而言,家庭环境都有着特殊的地位。

第一,营造良好的家庭关系。家庭是个体成长的基本单位。在这其中,家庭人员之间的关系对于家庭成员具有重要的、全方位的影响。因此,在建设家庭德育环境时,我们不应该忽视这一点,并需要以此为基础。营造良好的家庭关系,需要从两个方面着力:一方面,家庭成员要具备一种观念——家庭生活的健康运行不仅仅依靠物质条件,还需要成员之间的情感交流以及亲密关系。在有些时候,后者甚至比前者更为重要。另一方面,家庭成员应该掌握营造良好家庭关系的方式。个体如何与其他家庭成员进行交流?如何机智、灵活处理一些家庭问题与矛盾?这均需要个体掌握适当的方式。

第二,建构良好的家庭风气及家庭德育方式。家风对于家庭的各个方面均发挥着影响。建构良好的家风,需要每一位家庭成员尤其是家庭中的长者不断提升个人道德素养,以身作则。同时,家庭成员还应该根据家庭这一单位的特殊性,家庭结构、家庭关系等的特殊性,建构适宜的德育方式,让接受德育的家庭对象喜欢家庭德育而非讨厌家庭德育。例如,依据家庭的特殊性,“以身示范”的德育方式在很大程度上会优于“喋喋不休”的德育方式。

以上从学校内部与学校外部两个方面的各个层面,分别探讨了德育环境的建设。若让德育环境综合地发挥作用,德育环境各个层面的“自觉”意识是必不可少的。即,任何一种德育环境,都应该立足并热切关注“学校德育”“个体道德成长”,并以他们的健康开展或发展为出发点与归宿点,不断优化自身,主动与其他环境建立连接。

案例分析

截至2017年12月,我国手机网民规模达7.53亿,网民中使用手机上网人群的占比由2016年的95.1%提升至97.5%;与此同时,使用电视上网的网民比例也提高了3.2个百分点,达28.2%;台式电脑、笔记本电脑、平板电脑的使用率均出现下降,手机不断挤占其他个人上网设备的使用。以手机为中心的智能设备,成为“万物互联”的基础,车联网、智能家电促进“住行”体验升级,构筑个性化、智能化应用场景。移动互联网服务场景不断丰富、移动终端规模加速提升、移动数据量持续扩大,为移动互联网产业创造更多价值挖掘空间。

资料来源:第41次《中国互联网络发展状况统计报告》,http://www.cnnic.net.cn/hlwfzyj/hlwxzbg/hlwtjbg/201803/t20180305_70249.htm

请从德育环境的角度,分析网络社会的出现对学生品德成长的影响。

本章小结

本章首先从德育环境出发,阐述了德育环境具有普遍性、建构性、历史性、价值性等特点;指出德育环境依据不同的标准,可以分为“宏观环境、中观环境、微观环境”“正面环境与负面环境”等类型;并论述了德育环境对于个体道德发展及学校德育活动的基本作用。

其次,本章分析了学校内部德育环境的类型及其影响,指出学校内部德育环境主要可以分为学校整体环境、班级和同辈群体三类,他们对于个体道德成长及学校德育均发挥着重要作用。

第三,本章分析了学校外部环境的类型及其对学校德育的影响,指出学校外部德育环境可以分为宏观、中观和微观三个类型。

第四,本章从学校内部德育环境与学校外部德育环境两个方面,论述了德育环境建设的相关措施。

【思考题】

1. 德育环境与一般社会环境的有何不同?

2. 举例说明同辈群体对学生道德成长的影响?

3. 运用家庭对学校德育活动影响的相关知识分析:学校应该在德育的哪些方面对家长进行指导?

【拓展阅读】

1. 檀传宝,等:《网络环境与青少年德育》,福建教育出版社,2005 年版。

2. 魏曼华,等:《当代社会问题与青少年成长》,福建教育出版社,2005 年版。

3. 龚长宇:《道德社会学引论》,中国人民大学出版社,2012 年版。

4. 吴康宁:《教会选择:面向 21 世纪的我国学校道德教育的必由之路——基于社会学的反思》,《华东师范大学学报(教育科学版)》,1999(3)。

第十二章　当代西方主要德育模式

学习目标

了解德育模式的意义，知道当前国外几种主要的德育模式的理论主张、实践策略及其优势与不足，学会在教育教学实践中创造性地应用这几种德育模式解决德育过程的实际问题。

建议学时

6学时

学习导读

很长一段时间以来，德育理论研究者与德育工作者之间基本处于分离状态。这就使得一方面，德育理论研究由于缺乏现实的有力支撑而趋向于闭门造车，玄而又玄，难以指导实践。另一方面，德育在现实发展过程中，不断面临许多新的问题和挑战。那种依靠经验、凭经验办事的德育思路难以适应社会发展和人的发展的需要，迫切需要理论的指导。德育模式实际上是德育理论以及与之相配套的实践策略的结合体。一方面，德育模式可以通过对相关德育理论的实践转化，变成具有可操作性的系列原则、方式、方法，推动德育实践的深入发展；另一方面，德育模式依凭其对德育实践经验的理论自觉，可以形成较为系统化、理论化的知识体系，从而不断充实和完善有关德育理论。因此，学习和了解当前较为成熟的德育模式，对于切实增强德育理论与德育实践的联系，提升学校德育的实效性具有十分重要的意义。

本章我们将主要学习当代西方比较成熟且影响范围较广的德育模式，它们分别是：价值澄清模式、道德认知发展模式、体谅关怀模式。每个模式我们都从模式的理论基础和实践策略两个方面进行介绍，并在介绍完每个德育模式之后进行简短评价。

通过本章的学习，一方面可以增强我们对相关德育理论和实践的认识，同时，也有助于我们更好地思考提升学校德育实效的途径和方法。

当前，关于德育模式的理论建构和实践研究已经成为我国德育领域引人注目的重要问题之一。各种冠之以“模式”之名的德育理论和实践也纷纷涌现。但是，严格地讲，我国尚未形成比较成熟且得到广大理论和实践工作者认可的德育模式。因此，了解西方比较成熟且影响面比较广的德育模式显得十分必要。这既是德育理论创新的重要理论资源，也是提高德育实效性的重要路径选择。本节我们将主要介绍西方比较成熟且具有较大实践影响力的几种德育模式，它们分别是价值澄清模式、道德认知发展模式、体谅关怀模式。

第一节 价值澄清模式

20世纪中后期，美国社会处在一个价值观多元且混乱的状态中。社会结构和人们的生活方式发生了很大的变化，破碎家庭、单亲家庭的增多，以及很多家庭父母都在外工作，导致儿童与父母缺乏有效的相处机会。在这种情况下，多元化的价值环境给儿童的成长带来了前所未有的危机。他们对于正误、真假、善恶、公正等传统价值感到困惑，但是自己又缺乏主见，因而导致了一系列的社会问题。价值澄清模式正是在这样的社会背景下产生，旨在帮助学生学会辨析自我的价值观。

价值澄清模式（The Values Clarification Model）是由美国纽约大学教育学院教授路易斯·拉思斯（Louise Raths）等人于上世纪60年代创建的一种德育模式。1966年，由路易斯·拉思斯、梅里尔·哈明（Merrill Harmin）和悉尼·西蒙（Sidney B. Simon）共同撰写的《价值与教学》一书的出版标志着价值澄清模式的正式诞生。该模式因其具有很强的实践性、操作性以及体现了美国固有的个人主义价值观，曾一度风行欧美国家学校德育实践领域。

一、价值澄清模式的理论主张

（一）价值观的定义

拉思斯等人在《价值与教学》一书中认为，所谓价值观，是指导人们如何生活的一套准则。它反映了人们在有限的时间和精力中是如何行事的问题。

在价值澄清模式中，价值观是与个人的生活经验紧密联系在一起的。而人们生活经验的获得，是由他们生活的环境的特点决定的。因此，具有不同生活经验的人其价值观是不一样的。与此同时，人们的生活经验也会随个人生活地点的变迁、职位的变动、年龄的增长等因素的改变而改变。因此，对于个人而言，其价值观也不是恒久不变的。

价值澄清模式更多的是关注人们如何获得价值观的过程而不是获得怎样的价值观。他们认为，我们无法肯定个体会有怎样的经验。我们因而不能确定什么样的价值观、何种生活方式最适合于个体。然而，我们确实知道什么样的过程对于获得价值最富成效。①

由此可见，价值澄清模式的主要目的是帮助人们获得一定价值观。这些价值观将会有助于人们以一种满意和理智的方式将他们与不断变化的社会相联系。人们相信什么对价值澄清模式并不重要，重要的是人们怎么相信。

（二）价值澄清的四大要素

价值澄清模式认为，在当前多元的社会环境中，并不存在一套放之四海而皆准的价值体系，试图为人们寻找具有普适性的价值观的做法是徒劳的。我们不能把自己所认可的价值观强加给他人。但是，我们却有义务去帮助人们澄清自己所拥有的价值观。为此，我们必须做到以下四个方面②。

---

① [美]路易斯·拉思斯.价值与教学[M].谭松贤，译.杭州：浙江教育出版社，2003：25.

② [美]路易斯·拉思斯.价值与教学[M].谭松贤，译.杭州：浙江教育出版社，2003：1-2.

1. 以生活为中心

使人们注意到他们生活中所珍视的事物，如行为、态度、目标、兴趣、情感、信仰或烦恼等；使他们注意使生活复杂化或价值问题显得扑朔迷离的一般生活问题，如我们该如何处理友谊、恐惧、合作、金钱、爱情、法律与秩序、贫穷、忠诚、暴力和脆弱等问题？

2. 接受现实

我们在澄清别人的价值观点时，我们要做的不是去改变他人的价值观，而是要不偏不倚地接受他人的立场。这种认可意味着帮助他人接受自我，互相开诚布公，不管他们的思想或情感是多么混乱或消极。

3. 鼓励进一步思考

我们不能仅仅停留在认可的水平上，应该让学生进一步思考甚至全面思考价值问题。这就要求他们：(1)更加明智地选择，(2)更加清楚珍视与珍爱的事物，(3)更好地使选择和珍视融于日常行为之中。

4. 培养个人能力

价值澄清模式认为，人们不但能深思熟虑地思考价值问题，而且能更好地将价值观整合到他们的选择、珍视和行动。因此，价值澄清不仅倡导练习澄清技能，而且培养他们审慎自主的潜在意识。

（三）价值澄清的评价过程

价值澄清模式反对把某种现成的价值观灌输给学生，主张学校所应该做的只是要建立一种澄清过程，通过这种过程，儿童可以确定自己的价值观。这一过程被称为“评价过程”(valuing process)。

一个人是否获得价值观必须接受这一评价过程的检验。而这一过程主要包括三个阶段七个步骤，分别是：

选择：(1) 自由地选择

(2) 从各种可能的选择中选择

(3) 认真思考每一种选择的后果后进行选择

珍视：(4) 珍爱，对选择感到满意

(5) 愿意向别人确认自己的选择

行动：(6) 根据选择行动

(7) 以某种生活方式不断重复行动

二、价值澄清模式的实践策略

价值澄清模式在道德教育实践领域产生了很大的影响。这主要得益于它提出了许多具体的方法和策略，具有很强的操作性，容易被广大教师所掌握。该模式提出的价值澄清方法很多，限于篇幅，在此仅就其中比较核心的几个方法进行介绍，它们是澄清反应、价值单策略、团体讨论策略。

（一）澄清反应

澄清反应(clarifying response)是价值澄清策略中最为灵活的澄清策略。它是教师针对学生所说的话或所做的事而做出的反应，旨在鼓励学生就自己的行为进行深入的思考。通过这种思考，学生可以对自己所拥有的价值观进行澄清。由此可见，澄清反应主要是一种师生间的对话策略,主要以一对一的交谈形式进行。这种对话不要求教师对学生进行强制性或对抗性的询问,而是一种看起来较为随意的或激励性的谈话。通过下面这个澄清反应的例子,我们可以对这一澄清策略有更为直观的了解。

学生:我相信人人生而平等。

教师:你说这话是什么意思?

学生:我想我的意思是,所有人是一样出色的,不应该有人凌驾于他人之上。

教师:你的观点是否表明,在我们这个世界甚至在这所学校和这个城市里必须进行某些变革?

学生:噢,是许多变革。要不要我列举一些变革?

教师:不,我们得回到拼写课上了,但是我刚才一直在想你是否会为其中的某些变革而努力,并且实实在在地竭力使之成为现实。①

从上面例子可以看出,虽然教师没有对学生关于"人人生而平等"的观点进行价值评价,但是,学生却可以从与教师的对话中得到某些启发,激发他考虑自己是否愿意将"人人生而平等"付诸实践。

为了有效地进行澄清反应,该德育模式提出了应遵循的10条基本原则②:

◆ 澄清反应要避免道德说教、批评、向儿童灌输价值观或进行评价。教师应避免一切关于"好的""对的"或"可接受的"等的暗示。

◆ 使学生有责任检查自己的行为或思想,并独立思考和确定自己的需要。

◆ 澄清反应是非强制的和使人兴奋的,但它不强人所难,不强求学生有问必答。

◆ 澄清反应的作用更多地在于激发个体思考自己的言行。其目的在于形成一种氛围。每一种澄清反应只不过是众多澄清反应之一,而且其效果是累积而成的。

◆ 澄清反应的目的不在于盘问学生或收集资料,而是使学生在需要时澄清自己的思想和生活。

◆ 澄清反应通常不是范围过于宽泛的讨论。其目的在于促使学生进行思考。教师最好在只进行两、三个来回的对话后便主动以不表态但很坦率的语句中断会话。

◆ 澄清反应经常是针对个人而进行的。当然,也可以针对全班学生就大家普遍关注的问题进行澄清反应,但即使这样,最终必须要求个体进行独立的思考。

◆ 教师无需对每个学生在课堂上的所有言行做出反应。

◆ 澄清反应经常在没有"正确"答案的情境中起作用,诸如与情感、态度、信仰或目的等有关的情境。教师不宜把学生引向预定的答案。这些情境并非那种教师在头脑中已有正确答案的问题。

◆ 澄清反应不存在固定的模式。教师必须富于创造性和洞察力地使用澄清反应,但必须记住:澄清反应只有在有助于学生澄清他们的思想或行为时才能被认为是富于成效的。

(二)价值单策略

价值单(values sheets)策略主要针对的是那些不适合交谈和讨论的问题(如政治信仰、性等)采用的一种澄清方法。这些问题如果采用澄清反应的交谈方式,一是学生不好启齿,

---

① [美]路易斯·拉思斯.价值与教学[M].谭松贤,译.杭州:浙江教育出版社,2003:53.

② [美]路易斯·拉思斯.价值与教学[M].谭松贤,译.杭州:浙江教育出版社,2003:54-56.

难以谈出心中的真实想法；而是交谈容易成为口才好、威望者高的特权，影响他人的独立思考。采用价值单策略，可以有效地避免以上问题。价值单策略的使用要求教师设计和编制出一些价值表，每个表的标题上列出主要讨论的一个议题，然后陈述一种情况或事情，接着给出几个问题。有些问题下面呈现几个备选答案让学生自由选择，并要求学生解释选择这一答案的原因。

价值单策略强调学生以书写的形式对各种问题进行独立思考。即使是表中有关讨论的要求，也是在小范围内进行，一般不进行全班性的讨论。这可以有效地避免学生在独立思考问题时受他人的干扰或心理暗示。

价值单策略的显著特征就在于：努力揭示知识背后所蕴含的价值依据，将知识学习与道德评价紧密地联系在一起。这一点恰恰是我们当前学科教学所欠缺的。

价值单策略主要应用于以下主题：

➢ 金钱，它是怎样被分配和处理的

➢ 友谊，我们怎样与周围的人相处

➢ 爱情和性，如何与关系亲密的人交往

➢ 宗教和道德，我们所奉行的终极信仰

➢ 闲暇，如何利用闲暇时间

➢ 政治和社会组织，尤其是当它们对个体发生影响时

➢ 工作，职业选择，工作态度

➢ 家庭，我们在家里的表现

➢ 成熟，我们为何而奋斗

➢ 性格特征，尤其是当它们影响个体的行为时

价值单策略可以应用于不同的场合，但是，最无效的方法是将价值单用于讨论课。诚如前文所述，讨论往往会演变成争论，容易使人激情有余而独立思考不足。同时，讨论的过程往往会形成一些意见领袖人物主宰和控制讨论的意见，使得一些人不能够有效参与并自主对自己的价值观进行审慎的思考和选择。因此，价值单策略在使用时应注意以下几个方面的要求：

➢ 要求书面回答，这比纯粹的口头谈论要求更加认真的思考。

➢ 允许学生以匿名的形式进行书面回答。

➢ 价值单策略尤其适合于周末作业，此时学生的压力会减小，而且有足够的时间来思考。

➢ 教师可以对学生上交的价值单做简要的评价，但是评语应当根据价值澄清理论的要求，进一步提出有助于学生重新思考其答案的问题。如，问学生他们所写的某些内容是否形成于对各种可能选择的思考之后，或问他们其生活方式是否真的与他们所写的相一致，等等。

（三）团体讨论策略

澄清反应和价值单策略基本上都是以一对一的形式开展的，只有在必要的时候才会进行小范围的讨论。但是，对于一些全班同学普遍关心或具有普遍意义的问题，我们可以采用团体讨论策略，在全班范围内进行价值观的澄清活动。为了保证这种大范围的讨论能够取

得成功，团体讨论策略一般遵循以下四个步骤①：

◆ 选择主题

教师应该认真注意学生深感困惑的问题，或依据学生的年龄，考虑设计出富有价值意义的主题，诸如友谊、金钱、规则、家庭、兄弟（或姊妹）、家庭杂务、爱情、性、工作、职业、目标、闲暇或政治。教师可以通过一段引文、图片、戏剧或电影片断以及有争议的问题等来选题。

◆ 深思熟虑

教师应该要求所有学生安静地坐着思考问题一两分钟，最好要求学生记下对问题的最初反应。

◆ 结构交流（structure sharing）

为了避免某些健谈者控制讨论的情况，教师可以把学生分为两人一组、三人一组或四人一组。不要给小团体太多的时间。一开始可以进行短时间的小组讨论，然后再进行全班讨论。

◆ 帮助学生获取知识

通常，在团体讨论最后，教师应要求学生独自坐在自己的座位上，思考他们从这次讨论中学到了什么？学生可以通过对以下一些问题的思考来归纳出他们在本次讨论中所获得的知识：

——我认识到……

——我再度发现……

——我正想知道……

——我从来不知道……

三、对价值澄清模式的简短评析

上世纪70年代价值澄清模式在西方社会产生了很大的影响。当时，美国许多学校在开展道德教育时都以这一模式为基本蓝本。这一模式在实践中也取得了较大的成绩。总的来说，价值澄清模式在以下几个方面是比较成功的。

一是简单易行，容易被教师掌握和推广，具有较大的实用性和现实针对性。价值澄清模式所提出的澄清反应、价值单和团体讨论等策略，具有很强的操作性。教师可以结合现实生活中学生关心的各种问题随时随地地开展价值观澄清活动。形式活泼，不拘一格，深受普通学校欢迎。

二是价值澄清模式明确反对灌输，注重学生主体性的发挥，容易调动学生参与的积极性和主动性。价值澄清模式不以灌输某种固定的价值观为目的，而是让学生学会通过价值评价过程来澄清、发展自己的价值观，有利于学生独立思考问题。

但是，价值澄清模式在实践中也受到了人们的一些批评和指责。这些责难主要有：

第一，价值观上的相对主义否定了道德教育的价值引导功能，使得学校德育陷入尴尬境地。这一模式认为每个人的价值观都是相对的，不存在被普遍认可的价值观。因此，学生有权选择并确定自己的价值观，只要这一价值观经过价值评价过程的检验。在这样一种精神指导下，不管学生最终形成了什么样的价值观，这种价值观是没有是非、善恶、对错的区分

---

① 参见［美］路易斯·拉思斯.价值与教学［M］.谭松贤，译.杭州：浙江教育出版社，2003：138-153.

的，这显然令人难以接受。比如，对于考试中作弊的问题，如果有的学生通过澄清过程认为作弊是合理的，因为那样会得到好成绩，会受到家长和老师的好评，所以作弊是值得的。面对这样的澄清结果，如果教师不做任何的价值引导，显然不符合教育宗旨，使教育陷入尴尬的境地。

第二，价值澄清模式对价值观概念的界定过于宽泛，许多问题甚至是超出了道德的范畴。从根本上说，价值澄清模式并没有给价值观下过严格的定义。实际上，它所谓的价值观是与行为相联系的内部心理状态。

另外，价值澄清模式完全否认外部因素如榜样示范、说服教育的作用也显得有些武断。

第二节　道德认知发展模式

道德认知发展模式（the cognitive moral development model）是美国当代著名道德教育家和心理学家劳伦斯·科尔伯格（L·Kohlberg）等人创建的。他被称为“现代道德教育复兴运动中最著名的人物”。道德认知发展模式是在对传统品格教育过于强调“美德袋”式的德育所存在的片面强调强制灌输，忽视学生道德成长主体性的弊端的基础上发展起来的。本文主要以介绍科尔伯格的理论和实践为主要内容。

一、道德认知发展模式的理论基础

科尔伯格创建的道德认知发展模式相对于其他德育模式而言，其理论基础更为深厚、系统，涉及道德哲学、道德心理学以及道德社会学等学科的综合运用。其中，以道德哲学和道德心理学最为根本。这些深厚而广博的理论基础体现在这一模式中，主要反映在科尔伯格关于道德认知发展的理论和道德教育目的的基本观点的论述上。

（一）道德认知发展理论

1. 道德发展的核心是道德推理能力的发展

科尔伯格认为，道德发展的核心是道德推理能力的发展。道德推理能力是道德思维的基本品质。而道德思维的成熟度是以一个人的逻辑思维的发展水平为基本前提条件的。一个人的逻辑思维阶段决定了他所能达到的道德阶段的限度。如果一个儿童在认知发展中没有达到形式运算的思维水平，那么，他在道德发展中也不可能达到与之相适应的道德认知发展阶段。实验证明，达到某种道德水平的儿童大多都能通过相应水平的逻辑测验，但并非所有达到某种智慧水平的儿童都具有相应水平的道德判断结构。[①] 这实际上表明，我们可以根据一个人的道德发展阶段来推测他的逻辑思维水平，但是，我们却不能根据一个人的逻辑思维水平来确定其道德发展阶段。因此，认知发展只是道德发展的必要条件，但不是充要条件，道德发展的核心是以道德推理为主要形式的道德思维的发展。

2. 道德认知发展的阶段性特征

科尔伯格认为，一个人的道德判断可以表现在内容和形式两个方面。道德判断的内容主要指的是对某一道德问题的“应该”或“不应该”、“对”或“错”的评价。道德判断的形式则指人们进行道德判断时所根据的理由及其推理方式。一个人的道德发展水平不能单单从其道德判

---

① 钟启泉，黄志成.西方德育原理[M].西安：陕西人民教育出版社，1998：192-193.

断的内容来考虑,更多的是要考察他在进行道德判断时的推理方式。在科尔伯格看来,一个人道德判断的内容往往会受各种外在因素的影响,具有很大的情境性。如欺骗行为,在很大程度上取决于情境的因素。但是,一个人道德判断的形式——道德推理方式却是人们内心较为稳定的因素。因此,我们应该从一个人的道德判断形式来确定其道德发展水平。

科尔伯格进一步指出,在道德判断的形式方面,存在着处于不同成熟水平或阶段的道德推理方式。这些阶段性的道德推理方式构成了人们区分一个人道德发展水平的重要依据。通过多年的研究和实验,科尔伯格认为,在不同文化环境中,存在着普遍的道德发展的三个水平和六个阶段。(具体内容参照第五章德育主体与对象中关于道德认知发展理论的介绍)

科尔伯格认为,道德发展的3水平6阶段并非仅仅与年龄有关。道德发展的这种阶段划分,更多的是基于各个阶段所具有的特性。

第一,每个阶段是"结构性的整体"(structured whole)。这实际上是表明,道德发展的各个阶段实际上有着本质区别。这些差异的形成并非仅仅源自不同的文化、情境或个人知识掌握情况的不同,而是也来自于人们的道德思维方式、推理判断方式的不同。

第二,阶段的发展具有顺序性。这些阶段有恒定不变的发展顺序,每一阶段的发展都以前一阶段的发展为前提,并为下一阶段的发展做好准备。儿童可能由于某些原因而固定在某个发展阶段上,但他继续发展时,一定是朝向更高的阶段发展。

第三,阶段的发展是一种"层级整合"(hierarchical integrations)。高级阶段的道德思维方式必然包括或涵盖低级阶段的道德思维方式。

(二)道德教育的目的

1. 道德教育的目的是让学生掌握具有普适性的道德原则:公正原则

科尔伯格认为,以往学校道德教育之所以实效性低下,其中一个很重要的原因是学校德育在目的设定上发生了偏差。长期以来,学校德育总是热衷于向学生传授各种具体的道德规则和社会规范。但是,由于规则和规范本身在不同的文化和情境下具有不同的含义和功能,它们并不具有普适性。因此,向学生灌输这些具体的价值观念难以确保他们能够在不同的环境中表现出一致的行为。这一点已经被哈桑(H.Hartshorne)和梅(M.May)关于诚实问题的调查研究所证明。

但是,在不同的道德规则中,却存在着普遍适用于一切文化和情境的道德原则。道德原则不同于道德规则,"它不是一个行为的准则,而是指导人们在各种行为中做出选择的原则。它不受特定文化内容的限制,它既超越、又包含了特定的社会法规,因此它是普遍适用的。"①"道德的基础是道德原则,这些原则与诸如诚实之类的美德词和'勿偷盗'或'勿争吵'之类具体规则是不同的。原则是指我们希望所有人将其运用于所有情形的那些普遍的选择方式,它们代表了在道德上对行动作自我证实的理由。"②因此,学校道德教育的目的就是向学生传授这种具有普适性的道德原则而不是各种繁琐而具体的道德规则。在科尔伯格看来,这种普适性的道德原则即公正原则。

2. 学校道德教育的主要任务是促进学生道德推理能力的发展

科尔伯格认为,传统道德教育的失败不在于学校没有能力去影响儿童品格的发展,而是

---

① [美]科尔伯格.道德教育的哲学[M].魏贤超,等,译.杭州:浙江教育出版社,2000:4.

② [美]科尔伯格.道德教育的哲学[M].魏贤超,等,译.杭州:浙江教育出版社,2000:68.

因为传统的品格教育过多依赖说教、榜样、惩罚或奖励等手段对学生进行行为的训练，目的是培养出能被社会或教师接受的所谓的“好的行为”。这种教育方式实际上强调的是道德判断的内容方面，而忽视了更为根本的道德判断的形式方面——道德推理。因此，它们“并不反映儿童或成人从事他们的道德决断或道德行为时所运用的心理结构。”①这就使得学校所传授的道德内容难以与学生的道德心理结构发生意义上的关联，因此难以取得相应的教育效果。

为此，科尔伯格认为，如果学校要有效地发挥其在学生品德发展方面的积极作用，就必须从过去那种专注于培养学生具体行为的做法中解放出来，把重点放在如何促进学生的道德推理和思维能力从不成熟向成熟状态的不断进步，一直达到能清晰地理解以公正平等这个普遍原则为基本特征的最成熟的阶段。但是，普遍性的道德原则是不能直接教给学生的，它只能通过学生自身的努力而得以实现。

为了促进学生道德思维和推理能力不断向前发展，学校教育或教师的主要任务就在于通过创设富含冲突性的情境引起学生道德认知的冲突，创造机会让学生接触和思考高于他们现有阶段的道德思维和推理方式，造成他们的认知失衡，引导学生在寻找新的平衡中，不断提高自我道德判断的水平和能力。

二、道德认知发展模式的实践策略

科尔伯格的道德认知发展模式在学校道德教育领域的应用主要体现在两个方面：一是在课堂中通过学生对各种道德两难问题的讨论，促进学生道德思维的发展；而是通过对学校环境的重新改造，建立“公正团体”，使学生在民主的管理氛围中获得道德的发展。

（一）课堂讨论法

课堂讨论法又称新苏格拉底法、道德两难法。这种方法旨在通过各种道德两难问题的呈现，刺激和引起学生的思维失调，使他们对自己目前的思维方式感到不满，并要寻求一种更完整、也被认为更合理和高级的道德思维方式，从而促进学生的道德判断和推理水平提升。

具体而言，教师在开展道德两难问题的课堂讨论时，应该遵循以下步骤②：

第一，引发性提问（initial questioning）。

在课堂讨论的初始阶段，教师的作用主要体现在以下方面：

——确定学生了解道德两难问题的困境或问题的症结所在；

——帮助学生正视问题中所固有的道德因素；

——引导学生就自己的道德判断提出学理上的依据；

——鼓励学生以不同的学理依据进行交流。

第二，深入性提问（in-depth questioning）。

经过引入性的提问之后，学生基本上已经表明了自己面对道德冲突时的立场和理由，这为进一步的小组讨论提供了可能。为了使学生能够更为深入、全面地进行讨论和思考，教师必须转变原来的提问策略，要求学生抓住争论的观点和对方的理论依据，这样就会导致学生道德思维结构发生变化。适于这阶段提问的策略有 4 种，它们分别是使问题精细化、突出相

---

① [美]科尔伯格. 道德教育的哲学[M]. 魏贤超，等，译. 杭州：浙江教育出版社，2000：32.

② 参见[美]哈什，等. 德育模式[M]. 刘秋木，等，译. 台北：五南图书出版公司，1994：150-162.

邻阶段的观点、澄清与概括、角色承担的问题和策略。

1. 使问题精细化(refining questions)

使问题精细化的目的是为了让学生能够探究到问题的更多方面。“应该”和“为什么”等问题已经不足以促使学生的道德思维向更高的阶段发展。学生应该能够听到别人的更广泛的意见。

2. 突出相邻阶段的观点(highlighting contiguous-stage argument)

较高阶段的观点往往对学生道德思维的发展有很大的影响。因而,教师应该在课堂讨论过程中,注意突出较高阶段的道德思维。处于较高阶段道德思维水平的学生不会因为与处于较低阶段道德思维水平的学生的互动而失去其推理能力。同时,他们也需要比他们现有的更高更复杂的推理方式的刺激。

突出较高阶段道德思维水平的途径一般有三种:

第一种是学生当中有人在讨论中运用了较高阶段的推理方式。一旦教师听到这种不同的推理方式,教师就可以鼓励学生解释其推理的理由。第二种是在全班中都没有出现涉及更高阶段的道德推理形式时,教师可以鼓励那些在其他问题上已经达到更高阶段的学生,在新的问题上进行主动探究。第三种是,有时全班都没有人能够从多方面来思考道德问题,也没有人提出一种更合适的观点,这时老师可以提出一个更高阶段的道德推理形式供学生讨论和思考。

3. 澄清与概括(clarifying and summarizing)

这种策略要求教师转变角色,从启发性地提问转到澄清和概括学生的观点。目的在于使学生意识到同学们提出的推理方式,促进认知冲突的发展。

4. 角色承担的问题和策略(role-taking questions and strategies)

角色承担的目的是为了激励学生考虑其他方面的能力,也就是使学生从自我中心阶段向考虑他人的思想情感和权利方面发展。

角色承担不局限于对道德问题的讨论。学生如果在认知能力上能够考虑到他人,并能将自己与别人相联系起来进行考虑,这种经验也是非常重要的。教师应该在初等教育阶段为学生创设各种关注于道德冲突的合作活动,如角色扮演,游戏、辩论、影片或幻灯片等可以刺激学生考虑别人经验的活动。当学生专注于这些情境,并有机会从别人的角度观察和思考问题时,这种体验就为学生走出自我中心的思考往前推进了一步。另外,对角色承担的讨论,也能促进学生道德思维的发展,同时,它也为全班同学的全身心投入提供了机会。

中学阶段的学生也能从角色承担中有所收获。扮演幼童的家长的角色,或者扮演同伴咨询者的角色,都能帮助学生发展考虑他人的能力。通过帮助别人,青少年能够从他人的视角来观察世界。

(二)公正团体法

公正团体(the just community)法又称新柏拉图法,它是科尔伯格针对早期实施的道德讨论法的局限性而提出来的。道德讨论法是通过对道德两难问题的讨论,引发学生的道德认知冲突,激发学生积极的道德思维,从而促进学生道德判断水平向高一阶段提高的方法。这种方法在实验初期取得了一定成效。但随着研究的进一步展开,科尔伯格发现道德讨论法实际上犯了一种“心理学家的谬误”(the psychologist's fallacy),是一种单通道模式(a one-way street model),它仍然不能从总体上解决道德判断与道德行为的关系问题,并且讨论的程序十分复杂，不易实施。

1969年，科尔伯格到以色列集体农庄的一所中学进行研究性访问。那里的集体道德教育方式引发了他的兴趣，促使他重新评价道德讨论法。同时，基于他对柏拉图、杜威教育思想的吸收，以及对涂尔干教育思想的重新评估和他本人的“监狱实验”，他逐步探索实践出一种新的道德教育策略——“公正团体法”。

由此可见，所谓公正团体法，它是一种根据集体教育原则形成的，旨在通过改善学校育人环境而达到影响学生的道德判断和道德行为统一发展的教育策略。它通过在学校建立一个公正的生活共同体（合作性团体），在师生共同参与的民主氛围中，来实现学生自我管理和自我教育的目的，并在此基础上提升学生的道德判断水平、促发其道德行为。

科尔伯格认为，这种管理学校的方式很公正，不仅仅是因为它的管理方式是民主的，而是因为团体的决定能够促进学生的道德推理向最高阶段发展。教师的任务不在于向学生强制灌输较高阶段的道德推理方式，而是为学生提供能够理解的最合理的推理方式，并不断鼓舞他们通过自治的方式来提高自我的道德判断和行动能力。只有当自治的目标达成，并且学生坚持自己的决定并加以执行的时候，学校的管理才是真正的公正的团体。

总体而言，公正团体法的基本特征可以归纳为：建立各种管理组织，鼓励学生民主参与，营造一种民主的道德氛围。在民主管理过程中，发展学生的集体或共同的价值意识，把集体力量作为一种教育资源。实现学生自治，促进学生的道德发展，使他们学会对集体和个体的发展负责。

三、对道德认知发展模式的简短评析

道德认知发展模式的一个显著特点在于它是建立在坚实的哲学、心理学和社会学的基础之上，具有较强的理论解释力和说服力。该模式所提出的道德两难讨论策略和公正团体策略对于学校德育实践的展开也有很好的指导意义。但是，这一模式从理论到实践并非无懈可击。在理论方面，人们认为该模式主要有以下不足。

① 该模式关于道德发展水平的阶段划分不具有普遍性。尽管该模式关于儿童道德发展水平的阶段划是建立一定的研究实验基础之上的，但是，一些跨文化的研究表明，并非所有地区的人都会出现相同的阶段。在有些文化背景下，人们甚至没有出现过阶段5或阶段6的特征。因此，该模式关于道德发展水平的阶段划分可能带有很强的西方文化偏见。

② 该模式关于道德发展阶段的顺序划分具有一定的“年龄歧视”的色彩。“年龄歧视论”把道德发展看成是一个由低到高逐步发展的等级性过程，并且认为这种发展具有不可逆性。因此，“年龄歧视论”的理论缺陷不仅在于它的不公正，而且在于它的简单化和宿命论倾向。人们对美国中学毕业生的调查发现，那些曾经达到道德发展水平阶段4的学生有不少又回到了阶段2的水平。这实际上是对这种不可逆性发展的一种挑战。其实，我们不能绝对肯定成人的道德发展水平一定比儿童高，或者说儿童的道德发展水平一定比成人要低，因为一个公认的事实是，在直觉和悟性发面成人往往不如儿童，成人反而应向儿童学习。[①]

③ 该模式对公正原则的强调具有“男权主义”的价值取向。科尔伯格的同事，哈佛大学

---

① 檀传宝.学校道德教育原理[M].北京:教育科学出版社,2000:48.

的吉利根(C·Gilligan)教授认为,科尔伯格的理论研究基本上都是以男性儿童为被试,另外,道德两难故事给学生提供的回答、讨论的问题也把儿童局限于正义的概念下思考。这就不可避免使其得出公正是最具有普适性的道德原则的结论。更重要的是,她发现科尔伯格混淆了道德与公平、正义概念之间的不同,因此错误地把道德等同于公正。

吉利根重新选择了男女儿童搭配的被试,并且在利用两难故事时,也允许儿童联想发生在现实中的真实故事,回答问题时不给予更多的限定提问。这样,她的结论是,除了正义一个侧面外,道德发展还不可忽视关心这一侧面,即道德不能仅仅归于认知领域,也应属于情感领域。另外,她还证实了儿童道德发展存在性别差异。

另外,还有不少人认为这一模式过于强调学生的道德认知方面而忽视了学生道德情感的培养。

在实践方面,这一模式存在的问题是①:

① 许多教师由于没有受到很好的理论培训,因此他们在实践中往往滥用道德认知发展的阶段划分,盲目地给学生贴标签,造成了一些副作用。

② 这一模式对学生的评价标准并不明确,缺乏操作性,教师很难对学生的道德认知发展阶段进行科学的评价和准确的测定。

③ 这一模式对教师的水平提出了很高的要求。教师一般习惯于给学生提供信息或答案,但要求教师成为一名道德认知冲突的促进者,具有一定的难度。

总之,这一德育模式重视从道德发展的形式方面——道德推理水平的角度来重新定义学校道德教育的目的,这从根本上转变了传统的道德教育观念。因为如果学校道德教育的目的是促进学生道德思维水平的发展,而不是在道德内容方面让学生记住各种具体、繁琐的道德规范,那么,这就势必要求学校抛弃传统的说教、灌输和强迫执行等方法,转而在帮助学生通过自己的实践和理性思考做出判断和决策等方面下功夫,这将有利于提高学生在道德成长方面的主体地位,避免道德的强制灌输所带来的种种弊端。虽然这一模式在理论和实践方面还存在着这样或那样的不足,但是,由于它所具有的以上优点吸引着越来越多的理论和实践工作者投入这一模式的研究和运用之中。

第三节　体谅关怀模式

如果说,道德认知发展模式更关注学生道德认知的发展,那么,体谅关怀模式的基本特征是强调道德情感在道德教育中的核心作用。它的代表人物是英国的著名学校道德教育家彼得·麦克菲尔(Peter Mcphail)和美国的著名教育哲学家、道德教育家诺丁斯(Nel Noddings)。如果我们详细划分,麦克菲尔在道德教育中所关注的核心概念是“体谅”(consideration);而诺丁斯所关注的核心概念则是“关心”(caring)。为了论述方便,我们首先介绍以麦克菲尔为代表的体谅模式。

一、体谅模式

体谅模式(the consideration model)是麦克菲尔及其同事共同创造的,以培养学生道德情

① 参见钟启泉,黄志成.西方德育原理[M].西安:陕西人民教育出版社,1998:215.

感为中心的道德教育模式。麦克菲尔等人根据《英国学校道德教育课程方案》编写的《生命线》(Lifeline)系列教材以及《学会关心》(Learning to Care)教师参考书的大量出版和发行，标志着这一模式的确立。这一模式具有很强的实践性，在英国和北美一些国家广泛流行，并产生了极大的影响。

（一）体谅模式的理论基础

相对于其他德育模式而言，体谅模式虽然是建立在广泛的实地调查的基础之上，但是，其理论基础是比较薄弱的。总体而言，这一模式在价值取向上具有很强的人本主义色彩，强调对学生需要的关注，反对理性化的道德说教。

1. 学校道德教育应该以满足学生与人友好相处的需要为基本职责

1967 年至 1971 年，麦克菲尔等人对 800 多名 13-18 岁的中学生进行了广泛的问卷调查和个别访谈，要求学生各举一个成人对待他们好和不好的例子。调查结果发现，青少年学生对于人际关系中的关心、坦率、互惠、谦让等品质给予了高度的认可。他们认为好的事情就是对自己的需要、情感和兴趣给予关心的事，反之就是不好。因此，学校道德教育的首要职责就是要满足学生在与他人友好相处、爱与被爱等方面的需要。

与此同时，调查还发现，学生感到学校过于强调知识的掌握和信息的积累，却忽视了帮助学生解决人的个性与社会关系方面的问题。学校根本不知道学生在自我成长过程中到底需要什么。基于此，麦克菲尔他们在确定学校道德教育的目的时，采取了相信学生自己能够确定自己的需要的观点。在他们看来，一种合理的、令人信服的道德教育课程就是学生感到自己需要的这些课程。

2. 学校道德教育应促进学生成熟的人际意识和社会行为的发展

尽管麦克菲尔对学生抱有很大的尊重和信任，但是他也注意到，中学生与成人相比，他们在面对某些人际关系或社会问题时仍然会有不成熟的表现。通过与成年人对相应问题的成熟反应的比较，麦克菲尔把学生的反应分为被动、依赖、主动、回避、富有想象力的反应等 11 种类型的成熟度。

通过对调查材料的分析，麦克菲尔对不同年龄学生所属的成熟类型进行了归纳。他指出，学生的成熟度是随其年龄的增长而增长的。因此，青少年期的学生实际上正处于他所谓的“社会试验期”(a period of social experiment)，他们正在为处理成人问题和承担成人责任做准备。同时，“社会试验期”还意味着这是学生对各种人际和社会问题的反应由不成熟到成熟迈进的过渡期，是他们学会关心和体谅他人的关键期。因此，学校应该鼓励处于“社会试验期”的学生自由地试验各种不同的角色和身份，以此来促进学生成熟的人际意识和社会行为的发展。

3. 学校道德教育应注重道德榜样的作用，不应采用高度理性化的道德教育方式

麦克菲尔在调查中发现，尽管学生对自由抱有很大的热情，但是，他们并不是一概否定成人的帮助。他们不满的是成人对自己生活的过多支配和干涉，但是，他们还是很欢迎善解人意、具有幽默感的成人为他们的成长提供帮助。同时，他们对那些以身作则、自信而正直的家长和教师表示出很大的敬佩之情。因此，麦克菲尔坚信，行为和态度是富有感染力的，尤其是道德，在很大程度上是通过受感染而形成的，并非是直接的教授可以学会的。在日常生活中，通过观察重要人物怎样待人接物，可以学到一些价值观；通过接触具有关心体谅品质的人，可以获得有益的东西。学生从教师所做中学到的东西比教师所教所说的东西还要

多。因此，教师要在关心人、体谅人上起到道德表率的作用。教师引导学生学会关心的最好方法是教师自己去学会关心。

麦克菲尔认为，在道德教育中采用高度理性化的教育方式只能把道德教育变成冷冰冰的思维训练，这会有损于学生道德情感和道德行为的发展。学生道德的发展更多的是一种个性的模式而非思维的方式。它与其说是一种平衡各种相互冲突的道德技巧，不如说是实现个人与他人的自然和谐；与其说是判断，不如说是关心。因此，体谅模式旨在向学生表明，关心他人是一种令人愉快的生活方式。

（二）体谅模式的实践策略

体谅模式的实践策略主要体现在麦克菲尔等人编写的《生命线》系列道德教育丛书之中。这套丛书在英国学校中进行了广泛的试验，深受教师和学生的喜欢，接受这套丛书的学生超过了 2 万名。虽然《生命线》最初是为中学生准备的，但是即使是其中最深的部分，许多小学五六年级的学生也能读懂。因此在小学中也比较受欢迎。因此，本节主要以《生命线》丛书的课程目的、结构和内容等三方面为依据，来介绍体谅模式的实践策略。

1.《生命线》的课程目的

这套丛书实际上构成了体谅模式的实践支柱。虽然麦克菲尔比较重视道德教育中的情感和关心，认为道德教育中的"关系比材料重要"。但他对理性思维和知识的作用并非全盘否定。实际上，理性和知识在实现以上目的方面具有很大的作用。

2.《生命线》的课程结构

《生命线》丛书主要由三部分构成，每部分都包含若干单元和小册子。其基本结构可以通过下表展示出来。

《生命线》结构表

部分	单元	情境特点
第一部分：设身处地	第一单元：敏感性	所有情境都是围绕人们在家庭、学校或邻里中经历的各种共同的人际关系而设计
	第二单元：后果	
	第三单元：观点	
第二部分：证明规则	第一单元：规则与个体	情境所涉及的都是比较复杂的群体利益冲突和权威问题
	第二单元：你期望什么？	
	第三单元：你认为我是谁？	
	第四单元：为了谁的利益？	
	第五单元：为什么我应该？	
第三部分：你会怎么办？	第一册：生日	向学生展示以历史事实或现实为基础的道德困境
	第二册：禁闭	
	第三册：逮捕	
	第四册：街景	
	第五册：悲剧	
	第六册：盖尔住院	

从上表可以看出,《生命线》的三个部分代表了三个渐趋复杂的社会情境。

3.《生命线》的课程内容①

第一部分:设身处地

这部分课程主要包括《敏感性》《后果》和《观点》三个单元。这些单元由几十张类似16开纸大的卡片构成。这些卡片均画有学生在生活中常见的场景,卡片下方是一句发人深省的提问。教师可逐一向学生显示卡片的内容,并通过对学生的提问了解他们面对特定情境时的态度。

第二部分:证明规则

这部分课程由《规则与个体》《你期望什么?》《你认为我是谁?》《为了谁的利益?》和《为什么我应该?》5个单元组成。这些单元都有图文并茂的故事。这些故事以一个名叫保罗的男孩为例,探讨他在学校、家庭、工作等不同社会环境所面临的问题。每个故事之后还有供学生讨论的思考题或练习题。其目的是让青少年有机会把解决一些熟悉问题(这些问题是他们想获致成人地位并在与其他成人平等的基础上生活和工作时产生的)的解答方案付诸实践进行检验。

第三部分:你会怎么办?

这一部分包含《生日》《禁闭》《逮捕》《街景》《悲剧》和《盖尔住院》六个单元。这些单元都是涉及某一历史时期所发生的真实故事。目的是通过这些故事的呈现,培养学生分析复杂历史问题的能力和道德思考方式。

这部分内容很容易和历史、社会常识、英语等课程结合在一起。能够使学生超越当前社会的道德视野,形成更为普遍、深刻的判断框架。

(三)对体谅模式的简短评析

体谅模式从学生的需要出发,以情感为主线,注重体谅他人,强调学会关心和真实的社会情境在道德教育中的重要作用,与主流的强调理性和判断的德育模式具有很大的不同。总的来说,体谅模式具有以下特点。

1. 具有很大的情境性

体谅模式的教材在内容选择上十分注意从学生的生活世界以及他们的身心发展特点出发,所选的内容对学生而言都是比较容易理解和接受的。另外,教材结构的安排和设计具有较大连贯性和递进性,符合学生道德发展的特点。

2. 具有很强的操作性

体谅模式为一线教师的工作提供了一系列操作程序,包括由教师向学生提供道德情景、再以学生为主展开角色扮演、共同讨论和案例分析等步骤,同时也为教师的课堂教学提供了许多可供参考的摹本。

3. 具有较强的实效性

目前体谅模式的教材在英国和北美以各种版本出版,经久不衰。该模式的运用也受到教师、学生和家长的欢迎。该模式在实践过程中,对于改善师生关系、营造良好的学习与生

---

① 参见[美]哈什,等,著.德育模式[M].刘秋木,等,译.台北:五南图书出版公司,1994:66-76.
钟启泉,黄志成.西方德育原理[M].西安:陕西人民教育出版社,1998:283-290.
黄向阳.德育原理[M].上海:华东师范大学出版社,2000:244-254.

活氛围具有明显的效果。

但是,这一模式也受到了一些批评和指责。其中最大的批评来自于对该模式理论基础的质疑。一些批评者认为,这一模式以人本主义和行为主义两种在价值取向上完全不同的理论作为理论基础,显得十分矛盾。该模式在对青少年成熟类型的划分方面,缺乏令人信服和清晰的分类标准,使人难以把握。另外,该模式对于一些基本的概念也没有明确的界定,显得十分模糊。等等。

总体而言,这一模式带给人们最大的印象并不在于它有坚实和深厚的理论基础,而是在于它在实践上的创新和突破。它为人们提供了一整套提高学生人际关系和社会意识的开放性的情境教材,并且为教师理解和使用这套教材提供了一系列的教师指南。这对于实际工作的展开是大有裨益的。

二、关怀模式

体谅模式由于其很强的实践性而受到广大一线教育工作者的欢迎。但是,客观地说,该模式的理论基础是比较薄弱的。这也是这一模式受到人们普遍质疑的主要地方。与此不同的是,关怀模式本身具有很深厚的哲学、伦理学基础。这一模式是诺丁斯在其关怀伦理的基础上,通过哲学的推理和论证建构起来的道德教育模式。她以关怀为核心,根据对自我、对他人、对动植物、对器具以及对思想等各个不同的关怀为中心组织起了一个完整的德育体系。

该模式产生的现实背景是,二战后的美国虽然社会经济繁荣,但总体而言人们道德却在不断堕落,青少年犯罪也日益增加。在学校中,有关智力的教育主导着学校的一切,学生的品行发展不受重视。另外,有限的学校德育更偏于道德行为和认知理性的教学,忽视道德情感的培养,致使德育陷入危机之中。而占主导的德育理论更多强调的是道德认知发展,也相对忽视了个体伦理道德的情感维度。这些共同构成了关怀模式产生的现实背景。

(一)关怀模式的理论基础

作为关怀伦理的重要代表人物,诺丁斯在建构、实践自己的道德教育过程中,无不把关怀伦理的思想渗透并贯穿于学校教育的过程之中。因此,关怀伦理构成了关怀教育的最基本的理论基础。

1. 关怀伦理

在诺丁斯看来,西方传统伦理学主要关注的是道德推理和逻辑演绎,强调的是公正、正义等父亲的语言。这种父亲的语言体现的是一种以权利为核心的等级式的人际关系。在正义语言占统治地位的社会中,母亲的声音是沉默的。实际上,母亲的声音代表了人类社会另一种网络式的平等人际关系,而关怀就是这种网络式人际关系的核心,它主要表现为关怀者和被关怀者的双向互动和沟通。

在关怀者和被关怀者的关系中,关怀者主要扮演的是对他人的需要给予帮助和设身处地为他人着想的角色。而被关怀者则要对关怀者的关心予以主动回应和反馈。因此,这种关系可以描述为"关怀和动机换位的一方与做出接受、回应和认可的一方之间的联系和遭遇。"①在这里,诺丁斯区分了两种关怀类型:自然关怀和伦理关怀。自然关怀是"一种不需

---

① 石中英,余清臣.关怀教育:超越与界限[J].教育研究与实验,2005(4).

要伦理的参与而激发的关怀形式。"[①]它是原始的最初的感觉，我们感受到别人的需要并做出关怀的行为，这是一种源于爱的、无需做出伦理努力的自然反应。例如，母亲为孩子利益做出的努力通常被看成自然的而非伦理的。伦理关怀则是在伦理思想的激励下做出的关怀反应，它来自关怀和被关怀的记忆感觉。这种关怀类型需要人们做出一定的伦理努力才能实现。人类社会正是在这两种伦理类型的调节下，才会呈现出一个充满关爱的和谐的社会。总体而言，诺丁斯所倡导的关怀伦理十分强调关怀的关系性、情境性和情感性。

2. 多元智能理论

诺丁斯认为，当前的学校教育对每个儿童所开展的博雅教育(liberal education)美其名曰是为了使学生获得全方位的发展。但是，这种教育在实际的运作过程中，往往过于强调知识，特别是语言和数学的传授，忽视了学生内在丰富的情感体验和不同的发展要求。尽管学校中存在着这样的问题，仍然有很多人对它视而不见，认为学校的主要问题是学生的学术成绩，学校的智育目的应是第一位的。诺丁斯从多元智力理论的角度出发，认为人的智力是多种多样的，除了语言智能和数理智能以外，运动、人际、空间、音乐以及自我知觉等都应算作人的智能。不仅人的智能是多元的，而且每个人的天赋、需要和兴趣也是各不相同的。因此，当前学校关注的只是学生智能结构中的很小的一部分而忽视了更为核心、更为根本的内容：即教育的目的应该是鼓励有能力、关心他人、懂得爱人、也值得别人爱的人的健康成长。[②] 为了实现这一目的，就必须以关怀为核心来组织整个教育。

（二）关怀模式的实践策略

为了使关怀模式能够在实践中取得切实的效果，诺丁斯进行了一系列的努力，卓有成效。这些实践成果可以大致分为三个方面：关怀模式的课程体系、关怀模式的教学方法、关怀模式的教师特征。

1. 课程体系

诺丁斯认为，学校教育应该是一个由不同孩子组成的大家庭，关心则是维系这一家庭的基础与核心。教育者要充分相信孩子们的能力与天赋，为孩子们设计合适的课程并采取丰富的教学手段。基于此，诺丁斯以关怀为核心，根据不同的关怀领域及其涉及的主题、知识、态度和技能等设计了一套不同于现行教育的课程体系。这一课程体系主要是围绕学生的日常生活情境所设计的，遵循着由近及远的原则。该课程是由关心自己开始，扩展至关心身边的人，之后是陌生人和远离自己的人，再到关心人类创造的物质和文化成果以及关心动植物和地球。

2. 德育方法

传统的道德教育主要强调的是理性化的道德推理和判断，重视的是道德知识的掌握。而在以关怀为核心的道德教育中，诺丁斯更为关注的是教育中的情感沟通和共鸣，强调的是人际关系和动机，重在培养学生的关心能力。为了实现这一目的，诺丁斯提出了榜样、对话、实践和认可四种主要的道德教育方法。

（1）榜样(modeling)。榜样并非关怀模式所独有的教育方法，在很多道德教育体系中，榜样都占有一定的位置。但是，在诺丁斯看来，榜样在以关怀为核心的道德教育中扮演着更

① Nel Noddings. Starting at Home: Caring and Social Policy[M]. CA:University of California Press,2002:2.

② 诺丁斯.学会关心——教育的另一种模式[M]. 于天龙，译. 北京：教育科学出版社，2003:5.

为重要的角色。首先,道德教育不能靠道德知识的简单传授以及道德思维的理性训练就可以取得成效,它强调教师要主动同学生建立起关心的关系,以身作则,向学生示范如何做到关心。另外,学生关怀能力的形成离不开一定的经验积累。学生通过老师的榜样示范,可以获得被关怀的经验和体验。这有助于学生将这种体验扩大到其他的人和事身上。

(2) 对话(dialogue)。诺丁斯认为,教室中经常采用语言是一种"教师启发,学生回答、教师评价"的模式。在这样的话语模式中,师生之间所进行的对话是封闭的,其结果是固定的。这种对话方式是为了迎合以知识传授为主要目的的传统教育,不利于学生关怀能力的形成。因此,必须建构一种新的对话模式。这种对话应该是一个真正允许学生表达各自心声的自由空间。在这样的空间中,教师通过与学生进行开放性对话、与学生讨论成长中经常困扰他们的问题,建立与维持他们之间的关心关系。这样的对话才是真正意义上的对话,没有既定的结论与模式。

(3) 实践(practice)。诺丁斯认为,关心关系的建立与维持不仅需要情感的投入,还需要以关心的能力作保障。人们的关心能力并不是凭空产生的,它建立在一系列的实践经验基础之上。因此,诺丁斯认为,如果我们希望人们过一种符合道德的生活,关心他人,那么我们应该为人们提供机会,使他们练习关心的技巧,更重要的,使他们有机会发展必需的个性态度。① 学校应该以此为目标为学生提供实践机会。实践的环节就是要在学校生活的设计中给学生提供发展关心能力的活动和机会。例如,可以让学生参加种植和饲养活动,或者到医院、公园、植物园等地方,让学生在关心活动中学会关心。

(4) 认可(confirmation)。认可即是对一个人道德行为的肯定。当我们认可一个人的某种品质时,我们就会看到他人人性中的闪光点,并鼓励其发扬光大。如果一个人造成了一些不道德或不关怀的行为的产生,只要他是出于好意或是无心,那么,我们也应该肯定他的这种动机。因此,教师应对学生的优点进行及时夸奖与肯定,而在犯错误时,更需要认可而不是所谓有效的惩罚。当然,教师要想对学生的言行进行有效的认可,必须深入地了解学生,才能够看出他本人的意图以及他的理想人格。

3. 教师特征②

在以关怀为核心的学校道德教育中,诺丁斯认为教师扮演着重要的角色。这是因为学生一天中大部分时间都呆在学校中,与教师有着很多的接触。教师的言行举止对学生的影响很大。因此,要想培养学生良好的关心能力,教师首先必须在日常生活中奉行"关心"原则。为此,教师必须淡化职业意识。这主要是因为:第一,教育不能局限在狭小的学校场域之中,而是应该和整个社会生活时空紧密联系在一起。如果教师具有强烈的职业意识,他就会把自己的工作范围局限在学校之中而不会对学校之外的教育感兴趣。第二,教育是一项系统的工程,单靠教师个人是无法取得教育成效的,需要社会多方力量的参与。因此,淡化教师职业意识,有利于教师克服职业要求的限制,与家长、社会各方面的力量通力合作,从人类共同的本性的角度关心道德教育,建立普遍的关心与被关心的关系。最后,淡化教师职业意识,有利于社会改变对教师作用的看法。教师将会从传统的"帮助者"(helpers)的社会角色中解放出来,成为关怀关系中的关心者与被关心者。

---

① 诺丁斯.学会关心——教育的另一种模式[M].于天龙,译.北京:教育科学出版社,2003:34.

② 参见袁桂林.当代西方道德教育理论[M].福州:福建教育出版社,2005:285-286.

此外，诺丁斯还论述了在道德教育中如何实现学校与家长、社区的有效互动等问题。

（三）对关怀模式的简短评析

关怀模式出现于20世纪80年代的美国，是针对当时美国社会乃至整个人类社会都出现的精神与道德危机——关怀的缺乏而提出的。诺丁斯全力倡导建立并发展一种学会关怀他人、关怀人类命运的价值观念。她把“关怀”作为道德教育的核心与基础，建立了包括学校教育的“关怀”目的、道德教育的内容和方法等思想在内的新道德教育模式。这一模式具有浓厚的人本色彩，强调道德教育的情境性，注重道德教育过程学生道德动机的激发和道德情感的体验，并重视从实践的角度培养学生的关怀能力。这些构成了该模式鲜明的特点，表达了一种不同于传统的“主知派”、“主行派”的道德教育模式，引起了道德教育界的普遍关注。

目前，人们对关怀模式的批评主要集中在关怀的标准及其实践策略上。这也是该模式遇到的最棘手的问题。人们认为，诺丁斯为学校教育特别是中学教育设计的课程过于理想化，难以实行，表现在：第一，时间难以保证。诺丁斯认为关怀素养的培养和知识的学习是不冲突的，但她并没有解决在有限的教育资源中如何协调两者矛盾的问题。因此，在目前的学校教育中，要拿出一半时间进行关怀教育在实践中几乎是不可能的。第二，内容过于笼统。诺丁斯并没有为关怀课程提出明确的课程内容，她所提到的关怀自我、关怀身边的人等教育内容不系统也不具体。另外，该模式的理论基础并不是无懈可击的。在关于关怀关系的理论论述部分，诺丁斯虽然认为“关怀是一种互惠关系，但关怀方的确要有无私地付出，那么在师生关系中如何保持教师关怀的持续性，诺丁斯也没有相应的对策”，①等等。这也表明，任何德育模式从其诞生到走向成熟，是一个渐进的过程，不可能一蹴而就。这一模式也不例外。

从前面关于这几种德育模式的建议介绍可以看出，当代德育模式在价值取向方面，具有浓厚人文色彩和人道主义精神。十分重视学生个体的道德体验在其道德成长中的重要作用，注重学生道德主体性的发挥，避免强制灌输，强调学生道德能力和道德情感、态度的培养。

案例分析

某项调查研究结果发现：

1. 教师并没有能够很好识别学生的需要。总体而言，教师更为关注的是学生的成绩与学习，而对于学生心理、兴趣爱好、价值观念等非智力因素的发展重视不够。学生更希望获得来自教师方面的体谅、尊重与公平公正的对待，而不是纯粹的知识说教和行为约束。

2. 教师发出的关怀行为并没有得到学生的有效认可与回应。在关怀的尊重、理解和爱这三个层面上，学生的评价均低于教师的自我评价。表现在：

（1）在尊重层面，学生的评价显著低于教师的自我评价。其中，教师的语言是学生认可度最低的，即学生认为教师中存在不同程度的语言冷暴力。

---

① 参见何艺，檀传宝.诺丁斯的关怀伦理学与关怀教育思想[J].伦理学研究，2004(1).

(2) 在理解层面，学生的评价远低于教师的自我评价。这方面的分歧主要体现在学生认为教师不能很好地站在他们的立场上想问题。

(3) 在爱层面上，学生的评价仍低于教师的自我评价。造成这一局面的主要表现是，教师不乐于表达对学生的赞美和喜爱，且不能很好融入他们的生活。

3. 教师的关怀效果不佳。学生对教师关怀行为的认可度不高，不足三分之二的学生明确表示经常感受到教师的关心。

资料来源：班建武、曾妮、蒋佳、丁魏：《教师关怀品质的现状调查》，教育学报，2012(4)。

结合体谅关怀德育模式的相关知识，谈谈你对这个调查结论的认识。

本章小结

本章主要介绍了当前在国际社会中具有较大影响力的几种德育模式类型。主要包括：价值澄清模式、道德认知发展模式、体谅关怀模式。

价值澄清模式的理论基础是价值相对主义，它认为个人的价值观主要源于个体独特的生活经历。学校德育不是要将固定的价值观从外而内地强加给学生，而主要是通过"三阶段七步骤"的价值评价过程帮助学生澄清自我的真实价值观。

道德认知发展模式强调道德思维能力的培养在个体道德判断中的核心地位，认为个体的道德认知发展存在明显的"三个水平六个阶段"。道德教育的重要任务是通过讨论法和公正团体法两种主要方式促进学生道德认知水平的不断提高。体谅关怀模式强调道德情感、道德关系和道德情境在个体道德发展中的重要作用，认为道德教育的过程不是一个冷冰冰的知识传递过程，而是一个具有双向回应的关系建构过程，教师要高度重视学生在道德教育过程的情感体验。

【思考题】

1. 价值澄清模式、道德认知发展模式和体谅关怀模式的理论基础和主要实践策略是什么？

2. 结合价值澄清模式、道德认知发展模式、体谅关怀模式的优缺点，思考现代德育的基本特征是什么。

【拓展阅读】

1.【美】路易斯·拉思斯，著，谭松贤，译：《价值与教学》，浙江教育出版社，2003 年版。

2.【美】科尔伯格，著，魏贤超，译：《道德教育的哲学》，浙江教育出版社，2000 年版。

3.【美】内尔·诺丁斯，著，于天龙，译：《学会关心——教育的另一种模式》（第 2 版），教育科学出版社，2011 年版。

4.【美】哈什，等，著，刘秋木，等，译：《德育模式》，五南图书出版公司，1994 年版。

结束语：走向新时代的学校德育

当前，中国特色社会主义进入新时代，我国社会主要矛盾已经转化为人民日益增长的美好生活需要和不平衡不充分的发展之间的矛盾。在这种情况下，中国社会的发展正面临着前所未有的新机遇和新挑战。在这一历史发展的关键时期，如何进一步培养和造就一大批理想信念坚定、思想道德高尚、业务水平精湛的现代公民，是学校教育，尤其是德育伟大而艰巨的历史使命。

当前，中国社会各项改革正向纵深发展，国际环境更趋复杂。如何在这一系列的深层变革中，充分发挥学校德育的价值引领功能，正成为新时期学校德育工作的时代要求。为此，学校德育需要积极应对市场经济发展对学生思想道德可能产生的各种消极影响，帮助学生正确认识财富、合理运用财富、积极创造财富；需要努力承担优秀传统文化教育的重要任务，帮助学生树立文化自信，增强学生民族自豪感和自尊心；需要大力研究现代媒介的德育影响，帮助学生不断提高媒介素养，提升学生对媒介，尤其是网络的自觉批判意识和能力；需要切实推进公民意识的培育，帮助学生形成民主、自由、平等、公正、法治的现代公民人格；需要强化与美育、劳动教育的有机结合，帮助学生养成健康的生活情趣和有品位的生活格调；需要突出国际理解教育，帮助学生学会尊重不同文化风俗习惯，为努力构建人类命运共同体贡献自己的力量。

总之，德育工作者要紧密结合新的时代条件和实践要求，不断提升自我的德育专业水平，以全新的视野深化对学生、学校德育的科学认识，并展开积极、有效的研究与探索。如此，学校德育才能更好地回应时代的挑战，进而为中国特色社会主义建设和中华民族的伟大复兴做出应有的贡献。

后　记

经全国高等教育自学考试指导委员会同意，由教育类专业委员会负责高等教育自学考试教育类专业教材的审定工作。

《德育原理》自学考试教材由北京师范大学班建武副教授主编。

参加本教材审稿讨论会并提出修改意见的有北京师范大学檀传宝教授、深圳大学刘志山教授、首都师范大学朱晓宏教授。

他们付出了辛勤劳动，在此一并深表谢意。

全国高等教育自学考试指导委员会

教育类专业委员会

2018 年 1 月